JN440129

화엄경 묵상 제2권

화엄세계 안에서의 나눔

안형관 · 전영숙 편저

이문출판사

화엄세계 안에서의 나눔

펴낸곳/이문출판사
(변경등록:1994. 6. 3. 제7-20호)
발행인/지경원
지은이/**안형관 · 전영숙** 편저

초판 발행/2006년 4월 25일

주소/704-306 대구시 달서구 진천동 581-3
/122-010 서울 은평구 응암동 86-8
전화/02) 359-8250, 053) 624-3113
팩스/02) 359-8251

값 25,000 원

ISBN 89-7334-130-8 93220

화엄세계 안에서의 나눔

머리말

이 시대는 과학과 기술의 발달과 함께 전통사회가 현대사회로 이행해오면서 새로운 가치관과 세계관을 요구하고 있다. 그러나 급격한 시대적 변화와는 달리 새로운 가치관과 세계관이 미처 정립되지 못한 상황에서 혼란과 혼돈을 겪고 있는 실정이다. 현대인의 생활은 보다 편리하고 풍부해진 반면 인간관계와 사회생활은 복잡해지고 갈등양상이 더욱 심각해져 불안과 위기의식은 증대되고 있다. 가장 직접적으로는 가족공동체의 해체와 붕괴현상을 비롯하여 빈부격차, 계층간의 양극화, 국가간의 갈등, 인종간의 차별, 종교간의 대립에 이르기까지 가치관의 혼란에서 오는 무질서의 양상은 날로 심각해져가고 있다. 이러한 불안과 위기를 극복하려는 노력은 여러 면에서 이루어지고 있고, 혼돈은 새로운 질서 형성의 모태이기도 하다. 그러나 혼돈 속에서 새로운 질서의 도래를 대망하는 우리에게 그 전망은 어둡기만 하다. 이에 화엄사상을 새롭게 해석함으로써 갈등을 넘어 새로운 질서의 세계 안에서 참된 자신의 존재를 깨닫고 나아가 집단적인 깨달음에 이르는 길을 찾고자 한다.

『화엄경』은 그 어떤 것도 홀로 고립적으로 존재하는 것은 없다고 가르치고 있다. 우주만물의 하나와 일체는 중중무진(重重無盡)한 관계를 이루며 상호의존적이고 상호인과적(相互因果的) 관계이며, 일방적이고 수직적이라기보다는 수평적이고 대칭적이라는 것이 화엄불교의 세계관(世界觀)이기 때문이다. 『화엄경』은 각자의 개성을 존중하면서도 이분법적인 대립을 초월하여 개체와 전체가 조화를 이루는 지혜를 가르친다. 그러므로 함께 어울려 살 수밖에 없는 인류가 서로 존중하고 화합하며 사는 지혜를 『화엄경』을 통하여 배울 수 있을 것이다.

『화엄경』은 한국불교사에서 중요한 위치를 차지하고 있는 대승불교 최고의 경전이다. 대승(大乘)은 큰 수레를 의미하는데, 자기 혼자만의 해탈에 집착하는 것이 아니라 모든 사람과 더불어 깨달음에 이르는데 목적을 두고 있다. 『화엄경』은 부처님의 깨달으신 세계를 설한 경전으로 우리 모두가 깨달음의 경지에 이를 수 있도록 단계를 제시하고 수행을 위한 실천덕목을 상세히 가르치고 있다. 부처님의 가르침을 오늘 우리의 삶에 적용할 수 있다면, 개인의 고뇌를 벗어남은 물론 이념과 종교, 민족과 인종간의 갈등까지도 넘어서서 진정한 평화를 이룩할 수 있을 것이다.

이 책에서 다루고 있는 『화엄경』은 80화엄으로 7처 9회 39품으로 이루어진 방대한 경전이다. 화엄경 묵상 제1권에서 제1 보리장회(1-6품)와 제2 보광명전(7-12품)을, 본서의 제2권에서는 제3 도리천궁회(13-18품)와 제4 야마천궁회(19-22품)를 일상의 삶에 비추어 함께 음미하였다. 이 책은 2500여년 전 부처님의 가르침을 지금 여기에서 듣고, 생활 속에서 그 가르침을 실천하고자 하는 노력의 산물이다. 특히 묵상 부분은 경구를 음미하는 과정에서 생생한 체험과 연결시켜 주고 받는 자유로운 대화의 기록으로 경을 읽으면서 자신을 돌아보는 계기로 삼을 수 있을 것이다.

이러한 시도는 화엄경 공부모임인 '선우회'를 통하여 꾸준히 조금씩 실천되고 있다. '선우회'는 『화엄경』을 통하여 부처님 말씀을 직접 듣는 공부모임이다. 가르침을 직접 읽고, 그 의미를 새기며, 명상을 통해 깨달음의 경지로 나아가고자 하는 참으로 소중한 구도적인 만남이다. 한없이 넓고 아름다운 화엄의 세계에서 마음껏 뛰놀고 안기며 호흡하는 과정에서 이 책을 출판할 수 있게 되었다. 함께 경전을 읽고 뜻을 새기며, 자신의 기쁨과 슬픔을 나누고, 서로 격려하며 구도의 길을 걸었던 선우—가산(김숙향) · 지혜(김외옥) · 보시(김경숙) · 청안(김진혁) · 아정(김정옥) · 방편(서영애) · 선정(정경옥) · 햇살(은영지) · 청아(김정희) · 다정(이선지) · 해청(방근배) · 자비(노은화) · 우창(홍동식) · 바라밀(윤지연) · 나라연(김명화) · 무염해(박영남) · 백련성(김영희) · 서은란 · 예진(함명숙) · 애어(채민아) · 원(최재순) · 지(김지현) · 동사(서운희)—들, 영어문장을 함께 읽고 교정해 준 이행(권성애)과 마이클 님께 고마운 마음을 전한다. 표지화를 그려주고 연꽃 전각을 해준 토민 전진원 선생께 감사드리고, 멋지게 표지디자인을 해준 정애리 선생께 감사드린다. 애정 어린 마음으로 세심하게 편집을 해준 정경주 선생께 감사드리고 기쁜 마음으로 출간해 준 이문출판사 지경원 사장님께 감사드린다.

오늘 편저자의 부족하고 적은 정성이라도 결실을 맺기까지에는 이미 고인이 되셨지만 평생을 구도자로서 살아오신 문보살님, 우법성화 보살님, 심곡 보살님의 간곡한 서원이 밑거름이 되었다. 하늘나라에서라도 함께 기뻐하시기 바라는 마음 간절하며 끊임없이 정진하여 위없는 깨달음을 이루시길 기원한다. 또한 이 책은 중생제도에 뜻을 두셨던 이름 모를 수많은 사람들의 아름다운 염원이 모여 이루어지게 된 것이라 생각한다. 그 분들 앞에 존경의 마음으로 겸허히 머리 숙인다.

독자 여러분들도 함께 화엄의 세계로 들어와 부처님의 지혜와 자비를 호흡하게 되기를 바라마지 않는다.

2006년 4월

편저자

이 책을 읽기 전에

불자라고 말하는 사람들 중에서도 경전을 독송하거나 읽고 공부하는 사람은 그리 많지 않다. 학문적이거나 종교적인 동기로 좀 더 깊이 있게 연구하려는 학자들이나 종교인을 제외하고는, 불교관련 에세이를 읽거나 경전의 해설서를 읽는 경우가 많고 선뜻 경전을 손에 들기란 쉽지 않다. 알기 어려운 한자로 되어있는 경전이 우선 부담스럽고 번역이 되어있다 하더라도 절에서 스님들 사이에 쓰여지는 고어(古語)투인 책이 대부분이라서 이해하기 힘들다. 특히 요즘 한글세대의 젊은이들에게 일상생활에서 잘 사용되지 않는 한자어는 거부감이 앞서고 심하게는 좌절감마저 느끼게 한다. 모처럼 용기를 내어 구독하고자 했더라도 어지간한 끈기로 끝까지 읽어나가기가 힘든 것이 사실이다. 이 책은 이러한 어려움을 가능한 한 모두 극복하려고 노력하였다.

이 책은 『80화엄경』의 주요 구절을 부분적으로 발췌하였다. 7처(處) 9회(會)의 각 회(會)마다 전체내용을 요약하였고, 39품(品)의 각 품 첫머리에 그 품의 내용을 요약하여 제시하였다. 또한 한자보다 영어에 더 익숙한 한글세대를 위하여 한문・한글・영어를 함께 읽을 수 있게 병렬하였으며, 어려운 한자의 풀이와 한글로 옮기기 어려운 용어는 주(註)를 달아 이해를 돕도록 구성하였다.

특히 이 책은 품마다 나눔 코너가 있어, 경전의 현대적 해석에만 그치지 않고 경전의 말씀을 어떻게 받아들일 것인가에 대해서 독자들이 깊이 음미해볼 수 있게 하였다. 어떻게 사는 것이 부처님의 가르침에 따라 사는 것인지, 어떻게 실천하여 끝내는 스스로 구경의 깨달음에 이르는 길을 찾을 수 있을 것인지에 대해서 깊이 묵상해 볼 수 있다.

이 책을 읽을 때 아래에 제시한 순서대로 읽도록 권하고 싶다.

첫째, 책의 내용을 조금씩 천천히 읽으면서 그 의미를 이해한다.

둘째, 말씀의 뜻 속으로 들어가 살핀다. 이는 묵상단계이다. 마음에 와 닿는 구절에 밑줄을 긋기도 하고, 함께 이야기 나누기도 하면서 경전의 이 구절이 나에게 무엇을 말하고 있는지, 지금 나에게 왜 그렇게 다가오는지 그리고 나는 이 말에 어떻게 응답하고 있는지를 살핀다.

셋째, 고요히 쉰다. 책장을 빨리 넘기려고 하지 말고 부처님의 가르침 속에, 진리 속에 고요히 쉬면서 명상한다.

넷째, 기도와 서원의 시간을 갖는다.

『화엄경』의 현대어 번역과 해석은 21세기를 살아가는 사람들을 위한 중요한 역사적 과업이라고 할 수 있다. 그것은 불교계에 종사하는 일부 종교인들만의 일은 아닐 것이다. 부처님의 큰 가르침을 믿고 따르며, 이 땅의 사바세계를 불국정토로 전환해 우리 모두 부처 되는 길은 모든 불자들의 몫일 것이다. 아울러 종교적인 벽을 넘어 다른 종교인들도 진정한 대화를 위해 함께 함이 참으로 바람직한 일로 볼 수 있다. 자기 신앙의 정체성을 지키면서도 어떤 장애도 없이 창조적인 만남을 가능하게 하는 경이 『화엄경』이기 때문이다.

차 례

일러두기

1. 『80화엄경』 내용의 핵심 부분을 발췌하여 불교에 익숙하지 못한 이도 이해하기 쉽도록 쉬운 우리말로 옮기고 영역본의 해당구절을 함께 제시하였다.
2. 중국 한어본은 실차난타(實叉難陀: Śikṣānanda, 652-710)가 번역하였고 무비스님이 현토(懸吐)한 『화엄경』(민족사, 1997)을 사용하였다.
3. 영역본은 Thomas Cleary의 번역본(Shambhala · Boston & London, 1993)을 사용했으며 번역에서 원문(한역본)의 빠진 부분과, 한글과 한문본에 비추어 의미상 일치되지 않는 부분은 [ ]로 표시하여 첨가하거나 수정하였다.
4. 한글 번역 중에 한역본에는 없으나 의미상 이해를 돕기 위해 첨가한 내용은 [ ]로 표시하였다.
5. 한역본의 문장을 한글 번역 문장에 따라 읽기 쉽도록 쉼표와 마침표로 표기하였다.
6. 비교적 자주 사용하지 않는 한자는 **[한자풀이]**에 음과 훈을 달아 이해하기 쉽게 했으며, 일반인들이 쉽게 접하지 못한 불교 용어는 사전 및 주석서를 활용하여 **[주]**에 자세히 설명하였다.
7. **[주]**에 설명된 용어는 *로 표시하였고, **[주]**의 내용 가운데 나오는 용어 중 일부는 독자의 편의를 위해 ※로 표시하여 부연 설명하였다.
8. 산스크리트어는 S, 빨리어는 P의 기호로 표시하였다.
9. 경문에서 상황에 대한 서술에도 경어를 쓴 것은 그 서술이 독자를 향하고 있기 때문이다.
10. 본문 중의 용어는 일반적으로 통용되고 있는 용어를 따랐고, 국내 간행된 여러 사전과 각종 문헌들을 참고하였다.

제3회
도리천궁회(忉利天宮会)

설법한 장소 : 수미산 정상 도리천(제석천)의 궁전(천상)

설주보살 : 법혜보살

품명(총6개품) :

13. 승수미산정품
14. 수미정상게찬품
15. 십주품
16. 범행품
17. 초발심공덕품
18. 명법품

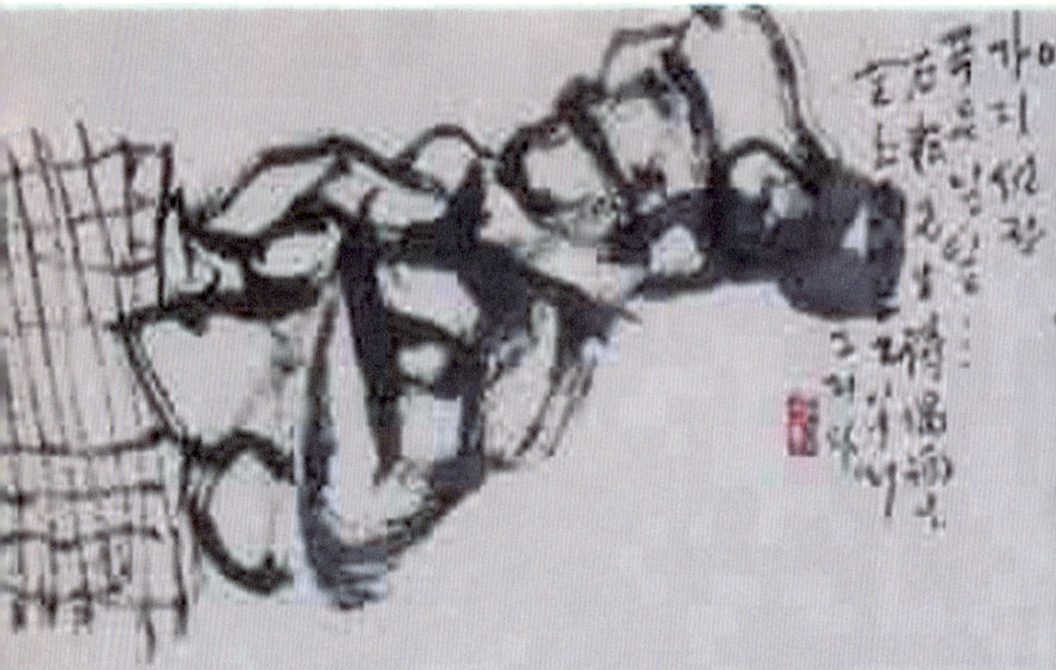

설법의 주제 :

도리천궁회는 십주에 대하여 말하고 있다. 십신 · 십주 · 십행 · 십회향 · 십지 · 등각 · 묘각의 52위에 이르는 수행과정 중 두 번째 단계로서 본격적으로 보살이 행해야할 실천행인 보살도가 시작된다.

이 회의 6개품은 수미산 정상의 제석천 궁전(묘승전)을 무대로 하며 법혜보살에 의하여 십주 법문이 설해지고 있다.

제13. 승수미산정품(昇須彌山頂品)

요약

이품은 제3회 도리천궁회 6개품 중의 서문에 해당하며 설법 장소인 도리천의 무대를 설명하고 있다. 부처님은 깨달음을 이루신 보리수를 떠나지 않고 수미산 정상의 제석천궁에 오르시는데 제석천왕은 궁전을 장엄하고 사자좌를 놓고 부처님을 맞이하였다. 이 자리는 과거에 *가섭여래 • *구나함모니 • 가라구타 • *비사부불 • *시기여래 • *비바시불 • 불사여래 • *제사여래 • 파두마불 • *연등여래 등의 열 분의 부처님께서 앉으신 좋은 자리라고 하면서 앉으시기를 권하며 게송으로 부처님의 공덕을 찬탄하였다.

산이란 것은 높고 뛰어나다는 뜻으로 이것은 10주가 부처님께서 머물고 있는 법신의 묘한 지혜의 바다에 머물기 때문에 세간을 벗어나 높고 뛰어나다는 뜻을 표상한 것이다. 10주위에서 처음으로 지위에 들어감으로써 수미산의 정상이 여전히 지상의 거처와 이어졌음을 밝힌 것이다.

[주]

*가섭여래: 迦攝如來, Ⓢ Kāśyapa, 가섭(迦攝) · 가섭파(迦攝波)라 음역. 음광(飮光)이라 뜻 번역. ①과거 7불(佛)의 하나. 인수(人壽) 2만세 때에 나신 부처님. 종성(種姓) : 바라문, 성 : 가섭. 아버지는 범덕(梵德), 어머니는 재주(財主), 아들은 집군(集軍). 파비(파라비)왕의 서울 바라나에서 나서, 니구률나무 아래서 정각(正覺)을 이루고, 1회 설법으로 제자 2만인을 제도하였다 함.

*구나함모니: 拘那含牟尼, Ⓢ Kanakanmuni 또는 구나함모니(俱那含牟尼) · 가나가모니(迦那伽牟尼) · 갈야가모니(羯若迦牟尼) · 구나모니(拘那牟尼),줄여서 구나함(拘那含). 번역하여 금선인(金仙人) · 금적정(金寂靜). 과거 7불(佛)의 하나. 현겁(賢劫)천불(千佛)의 제 2. 바라문종족, 성 : 가섭(迦葉). 아버지는 야섬발다(耶睒鉢多), 어머니는 울다라(鬱多羅). 오잠바라(烏暫婆羅) 나무 아래서 성도. 제1회 설법에 3만의 비구와 아라한을 제도하였다 함.

*비사부불: Ⓢ Viśvabhū, 과거 7불(佛)의 3. 비습바부(毘濕婆部) · 비서바부(鞞恕婆附) · 비사부(毘舍符) · 비사바(毘舍婆) · 수섭(隨葉)이라고도 쓰며, 일체승(一切勝) · 변일체(遍一切) · 일체유(一切有)라 번역. 과거 31겁, 사람의 목숨 6만세 때에 무유성(無喩城)에서 출생. 종성(種姓): 창데리, 성: 구리야(狗利若), 부: 선등(善燈), 모: 칭계(稱戒). 외아들은 묘각(妙覺). 바라(婆羅) 나무 아래서 성도하여 2회의 설법으로 1회7만인, 2회 6만인을 제도하였다 함.

*시기여래: Ⓢ Śikhi ① 과거 7불의 제2. 식(式) · 식힐(式詰) · 식기나(式棄那)라고도 쓴다. 과거 장엄겁(莊嚴劫)에 출현한 1천불(佛)중 제999불. 사람 목숨7만세 때, 광상성(光相城)의 찰데리종에 출생, 아버지: 명상(明相). 어머니: 광요(光曜). 분파리나무 아래서 정각을 이루고, 3회에 걸쳐 설법. 1회 : 10만인. 2회: 8만인. 3회: 7만인의 제자를 얻었다 함. ②범천(梵天)의 다른 이름.

*비바시불(毘波尸): Ⓢ Vipaśyin 과거 7불(佛)의 제1. 비바사(毘婆沙) · 비바

시(鞞婆尸)·비발시(毘鉢尸)·미발시(微鉢尸)·유위(惟衛)라고도 쓰며, 승과(勝觀)·정과(淨觀)·승견(勝見)·종종견(種種見)이라 번역. 과거 91겁(劫) 사람의 목숨 8만 4천세 때에 반두라데성에서 출생. 찰데리종족. 성 : 구리야(拘利若), 부(父): 반두마다, 모(母): 반두마데. 파파라(波波羅)나무 아래서 성도. 3회 설법, 1회 16만 8천인, 2회 10만인, 3회 8만인을 제도하였다 함.

*제사여래: ⓈTṣya 또는 불사(佛沙)·보사(補沙). 번역하여 명(明)·원만(圓滿)·귀수(鬼宿). 석가모니불이 미륵과 함께 이 부처님 회상에서 불도를 수행하였는데, 석존은 7일 7야 동안 이 부처님의 존안을 우러르면서, "천지차계다문실(天地此界多聞室) 서궁천처시방무(逝宮天處十方無) 장부우와대사문(丈夫牛王大沙門) 심지산림변무등(尋地山林遍無等)"이라는 계문(다른 번역 : 천상천하 무여불, 시방세계 역무비, 세간소유 아진견, 일체무유 여불자)으로 찬탄하였다. 이 공덕으로 미륵보다 9겁을 빠르게 성불하였다고 함.

*연등여래: 然燈如來, 정광불(錠光佛)의 번역 이름. 석존이 전세에 보살로 있을 때 이 부처님에게서 "미래세에 반드시 성불하리라"는 수기(授記)를 받았다 함.

※과거칠불(過去七佛): 지난 세상에 출현한 일곱 부처님. (1)과거 장엄겁에 나신 이 : ①비바시(毘婆尸) ②시기(尸棄) ③비사부(毘舍浮) (2)현재 현겁에 나신 이: ④구류손(俱留孫) ⑤구나함모니(俱那含牟尼) ⑥가섭(迦葉) ⑦서가모니(釋迦牟尼)

※장엄겁 : Ⓢvyūha-kalpa 과거·현재·미래의 3대겁 가운데서, 현재를 현겁(賢劫), 미래를 성수겁(星宿劫)이라 함에 대하여 과거의 대겁을 장엄겁이라 하며, 이 장엄겁의 주겁(住劫) 동안에 화광불(華光佛)로부터 비사부불(毘舍浮佛)까지의 천불이 나셨다 함.

세존께서 수미산에 오르심

이 때 *세존께서 일체의 *보리수 아래를 떠나지 않고 *수미산에 오르시어 *제석천의 궁전으로 향하셨습니다. 이 때에 제석천은 묘승전 앞에 있으면서 멀리서 부처님께서 오시는 것을 보고, 즉시 신통의 힘으로 이 궁전을 아름답게 꾸미고 보광명장 *사자좌를 놓았습니다. 그 사자좌들은 모두 오묘한 보배로 이루어져 있었습니다.

爾時 世尊 不離一切菩提樹下 而上昇須彌 向帝釋殿. 時 天帝釋 在妙勝殿前 遙見佛來, 卽以神力 莊嚴此殿 置普光明藏師子之座. 其座 悉以妙寶所成.

[한자풀이]

昇:오를 승　遙:멀 요, 아득하다

At that time the Buddha, without leaving the foot of the enlightenment tree, ascended Mount Sumeru and headed for the palace of Indra; then Indra, king of gods, in front of the Hall of Surpassing Wonder, seeing Buddha coming from afar, adorned this palace by means of his supernatural power. He put in it a lion throne of banks of radiant lights, all made of exquisite jewels.

[주]

*세존: 世尊, ⓈBhagavat; Lokanātha; Lokajyeṣṭha, 바가범(婆伽梵)·로가나타(路迦那他)·로가야슬타라(路伽惹瑟吒)라 음역. ①부처님 10호의 하나. 부처님은 온갖 공덕을 원만히 갖추어 세간을 이롭게 하며, 세간에서 존중

을 받으므로 세존이라 하고, 또 세상에서 가장 높으심으로 이렇게 이름. ② 석존을 말함.

*보리수: 菩提樹, ⓢBodhidruma ; Bodhivṛkṣa, 도수(道樹) · 각수(覺樹)라 번역. 부처님이 정각(正覺)을 이루시던 곳을 덮었던 나무.

*수미산: 須彌山, ⓢSumeru-parvata, 수미루(須彌樓, 修迷樓), 소미로(蘇迷盧)줄여서 미로(迷盧). 번역하여 묘고(妙高), 묘광(妙光), 안명(安明), 선적(善積). 4주 세계의 중앙, 금륜(金輪)위에 우뚝 솟은 높은 산. 둘레에 7산(山) 8해(海)가 있고 또 그 밖에 철위산이 둘려 있어 물 속에 잠긴 것이 8만 4천 유순, 물 위에 드러난 것이 8만 4천 유순이며, 꼭대기는 제석천, 중턱은 4왕천의 주된 거처[住處]라 함.

*제석천: 帝釋天, ⓢSakra Devām Indra, 도리천(忉利天)의 주인. 도리천은 번역하면 삼십삼천(三十三天)이라 하는데, 제석은 수미산정의 선견성(善見成)에 거처하며 다른 삼십이천을 통솔하여 명령하고 불법과 불법에 귀의하는 사람을 보호하며 아수라의 군대를 정벌한다는 하늘 임금.

*사자좌: 師子座, ⓢSiṁhāsana, ①부처의 자리 · 부처의 경지. 부처님이 모든 사람들 속에 있는 것이 마치 사자가 뭇 동물들 속에 있는 것처럼 우뚝 높다고 해서 이와 같이 말함. ②부처님이 앉으시는 상좌, 부처님은 인간에서 가장 높은 지위에 있는 분이므로 사자에 비유함. 제왕의 자리를 용좌라 하는 것과 같음.

제석천이 부처님을 맞이함

이 때 제석천은 *여래를 위하여 이미 자리를 차려놓고 있었고 부처님을 향하여 공경하며 몸을 굽혀 합장하면서 이렇게 말하였습니다. “어서 오십시오. 세존이시여. 잘 오셨습니다, *선서시여. 참으로 잘 오셨습니다, 여래 · *응정등각이시여. 부디 측은히 여기시어 이 궁전에 계시기를 바라옵니다." 이 때 세존께서는 즉시 그 청을 받아들이고 묘승전에 들어가시니 시방의 일체 세계에서도 모두 이와 같이 하였습니다.

爾時 帝釋 奉爲如來 敷置座已 曲躬合掌 恭敬向佛 而作是言. 善來世尊. 善來善逝. 善來如來應正等覺. 唯願哀愍 處此宮殿. 爾時世尊 卽受其請 入妙勝殿 十方一切諸世界中 悉亦如是.

[한자풀이]

奉:받들 봉 敷:펼 부 躬:몸 궁 逝:갈 서 唯:오직 유 願:원할 원

Then Indra, having set up this throne for the Enlightened One, bowed and joined his palms, reverently facing the Buddha, and said, "Welcome, World Honored One; welcome, Blissful One; welcome, Realized One, Perfectly Enlightened One: please be so compassionate as to sojourn in this palace." Then the Buddha, accepting his invitation, entered the Hall of Surpassing Wonder. This also took place in the same way in all the worlds of the ten directions.

[주]

*여래: 如來, ⓈTathā gata, 부처님의 십호 중의 하나. 단어의 조성에 따라 여러 의미로 나눈다. ①tathā+gata: 지금까지의 부처님들과 같이 그 분들과 같은 길을 걸어서 열반의 피안에 간 사람. 곧 선서(善逝)·도피안(到彼岸)과 같은 의미임. ②tatha+āgata: 진리에 도달한 사람 ③Tathā+āgata: 지금까지의 모든 부처님과 같이, 그 분들과 같은 길을 걸어서 동일한 이상경(理想境)에 도달한 사람.

*선서: 善逝, ⓈSugata, 부처님 10호의 하나. 수가타(須伽陀)라 음역. 호거(好

去)·묘왕(妙往)이라고도 번역. 인(因)으로부터 과(果)에 가기를 잘하여 돌아오지 않는다는 뜻. 부처님은 여실히 저 언덕에 가서 다시 생사해(生死海)에 빠지지 않기 때문에 이렇게 이름.

*응정등각: 應正等覺, 응(應)과 정등각(正等覺). 응은 應供의 준말. 인천의 공양을 받을만한 사람이라는 뜻. 정등각은 바르고 완전한 깨달음의 뜻으로 부처님의 십호(十號) 가운데 제2와 제3에 해당함.

※여래십호: 如來十號, 부처님의 열 가지 칭호. ①여래(如來) ②응공(應供) ③정등각자(正等覺者) ④명행족(明行足) ⑤선서(善逝) ⑥세간해(世間解) ⑦무상사(無上士) ⑧조어장부(調御丈夫) ⑨천인사(天人師) ⑩세존(世尊).

제석천의 게송

가섭 여래께서 큰 자비를 갖추시니　　迦葉如來具大悲
모든 길상 가운데에 가장 으뜸이라　　諸吉祥中最無上
그 부처님 일찍이 이 궁전에 오시니　　彼佛曾來入此殿
그러므로 이 곳이 가장 상서롭다네　　是故此處最吉祥

Kashyapa Buddha had great compassion,
Supreme among the auspicious.
That Buddha has come into this palace,
Hence this place is most auspicious.

연등 여래 광명이 눈부시게 밝으니　　燃燈如來大光明
모든 길상 가운데에 가장 으뜸이라　　諸吉祥中最無上
그 부처님 일찍이 이 궁전에 드시니　　彼佛曾來入此殿
그러므로 이 곳이 가장 상서롭다네　　是故此處最吉祥

Dipankara Buddha was effulgent,
Supreme among the auspicious.
That Buddha has come into this palace,
Hence this place is most auspicious.

시방세계의 제석천왕들도 모두 함께함

이 세계의 도리천왕이 여래의 *위신력으로써 열 부처님의 *공덕을 게송으로 찬탄하는 것과 같이, 시방 세계의 모든 제석천왕들도 모두 이와 같이 부처님의 공덕을 찬탄하였습니다.

如此世界中忉利天王 以如來神力苦 偈讚十佛所有功德 十方世界諸釋天王 悉亦如是 讚佛功德.

As in this world the king of the thirty-threefold heaven, Indra, by the spiritual power of the Buddha, extolled the virtues of ten Buddhas, so did all the Indras in the worlds of the ten directions also praise the Buddhas' virtues.

[주]

*위신력: 威信力, [S]tejas, 불가사의한 위력(威力). 위광(威光). 불과위(佛果位)에 있는 존엄하고 헤아릴 수 없는 불가사의한 힘.

*공덕: 功德, [S]guṇa, bhāgya, puṇya, vibhūti [P]guṇa, bhagga, puñña, 좋은 결과를 얻을 수 있는 원인이 되는 훌륭한 복덕(福德). 그러한 선행을 쌓은 결과로서 얻게 되는 수승(殊勝)한 과보.

이 때 세존께서 묘승전에 들어가시어 결가부좌하시니, 이 궁전이 홀연히 넓어져서 그 하늘 대중들의 있는 처소와 같이 넓어졌으며, * 시방의 세계에서도 또한 이와 같았습니다.

爾時 世尊 入妙勝殿 結跏趺坐, 此殿 忽然廣博寬容 如其天衆 諸所住處 十方世界 悉亦如是.

[한자풀이]

忽:갑자기 홀, 돌연 廣:넓은 광 博:넓을 박 寬:너그러울 관, 넓다

Then the World Honored One entered the Hall of Surpassing Wonder and sat crosslegged: this hall suddenly became vastly spacious, like the dwelling places of all the celestial hosts. The same thing happened in all worlds in the ten directions.

[주]

*시방: 十方, Ⓢdaśa-diś, 동, 서, 남, 북의 사방과 서북, 서남, 동북, 동남의 사유(四維)와 상, 하를 합하여 시방이라 함.

*결가부좌:結跏趺坐,Ⓢparyaṅkā-nibandhā-niṣadyā, paryaṅka, Ⓟpallaṅka, 스님이나 수행인이 좌선할 때 앉는 방법의 하나. 전가부좌(全跏趺坐), 본가부좌(本跏趺坐)라고도 한다. 모든 좌법 중에서 결가부좌가 가장 안온하고 쉽게 피곤해지지 않는 좌법이다. 가(跏)는 발바닥, 부(趺)는 발등의 의미로, 양 다리를 교차시켜 발바닥을 위로 보이게 앉는 자세이다. 먼저 오른발을 왼편 넓적다리 위에 놓고, 왼발을 오른편 넓적다리 위에 놓고 앉는 것. 모든 부처님께서 항상 이 법에 의하여 앉으므로 불좌(佛坐), 여래좌(如來坐) 등이라고도 한다. 한 다리를 교차한 것을 반가부좌라 한다.

부처님은 깨달음의 씨앗으로서
늘 우리 마음속에 자리하고 있습니다.

The Buddha, as a seed of enlightenment,
abides always in our mind.

세존께서 보리수 아래를 떠나지 않으시고 그대로 계시면서 수미산에 오르신다는 내용이 매우 인상적입니다. 그 의미를 어떻게 받아들여야할까요?

초회의 보리장회는 부처님 깨달으신 곳에서 깨달음의 세계에 대한 법회가 펼쳐졌고, 제2회인 보광명전은 깨달음을 향한 첫걸음인 믿음을 연설하신 법회였습니다. 지금 이 법회는 제3회인 도리천회로서 그 무대는 수미산의 정상으로 10주(住)의 법문을 설하고 있습니다.

수미산이란 당시 불교 우주관에 있어서 우주의 중심이 되는 산입니다. 이 산은 금륜위산(金輪圍山)과 일곱겹의 큰 바다 안에 있는데, 물 위에 솟은 산의 높이는 8만 4천 유순(由旬, yojana, 인도의 里數의 단위)이나 된다고 합니다. 이 산은 매우 가파르고 높아 묘봉산으로 불리는데 사람의 손과 발로는 올라갈 수가 없다고 합니다. 산이란 높고 뛰어나다는 의미를 가집니다. 이 회에서 설하게 되는 10주의 법문은 처음 여래의 가문에 태어나 진실한 불자가 되는 것으로, 이는 세간을 벗어나 높고 뛰어난 경지에 들어간다는 뜻을 함축하고 있어 수미산에 올라간다는 비유를 사용하는 것입니다. 이통현 장자의 표현을 빌면, 산에 오른다는 것은 바로 '정(情)의 티끌의 자취를 벗어난다'는 의미이지 실제로 산에 오르는 것을 말하는 것이 아닙니다. 오늘날 원거리에서의 상호영향과 소통가능성이 긍정되고는 있지만, 여기서는 깨달음의 자리에서 드러나는 구도의 과정을 뜻하는 것이지요.

또 부처님께서 수미산 정상에 오르시면서도 보리수 아래를 떠나지 않으셨다는 것은, 깨달음이란 본래 가고 옴이 없고 멀고 가까움이 없으며 늘 법계에 가득함을 밝히려는 것입니다. 부처님께서 여기 저기 설법을 하기 위해서 이동하신다고해서 진리 그 자체가-깨달은 진리는 시대에 따라, 다양한 전통문화의 맥락에 따라 창조적으로 해석되고 표현되지만- 소멸되거나 생겨나거나 하는 것이 아니기 때문이지요. 부처님께서 보리수 아래를 떠나지 않듯이, 부처님은 깨달음의 씨앗으로서 늘 우리 마음속에 자리하고 계시며, 진리는 온 누리에 충만해 있는 것이지요.

수미산이 불교 우주관의 중심이 된다고 하였는데, 도(道)를 닦아 위없는 깨달음을 향해 단계적인 지위에 들어가는 것을 산 오르는 것에 비유한 것은 매우 흥미롭습니다. 수미산 정상에 있는 도리천 뿐 아니라 그 위에 또 여러 하늘이 있어 마음을 닦아감에 따라 더 높은 하늘에 오를 수 있다고 합니다. 수미산을 중심으로 펼쳐진 세계가 어떤 것인지, 또 불교적인 구도과정과 관련해서 어떻게 표현되는지 궁금합니다.

수미(須彌)산은 산스크리트어인 Sumeru-parvata의 음역이며, 의역하여 묘고(妙高)·묘광(妙光)이라 합니다. 경전에 등장하는 지옥과 사바세계 그리고 여러 하늘은 모두 이 수미산을 중심으로 펼쳐집니다. 이 수미산을 중심으로 일곱 산과 여덟 바다가 있고, 그 둘레에 또 대함해(大鹹海)와 철위산이 있습니다.

이 9산 8해를 받치고 있는 것이 삼륜(三輪)인데, 이 세계의 맨 아래는 풍륜이, 그 위에 수륜, 수륜 위에 금륜이 있습니다. 수미산은 물 속에 잠긴 것이 8만 유순, 물 위에 드러난 것이 8만 유순이며, 대함해 가운데에는 사람들이 사는 네 곳의 큰 대륙이 있어 이를 수미사주(須彌四洲)라고 합니다.

흔히 중생이 생사윤회하는 모든 세계를 일컬어 삼계(三界)라고 하는데, 삼계의 욕계(欲界)·색계(色界)·무색계(無色界) 모두가 수미산을 중심으로 합니다. 욕계란 중생의 탐욕으로 이루어진 세계이며 여섯 갈래로 나눌 수 있습니다. 육도(六道) 중에서 가장 나쁜 세계인 지옥을 보면, 수미사주의 하나인 남섬부주 아래 2만 유순을 지나서 있는데, 길이와 넓이와 높이가 각각 2만 유순이며, 층을 이루며 팔열 지옥이 있고 그 주위에 팔한지옥이 있다고 합니다.

인간이 사는 곳은 위에서 말한 수미사주인데, 남섬부주·동승신주·서우화주·북구로주이며, 이 중 우리가 사는 곳은 남섬부주입니다.

하늘도 삼계의 하늘로 나누어 보면, 욕계 6천·색계 18천·무색계 4천으로 구분할 수 있습니다. 욕계 6천 중에 제1천이 사왕천(四王天)인데 수미산 중턱 약 4만 2천 유순의 높이에 있습니다. 이 하늘은 호세천(護世天)이라고 하는 사대천왕이 살고 있어 수미의 사주를 수호한다고 합니다. 제2천은 도리천(忉利天)으로 삼십삼천(三十三天)이라고도 합니다. 도리천은 수미산의 꼭대기에 위치해 있으며, 이 하늘의 왕인 제석천은 그의 선견성에서 사방에 각각 8성씩의 32성을 통솔하며, 불법에 귀의하는 이들을 보호하고 아수라의 군대를 정벌한다고 합니다. 제3천은 야마천이고, 제4천은 도솔천, 제5천은 화락천, 제6천은 타화자재천입니다.

색계의 하늘은 크게 4천으로 나눌 수 있으나 세분화하면 초선천에 범중천·범보천·대범천, 이선천에 소광천·무량광천·극광정천, 삼선천에 소정천·무량정천·변정천, 사선천에 무운천·복생천·광과천·무상천·무번천·무열천·선현천·선견천·색구경천 등 18천으로 구분할 수 있습니다. 색계는 욕계에서의 탐욕은 벗어났으나 아직 온전한 정신적인 세계는 되지 못한 중간단계라고 할 수 있으며, 욕계의 상층에 있습니다. 이들 하늘은 오로지 선정(禪定)에 의하여 나타나는 정신적인 세계라고 할 수 있습니다.

무색계의 하늘은 순수하게 정신적인 세계로 삼계 중에서 가장 뛰어난 곳이라고 할 수 있지요. 이곳에는 공무변처천(空無邊處天)·식무변처천(識無邊處天)·무소유처천(無所有處天)·비상비비상처천(非想非非想處天)의 4천이 있습니다. 물론 이 무색계는 정신적인 세계라 넓이나 공간을 초월하고 있으며 방향이나 처소가 있는 것이 아니지만, 이 모든 것이 수미산을 중심으로 펼쳐지는 세계인 것입니다.

불교의 우주관을 살펴보면 수평적으로는 수미산 사방의 사대주와 그 바깥의 대철위산까지를, 그리고 수직적으로는 풍륜에서부터 색계의 초선천까지를 일컬어 일세계(一世界)·일사천하(一四天下)라고 합니다. 일세계를 천개 합한 것을 일소천세계(一小千世界)라 하고, 이 소천세계가 천개 모인 것이 중천세계(中千世界), 또 중천세계가 천개 모이면 대천세계가 됩니다. 이렇게 일대천세계에는 소천·중천·대천의 3종류의 천(千)이 있으므로 일대삼천세계 혹은 삼천대천세계라고 하여 우주의 광대무변함을 표현하고 있습니다. 고대인도의 신화, 불교의 우주관 및 상징과 비유들은 어느 문명권의 그것보다 풍부합니다.

이와 같이 광대무변한 우주이지만, 삼계(三界)의 모든 현상은 단지 일심(一心)에서 나타난다고 하여 삼계유심(三界唯心)이라고 하였습니다. 곧 마음을 떠나 따로 사물만이 존재하지 않는다는 말이지요. 그렇다면 수미산을 중심으로 하는 불교의 세계관은 바로 마음세계를 형상화한 것이라고 말할 수 있는 것이지요. 이선천부터는 오로지 선정을 닦는 사람만이 오를 수 있는 경지로 정신적인 세계라고 말 할 수 있는 것입니다. 그렇다고 해서 서구의 유심론과 같은 것으로 보면 안 됩니다. 물심(物心) 이원론을 넘어선 마음의 세계이지요.

불교의 세계관은 인도신화를 받아들여 신화적인 세계관을 불교적으로 해석한 것이라 할 수도 있습니다. 참으로 세밀하고도 다양하게 묘사되고 있어 놀랍지만, 삼계유심이라 한 것처럼 우리 개개인을 하나의 소우주로서의 불세계라고 본다면 수십억에 달하는 지구의 인구를 생각할 때 삼천대천세계라는 어마어마한 상상력을 짐작할 수 있으리라 여겨집니다.

제석천께서 멀리서 부처님 오시는 것을 보고 공손히 맞이하며 법을 청하는 모습이 참으로 간곡하고 겸허한 자세인 것 같습니다.

그렇습니다. 제석천은 참으로 겸손합니다. 부처님을 맞이하는데 참으로 공손하고, 법을 청함에 있어서 지극히 간절함을 볼 수 있습니다.

겸손한 사람이라야 타인을 수용할 수 있습니다. 이는 자기 긍정이고 자기 확신이지요. 또한 진정한 용기를 의미하기도 합니다. 자기 확신은 오만이 아닙니다. 오만이란 나약함의 또 다른 모습이지요. 오만한 사람은 자기보다 큰 사람이 나타나면 결코 인정하지 않거나, 그를 인정할 때는 압도되어 초라해지고 말지요. 이런 경우 자신을 바로 보지 못하고 회피하거나 자신을 합리화하면서 자기기만에 빠지고 맙니다. 두려움없이 자신을 대면하면서 자기가 처한 모든 상황을 스승으로 받아들일 수 있는 자세야말로 진정한 용기일 것입니다.

제석천이 신통력으로 궁전을 아름답게 꾸미고 기쁘게 부처님을 맞아들이는 장면이 너무 거창해서 마음에 다가오지 않는다면, 제석천궁전이 자기 마음이라고 생각해보아도 좋습니다. 내가 제석천이 되어 부처님을 내 마음의 궁전에 모신다고 생각해볼 수 있지요. 누구라도 부처님을 맞이하려할 때, 내 마음을 청정하고 아름답게 꾸미려고 하겠지요. 내 마음의 사자좌에 앉으신 부처님은 바로 나의 불성(佛性)이요, 진심(眞心)이라고 말할 수 있을 것입니다.

33천을 다스리는 제석천이지만 자신들을 가엾이 여기어 법을 설해 주실 것을 호소했습니다. 내 마음이 곧 부처라고 하지만 그토록 귀한 보배를 지니고도, 느끼지도 보지도 못하니 이를 불쌍히 보아달라는 말일 것입니다. 인도(人道)에 태어나고 비록 천도(天道)에 태어났다 하더라도 불성을 그대로 보지 못하고 아직도 고통 속을 헤매고 있으니 이것이 바로 중생인 것입니다.

바로 그 부처님을 자신의 궁에 모시게 되었으니, 진정으로 기쁘고 행복하지 않겠습니까? 어서 부처님의 법을 듣고 싶고, 가르침을 받고 싶지 않겠습니까? 깨달음에 대한 열망과 함께, 어떤 가르침도 그대로 받아들이려는 적극적인 자세가 아니겠습니까. 그렇기 때문에 부처님께서 제석천궁에 결가부좌하셨을 때 궁전이 홀연히 넓어진 것처럼, 부처님을 모신 내 마음도 역시 홀연히 넓어지는 것이겠지요.

제14. 수미정상게찬품(須彌頂上偈讚品)

요약

이 품은 3회의 서론에 해당되는 부분으로 부처님의 신력으로 시방에서 법혜보살을 비롯한 일체혜보살·승혜보살·공덕혜보살·정진혜보살·선혜보살·지혜보살·진혜보살·무상혜보살·견고혜보살 등 열 보살이 티끌 수처럼 많은 보살들과 함께 부처님 계신데 이르렀다. 보살 이름의 마지막자가 모두 지혜 혜(慧)인 것은 지혜가 보살행의 바탕이 되어야 됨을 의미하는 것이다. 이 보살들이 떠나온 세계는 인다라화세계와 파두마화세계와 보화세계와 우발라화세계와 금강화세계와 묘향화세계와 열의화세계와 아로나화세계와 나라타화세계와 허공화세계들이었다.

이 때 세존께서 두 발가락으로 백천억의 미묘하고 찬란한 광명을 놓아 수미산 꼭대기를 비추었고 법혜보살을 위시한 모든 보살들이 그 경계를 게송을 지어 찬탄하며 읊었다. 발가락 끝으로 광명을 낸 것은 지위가 올라감을 밝힌 것이다. 이 주위(住位)에 들어간 몸과 마음의 지혜 궁전을 비춤을 밝힌 것으로 성(聖)에 들어가는 맨 처음을 나타내기 때문에 발가락 끝으로 광명을 놓는 것이다.

10명의 보살들은 십주위 중 각자 그 지위에 맞는 법문을 게송으로 찬탄함으로서 신심을 가진 이로 하여금 그 지위에 들도록 하고 있다.

보살대중들이 모여듦

이 때 부처님 신력으로써 시방에 각각 큰 *보살이 있었는데, 낱낱 보살이 각각 부처님 세계의 티끌 수처럼 많은 보살들과 함께 백 부처님 세계의 티끌 수 국토 밖에 있는 세계로부터 와서 모였습니다.

그 이름은 법혜보살 · 일체혜보살 · 승혜보살 · 공덕혜보살 · 정진혜보살 · 선혜보살 · 지혜보살 · 진실혜보살 · 무상혜보살 · 견고혜보살이었습니다.

爾時 佛神力故 十方各有一大菩薩, 一一各與佛刹微塵數菩薩 俱 從百佛刹微塵數國土外諸世界中 而來集會. 其名曰法慧菩薩 一切慧菩薩 勝慧菩薩 功德慧菩薩 精進慧菩薩 善慧菩薩 智慧菩薩 眞實慧菩薩 無上慧菩薩 堅固慧菩薩

THEN, DUE TO THE SPIRITUAL POWER of the Buddha, there came and gathered great enlightening beings from each of the ten directions, each accompanied by as many enlightening beings as atoms in a buddha-land, coming from worlds far away, beyond lands as numerous as atoms in a hundred buddha-lands. Their names were Wisdom of Truth, Total Wisdom, Supreme Wisdom, Virtuous Wisdom, Vigorous Wisdom, Good Wisdom, Knowing Wisdom, True Wisdom, Unexcelled Wisdom, and Stable Wisdom.

[주]

*보살: 菩薩, 보리살타(菩提薩埵)의 준말. Ⓢbodhisattva, 도중생(道衆生) ·

도심중생(道心衆生)・각유정(覺有情)이라 번역. 보리는 도(道), 각(覺)이며, 살타는 유정(有情), 중생이다. 즉 깨달음을 구하는 중생이라는 뜻이다. 성불하기 위하여 수행에 힘쓰는 이의 총칭으로 넓은 의미로는 일반적으로 대승교에 귀의한 사람. 보살이란 것은 큰 마음을 내어 불도에 들어오고, 4홍 서원을 내어 6바라밀을 수행하며, 위로는 보리를 구하고, 아래로는 일체 중생을 교화하여 3아승기 100겁의 긴 세월에 자리(自利), 이타(利他)의 행을 닦으며 51위(位)의 수행계단을 지나 드디어 불과(佛果)를 증득하는 사람. 다만 지장보살과 같이 중생제도를 위하여 영영 성불하지 않는 이도 있으니, 이를 대비천제(大悲闡提)라 한다.

부처님께서 광명을 내어 비추심

이 때 세존께서 양발의 발가락으로부터 백 천억 미묘한 빛의 광명을 놓아서 시방 일체 세계의 수미산 꼭대기를 비추니, 제석천 궁전 안에 계시는 부처님과 대중들이 나타나지 않는 이가 없었습니다.

爾時 世尊 從兩足指 放百千億妙色光明 普照十方一切世界須彌頂上, 帝釋宮中佛及大衆 靡不皆現.

At that juncture the Buddha emitted a hundred thousand billion light beams of sublime hue from the toes of his feet, illumining all the worlds in the ten directions, so that the Buddhas and congregations in the palaces of the Indras atop Mt. Sumerus were all revealed.

보살들의 찬탄

이 때 법혜보살이 부처님의 위신력을 받들어 널리 시방을 관찰하고 *게송으로 말하였습니다.

爾時 法慧菩薩 承佛威神 普觀十方 而說頌曰.

Then the enlightening being Wisdom of the Truth, infused with spiritual power from the Buddha, looked over the ten directions and said in verse.

[주]

*게송: 偈頌, [S][P]gāthā, 부처님의 공덕이나 교리를 노래 글귀로 찬미한 것. 게는 게타(偈陀)의 줄임말, 송은 그 뜻을 한역한 것으로, 범어와 한어를 병칭(倂稱)한 것이다. 경론 가운데 귀글로써 불타의 공덕을 찬탄하거나, 교리(敎理)를 기록한 것. 4자 내지 8자를 한 구로 하고 4구를 한 게송으로 한다.

지금 우리들은 부처님께서　　　我等今見佛
수미산 정상에 계시는 것을 보는데　　　住於須彌頂
시방에서도 역시 모두 그러하니　　　十方悉亦然
여래의 자재한 힘에 의한 것입니다　　　如來自在力

We now see the Buddha
On top of Sumeru:
It's the same in the ten directions,
By the Buddha's power of freedom.

지혜 광명이 항상 널리 비치어　　　慧光恒普照

이 세상 어두움을 모두 없애니 世闇悉除滅
어떤 것도 비교될 수 없으므로 一切無等倫
어떻게 측량해 알 수 있으리요 云何可測知

The light of his wisdom always shines everywhere,
Removing all the darkness of the world;
It has no compare at all:
How can it be comprehended?

[한자풀이]

恒:항상 항, 언제나, 늘 闇:닫힌문 암, 어둡다 倫:인륜 륜(윤), 무리 測:잴 측, 헤아리다

이 때 일체혜보살이 부처님의 위신력을 받들어 시방을 두루 관찰하고 게송으로 말하였습니다.

爾時 一切慧菩薩 承佛威力 普觀十方 而說頌言.

Then the enlightening being Total Wisdom, infused with the power of the Buddha, looked over the ten directions and said in verse.

설령 백천겁 동안이나 假使百千劫
여래를 늘 보게 하여도 常見於如來
진실한 이치에 의지하지 않고서 不依眞實義
세상 구원하는 이를 보게 된다면 而觀救世者
이런 사람은 모양에만 집착하여 是人取諸相
어리석은 미혹의 그물만 늘리어 增長癡惑網
태어나고 죽는 감옥에 얽매이니 繫縛生死獄
눈멀고 어두워 부처님 못봅니다 盲冥不見佛

Even if one always looked at Buddha
For a hundred thousand eons,
Not according to the absolute truth
But looking at the savior of the world,
Such a person is grasping appearances
And increasing the web of ignorance and delusion,
Bound in the prison of birth and death,
Blind, unable to see the Buddha.

[한자풀이]

假:거짓 가, 임시로 使:하여금 사, 시키다 取:취할 취 繫:맬 계 縛:묶을 박, 동여매다 獄:옥 옥, 감옥 盲:소경 맹, 눈이 멀다 冥:어두울 명

온갖 법이 나지도 않고　　一切法無生
온갖 법이 없어지지도 않으니　　一切法無滅
만일 이와 같이 알 수 있다면　　若能如是解
부처님은 늘 앞에 나타납니다　　諸佛常現前

All things are unborn,
All things are imperishable:
To one who can understand this
The Buddha will always be manifest.

이 때 승혜보살이 부처님의 위신력을 받들어 시방을 두루 관찰하고 게송으로 말하였습니다.

爾時 勝慧菩薩 承佛威力 普觀十方 而說頌言.

Then the enlightening being Supreme Wisdom, receiving power

from the Buddha, looked over the ten directions and said in verse.

범부들은 망령되이 관찰하여　　　　　凡夫妄觀察
진리 그대로가 아닌 모양만 취하는데　　　取相不如理
부처님은 모든 모양을 떠났으므로　　　　佛離一切相
저들로서는 볼 수가 없습니다　　　　　非彼所能見
Ordinary people's deluded views
Grasp forms and are not veritable.
Buddha is beyond all forms,
So not within their view.

[한자풀이]

凡:무릇 범, 모두　夫:지아비 부(凡夫: 불교에서 '번뇌에 얽매여 생사를 초월하지 못하는 사람'을 이르는 말)　妄:허망할 망, 망령되다

모든 것들은　　　　　　　　　　　了知一切法
제 성품 없음을 온전히 깨달아　　　　自性無所有
이처럼 법의 성품 이해한다면　　　　如是解法性
곧바로 *노사나불 뵙게 됩니다　　　　則見盧舍那
Knowing that all things
Have no inherent being of their own,
Understanding the nature of things this way
One will see Vairocana.

[한자풀이]

了:마칠 료, 깨닫다

[주]

*노사나: 盧舍那, Ⓢlocanā 비로자나불의 다른 이름. 변일체처(遍一切處), 광

명변조(光明遍照)라 번역함.

어두운 곳에 있는 보배를　　譬如闇中寶
등불 없이는 볼 수 없듯이　　無燈不可見
불법도 말하는 사람 없다면　　佛法無人說
지혜로운 이라도 알 수 없습니다　　雖慧莫能了
Just like a jewel in the dark
Cannot be seen if there is no lamp,
With no one to explain Buddha's teaching
Even the intelligent cannot comprehend it.

[한자풀이]

闇:닫힌문 암, 어둡다　雖:비록 수, ~라 하더라도　莫:없을 막, 말다

밝고 깨끗한 해라 하더라도　　又如明淨日
소경은 볼 수 없는 것처럼　　瞽者莫能見
지혜로운 마음이 없는 이는　　無有智慧心
결코 부처님 뵙지 못합니다　　終不見諸佛
And as the bright clear sun
Cannot be seen by the blind,
Those who have no wisdom
Can never see the Buddhas.

[한자풀이]

瞽:소경 고　終:끝날 종, 극에 이르다

이 때 공덕혜 보살이 부처님의 위신력을 받들어 시방을 두루 관찰하고 게송으로 말하였습니다.

爾時 功德慧菩薩 承佛威力 普觀十方 而說頌言.

Then the enlightening being Virtuous Wisdom, imbued with power from the Buddha, looked over the ten directions and said in verse.

말로써 설명한 법문을 言詞所說法
작은 지혜로 헛되게 분별하니 小智妄分別
이러한 이유로 장애가 생겨서 是故生障碍
제 마음도 알지 못하게 됩니다 不了於自心

Things expressed by words
Those of lesser wisdom wrongly discriminiate
And therefore create barriers
And don't comprehend their own minds.

[한자풀이]

詞:말씀 사, 알리다 障:가로막을 장 礙:거리낄 애, 가로막다, 방해하다

제 마음도 제대로 알 수 없다면 不能了自心
어떻게 바른 도를 알 수 있으리오 云何知正道
저 잘못된 지혜로 말미암아서 彼由*顚倒慧
모든 악들이 늘어나게 됩니다 增長一切惡

If one doesn't comprehend one's own mind,
How can one know the right path?
Based on misconstrued intellect
They increase all evils.

[주]

*전도: 顚倒, 엎어지고 넘어짐, 거꾸로 뒤바뀜

이 때 정진혜보살이 부처님의 위신력을 받들어 시방을 두루 관찰하고 게송으로 말하였습니다.

爾時 精進慧菩薩 承佛威力 觀察十方 而說頌言.

Then the enlightening being Vigorous Wisdom, receiving power from the Buddha, looked over the ten directions and said in verse.

만일 분별에 머물게 되면 若住於分別
곧바로 청정한 눈 망가지고 則壞淸淨眼
어리석고 그릇된 소견만 늘어 愚癡邪見增
영원히 부처님들 뵙지 못하리 永不見諸佛
If one dwells on discrimination,
One ruins the eye of purity;
Ignorant, false views increase,
And one never sees the Buddha.

본다는 생각 있으면 오염이 되어 有見則爲垢
이것은 곧 본다고 할 수 없나니 此則未爲見
모든 본다는 생각을 떠나야지만 遠離於諸見
이리하여 부처님을 뵙게 됩니다 如是乃見佛
If there are views, this is defilement;
This is not yet to be considered seeing.
By dismissing all views

Can one thus see Buddha.

이 때 선혜보살이 부처님의 위신력을 받들어 시방을 두루 관찰하고 게송으로 말하였습니다.

爾時 善慧菩薩 承佛威力 普觀十方 而說頌言.

Then the enlightening being Good Wisdom, infused with Buddha's power, looked over the ten directions and said in verse.

존귀하고 매우 용맹하신　　希有大勇健
한량없이 수많은 여래　　無量諸如來
더러움 벗고 *해탈하여　　離垢心解脫
자신과 남들을 *제도하시네　　自度能度彼

Extraordinary, the great beings,
The countless enlightened ones
Are free from taint, their minds are free;
Self-liberated, they can liberate others.

[주]

*해탈: 解脫, ⓢMukti : Mokṣa : Vimukti, 계박(繫縛)을 벗어나서 자재함을 얻는다는 뜻. 미혹의 속박에서 벗어나 완전한 자유를 얻음. 괴로움에서 해방된 평온한 상태. 번뇌의 속박을 떠나 무애자재한 깨달음을 얻음. 열반(涅槃)의 별칭임.

*제도: 濟度, 부처님과 보살이 미혹의 세계에서 생사(生死)만을 되풀이하는 중생들을 건져내어 생사 없는 지혜의 세계 즉 열반의 저 언덕에 이르게 함을 말한다. 생사의 고해(苦海)에서 해탈의 세계로 건네줌.

보는 것이 없건만 본다고 말하고　　　無見說爲見
태어남도 없는데 *중생이라 말하지만　　　無生說衆生
보는 것이나 중생들이나　　　若見若衆生
자체성품 없음을 깨달아야합니다　　　了知無體性

No view is called seeing,
The birthless is called beings;
Whether views or beings,
Knowing they've no substantial nature.

[주]

*중생: 衆生, ⓈSattva, 살타(薩埵)의 번역, 신역(新譯)에는 유정이라 하고, 구역(舊譯)에는 중생이라 함. 정식(情識)이 있는 생물. 중생이란 뜻에는 여러 생을 윤회한다, 여럿이 함께 산다, 많은 연이 화합하여 비로소 생한다는 뜻이 있다. 넓은 뜻으로 해석하면 오계(悟界)의 불・보살에게도 통하나, 보통으로는 미계(迷界)의 생류(生類)들을 일컫는 말.

볼 수 있거나 보이는 것은 물론　　　能見及所見
보는 이마저도 다 없애야 하지만　　　見者悉除遣
진실한 법을 무너뜨리지 않아야　　　不壞於眞法
이 사람이야말로 부처님 알게됩니다　　　此人了知佛

The seer dismisses entirely
The subject and object of seeing;
Not destroying reality,
This person knows the Buddha.

[한자풀이]

遣:보낼 견, 놓아주다　壞: 무너질 괴

있다거나 있지 않다거나 若有若無有
그러한 생각 모두 없애면 彼想皆除滅
부처님을 뵈올 수 있고 如是能見佛
실재의 자리에 머물게 됩니다 安住於實際
Whether of existence or nonexistence,
His conceptions are all removed:
Thus he can see the Buddha
And abide in reality.

이 때 지혜보살이 부처님의 위신력을 받들어 시방을 두루 관찰하고 게송으로 말하였습니다.

爾時 智慧菩薩 承佛威力 普觀十方 而說頌言.

Then the enlightening being Knowing Wisdom, imbued with power from the Buddha, looked over the ten directions and said in verse.

이 가운데는 어떤 물건도 없고 此中無少物
다만 거짓된 이름만 있을 뿐이니 但有假名字
나와 남이 있다고 집착하는 이는 若計有我人
곧바로 험한 길에 떨어집니다 則爲入險道
Herein there's not the slightest thing:
Only provisional names;
Those who think there's self and person
Enter a dangerous path due to this.

집착하는 모든 범부들은 諸取着凡夫

몸이 참으로 있다고 생각하지만 計身爲實有
여래는 취할 존재가 아니므로 如來非所取
저들은 끝내 볼 수 없습니다 彼終不得見
People who grasp and cling
Think the body really exists:
The Buddha is not something grasped,
So they never get to see.

이런 사람 지혜의 눈이 없어 此人無慧眼
부처님을 볼 수 없으므로 不能得見佛
한량없는 겁 가운데에서 於無量劫中
생사의 바다에 떠돌게됩니다 流轉生死海
These people lack the eye of wisdom
And cannot see the Buddha,
Circulating in the sea of birth and death
Through uncountable eons.

이 때 진실혜 보살이 부처님의 위신력을 받들어 시방을 두루 관찰하고 게송으로 말하였습니다.

爾時 眞實慧菩薩 承佛威力 普觀十方 而說頌言.

Then the enlightening being True Wisdom, empowered by the Buddha, looked over the ten directions and said in verse.

차라리 *지옥의 고통 받으면서 寧受地獄苦
부처님들의 이름 들을지언정 得聞諸佛名

한량없는 즐거움을 받으려고	不受無量樂
부처님 이름 듣지 않을 것인가	而不聞佛名

I'd rather suffer the pains of hell
While able to hear the name of Buddha
Than to experience boundless pleasure
Without hearing the name of Buddha

[한자풀이]

寧: 편안할 녕 受:받을 수

[주]

*지옥: 地獄, Ⓢnaraka ; niraya, 즐거움은 없고 괴로움만 극심한 곳. 죄업을 지은 중생이 그 죄업의 성질에 따라 떨어져서 온갖 괴로움을 받는다고 한다. 지옥에는 여덟 종류의 뜨거운 큰 지옥(八大熱地獄)과 이 속에 16별처지옥(十六別處地獄)이 있으며 또한 여덟 종류의 추운 지옥(八寒地獄)과 그 안에 16별처지옥이 있다고 함. 죄업이 무거운 중생은 한 지옥에서 형벌이 끝나면 계속 다른 지옥으로 옮겨 다니면서 끝없는 고통을 겪어야 된다고 한다.

이 때 무상혜보살이 부처님의 위신력을 받들어 시방을 관찰하고 게송으로 말하였습니다.

爾時 無上慧菩薩 承佛威力 普觀十方 而說頌言.

Then the enlightening being Unexcelled Wisdom, receiving Buddha's power, looked over the ten directions and said in verse.

범부는 깨달음의 이해가 없어	凡夫無覺解
부처님께서 정법에 머물게 하였으나	佛令住正法
모든 것은 머무는 곳이 없으니	諸法無所住

이를 깨달으면 자신을 보게되리라　　　　悟此見自身

People with no awakened understanding
Buddha makes abide in the truth.
All things have no abode -
Understanding this, one sees one's own body.

이 때 견고혜 보살이 부처님의 위신력을 받들어 시방을 관찰하고 게송으로 말하였습니다.

爾時 堅固慧菩薩 承佛威力 普觀十方 而說頌言.

Then the enlightening being Stable Wisdom, empowered by the Buddha, looked over the ten directions and said in verse.

만약에 여래를 보는 사람은　　　　若見如來者
크고 좋은 이익을 얻게되니　　　　爲得大善利
부처님 이름 듣고 신심 낸다면　　　　聞佛名生信
바로 이것이 세상의 *탑이리라　　　　則是世間塔

If someone sees the Buddha,
That is gaining great benefit;
Hearing the name Buddha and developing faith
Is a monument in the world.

[한자풀이]

塔:탑 탑, 절, 법당

[주]

*탑: 塔, Ⓢstūpa, 탑파(塔婆)라 음역함. 원래는 부처님 사리(舍利)를 묻고, 그 위에 돌이나 흙을 높이 쌓은 무덤 또는 묘를 말하는 것이다.

우리들이 세존을 뵈오면	我等見世尊
큰 이익을 얻게 되나니	爲得大利益
이와 같은 미묘한 법 들으면	聞如是妙法
마땅히 깨달음을 이루게됩니다	悉當成佛道

We see the World Honored Ones
And consider it a great boon;
Hearing such a wonderful teaching,
We all shall attain enlightenment.

어떤 집착도 분별도 하지 않고 있다면,
진정한 자신의 참모습도 볼 수 있게 됩니다.

If you see objects without any attachment
and discrimination,
you will also be able to see your true nature.

수미정상에 오르신 부처님의 설법을 듣기 위해 수많은 보살들이 모여 드는데, 법혜(法慧)보살을 위시한 보살들이 백 부처님 세계의 티끌 수 국토 밖에 있는 세계로부터 모여든다고 합니다. 이 때 백 혹은 티끌 수 등의 숫자는 무엇을 의미하는 것일까요?

『화엄경』에는 숫자가 많이 등장하는데, 숫자의 상징적인 의미와 상징체계를 잘 새기도록 해야겠습니다. 가장 대표적인 예로써 10이라는 숫자를 들 수 있는데, 부처님도 십불, 그 외에 십보살, 십원, 십바라밀, 십신, 십주, 십행, 십회향, 십지… 등에서 10이라는 원만수를 사용하고 있고, 비유를 들거나 게송을 읊을 때, 설명을 할 때도 거의 대부분 열 개씩 묶어 열 가지, 백가지, 천 가지의 숫자로 짝을 맞추는데, 이는 『화엄경』의 세계가 무애원만한 세계임을 보여주려는 상징적인 수(數)의 언어라고 할 수 있을 것입니다.

여기서 '백 부처님세계의 티끌 수 국토 밖에 있는 세계로부터 왔다'고 한 것은 중생이 미혹하기 때문에 국토 밖이라고 표현했고, 보살이 미혹을 풀었기 때문에 '온다'라는 표현을 쓴 것입니다. 무명에 미혹된 어둠의 장애가 넓고도 많기 때문에 백 부처님세계의 티끌 수와 같다고 비교한 것이지요. 이통현 장자의 『신화엄경론』에 의하면 '지혜와 무명이 서로 같으면서도 다만 미혹과 깨달음이 현격하기 때문에' 그만큼의 거리로 묘사한 것이라고 할 수 있습니다.

모양에만 집착하는 사람은 어리석은 미혹의 그물만 늘리어 생사의 감옥에 얽매이게 된다고 합니다. 그런 사람은 눈멀고 어두워 부처님을 볼 수 없다고 하는데, 겉으로 드러난 모양이 진정한 자신인 줄 알고 집착하게 되면 참된 자신의 모습을 볼 수 없다는 뜻이겠지요?

그렇습니다. 우리는 자신에게 주어진 역할이나 지위, 남들에게 알려진 명성이나 직업으로 평가되는 자신이 진정한 자신이라고 생각할 때가 많습니다. 성적으로 자신이 평가받는다고 생각하던 수험생이 원하는 만큼 점수가 나오지 않아 자살을 기도한 경우나, 외모로 평가받는다고 생각하던 여성의 얼굴이 무절제한 성형수술로 회복 불가능할 정도로 일그러져버린 경우를 예로 들 수 있습니다. 그들이 그토록 성적이나 얼굴에 집착했던 이유는 무엇일까요? 아마 성적이나 얼굴이 자신의 전부인 줄 알았던 것이지요. 돈이나 권력이나 명예를 좇아 그것만을 위해 사는 사람들 역시 그것을 제외한 자신은 존재하지 않는다고 생각하기 때문일 것입니다.

성차별이 심한 가족분위기에서 성장한 사람들은 '남성' 혹은 '여성'이라는 사회적 편견에 예속되어, 성을 떠난 인간으로서의 참모습을 인식할 수 없게 됩니다. 태어나면서부터 딸이라는 이유로 환영받지 못하고, 자라면서 아들 못 낳은 어머니의 한풀이 대상으로 미움 받았던 중년의 여성이 자신의 삶이 지옥 같았다고 술회했습니다. 이 여성은 자기 존재로서 인정받은 기억은 없고, 오직 동생을 돌보는 언니로서 또 어머니와 자매들의 미움의 대상으로서 존재의 의미를 찾을 수밖에 없었다고 합니다. 그녀는 철저히 외면당한 자신의 존재가치를 확인하기 위해 온갖 노력으로 최선을 다했지만, 크고 작은 여러 성취가 있음에도 불구하고 그녀의 자존감을 되돌려 놓지는 못하였습니다. 너무나 철저히 '나는 못났다', '나는 처음부터 존재하지 말았어야 했다', '사람들은 나를 싫어하고 비웃을 것이다'는 생각에 빠져있었기 때문에 어떤 기쁨도 느낄 수 없었던 것이지요. 몇 번이나 죽고 싶고 살

가치가 없다는 생각에 사로잡혀 자살까지 시도하였고, 고통을 떠나려고 자신의 모든 것을 포기하고 싶었던 적이 한 두 번이 아니었다고 합니다. 그녀는 자신에게 긍정적인 부분이 있다는 것은 믿을 수 없었고, 자신을 칭찬하는 소리는 예의로 하는 말로 여기고 진심으로 받아들일 수 없었다고 합니다. '나는 사랑받을 수 없는 존재'라는 망념을 가지고 있는 한, 비록 다른 사람이 사랑한다고 하여도 사랑을 느낄 수 없었던 것이지요.

이처럼 어느 한 곳에만 시각이 고정되어버리면 다른 견지에서 드러나는 차원이 있다는 것은 보이지도 들리지도 않게 되어 진정한 자기 자신을 찾는다는 것은 생각할 수조차 없게 됩니다. 그러나 모양에 집착하지 않으면서 있는 그대로 볼 수만 있다면, 상(相) 자체는 매우 중요한 관찰 대상이 됩니다. 마음은 바로 상(相)을 통해서 보이기 때문이지요. 상에 집착하고 거기에 머물러 버리니까 상(相)을 통해 표현된 실재를 보지 못하게 되는 것입니다. 집착하고 있는 동안에는 마음의 눈이 멀지만, 마음의 눈을 열면 오히려 집착하고 분별하는 눈이 멀게 되겠지요. 어떤 집착도 분별도 하지 않고 대상을 볼 수 있다면, 진정한 자신의 참모습도 볼 수 있게 될 것입니다.

태어나서 죽을 때까지 이 몸뚱이를 끌고 다니면서도 진정한 참모습을 보지 못한다는 것이 참으로 놀랍습니다. 겨우 말을 하게 되면서부터 부모에게서 배우기 시작하여 수십 년 동안 학교공부를 통해 배우면서도 진정한 자신을 찾는 것과는 거리가 있다는 것을 생각하면 씁쓸해지기도 합니다.

경문에 '작은 지혜로 헛되게 분별한다'는 말이 있습니다. 자기는 어떤 사물이나 사건을 있는 그대로 본다고 하지만, 자기 마음을 투사하여 바라보기 때문에 분별에 사로잡히게 되고, 또 그러한 마음은 번뇌 망상을 불러오게 되는 것이지요. 마치 그릇에 따라 물이 담긴 모양이 달라지는 것과 같습니다. 어떤 사람은 둥근 그릇에, 어떤 사람은 네모난 그릇에, 또 어떤 사람은 때가 낀 그릇에 담기도 하겠지요. 그러면서 그 모양을 보고 둥글다 혹은 네모다 아니면 더럽다고 말하게 될 것입니다. 상황을 받아들이는 내 마음의 그릇이 어떠한가에 따라서 물이 독물이 되거나 구정물이 될 수도 있고, 감로수가 되거나 진리의 성수가 될 수도 있을 것입니다. 분명 똑같은 위치에서 어떤 상황을 보았지만 단지 자기 식으로 보았기 때문에, 받아들이는 것은 천차만별로 다르게 느껴지는 것입니다.

어떤 사람은 자기를 철저히 들여다보았노라고 자부하면서 결점이나 어두운 면만 지각하는 사람도 있습니다. 장점을 말해보라 하면 다섯 가지도 선뜻 찾아내지 못하면서, 단점은 서른 가지도 넘게 단숨에 말해버리는 사람을 보았습니다. 자신을 지나치게 미화시켜서 지각하는 것도 제대로 자신을 보는 것이 아니지만, 지나치게 부정적으로 보는 것도 제대로 보는 것이 아닙니다. 반대로 자신의 긍정적인 부분만 보려고 하고 못난 모습을 보지 않으려고 하는 경우가 많은데, 스스로에게도 보일 수 없어 자꾸 가리다 보면 자신을 속이게 되고 자기도 모르게 위장된 모습이 진정한 자신인 줄 알게 됩니다. 스스로에게 솔직하지 못하고 자신의 부정적인 모습을 외면하며 사는 이런 사람은 자신이 받아들일 수 없는 면을 남들이 알까 두려워 드러내지 않으려고 하기 때문에 자신에게도 남에게도 거짓된 모습으로 살게 됩니다.

이러한 불일치는 혼란을 가져오고, 남의 눈치를 살피게 합니다. 행여나 그럴 듯한 포장 뒤에 가려진 자신의 추한 모습을 남들에게 들킬까 두렵고, 만약 그런 자신을 보았을 때 돌아올 비난의 화살은 생각만

해도 너무나 끔찍한 일로 느껴지게 됩니다. 이렇게 남의 시선을 의식하고 자신의 평가와 행동기준을 자기 밖의 시선에만 두게 되면 자기 내부를 들여다보는 눈은 없어지고 온 신경과 에너지는 밖으로 향하게 되지요. 온갖 망상에 끌려 다니다보면 한 순간도 고요로움을 경험하지 못하면서 세월만 보내게 되는 셈이지요. 세월만 흐른다고 저절로 성숙해지는 것이 아닙니다. 나이가 든다고 다 너그러워지고 수용적인 사람이 되는 것은 아닙니다. 우리 주변에는 나이가 들수록 더 옹고집이 되고 탐욕이 많아져 가족으로부터도 고립되는 사람들을 자주 볼 수 있습니다. 교육수준이 높아지고 교육의 기회도 더욱 확대되는 현실이지만, 어쩌면 교육의 방향이 외적인 성공을 더 부추기고, 높은 학력일수록 자만심의 장벽을 더 두껍게 하는지도 모릅니다. 이제 우리 모두는 세속적인 모든 가치기준의 속박에서 벗어나, 가리워지고 포장된 그 내면의 진정한 자기 모습은 무엇인가에 관심을 가져야 할 때입니다. 자기 내면을 들여다보는 데 소홀히 한다면 진정한 자신을 찾는 일은 요원해지고, 영원히 윤회의 흐름에서 벗어나지 못하게 될 것입니다.

있는 그대로의 참모습을 보는 것이 그토록 어려운 것이군요. 나름대로 애쓰며 열심히 산다고 하는데도, 자신을 알아가기는커녕 오히려 업만 더 쌓는 일이 될 수도 있다는 것을 알았습니다. 경문에도 '잘못된 지혜로 말미암아 모든 악들이 더욱 늘어나게 된다'고 하였습니다. 올바른 마음가짐을 가지려면 어떻게 해야 할까요?

있는 그대로 본다는 것이 결코 쉬운 일이 아닙니다. 만약 어떤 투사도 없이 진실로 있는 그대로의 성품을 볼 수 있다면 그 때가 바로 견성성불(見性成佛)하는 순간이 아니겠습니까? 자신을 가리고 숨기지 마십시오. 억제하고 억압하지 마십시오. 미워하고 배척하지 마십시오. 두려워하고 불안해하지 마십시오.

대부분의 사람들은 자기 마음속에서 요동치는 부정적인 감정을 느끼지 않으려고 합니다. 더러는 남의 탓으로 돌리기도 하고 혹은 마음과는 정반대로 행동하여 안 그런 척 위장하기도 합니다. 그런 것은 무의식적인 차원에서 진행되므로 자기도 모르는 사이에 덮이고 왜곡되어 오랜 시간이 지난 후에는 진짜 자기모습이 어떤 것인지를 알 수 없게 되어버리지요.

슬픈 일이 있으면 슬픔을 느끼세요. 화가 나면 화가 나는 자신의 마음을 통찰하세요. 불안하면 불안해하는 자신을 바라보세요. 모든 감정으로부터 자유롭다는 것은 그런 감정을 느끼지 않음을 의미하지는 않습니다. 희노애락의 모든 감정을 다 느끼면서도 그 감정에 사로잡혀 집착하거나 휘둘리지 않는다는 것을 말합니다. 만약 목석이나 마비상태에 있는 사람이 아무런 감정이 없다고 해서 그것을 자유롭다고 말하지 않는 것과 같습니다.

그렇지만 누구나 화가 나지만 그 모두가 다 화를 내는 것은 아닙니다. 화나는 일은 상황에 따라 일어날 수 있지만, 화를 내는 일은 그 사람의 인격적 성숙 정도에 달린 일이기 때문이지요. 또 받아들이는 사람의 마음 그릇 역량에 따라 화나는 일이 될 수도 있고 그렇지 않을 수도 있을 것입니다. 만약 화를 내게 되더라도 그 정도와 방법은 사람마다 다른 것이겠지요. 자기 수행을 열심히 하던 어떤 심리학자는 10년 정도의 공부 끝에야 비로소 마음속에 화가 나는 것을 느끼고 그것이 표정으로까지 드러나기 전에 소멸시킬 수 있게 되었다고 고백하였습니다. 그만큼 자기통찰도 빠르지만, 부정적인 감정도 수용할

만한 근기가 길러졌기 때문이겠지요.

그러나 화를 내지도 그리고 화가 나는 것을 느끼지도 못하는 사람도 있습니다. 남이 나를 어떻게 볼까 두렵고, 스스로 못난 자신의 모습을 목격할 용기가 없기 때문입니다. 자기 자신에게 솔직하지 못하고 이리 가리고 저리 숨기면서 자신의 불성을 보리라는 기대는 결코 할 수 없을 것입니다. 마음이 외면적 양상만을 좇아 이리 저리 흩어져 동요할 때, 고요한 마음을 얻을 수는 없을 것입니다. 있는 그대로의 자신과 남을 보는 것이야말로 수용하는 것이요, 벗어나는 것이 아니겠습니까?

제15. 십주품(十住品)

요약

법혜보살이 부처님의 위신력으로 보살 무량방편 삼매에 들었다가 선정에서 일어나 보살이 머무는 곳을 설하였다. 십주는 보살의 수행계위인 52위 중 제 11위에서 제20위까지를 말한다. 십신위(信位)를 지나서 모든 부처님의 대지혜 속에 태어나서 머무는 것이니, 곧 부처님의 집에 머물 수 있게 되었다는 의미에서 십주라고 한다.

또 이 주(住)에 들어가면 영원히 물러서지 않기 때문에 주(住)라 이름 붙인 것이다.

보살이 머무는 곳은 넓고 커서 법계와 허공과 같다고 하면서 보살이 머무는 곳 열 가지를 말하였다. 이는 ①초발심주 ②치지주 ③수행주 ④생귀주 ⑤구족방편주 ⑥정심주 ⑦불퇴주 ⑧동진주 ⑨법왕자주 ⑩관정주인데 즉 십주는 신심을 낸 보살이 깨달음의 세계를 향하여 나아가는 과정을 열 단계로 나누어 설명하고 있다.

① 초발심주(初發心住) : 보살이 처음 발심하는 자리. 즉 불법을 구하는 마음이다. 발심의 원인이 되는 10법과 발심의 조건, 초발심주에서 닦는 10법을 설한다. 또한 여래의 뛰어난 지혜인 10지 혹은 10

력이 설해지고 있다.
② 치지주(治地住) : 대자심(大慈心)·대비심(大悲心) 등으로써 부지런히 공부하고 수도하여 마음을 다스리는 자리이다. 보살은 중생들에게 10심의 마음을 낸다. ③ 수행주(修行住) : 10가지 행으로 일체법을 관찰하여 수행하면서 밝고 깨끗한 지혜를 증장하는 것이다. ④ 생귀주(生貴住) : 보살이 성인의 교법으로부터 나서 10가지 법을 성취하여 마음의 평등함을 얻는 귀한 자리이다. ⑤ 구족방편주(具足方便住) : 보살이 선근을 닦아 방편을 구족하는 자리이다. ⑥ 정심주(正心住) : 불·법·보살 등에 대하여 찬탄하는 것을 듣거나 훼방하는 것을 들어도 불법(佛法)에 마음이 안정하여 움직이지 않는 자리이다. ⑦ 불퇴주(不退住) : 보살이 부처님이 있다거나 없다는 등 10가지 법을 듣고도 마음이 견고하여 퇴전하지 않게 되는 자리이다. ⑧ 동진주(童眞住) : 신(身)·구(口)·의(意) 삼업(三業)이 동자와 같이 순진한 자리이다. ⑨ 법왕자주(法王子住) : 법왕의 행을 아는 왕자의 자리이다. ⑩ 관정주(灌頂住) : 왕자가 관정식에서 왕위에 취임하는 것 같이 보살이 10가지 지혜, 즉 일체종지를 얻어 주(住)의 최고의 자리에 오르는 것이다.

법혜보살이 삼매에 듦

이 때 법혜보살이 부처님의 위신력을 받들어 보살의 무량방편 *삼매에 들었습니다.

爾時 法慧菩薩 承佛威力 入菩薩無量方便三昧.

THEN THE ENLIGHTENING BEING Truth Wisdom, empowered by the Buddha, entered into the concentration of infinite techniques of enlightening beings.

[주]

*삼매: 三昧, ⓈSamādhi, 삼마데(三摩提・三摩帝)・삼마디(三摩地)라 음역・정(定)・등지(等持)・정수(正受)・조직정(調直定)・정심행처(正心行處)라 번역. 산란한 마음을 한 곳에 모아 움직이지 않게 하며, 마음을 바르게 하여 망념에서 벗어나는 것.

삼매에서 깨어나 보살의 머무는 곳을 설함

이 때에 부처님들께서 각각 오른 손을 펴시어 법혜보살의 정수리를 쓰다듬으시니 법혜보살이 *선정에서 깨어나서 여러 보살에게 말하였습니다.

"불자여, 보살이 머무는 곳은 넓고 커서 *법계와 허공과 같습니다. 불자들이여, 보살이 세 세상의 여러 부처님 집에 머무나니, 저 보살의 머무는 곳을 내 이제 말하겠습니다. 불자들이여, 보살이 머무는 곳이 열 가지가 있으니, 과거・미래・현재의 부처님들이 이미 말하였고 장차 말할 것이요 지금 말하고 있습니다.

열 가지란 초발심주・치지주・수행주・생귀주・구족방편주・정심주・불퇴주・동진주・법왕자주・관정주입니다. 이것을 보살의 십주라 하는데, 과거・미래・현재의 부처님들이 말씀하시는 것입니다."

是時 諸佛 各伸右手 摩法慧菩薩頂 法慧菩薩 卽從定起 告諸菩薩言. 佛子 菩薩住處 廣大 與法界虛空等. 佛子 菩薩 住三世諸佛家, 彼菩薩住 我今當說. 諸佛子 菩薩住 有十種 過去未來現在諸佛 已說當說今說. 何者爲十: 所謂初發心住 治地住 修行住 生貴住 具足方便住 正心住 不退住 童眞住 法王子住 灌頂住. 是名菩薩十住 去來現在諸佛 所說.

[한자풀이]

伸:펼 신　摩:갈 마, 쓰다듬다

Now the Buddhas all extended their right hands and rubbed Truth Wisdom's head; then the enlightening being Truth Wisdom emerged from concentration and declared to the enlightening beings, "Children of Buddhas, the abode of enlightening beings is vast, as vast as the space of the cosmos. Enlightening beings dwell in the house of the Buddhas of past, present, and future. The abodes of enlightening beings I shall now explain. Buddha-children, there are ten kinds of abodes of enlightening beings, which the past, future, and present Buddhas have explained, will explain, and do explain. What are the ten? They are the abode of initial determination; the abode of preparing the ground; the abode of practice action; the abode of noble birth; the abode of fulfillment of skill in means; the abode of the correct state of mind; the abode of nonregression; the abode of youthful nature; the abode of prince of the teaching; the abode of coronation. These are called the ten abodes of enlightening beings, expounded by the Buddhas of past, future, and present."

[주]

*불자: 佛子, Ⓢbhagavataḥ putra, ①부처님의 교법을 배우고 신봉하는 사람들. 곧 불교신자. ②일체중생. 모두 불성을 갖추고 있어 부처가 될 수 있으므로 불자라 한다. ③계(戒)를 받아 출가 수행하는 사람. ④보살의 다른 이름.

*선정: 禪定, 산스크리트어 dhyana의 음사어인 선(禪)과 그 번역어인 정(定)의 합성어. 좌선에 의하여 심신(心身)이 통일된 상태. 마음을 한 곳에 집중시키는 명상.

*법계: 法界, ⓈDharmadhātu, 달마타도(達磨馱都)라 음역. 법의 종류, 법의 영역, 법의 본성이라는 의미. 세 가지 뜻이 있다. ①계(界)는 인(因)이란 뜻, 법(法)은 성법(聖法)이니, 성법을 내는 원인이 되므로 곧 진여(眞如)를 말한다. ②계(界)는 성(性)이란 뜻. 법은 일체 모든 법이니, 만유제법의 체성이 되므로 곧 진여를 말한다. ③계(界)는 분제(分齊)란 뜻. 법은 모든 법이니 분제가 서로 같지 않은 모든 법의 모양. 곧 만유제법을 포함하여 말한다.

1. 초발심주

"불자여, 보살의 발심주란 어떤 것입니까. 발심주란 이 보살(발심주 계위에 해당하는 보살)이 사람들이 보기를 좋아하고 만나 뵈옵기가 어렵고 큰 위신력이 있는 부처님의 훌륭한 모습을 보고, 혹은 신족통을 보기도 하고, 수기하심을 듣기도하고, 가르침을 듣기도 하며, 중생들이 극심한 고통 받는 것을 보기도 하고, 여래의 넓고 큰 불법을 듣기도 하면서, 보리심을 내어 일체지를 추구하는 것입니다.

이 보살은 열 가지 얻기 어려운 법을 인연으로 마음을 냅니다. 열 가지란 이를테면 옳고 그른 것을 아는 지혜, 선업 악업으로 받을 과보를 아는 지혜, 모든 근성이 뛰어나고 열등함을 아는 지혜, 가지가지 이해의 차별을 아는 지혜, 가지가지 경계의 차별을 아는 지혜, 모든 곳에 이르는 길을 아는 지혜, 모든 선정과 해탈과 삼매를 아는 지혜, 숙명을 걸림 없이 아는 지혜, 천안이 걸림 없는 지혜, *삼세의 *번뇌가 모두 다한 지혜이니 이것이 열 가지 입니다.

불자들이여, 이 보살은 마땅히 열 가지 법을 닦고 익혀야 합니다. 열 가지란 부지런히 부처님께 공양하고, 생사에 즐거이 머물고, 세상을 인도하여 나쁜 업을 없애게 하고, 훌륭하고 오묘한 법으로 항상 가르치고, 위없는 법을 찬탄하고, 부처님의 공덕을 배우고, 부처님들 계신 곳에 태어나서 거두어 주심을 받고, 방편으로 고요한 삼매를 연설하고, 생사 *윤회를 멀리 떠나는 것을 찬탄하고, 고통 받는 중생을 위해 의지처가 되는 것을 말합니다.

왜냐하면 보살들로 하여금 부처님 법 가운데서 마음이 더욱 넓어지게 하며, 법을 듣고는 스스로 이해해서 다른 가르침에 의존하지 않게 하기 위해서입니다."

佛子 云何爲菩薩發心住. 此菩薩 見佛世尊 形貌端嚴 色相圓滿 人所樂見 難可値遇 有大威力. 或見神足 或聞記別 或聽教誡 或見衆生 受諸劇苦

或聞如來 廣大佛法 發菩提心 求一切智.

此菩薩 緣十種難得法 而發於心. 何者 爲十. 所謂是處非處智 善惡業報智 諸根勝劣智 種種解差別智 種種界差別智 一切至處道智 諸禪解脫三昧智 宿命無碍智 天眼無碍智 三世漏普盡智 是爲十.

佛子 此菩薩 應勸學十法. 何者 爲十. 所謂勤供養佛 樂住生死 主導世間 令除惡業 以勝妙法 常行敎誨 歎無上法 學佛功德 生諸佛前 恒蒙攝受 方便演說寂靜三昧 讚歎遠離生死輪廻 爲苦衆生 作歸依處. 何以故 欲令菩薩 於佛法中 心轉增廣 有所聞法 卽自開解 不由他敎故.

[한자풀이]

貌:얼굴 모　端:바를 단, 옳다　値:값 치, 가지다　遇:만날 우　誡:경계할 계, 훈계　劇:심할 극, 힘들다　漏:샐 누(루), 불교에서 번뇌라는 의미로 쓰임　誨:가르칠 회　歎:읊을 탄, 칭찬하다　恒:항상 항, 언제나　蒙:입을 몽　歸:돌아갈 귀

"What is the enlightening beings' abode of initial determination? The enlightening beings, seeing the magnificence of the Buddhas, which people like to see, rarely encountered, having great power; or seeing their spiritual powers, or hearing predictions of enlightenment, or listening to their teachings and instructions, or seeing sentient beings suffering severe pains, or hearing the far-reaching teaching of enlightenment of the Buddhas, develop the determination for enlightenment, to seek omniscience.

The enlightening beings arouse determination with ten difficult-to-attain objectives: the knowledge of what is so and what is not; knowledge of consequences of good and bad actions; knowledge of superiority and inferiority of faculties; knowledge of the differences of various understandings; knowledge of the differences of various realms; knowledge of where all paths lead; knowledge of all meditations, liberations, and concentrations; knowledge of past lives; clairvoyance; knowledge of the universal end of indulgence for all time. Here the enlightening beings should encourage and study ten things: diligently making offerings to the Buddhas; gladly remaining in the world; guiding worldly people to reject evil deeds; always carrying on instruction by means of the most sublime teaching; praising the unexcelled teaching; learning the virtues of buddhahood; being born in the presence of Buddhas and always being received into their company; expediently expounding tranquil concentration; extolling detachment from the cycle of birth and death; being a refuge for suffering beings.

What is the reason? To cause enlightening being's minds to broaden in the Buddha's teaching and to be able to understand whatever teaching they hear without depending on another's instruction."

[주]

*삼세: 三世, ⓈTrayo-dhvanaḥ, loka-traya, 과거・현재・미래를 말함. 또는 전세(前世)・현세(現世)・내세(來世). 유위(有爲)의 사물(事物)이 한 찰나 사이에 그치지 않고 생겼다가는 사라지므로 내생을 미래세라 하며, 생기는 것을 현재세라 하고, 멸하는 것을 과거세라 한다. 세(世)는 격별(隔別)・천류(遷流)의 뜻으로, 현상계의 사물은 잠깐도 정지하지 않고, 생기면 반드시 멸한다. 이 사물이 천류 하는 위에 3세를 임시로 세운 것. 불교에서는 시간의 실체를 인정하지 않고, 법(法) 위에 세운 것. ①현재-어떤 법이 생겨서 지금 작용하고 있는 동안 ②과거-법이 멸했거나 또 그 작용이 그친 것 ③

미래-법이 아직 나지 않고, 작용을 하지 않는 것.

*번뇌: 煩惱, Ⓢ Klèsa, Ⓟ Kilesa, 혹(惑)·수면(隨眠)·염(染)·누(漏)·결(結)·박(縛)·전(纏)·액(軛)·폭류(暴流)·사(使) 등이라고 한다. 나라고 생각하는 사정에서 일어나는 나쁜 경향의 마음 작용. 곧 눈앞의 고와 낙에 미(迷)하여 탐욕(貪慾)·진심(瞋心)·우치(愚癡) 등에 의하여 마음에 동요를 일으켜 몸과 마음을 혼란하게 하는 정신작용. 일체 번뇌의 근본이 되는 근본번뇌와 이에 수반하여 일어나는 수번뇌가 있는데 이를 108번뇌, 8만 4천 번뇌 등으로 나눈다.

*윤회: 輪廻, Ⓢ Saṃsāra, 사람이 죽었다가 나고 났다가 죽어 몇 번이고 이렇게 반복함을 말한다. 불교에서 말하는 3계(界) 6도(道)에서 미혹(迷惑)의 생사를 거듭하는 것. 세상의 온갖 물질과 모든 세력은 어느 것이나 아주 없어져 버리는 것이 하나도 없다. 오직 인과(因果)의 법칙에 따라 서로 연쇄 관계를 지어 가면서 변하여 갈 뿐이다. 그러므로 우리의 업식(業識)도 육체가 흩어질 때에 아주 없어지는 것이 아니다. 모든 중생이 온갖 생각이 일어났다 꺼졌다 하므로 쉴 새 없이 번민과 고통 속에서 지내다가 육신이 죽으면 생전에 지은 업을 따라 지옥·아귀·축생·아수라·인간·천상을 수레바퀴 돌듯이 돌아다니게 된다. 이것을 윤회라 한다.

2. 치지주

"불자들이여, 무엇을 보살의 치지주라고 합니까. 이 보살(치지주 계위의 보살)은 중생들에 대하여 열 가지 마음을 냅니다. 열 가지란 이를테면 이익 주려는 마음, 크게 불쌍히 여기는 마음, 안락케 하려는 마음, 편안히 머물게 하려는 마음, 가엾이 여기는 마음, 거두어 주려는 마음, 보호하려는 마음, 내 몸과 같이 여기는 마음, 스승같이 여기는 마음, 도사같이 여기는 마음이니, 이것이 열 가지입니다."

佛子 云何爲菩薩治地住. 此菩薩 於諸衆生 發十種心. 何者 爲十 所謂 利益心 大悲心 安樂心 安住心 憐愍心 攝受心 守護心 同己心 師心 導師心 是爲十.

[한자풀이]

憐:불쌍히 여길 연(련), 가엾게 생각하다 愍:근심할 민, 불쌍히 여기다 攝:걷을 섭, 돕다 受:받을 수, 받아들이다 守:지킬 수 護:보호할 호

"What is the enlightening beings' abode of preparing the ground? Here the enlightening beings develop ten attitudes toward all living beings: altruism; compassion; wish to give happiness; wish to give security; pity; care; protecting; identification; considering them as teachers; considering them as guides."

3. 수행주

"불자들이여, 무엇을 보살의 수행주라 합니까? 이 보살(수행주 계위의 보살)이 열 가지 행으로 온갖 법을 관찰하는데, 열 가지란 이를테면 온갖 법이 무상하고, 온갖 법이 괴롭고, 온갖 법이 공하고, 온갖 법이 '나'가 없고, 온갖 법이 지음이 없고, 온갖 법이 맛이 없고, 온갖 법이 이름과 같지 않고, 온갖 법이 처소가 없고, 온갖 법이 분별을 벗어났고, 온갖 법이 견실하지 않음을 관찰하는 것이니, 이것이 열입니다."

佛子 云何爲菩薩修行住. 此菩薩 以十種行 觀一切法 何等 爲十 所謂觀一切法無常 一切法苦 一切法空 一切法無我 一切法無作 一切法無味 一切

法不如名 一切法無處所 一切法離分別 一切法無堅實 是爲十.

[한자풀이]

堅:굳을 견

"What is the enlightening beings' abode of practice? Here enlightening beings contemplate all things through ten practices: observing that all things are impermanent, all things are painful, all things are empty, all things are selfless, all things have no creation, all things are flavorless, all things do not correspond to the names, all things have no locus, all things are apart from discrimination, all things lack stable solidity."

4. 생귀주

"불자들이여, 무엇이 보살의 생귀주입니까. 이 보살(생귀주 계위의 보살)은 성인의 가르침으로부터 나서 열 가지 법을 성취하는데, 열 가지란 부처님계신 곳에서 영원히 물러서지 않고, 깨끗한 믿음이 깊이 우러나오며, 법을 잘 관찰하고, 중생과 국토와 세계와 업행과 *과보와 생사와 *열반을 잘 아는 것이니, 이것이 열입니다."

佛子 云何爲菩薩生貴住. 此菩薩 從聖教中生 成就十法, 何者 爲十 所謂永不退轉 於諸佛所 深生淨信 善觀察法 了知衆生 國土 世界 業行 果報 生死 涅槃 是爲十.

[한자풀이]

退:물러날 퇴 轉:구를 전

"What is the enlightening beings' abode of noble birth? Here the enlightening beings are born from the wise teaching and perfect ten things: never regressing from the presence of the Buddhas; profoundly engendering pure faith; carefully examining things; thoroughly knowing living beings, lands, worlds, actions, consequences, birth and death, and nirvana."

[주]

*과보: 果報, Ⓢvipāka-phala, 인과응보(因果應報)의 줄임말. 과거의 업으로 말미암아 초래된 결과. 무르익었다는 뜻으로 이숙(異熟)·과숙(果熟)·응보(應報)·이숙과(異熟果) 등이라고 하며, 업의 인에 보응(報應)되는 결과이니 줄여서 보(報)라고도 한다. 이전에 행동한 선업(善業)에 의해서는 행복한 낙과(樂果)를 받고, 악업에 따라서는 불행한 고과(苦果)를 받게 된다.

*열반: 涅槃, ⓈNirvāṇa, ⓅNibbāna, 불교의 최고 이상. 니왈(泥曰)·니원(泥洹)·니반(泥畔)·녈반나(涅槃那)라 음역, 멸(滅)·적멸(寂滅)·멸도(滅度)·원적(圓寂)이라 번역(아마 속어의 nibbān의 음사. 미혹의 불을 끈 상태. 니르바나). 또는 무위(無爲)·무작(無作)·무생(無生)·불생(不生)·안락(安樂)·해탈(解脫) 등으로 번역. 모든 번뇌의 속박에서 해탈하고, 진리를 궁구하여 미(迷)한 생사를 초월해서 불생불멸(不生不滅)의 법을 체득한 경지. 멸은 생사의 인과를 멸하여 생사의 거친 흐름에서 벗어난 것으로, 멸하면 곧 도(度)한 것이다. 적멸은 적(寂)은 무위(無爲) 공적(空寂) 안온(安穩)의 뜻이며, 멸은 생사의 대환이 소멸한 것. 불생은 생사의 괴로운 과보가 다시 일어나지 않는 것. 무위는 번뇌와 악업의 인연의 조작이 없는 것. 안락은 안온(安穩) 쾌락(快樂)한 것. 해탈은 모든 과보에서 벗어난 것. 소승에서는 몸과 마음이 죄다 없어지는 것을 이상으로 하므로, 심신이 있고 없음에 따라 유여의(有餘依)·무여의(無餘依)의 2종 열반을 세우고, 대승에서는 적극적으로 3덕(德)과 4덕을 갖춘 열반을 말하여, 실상(實相)·진여

(眞如)와 같은 뜻으로 본체(本體) 혹은 실재(實在)의 의미로도 쓴다. 법상종(法相宗)에서는 4종 열반을 세운다.

5. 구족방편주

“불자들이여, 무엇을 보살의 구족방편주라 합니까. 이 보살(구족방편주 계위의 보살)이 닦는 선근은 모두 온갖 중생을 구호하고, 온갖 중생에게 이로움을 주고, 온갖 중생을 안락케 하고, 온갖 중생을 가엾이 여기며, 온갖 중생을 제도하여 해탈케 하고, 온갖 중생들을 모든 재난에서 벗어나게 하며, 온갖 중생들을 생사의 고통에서 벗어나게 하고, 온갖 중생들이 깨끗한 믿음을 내게 하며, 온갖 중생들이 모두 *조복하게 하고, 온갖 중생들이 모두 열반을 증득하게 합니다.”

佛子 云何爲菩薩具足方便住. 此菩薩 所修善根 皆爲救護一切衆生 饒益一切衆生 安樂一切衆生 哀愍一切衆生 度脫一切衆生, 令一切衆生 離諸災難 令一切衆生 出生死苦 令一切衆生 發生淨信 令一切衆生 悉得調伏 令一切衆生 咸證涅槃.

[한자풀이]

饒:넉넉할 요 益:더할 익 災:재앙 재 難:어려울 난

“What is the enlightening beings′ abode of fulfilling skill in means? Here the roots of goodness cultivated by the enlightening beings are all to save all sentient beings, to benefit all sentient beings, [to make all sentient beings feel happiness, to regard all sentient beings as compassionate beings, to cause all sentient beings to liberate,] to cause all sentient beings to be free from calamities and difficulties, to cause all sentient beings to leave the miseries of birth and death, to cause all sentient beings to develop pure faith, to cause all sentient beings to be harmonized and pacified, to cause all sentient beings to experience nirvana."

[주]

*조복: 調伏, Snigraha, Pniggaha, 신(身)·구(口)·의(意) 3업(業)을 조복하고 모든 악행(惡行)을 항복 받는 것. 부처님께 기도하여 부처님의 힘을 빌려 원적과 악마를 항복 받는 일 또는 이성이 감성을 잘 통제하는 것. 부드러운 자는 법(法)으로 조복하고, 강한 자는 세력으로 조복함.

6. 정심주

"불자들이여, 무엇을 보살의 정심주라 합니까. 이 보살(정심주 계위의 보살)은 열 가지 법을 듣고도 믿음이 분명하여 흔들리지 않으니, 열 가지란 부처님을 찬탄하거나 부처님을 헐뜯는 소리를 듣고도 부처님의 가르침 가운데서 마음이 안정되어 흔들리지 않으며, 법을 찬탄하거나 법을 비방함을 듣고도 부처님의 가르침 가운데서 마음이 안정되어 흔들리지 않으며, 보살을 찬탄하거나 보살을 헐뜯는 소리를 듣고도 부처님의 가르침 가운데서 마음이 안정되어 흔들리지 않으며, 보살이 행하는 일을 찬탄하거나 훼방함을 듣고도 부처님의 가르침 가운데서 마음이 안정되어 흔들리지 않으며, 중생이 무한하다거나 무한하지 않다는 말을 듣고도 부처님의 가르침 가운데서 마음이 안정되어 흔들리지 않으며, 중생이 때가 있거나 때가 없다는 말을 듣고도 부처님의 가르침 가운데서 마음이 안정되어 흔들리지 않으며, 중생을 제도하기 쉽다거나 제도하기 어렵다는 말을 듣고도 부처님의 가르침 가운데서 마음이 안정되어 흔들리지 않으며, 법계가 무한하다거나 무한하지 않다는 말을 듣고도 부처님의 가르침 가운데서 마음이 안정되어 흔들리지 않으며, 법계가 이루어지기도하고 무너지기도 한다는 말을 듣고도 부처님의 가르침 가운데서 마음이 안정되어 흔들리지 않으며, 법계가 있다거나 없다는 말을 듣고도 부처님의 가르침 가운데서 마음이 안정되어 흔들리지 않으니 이것이 열입니다."

佛子 云何爲菩薩正心住. 此菩薩 聞十種法 心定不動, 何者 爲十 所謂 聞讚佛毁佛 於佛法中 心定不動, 聞讚法毁法 於佛法中 心定不動, 聞讚菩薩毁菩薩 於佛法中 心定不動, 聞讚菩薩毁菩薩所行法 於佛法中 心定不動, 聞說衆生 有量無量 於佛法中 心定不動, 聞說衆生 有垢無垢 於佛法中 心定不動, 聞說衆生 易度難度 於佛法中 心定不動, 聞說法界 有量無量 於佛法中 心定不動, 聞說法界 有成有壞 於佛法中 心定不動, 聞說法界 若有若無 於佛法中 心定不動 是爲十.

[한자풀이]

讚:기릴 찬, 칭찬하다 毁:헐 훼, 상처를 입히다 垢:때 구, 티끌

"What is the enlightening beings' abode of the correct state of mind? Here the enlightening being's mind is steady and unwavering even when hearing these ten things: hearing the Buddha praised or reviled, the mind is steady and unwavering in regard to the Buddha's teaching; hearing the teaching praised or reviled, the mind is steady and unwavering in regard to the Buddha's teaching; hearing enlightening beings praised or reviled, the mind is steady and unwavering in regard to the Buddha's teaching; hearing the practices of enlightening beings praised or reviled, the mind is steady and unwavering in regard to the Buddha's teaching; hearing it said that living beings are finite or infinite, the mind is steady and unwavering in regard to the Buddha's teaching; hearing it said that sentient beings are defiled or undefiled, the mind is steady and unwavering in regard to the Buddha's teaching; hearing it said that sentient beings are easy to liberate or difficult to liberate, the mind is steady and unwavering in regard to the Buddha's teaching; [hearing it said that the universe is finite or infinite, the mind is steady and unwavering in regard to the Buddha's teaching;] hearing it said that there is becoming or disintegration of the universe, the mind is steady and unwavering in regard to the Buddha's teaching; hearing it said that the universe exists or does not exist, the mind is steady and unwavering in regard to the Buddha's teaching."

7. 불퇴주

"불자들이여, 무엇을 보살의 불퇴주라 합니까. 이 보살(불퇴주 계위의 보살)이 열 가지 법을 듣고도 견고하여 물러서지 않으니, 열 가지란 부처님이 있다거나 없다거나 하는 말을 듣고도 부처님 가르침 가운데에서 마음이 물러서지 않으며, 진리가 있다거나 없다는 말을 듣고도 부처님 가르침 가운데에서 마음이 물러서지 않으며, 보살이 있다거나 없다는 말을 듣고도 부처님 가르침 가운데에서 마음이 물러서지 않으며, 보살의 행이 있다거나 없다는 말을 듣고도 부처님 가르침 가운데에서 마음이 물러서지 않으며, 보살이 수행을 통해 해탈할 수 있거나 해탈하지 못한다는 말을 듣고도 부처님 가르침 가운데에서 마음이 물러서지 않으며, 지난 세상에 부처님이 있었다거나 없었다는 말을 듣고도 부처님 가르침 가운데에서 마음이 물러서지 않으며, 오는 세상에 부처님이 있다거나 없다는 말을 듣고도 부처님 가르침 가운데에서 마음이 물러서지 않으며, 지금 세상에 부처님이 있다거나 없다는 말을 듣고도 부처님 가르침 가운데에서 마음이 물러서지 않으며, 부처님의 지혜가 다함이 있다거나 다함이 없다거나 하는 말을 듣고도 부처님 가르침 가운데에서 마음이 물러서지 않으며, 삼세가 한 모양이라거나 한 모양이 아니라는 말을 듣고도 부처님 가르침 가운데에서 마음이 물러서지 않으니, 이것이 열입니다."

佛子 云何爲菩薩不退住. 此菩薩 聞十種法 堅固不退, 何者 爲十 所謂 聞有佛無佛 於佛法中 心不退轉, 聞有法無法 於佛法中 心不退轉, 聞有菩薩無菩薩 於佛法中 心不退轉, 聞有菩薩行無菩薩行 於佛法中 心不退轉, 聞有菩薩 修行出離修行不出離 於佛法中 心不退轉, 聞過去有佛過去無佛 於佛法中 心不退轉, 聞未來有佛未來無佛 於佛法中 心不退轉, 聞現在有佛現在無佛 於佛法中 心不退轉, 聞佛智有盡佛智無盡 於佛法中 心不退轉, 聞三世一相三世非一相 於佛法中 心不退轉 是爲十.

"What is the enlightening beings' abode of nonregression? Here the enlightening being remains firm and doesn't regress even when hearing these ten things: hearing that Buddhas do or do not exist, the mind does not regress in the Buddha's teaching; hearing that truth exists or does not exist, the mind does not regress in the Buddha's teaching; hearing that enlightening beings do or do not exist, the mind does not regress in the Buddha's teaching; hearing that enlightening beings' practices do or do not exist, the mind does not regress in the Buddha's teaching; hearing that enlightening beings do or do not attain emancipation through their practices, the mind does not regress in the Buddha's teaching; hearing that there were or were not Buddhas in the past, the mind does not regress in the Buddha's teaching; hearing that there will or will not be Buddhas in the future, the mind does not regress in the Buddha's teaching; hearing there are or are not Buddhas in the present, the mind does not regress in the Buddha's teaching; hearing that a Buddha's knowledge is finite or infinite, the mind does not regress in the Buddha's teaching; hearing that past, present, and future are uniform or not uniform, the mind does not regress in the Buddha's teaching."

8. 동진주

"불자들이여, 무엇을 보살의 동진주라 합니까. 이 보살(동진주 계위의 보살)은 열 가지 업에 머무는데, 열 가지란 몸으로 행함이 잘못됨이 없고, 말로 행함이 잘못됨이 없고, 뜻으로 행함이 잘못됨이 없고, 의지에 따라 태어나고, 중생의 온갖 욕망을 알고, 중생의 온갖 이해를 알고, 중생의 온갖 경계를 알고, 중생의 온갖 업을 알고, 세계가 이루어지고 무너지는 것을 알고, 신통이 자재하여 행함에 걸림이 없으니, 이 것이 열입니다."

佛子 云何爲菩薩童眞住. 此菩薩 住十種業, 何者 爲十 所謂身行無失, 語行無失, 意行無失, 隨意受生, 知衆生種種欲, 知衆生種種解, 知衆生種種界, 知衆生種種業, 知世界成壞, 神足自在 所行無碍 是爲十.

"What is the enlightening beings' abode of youthful nature? Here the enlightening being abides in ten kinds of activity: physically acting without error; verbally acting without error; mentally acting without error; being born at will; knowing the various desires of sentient beings; knowing the various understandings of sentient beings; knowing the various realms of sentient beings; knowing the various activities of sentient beings; knowing the becoming and decay of the world; going anywhere freely by psychic projection."

9. 법왕자주

"불자들이여, 무엇이 보살의 법왕자주입니까. 이 보살(법왕자주 계위의 보살)은 열 가지 법을 잘 아는데, 열 가지란 모든 중생들이 태어나는 것을 잘 알며, 모든 번뇌가 일어나는 것을 잘 알며, 습관이 계속되는 것을 잘 알며, 행할 *방편을 잘 알며, 한량없는 법을 잘 알며, 모든 *위의를 잘 이해하며, 세계의 차별을 잘 알며, 지난일과 앞으로의 일을 잘 알며, 세상 이치 설법하는 법을 잘 알며, *제일의제를 연설하는 것을 잘 아니, 이것이 열입니다."

佛子 云何爲菩薩法王子住. 此菩薩 善知十種法, 何者 爲十 所謂善知諸衆生受生, 善知諸煩惱現起, 善知習氣相續, 善知所行方便, 善知無量法,善解諸威儀, 善知世界差別, 善知前際後際事, 善知演說世諦, 善知演說第一義諦 是爲十.

[한자풀이]

際:사이 제, 때, 시기, 기회　諦:살필 체, 이치, 진실, 깨달음

"What is the enlightening beings′ abode as the prince of the teaching? Here enlightening beings know ten things well: they know how sentient beings are born; they know the origin of afflictions; they know the continuation of habit energy; they know what techniques are to be employed; they know innumerable teachings; they understand all modes of dignified behavior; they know the differentiations of the world; they know past and future events; they know how to explain conventional truth; they know how to explain ultimate truth."

[주]

*방편: 方便, ⓈUpāya, ①방은 방법, 편은 편리이니 일체 중생의 기류근성(機類根性)에 계합(契合)하는 방법과 수단을 편리하게 쓰는 것. 또 방은 방정한 이치, 편은 교묘한 말. 여러 가지 기류에 대하여 방정한 이치와 교묘한 말을 하는 것. 또 중생을 제도하기 위하여 여러 가지 수단 방법을 강구하는 것. 혹은 그 수단 방법을 방편이라 한다. ②권도(權道)로 통달하게 하는 지혜, 불보살이 여러 가지 수단 방법을 써서 중생을 진실한 대도(大道)로 이끌어 들이는 권지(權智).

*위의: 威儀, 위엄이 있는 몸가짐이나 차림새. 불교에서 말하는 규율에 맞는 기거동작. 행주좌와(行住坐臥)의 네 가지 위의가 있음.

*제일의제: 第一義諦, 2체(진체와 속체)의 하나. 진체(眞諦)·성체(聖諦)·승의체(勝義諦)라고도 한다. 열반·진여·실상(實相)·중도(中道)·법계

(法界)·진공(眞空) 등 깊고 묘한 진리를 제일의제라 한다. 이 진리는 모든 법 가운데 제일이라는 뜻이다.

10. 관정주

"불자들이여, 무엇이 보살의 관정주입니까. 이 보살(관정주 계위의 보살)은 열 가지 지혜를 성취하는데, 열 가지란 수 없는 세계를 흔들어 깨우며, 수 없는 세계를 밝게 비추며, 수 없는 세계에 머물며, 수 없는 세계에 나아가며, 수 없는 세계를 참으로 깨끗이 장엄하며, 수 없는 중생에게 가르치며, 수 없는 중생을 관찰하며, 수 없는 중생의 *근기를 알며, 수 없는 중생들이 [해탈에] 들어가게 하며, 수 없는 중생들이 조복하게 하는 것이니, 이것이 열입니다."

佛子 云何爲菩薩灌頂住. 此菩薩 得成就十種智, 何者 爲十 所謂震動無數世界, 照耀無數世界, 住持無數世界, 往詣無數世界, 嚴淨無數世界, 開示無數衆生, 觀察無數衆生, 知無數衆生根, 令無數衆生趣入, 令無數衆生調伏, 是爲十.

"What is the enlightening beings' abode of coronation? Here the enlightening being perfects ten kinds of knowledge: shaking countless worlds; illuminating countless worlds; supporting countless worlds; traveling to countless worlds; purifying countless worlds; teaching countless sentient beings; observing countless sentient beings; knowing the faculties of countless sentient beings; causing countless sentient beings to strive to enter enlightenment; causing countless sentient beings to be harmonized and pacified."

[주]

*근기: 根機, Ⓢindriya, Ⓣdbaṅ-po, 근기(根器), 또는 줄여서 기(機)라고도 한다. 사람이 가지고 있는 바탕. 혹은 가르침을 받아들일 수 있는 능력. 사람이 가지고 있는 본성을 나무의 뿌리에 비유하고 그것의 작용을 기(機)라고 한 것이다. 수행을 하고 안하는 것과 법을 배우고 익히는 것과 그렇지 않은 것은 모두 이 근기(根機)에 달려있다고 한다.

게송으로 거듭 밝힘

이 때 법혜보살이 부처님의 위신력을 받들어 시방과 법계를 관찰하고 게송으로 말하였습니다.

爾時 法慧菩薩 承佛威力 觀察十方 暨于法界 而說頌曰.

[한자풀이]

暨:및 기, 그 밖에 또

Then the enlightening being Truth Wisdom, imbued with the power of the Buddha, looked over the ten directions, throughout the cosmos, and spoke these verses:

뛰어난 지혜를 지닌 오묘하신 몸이 見最勝智微妙身
단정한 모든 상호 갖추었으니 相好端嚴皆具足
이렇게 존귀한 분 뵙기 어려워 如是尊重甚難遇

보살이 용맹하게 처음 발심 하였네　　菩薩勇猛初發心
Seeing the subtle body of the Supremely Wise,
Replete with aborning marks and refinements,
So honorable and rare to meet,
Enlightening beings boldly make their resolve.

여래의 훌륭함과 존귀하심 들으니　　聞諸如來普勝尊
일체의 공덕을 모두 다 성취함이　　一切功德皆成就
허공처럼 분별할 수 없으니　　譬如虛空不分別
보살이 이로써 처음 발심 하였네　　菩薩以此初發心
Hearing the Enlightened Ones, universally supremely honored,
Have perfected all meritorious and virtuous qualities,
Like space, not discriminating,
Thereby do enlightening beings develop resolve.

중생들이 가지가지 이해가 있고　　一切衆生種種解
마음에 좋아함도 각각 다르니　　心所好樂各差別
한량없는 이런 욕구 모두 알고자　　如是無量欲悉知
보살이 이로써 처음 발심 하였네　　菩薩以此初發心
sentient beings have various understandings
And their mental inclinations are each different:
Wanting bo know all these innumerable inclinations
Do enlightening beings therefore arouse their will.
시방의 모든 세계 이루어지고　　欲使十方諸世界
무너지는 모양 보게 되길 바라며　　有成壞相皆得見
이는 모두 분별에서 생기는 줄 알고　　而悉知從分別生

이로써 보살이 처음 발심 하였네 菩薩以此初發心
Wanting to cause all to see
The signs of becoming and decay of all worlds
And know they are born of conceptions
Do enlightening beings rouse their determination.

이것이 보살들의 발심주로서 此是菩薩發心住
한결같이 위없는 도를 늘 구하니 一向志求無上道
제가 말씀드린 교법과 같이 如我所說教誨法
부처님들 가르침도 이와 같습니다 一切諸佛亦如是
This is enlightening beings' abode of initial determination:
With single-minded will seeking the unexcelled path;
As is the teaching of which I speak,
So is the teaching of all the Buddhas.

[한자풀이]

誨:가르칠 회

둘째로 치지주에 이른 보살은 第二治地住菩薩
마땅히 이와 같은 마음을 내어 應當發起如是心
시방의 모든 중생들이 十方一切諸衆生
여래의 가르침 따르기를 원해야 합니다 願使悉順如來教
In the second abode, of preparing the ground,
Enlightening beings should form this thought:
"All sentient beings everywhere
I vow to induce to follow the Buddhas' teaching."
이익 주고 자비하고 안락한 마음과 利益大悲安樂心

편히 머물게 하고 연민하며 수용하고　　安住憐愍攝受心
보호하고 내 몸 같이 여기는 마음과　　守護衆生同己心
스승같이 *도사같이 여기는 마음이네　　師心及以導師心

With a mind to aid them, with compassion, to give them peace and ease,
To establish them securely, with sympathy and acceptance,
Protecting sentient beings, looking upon them as the same as themselves,
As teachers and as guides-

[한자풀이]

憐:불쌍히 여길 련(연)　愍:근심할 민

[주]

*도사: 導師, Ⓢnāyaka, netr, Ⓟnāyaka, netar, 남을 인도하여 불도에 들어가게 하는 스님이란 뜻. 어리석은 중생에게 바른 길을 가르쳐서 깨닫는 경지에 들어가게 하는 사람. 대도사-불・보살의 존칭. 중생을 가르쳐 인도한다는 뜻으로 하는 말.

셋째는 보살들의 수행주이니　　第三菩薩修行住
부처님 가르침대로 관찰해야합니다　　當依佛教勤觀察
모든 법은 *무상하고 괴롭고 *공하며　　諸法無常苦及空
나도 없고 남도 없고 지음도 없네　　無有我人無動作

In the third abode of enlightening beings, practice,
They should earnestly contemplate, according to Buddha's teaching,
The impermanence, painfulness, and emptiness of all things,
The absence of self, person, and activity.

[한자풀이]

勤:부지런할 근

[주]

*무상: 無常, S anitya, 변화하는 것, 생멸하는 것. 인간 등과 같이 살아 있는 것이 반드시 사멸(死滅)하는 것. 혹은 건강한 자가 병들고, 청년이 늙어지는 등 변화 그 자체가 달갑지 않으면서 바람직하지 않은 방향으로 변화하는 것에 대하여 말해지는 것. 불교에서는 삼법인(三法印)의 하나로, 제행무상(諸行無常)이라 하여 기본적인 교리로 하고 있고, 또 고제의 사행상(四行相:無常・苦・空・無我)의 하나로, 사부전도(四不顚倒:無常・苦・無我・不淨)의 하나로 말해지고 있다.

*공: 空, S śūnya, śūnyatā, P suñña, suññatā, 모든 존재는 시간적으로나 공간적으로 각자의 불변적 속성과 독립된 실체・자아가 없다는 뜻. 그 무엇이 결여되거나 빠져있는 상태. 또는 아무 것도 없는 상태를 말하는 일반적인 의미가 불교에서는 존재의 본질을 밝히는 용어로 사용된다. 곧 공은 모든 것이 다양한 조건에 상호의존하기 때문에 조건의 변화에 따라 각기 변화하고, '스스로 독립하여 존재할 수 있는 성품(自性)'이 없음을 말한다. 이와 같이 공은 어떤 '존재가 없다'는 뜻이 아니라, 그 존재의 '자성이 없다(無自性)'는 뜻이다. 무자성은 무아(無我)와 같은 맥락으로 공에 연결된다. 시간의 흐름 속에서 보면 변화하는 것이므로, 일정한 존재양태의 항존성이 없다는 뜻에서 무상(無常)이라고도 한다.

넷째로 생귀주에 이른 보살은　　第四生貴住菩薩
성인들의 가르침으로부터 태어나　　從諸聖教而出生
모든 있음이 없는 줄을 분명히 알고　　了達諸有無所有
저 법을 뛰어넘어 법계에 태어나네　　超過彼法生法界

Enlightening beings in the fourth abode, noble birth,
Are born from the teachings of the sages;
Comprehending that existents have no existence,

They transcend things and are born in the realm of reality.

이 위로는 다섯째 보살 지위를 　　　　從此第五諸菩薩
구족방편주라고 이름 하는데 　　　　說名具足方便住
한량없이 공교한 방편에 들어 　　　　深入無量巧方便
최고의 공덕 이루려 발심합니다 　　　　發心究竟功德業
From here, enlightening beings of the fifth abode,
Called the abode of fulfilling skill in means,
Enter deeply into infinite expedient skills,
Developing ultimate virtuous action.

여섯째는 정심주가 원만하여서 　　　　第六正心圓滿住
모든 법의 성품에 미혹됨 없고 　　　　於法自性無迷惑
바른 마음 생각하여 분별 없으니 　　　　正念思惟離分別
어떤 천신도 인간도 흔들 수 없네 　　　　一切天人莫能動
In the sixth abode, the fulfillment of right mindfulness,
There is no confusion about the inherent nature of things;
Meditating with right mindfulness, detaching from discrimination,
One cannot be moved by any god or man

일곱째 불퇴주에 이른 보살은 　　　　第七不退轉菩薩
부처님이나 불법이나 보살행에서 　　　　於佛及法菩薩行
있고 없고 벗어나고 벗어나지 못하다는 　　　　若有若無出不出
이런 말을 듣더라도 물러서지 않네 　　　　雖聞是說無退動
Enlightening beings of the seventh abode of nonregression
Never regress in spite of whatever they hear

About Buddhas, the Teaching, or enlightening beings—
Whether or not they exist, whether or not they escape,

여덟째는 보살들의 동진주이니　　第八菩薩童眞住
몸·말·뜻으로 행함이 구족하여　　身語意行皆具足
모든 것이 청정하여 잘못이 없어　　一切清淨無諸失
마음대로 태어나며 자유를 얻네　　隨意受生得自在
Enlightening beings in the eight abode, youthful nature,
Fulfill physical, verbal, and mental actions
All pure, without mistakes;
They are freely born as they will

아홉째의 보살 지위 법왕자주니　　第九菩薩王子住
중생이 태어남의 차별을 알 수 있고　　能見衆生受生別
번뇌와 드러난 *습기 모두 다 알고　　煩惱現習靡不知
행해야할 방편을 모두 잘 압니다　　所行方便皆善了
Enlightening beings in the ninth abode, or the prince,
Can see the difference in births of sentient beings;
Knowing their afflictions and habits,
They understand which techniques to employ.

[주]

*습기: 習氣, Ⓢvāsanā, 번뇌의 주체를 정사(正使)라 하고, 번뇌의 여훈 즉 습관의 기분으로 남은 것을 습기라고 한다.

열째의 관정주는 진실한 불자로　　第十灌頂眞佛子
가장 높은 제일 법을 성취하여서　　成滿最上第一法

시방의 무수한 모든 세계들을　　十方無數諸世界
진동하게 하며 광명 널리 비추이네　　悉能震動光普照

True Buddha-kings of the tenth abode of coronation
Fulfill the unexcelled, foremost teaching.
All the countless worlds in the ten directions
They can cause to quake, and illumind with their light,

과거 · 현재 · 미래의 세상에서　　過去未來現在世
*불성을 찾으려 *발심한 이 그지없어　　發心求佛無有邊
시방의 많은 세계 가득 찬 이들　　十方國土皆充滿
일체지를 이루지 못할 이 없어라　　莫不當成一切智

In past, future, and present worlds, boundless are those
Who set their minds to attain buddhahood;
They fill all lands in the ten directions,
All determined to become omniscient.

[주]

*불성: 佛性, Ⓢ Buddhatā, 불(佛)로서의 본질, 불(佛)이 될 수 있는 가능성을 의미하며, 여래장과 같은 의미로 볼 수 있다. 대승불교에서는 모든 중생이 본래 부처가 될 수 있는 본질을 갖고 있다는 여래장 · 불성사상을 주장하고 있다.

*발심: 發心, Ⓢ citta-utpāda, 구도(求道)의 생각을 일으키는 것. 불도(佛道)에 들어가 깨달음의 지혜를 얻으려고 하는 의지를 일으키는 것. 보리심을 일으키는 것.

처음 불도를 구하려는 한순간마음은　　始求佛道一念心
세간의 중생들과 *성문 *연각까지도　　世間衆生及二乘

오히려 이를 다 알 수 없을 터인데 斯等尙亦不能知
어찌 나머지 공덕을 알 수 있으리오 何況所餘功德行
The very first thought to seek buddhahood
Worldlings, or even those
Of the two vehicles cannot know—
Much less the other virtuous practices.

[주]

*성문: 聲聞, Ⓢ Śrāvaka, 2승(乘)의 하나. 가장 원시적인 해석으로는 석존의 음성을 들은 불제자를 말함. 대승의 발달에 따라서 연각과 보살에 대할 때는 석존의 직접 제자에 국한한 것이 아니고, 부처님의 교법에 의하여 3생(生) 60겁(劫) 동안 4체(諦)의 이치를 관하고, 스스로 아라한 되기를 이상(理想)으로 하는 일종의 저열한 불도 수행자를 말함. 그러므로 대승교에서는 성문을 소승의 다른 이름처럼 보고, 성문으로 미치는 이와 대승으로 전향(轉向)하는 이를 구별하여 우법(愚法)·불우법(不愚法)의 2종으로 나눔. 또 3종성문·4종성문으로 나누기도 한다.

*연각: 緣覺, Ⓢ Pratyeka-buddha, Ⓟ Pacceka-buddha, 2승(乘)의 하나. 발랄예가불타(鉢剌翳迦佛陀)·필륵지뎌가불(畢勒支底迦佛)이라 음역. 벽지가불(辟支迦佛). 줄여서 벽지불(辟支佛)이라 번역. 부처님의 교화에 의하지 않고 홀로 깨달아 자유경(自由境)에 도달한 성자. 독각(獨覺)이라고도 한다. 연각(緣覺)·인연각(因緣覺)이라하는 것은 12연의 이치를 관찰하여 홀로 깨달았다는 뜻. 이에 부행(部行)·인각유(麟角喩)의 2종이 있다.

초발심한 공덕은 측량 못하여 發心功德不可量
모든 중생 세계에 가득히 찼고 充滿一切衆生界
온갖 지혜로 말해도 다 함 없는데 衆知共說無能盡
하물며 나머지 훌륭한 행은 다 말할 수 없으리 何況所餘諸妙行
The virtues of this aspiration cannot be measured:

If all the knowledges filling all realms of beings
Were to explain together, they could not exhaust it,
Much less the rest of the wondrous practices carried out.

참된 방편은 지혜와 자비심에서 생기는 것이고
수행을 통해서 얻을 수 있습니다.

The true skill is made by wisdom and compassion
and is acquired through practices.

법혜보살이 설법을 하기 전에 삼매에 드신 것이 부처님의 위신력에 의한 것이라고 하는 뜻이 무엇인지 궁금합니다.

『화엄경』의 가르침을 베푼 분(主), 교주는 비로자나불 즉 법신불입니다. 『화엄경』 대부분의 설법은 법신불이 직접 하시는 것이 아니고 설법을 하고자하는 수행의 지위에 이른 보살을 통해서 설하고 있습니다. 그러므로 부처님의 불가사의한 힘, 곧 위신력을 이어 받아 삼매에 들고 설법을 할 수 있는 것이지요. 『화엄경』은 바로 부처님이 깨달음을 얻으시고 해인삼매 속에서 설하신 경이라고 합니다.

법신불의 삼매가 해인삼매입니다. 바다의 풍랑이 고요해지면 일체의 현상이 모두 바다에 비치는 것 같이 모든 번뇌가 끊어진 부처님의 고요하고 무한한 지혜 바다에 일체의 것이 나타나는 것을 해인이라 하고, 이 같은 삼매에 드는 것을 해인삼매라고 합니다. 다시 말하면 해인삼매는 법계의 삼매이지요. 이는 무한한 삼매로서 대지혜의 바다에 비유하고 있습니다. 보살들은 바로 이 해인삼매에 참여하고 있고, 대우주 그 자체의 삼매라고도 할 수 있는 해인삼매를 관상하면서 그 속에 들어갔다가 나와서 법을 설할 수 있게 되는 것이지요. 어떤 삼매도 이것과 분리해서 생각할 수 없습니다. 서로가 바다의 일부가 되어주고 그것이 또 전체바다이기도 한 깨달음의 바다인 것입니다.

내 마음 속에 일어나는 사랑도 미움도 이 큰 바다에 비유하면 바람에 일어나는 파도와 같지요. 사나운 바람이 불면 더러 파도가 거칠어지기도 하고 물결이 거세게 일렁거리기도 하지만, 지혜의 큰 바다는 모든 것을 감싸 안고 받아들입니다. 파도가 삼킬 듯이 성을 내어도 파도가 바다고 바다가 바로 파도입니다. 거친 바람으로 파도가 한 번 일은 것뿐이지요. 바람이 잠잠해지면 고요히 그대로 가라앉습니다. 번뇌의 풍랑이 멎고 고요해질 때 드러나는 평화로운 마음의 바다, 마음의 본성을 우리 함께 느껴 봅시다. 사람들이 내 것이다, 네 것이다 하며 스스로 장벽을 치고 다투지만 지혜의 큰 바다에 비추어 본다면 한낱 스치고 지나가는 그림자 또는 하나의 물방울에 불과한 것이지요. 그러나 바다가 한 물방울을 껴안기도 하지만, 한 물방울 역시 바다를 껴안고 있습니다. 나와 남을 가로막는 집착이라는 장벽을 버리면 지혜의 큰 바다 그 어디에도 울타리를 찾아볼 수 없는 것입니다.

보살의 삼매도 법신불의 삼매인 해인삼매를 떠나서 이룰 수 없습니다. 해인삼매란 전 우주가 삼매에 드는 것을 말하는데, 다양한 삼매란 해인삼매에 바탕을 두고 있기 때문이지요.

발심주의 보살이 일체지를 추구함에 있어서 부처님의 훌륭하신 모습을 보면서도 보리심을 낸다고 했습니다. 깨달음의 과정에서 비록 그 대상이 부처라 할지라도 그 상(相)에 집착해서는 안 된다고 하였는데, 그렇다면 서로 어긋나는 말이 아닙니까?

상(相)에 집착하지 말라는 말은 『화엄경』에도 수없이 등장하는 말입니다. 『금강경』에도 '만약 형상으로 부처를 보려고 하거나 음성으로 부처를 찾으려고 한다면, 그것은 그릇된 행위이므로 결코 부처님을 볼 수 없을 것이다(若以色見我 以音聲求我 是人行邪道 不能見如來)'고 했습니다. 선가(禪家)에서도 부처님이나 조사의 말씀을 수행의 지표로 삼지만, 그것에 사로잡혀 끄달려서는 안 된다는 의미로 '살불살조(殺佛殺祖)'라 하였습니다. 형상이나 음성과 같은 일체의 상에 집착해서는 안 된다는 것을 강조하기 위해서 극단적으로는 "부처를 만나면 부처를 죽이고, 조사를 만나면 조사를 죽여라(임제 선사)"는 것이지요. 서양의 그리스도교 신비주의 철학의 대가 마이스터 엑하르트(Meister Eckhart, 1260-1328)의 신비사상에서도 우리는 유사한 표현을 볼 수 있습니다. 하느님과 나 사이에 장애가 되는 일체의 집착을 놓아버려야 하고 심지어 하느님마저 버리고 떠나야 하느님과 나의 영혼은 하나가 된다는 것이지요. "모든 형상(形像)으로부터 떠나 온전히 비어있는 영혼이 자신의 깊은 곳에서 하느님 아들(聖子)을 다시 낳을 때, 바로 그 때 이러한 영혼은 하느님과 하나가 된다"고 합니다. 다시 본래의 물음으로 돌아가지요.

위의 발심주 보살이 원만하고 단정한 부처님의 모습을 보면서 보리심을 낸다는 것은 부처님의 모습에 집착한다는 의미가 아니라 그 훌륭한 모습을 보고 자기도 부처님과 같이 되고자 하는 마음을 내었다는 것이지요. 우리 내면에 깊이 잠재된 보리심과 불심을 깨치도록 자극하는 상징입니다. 흔히 부처님의 모습을 32상 80종호로 나누어 장황하게 설명하고 있는데, 머리끝에서 발끝까지의 표현이 너무나 섬세하고 자세하여 놀라울 정도입니다. 부처님의 모습이란 실제 역사적인 인물로서 석가의 삶과 제자들의 눈에 비쳐진 스승의 모습이기도 합니다. 역사적인 인간으로서의 석가의 모습도 중요하지만, 동시에 수많은 제자들의 마음의 거울에 비춰진 스승의 모습도 중요한 것이지요. 스승을 관한다는 것은 스승의 구도적인 삶과 만나 하나 되기 위한 것이고 또한 스승의 경계에 이르기 위한 것이라고 말할 수 있을 것입니다.

명상수행의 종류 중에는 수식관(數息觀)이나 부정관(不淨觀) 등과 같이 널리 알려진 수행법과 함께 관불관(觀佛觀)과 같은 수행법도 있습니다. 이는 석가모니 등의 부처님의 위의와 공덕을 마음으로 생각하고 철저히 관찰하는 것을 말합니다. 대충 보는 것이 아니라 스승의 터럭 하나도 놓치지 않으려는 관찰은 그만큼 철저히 스승을 닮겠다는, 그리고 하나가 되고자 하는 성불에의 의지라고 생각됩니다. 겉모습 스승의 삶만이 아니라 점점 스승의 내면에 이르기까지, 즉 깨달음의 세계로까지 이르게 된다는 것이지요.

흔히 부부는 닮는다고 합니다. 연인들끼리도 비슷한 인상을 주는 경우도 많지만, 특히 수 십 년을 함께 살아온 부부를 보면 오누이처럼 느껴지는 때가 많습니다. 늘 배려하고 얼마간 떨어져 있어도 그리워하며 슬픔과 기쁨을 공감하면서 함께 서로 잘되기를 기원하는 마음이 어느덧 일심동체가 되고 이심전심이 되어 모습조차도 비슷하게 변해버리는 것이지요. 또 엄마는 사랑하는 자식의 몸을 구석구석 알고 있습니다. 머리카락 성질이나 발가락의 모양까지도 어떻게 생겼는지 말할 수 있습니다. 사랑하면 알고 싶습니다. 그에 대한 관심이요 집중이지요.

이와 마찬가지로 깨달음을 추구하는 사람은 깨달으신 그 분을 사모하고 더 깊이 알고 싶고 그 분과 꼭 같이 되고 싶은, 자타불이(自他不二)의 하나가 되고자 하는 열망이 있는 것입니다.

보살은 중생들이 생사윤회를 벗어나기를 기원하면서 자신은 생사에 즐거이 머물겠다는 것이 무슨 의미입니까?

그것이 바로 보살정신입니다. 보살이 생사를 초월할 수 있는데도 불구하고 고통 받는 중생을 위해 기꺼이 함께 하기를 원하는 것, 이것이 대승불교의 위대한 정신입니다. 나 혼자만 속히 깨달음을 성취하여 육도윤회를 벗어나리라는 소승적인 서원이 아니라, 생사바다를 헤매는 그들과 함께 고통을 받으며 그들을 제도하리라는 대승적인 서원이지요.

그러나 고해(苦海)에 머물기를 원한다는 의미는 그것을 넘어선 사람만이 그렇게 할 수 있는 것입니다. 아직도 고통의 바다를 허우적거릴 수밖에 없는 중생이라면, 부디 해탈하여 이곳을 떠나 벗어날 수 있기를 기원하겠지요. 생사에 초연하고 그것을 이미 넘어선 자만이 다시 여기에 머물기를 기원할 수 있는 것입니다. 참으로 거룩한 보살도가 아닐 수 없습니다.

우리는 지장보살의 서원을 생각할 수 있습니다. '중생을 제도하고 보리를 이루리라. 지옥에 있는 마지막 한 중생까지 다 제도하지 않으면 결코 성불하지 않으리라'하셨지요. 미혹한 중생이 있는 한, 기쁨은 없고 괴로움만 극심한 존재의 상태를 의미하는 지옥이 비어있을 수 없는 것이고, 지옥중생이 있는 한 영원히 성불하지 않으면서 중생과 고통을 함께 하리라는 서원은 참으로 엄청난 것이 아닐까요? 이는 생사를 떠난 자비의 화신(化身)으로서의 초인(超人)에게만 가능한 이야기이지요.

성불할 성품이 없는 사람을 두고 일천제(一闡提, Icchantika, 斷善根)라 하는데, 보살이 대비심(大悲心)을 일으켜 일체중생을 모두 다 제도하기 위하여 일부러 예토(穢土)에 태어나 성불할 겨를이 없는 경우를 두고 대비천제(大悲闡提)라고 합니다. 그토록 벗어나고자 했던 그 곳에 다시 즐거이 머물 수 있다는 것은 보살정신이 아니고서는 불가능한 일일 것입니다.

수행주의 보살이 온갖 것이 무상하고 공함을 관찰해야 한다고 하였는데, 상당히 허무적인 느낌으로 다가옵니다. 이런 내용들 때문에 불교를 운명론적인 것으로 받아들이거나 염세적인 것으로 받아들이는 것은 아닌가 생각합니다.

이 세상에 그 어떤 것이든 변하지 않는 것이 있을까요? 우주의 삼라만상은 모두가 끊임없이 생성하고 변화하고 소멸합니다. 모든 것은 인연에 따라 이루어지고 무너지는 것이지요. 제행무상(諸行無常)이라는 것은 불교의 근본적인 진리로서 삼법인(三法印)의 하나입니다. 무상(無常)하다는 것은 항상성(恒常性)이 없다는 것이지요. 물질은 물론이고 마음의 현상마저도 시시각각으로 나타났다가 스러지고 또한 변화하는 것이지 결코 영원하지 않다는 것입니다.

그렇다면 무상(無常)을 부정적인 것으로 보아야할까요? 그저 허무하고 덧없는 것이라고만 볼 수 있을까요. 우리 몸만 하더라도 매일 일정량의 물과 영양소를 받아들여 인체에 필요한 새로운 세포를 끊임없이 만들어 내고 있지요. 죽을 때까지 '나'라는 몸뚱이를 가지고 다니지만 한 달 전의 '나', 아니 어제의 '나'는 이미 지금의 '나'가 아닌 것입니다. 뜰의 나무는 작년의 그 나무이지만, 봄이면 새롭게 잎이 돋아나고 여름이면 무성했다가 가을이면 그 잎이 땅에 떨어져 흙이 되고 겨울이면 다시 새로운 잎을 준비합니다.

인간이나 동·식물이 그렇듯이 모든 존재 심지어 돌이나 광물조차도 생성과 소멸의 과정을 통해 변하지 않는 것이 없습니다. 또한 그것이 마음이든 명예이든 권력이든 그 모습 그대로 고정되어 영원토록 변치 않은 채로 연속되는 것은 없습니다. 매일매일 엄청나게 쏟아지는 물질적 사물들이, 지금 소중히 쓰이던 것도 머잖아 헌 것이 되어버리는데, 만약 낡지도 소멸하지도 않고 영원히 남아있다면 어떻게 되겠습니까. 견고해 보이는 건물도 쇠붙이도 속도에 차이가 있어 느릴 뿐 마찬가지로 변화하며, 결국 수많은 은하계와 천체(우주)도 성(成)·주(住)·괴(壞)·공(空)의 과정을 거치는 것입니다.

무상한 것을 그대로 받아들이지 못하는 데서 고통이 옵니다. 무상을 무상으로 보지 못함은 어리석기 때문입니다. 모든 것은 변할 수밖에 없는데, 생명이나 권력이, 혹은 명예나 부가 영원한 것처럼 붙잡고 놓지 못하면 그것이 바로 집착이 되는 것입니다. 진시황의 무덤이나 이집트의 피라미드를 예로 들지 않더라도 우리는 영원한 권력과 삶을 갈구했던 인간의 욕망과 집착을 얼마든지 찾아볼 수 있습니다.

이처럼 인간은 오래 유지되기를 바라는 것도 있지만, 가난이나 무지처럼 빨리 그곳에서 벗어나고 싶은 것도 있습니다. 만약 모든 것이 영원하다면, 어떻게 가난한 자가 부유해질 수 있으며, 무지한 자가 깨달음을 이룰 수 있겠습니까? 모든 것이 고정되고 결정되어 있다면 삶에 있어서 어떤 희망도 가질 수 없습니다. 무상하다는 것은 부질없다, 쓸데없다는 식의 비관적이고 염세적인 것이 아니라 오히려 능동적이고 창조적인 삶의 지평을 전망 할 수 있습니다. 무상하기 때문에 새로운 발전 가능성이 있고, 무상하기 때문에 지금의 불의와 전쟁을 극복하고 평화를 염원할 수 있으며, 용서하고 사랑할 수 있는 것입니다.

흔히 변함없는 사랑이라는 것은 고정된 마음을 말하는 것이 아닙니다. 단순히 반복 재연되는 고정된 마음이라면 오히려 권태가 금방 오고 말겠지요. 아내와 남편 그리고 자식을 사랑하는 마음이 변치 않고 처음과 꼭 같다고 표현 하는 경우가 많지만, 그것은 날마다 새롭게 생동하는 마음으로 사랑하고 있기 때문입니다. 영원한 사랑이란 생동감 있게 매일매일 새롭게 사랑한다는 말이지요. 그 사랑은 지난날의 사랑 그대로가 아니라 바로 오늘 내가 생생하게 느끼는 새로운 사랑이니까요. 살아있는 마음 말입니다. 조각하거나 화석화된 죽은 마음이 아닌 것입니다. 사랑이라는 본성은 변함이 없지만 그 마음은 늘 살아서 생동하는 것이지요.

중생이 보리심을 내어 보살의 서원을 세우고, 깨달음의 길을 추구할 수 있는 것도 모든 존재가 예외 없이 무상하기 때문입니다. 무상함을 아는 것은 집착에서 놓여나는 것이며, 속박에서 풀려났을 때 비로소 자비심이 우러나와 청정한 힘을 발휘할 수 있게 됩니다. 모든 것이 무상함을 받아들인다는 것은 모든 것이 연기에 의한 것임을 깨닫는 것이므로 참으로 자유로워지고 창조적인 자아실현도 성취할 수 있게 되는 것입니다. 우리는 삶의 무상성 안에서 영원한 자비와 지혜를, 삶의 궁극적 의미로서의 실재를 깨달을 수 있습니다. 그러나 그 영원성과 궁극성은 추상화된 죽은 실체가 아닙니다. 그것은 무상성 안에서 역동적으로 살아 숨쉬는, 창조성을 구현하고 있는 실재입니다.

치지주의 보살이 열 가지 마음을 가진다고 했는데, 저로서는 그 첫 번째인 '남에게 이로움 주려는 마음' 하나라도 제대로 실천해 본 적이 있는가라는 생각이 들어 부끄럽습니다. 남을 위한다는 행위조차도 어쩌면 자신을 위하는 일이 아니었나 싶습니다.

진실로 남을 위하는 마음을 가지기란 얼마나 어려운 일일까요? 자신의 이익을 먼저 추구하는 것은 당연한 중생심일테니까요. 그렇지만 생활 속에서 진정으로 남에게 이로움을 주고자 하는 마음을 찾는다면, 아마도 자식을 위하는 어머니의 마음을 들 수 있을 것입니다. 자식을 내 몸처럼 사랑하고 위할 수 있는 것은 남이라는 생각이 없기 때문입니다. 자식이 잘되는 일은 남이 잘되는 것이 아니라, 바로 내가 잘 되는 것이라고 여기기 때문이지요. 아니 그 보다는 '나'라는 의식마저 넘어선 사랑 때문이지요. 우리는 어머니의 사랑 속에서 부처님과 예수님의 자비심을 느낄 때가 있습니다.

그러나 우리 속담에 '사촌이 논 사면 배가 아프다'는 말이 있듯이, 비록 가까운 사이라도 그가 잘되는 것이 오히려 나를 괴롭히는 경우도 흔히 경험할 수 있습니다. 사촌만이 아니라 형제들끼리도, 부부사이에도 경쟁과 질투로 겉으로는 잘되기를 바라면서도 속으로는 미워하며 때로 해치기까지 하는 사람도 있습니다. 이처럼 이로움을 주려는 마음을 갖는다는 것은, 남은커녕 내 부모 형제들 사이에서도 실천하기 어려운 일인 것입니다.

그렇지만 우리 주변에는 이웃을 돕는 아름다운 마음을 가진 사람들도 있고, 자신의 전 재산을 털어 남에게 봉사하는 사람도 있습니다. 가족에게조차 인색한 사람이 있는가 하면 얼굴도 모르는 사람들에게 선뜻 도움을 줄 수 있는 사람은 참으로 훌륭한 사람이라 할 것입니다. 그러나 이러한 선한 행위도 자신을 위한 일인 경우가 많습니다. 의식하고 있든 의식하지 않고 있든 더러는 자신의 명예를 위해, 자신의 인정욕구 충족을 위해, 혹은 과시나 보상을 위해서일 수도 있습니다. 어떤 댓가도 바라지 않고 자신을 이롭게 하려는 마음과 똑같이 남을 이롭게 하려는 마음을 낼 수 있다면 그는 자타의 분별을 넘어선 사람이겠지요. 탐욕·성냄·어리석음의 번뇌에 오염되지 않은 청정한 본래의 마음으로 돌아갈 수 있을 때 그럴 수 있습니다.

부처님의 자비와 예수님의 사랑을 들어왔지만, 내 이웃도 심지어 내 가족조차도 진실되게 사랑할 수 없는 것은 무엇 때문일까요. 그것은 나와 남을 분별하는 마음 때문입니다. 남이라고 생각할 때, 우리는 관심을 기울이지 않습니다. 나와 관계없는 사람이라고 느낄 때, 그가 잘되든 잘못되든 상관이 없어지는 것입니다. 당연히 그에게 이로움을 주려는 마음이 일어날 리가 없겠지요.

나와 남을 분별하는 마음이 있는 한, 우리는 진정으로 그들의 아픔도 기쁨도 함께 할 수가 없습니다. 남에게서 온전히 분리된 나는 존재하지 않습니다. 그들이 있으므로 내가 있고, 내가 있으므로 그들이 있습니다. 불교에서는 연기법으로 이것을 설명하지만, 모든 존재는 마치 그물망처럼 연결되어 한 마디를 들어올리면 전체가 끌려 올라오는 것과 같지요. 그렇다면 내가 바로 전 우주이고, 전 우주는 바로 나입니다. 사람은 물론 사물조차도 나와 무관한 것이라고 말할 수 있는 것은 아무것도 없습니다. 이기적이고 인간중심주의적인 무명(無明)의 인간들이 저지른 환경오염과 자연파괴행위는 오늘날 자연재해로서 그대로 되돌려 받고 있게 되었음을 모르는 사람은 없습니다. 바로 내가 자연이고, 자연이 바로 나였음을 몰랐기 때문입니다. 그것은 나와 상관없는 일인 줄 알았던 것이지요.

남에게 이로움을 주려는 마음은 곧 자신을 이롭게 합니다. 바로 자타불이의 마음이지요. 분별심에 속박된 자비심이 자타불이의 경지에서 자유롭게 그 본성을 드러낸 것입니다.

생귀주의 보살은 성인의 가르침으로부터 나서 부처님 계신 곳에서 영원히 물러서지 않는다고 하였는데, 이것은 또 다른 집착이 아닐런지요?

무엇에서 물러서지 않으려 하는가를 생각해야 합니다. 부처의 경지, 부처의 세계로부터 물러서지 않으려는 것은 집착이 아니라 결연한 의지와 서원이라고 해야겠지요. 탐·진·치에 매달려 그것이 전부인 줄 알고 놓지 못하는 것이 집착이지요. 만일 집착을 진리로부터 물러서지 않으려는 마음으로 전환시킬 수만 있다면 바로 생귀주 보살의 경지에 이르게 되는 것이 아니겠습니까?

흔한 보통돌과 금강석 중 하나를 쥐어야 한다면, 무엇을 버리겠습니까? 우리가 어떤 것을 선택해야할 때, 그것은 다른 무엇을 버려야 하는 것을 의미합니다. 자기가 쥐고 있던 것을 놓지 않고는 또 다른 것을 쥘 수 없는 것과 같지요. 놓지 않으면 선택의 기회를 상실하게 될 것입니다. 탐욕을 버려야 자유를 얻을 수 있고, 어리석음을 놓아야 지혜를 얻을 수 있습니다. 이처럼 상반되는 두 가지는 그것을 초탈하는 경지에 이르지 않는 한, 동시에 성립될 수는 없습니다. 버리지 않고는 얻을 수 없지요. 진정한 자기가 되는 데에 최선의 것은 둘이 없습니다. 가능한 많은 길이 있을지라도 자신에게 최선의 것으로 선택한 이상 그러합니다.

그러나 많은 사람들은 자신이 소중하게 가지고 있는 것이 무겁기만 하고 쓸모없는 뜨거운 돌덩이인 줄을 깨닫지 못합니다. 그것을 잃어버리기라도 하면 큰 일 날 것처럼 부여잡고 놓지 못하지요. 가령 돈에 집착을 하고 있는 사람은 돈이 자신을 지켜 줄 수 있는 유일한 것이라고 생각하고 매달립니다. 돈을 모으기 위해 지나치게 욕심을 내어 가족과 가까운 사람들로부터 외면당하고, 더러는 부당한 방법으로 축재하거나 사기를 치면서까지 재물을 탐하다 보면, 결국 돈은 모을 수 있을지 몰라도 인간적인 삶은 포기해야하고, 자기실현과는 더욱 거리가 멀어지게 되는 것이지요. 그 돌덩이는 돈일 수도, 권력일 수도, 이기적인 애착일 수도 있습니다.

자신이 소중하게 여기고 있던 그것이 바로 버려야 하는 것임을 아는 것은 쉽지 않습니다. 끊임없이 추구해왔던 것이 정작 고통의 원흉이라는 것을 인정하거나 깨닫는 것도 수행으로 인해 얻어지는 것이기 때문입니다.

경전에서는 사바세계를 '고해(苦海)' 에 비유합니다. 그렇지만 부귀와 권력을 누리고 있는 사람은 자신의 삶이 고통이라는 것조차 느끼지 못하는 것이 아닐까요? 고통이라고 자각할 때 벗어나고 싶은 것이지, 고통이라고 자각하지 않는데 벗어나려는 마음을 가질 리가 없을 것입니다. 오히려 고통을 벗고자 하는 그 수행과정이 더 고통스러워 아예 외면하는 사람도 많은 것 같습니다.

해탈을 위한 수행 과정이 뼈를 깎는 고통이요, 목숨을 건 자기와의 싸움인 것은 틀림없습니다. 그렇지만 수행과정이 너무나 힘들기 때문에 벗어나기를 지레 포기한다면, 그 순간 수행으로 인한 괴로움은 없을지라도 겹겹이 나를 에워싸고 있는 고통에 빠져 그대로 신음할 수밖에 없게 됩니다. 그렇다면 나를 짓누르고 있는 바위를 밀어내는 것이 너무 힘들어 그대로 눌리고 있겠다는 것입니까? 노예 생활에서 벗어나 자유를 쟁취하려는 투쟁이 너무 고달프다고 언제까지나 노예적 삶에 안주하겠다는 말입니까? 정말 가시를 헤치고 나오는 것이 힘들어 차라리 가시에 찔리고 있는 것이 낫다고 생각해야할까요? 고통은 고행으로 전환되어야 합니다. 고통에 대해 의미가 새롭게 부여되어야 합니다.

가끔은 무엇이 고통인지, 내겐 과연 고통이 있는지 의문을 가지는 사람이 있습니다. 소나 돼지는 본능적인 생리욕구의 충족만으로도 행복할 수 있어도 인간은 그것만으로는 충분하지 않습니다. 돼지가 돼지로 사는 것은 탓할 바가 아니지만, 인간이 돼지처럼 사는 것이 문제이지요. 짐승보다 못한 삶을 살면서도 성찰하지 못한다면 그것은 인간이기를 포기한 삶이 아니겠습니까? 우리가 이미 인간이면서도 끊임없이 참된 인간으로서의 자기이기를 염원하는 것은 탐욕과 성냄과 어리석음으로부터 오는 고통의 속박에서 벗어나 본래의 깨끗한 본모습을 찾으려고 하는 노력이 아니겠습니까? 고통이 순간적일 뿐 절실히 그것을 벗어나야겠다는 생각이 들지 않는 사람이 있다면 엄청난 잠재된 고통을 느끼지 않으려고 무의식적으로 억압하는 마음 때문일 수도 있고, 무기(無記)에 빠져 고통인지도 아닌지도 모르고 덤덤한 기분을 가지는 경우일 수도 있습니다. 지금 자기의 한계를 벗어나 진정한 자기에 이르고자 하는 마음의 지향은 결코 지울 수 없는 인간의 본성입니다.

부처님은 불변의 진리로서 4가지 성스러운 진리를 말씀하셨습니다. 바로 사성제인 고·집·멸·도가 그것이지요. 『화엄경』의 「사성제품」에서는 고통의 종류를 110가지로 자세히 나누어 설명하고 있지만, 우선 자신이 겪고 있는 고통이 무엇인지를 생각해야합니다. 일상의 삶 속에서 끊임없이 나를 괴롭히는 것이 무엇인지를 통찰해보아야 합니다. 물론 남의 고통을 보고도 내 것처럼 느낄 수도 있지만, 고통을 느껴보지 못한 사람이 남이 겪는 괴로움을 이해하거나 공감하기는 거의 불가능한 일일 것입니다. 고통을 느끼는 사람만이 고통에서 벗어날 수 있습니다. 고통을 자각하는 것은 고통을 벗어날 수 있는 길의 시작이니까요.

불퇴주의 보살들은 어떤 말에도 마음이 흔들리지 않고, 부처님 가르침 가운데에서 물러서지 않는다고 합니다. 칭찬의 말에 금방 마음이 들뜨고 교만해지며, 비방의 말에 쉽게 자기를 비하하고 분노하며 절망하는 우리의 가벼운 마음을 꾸짖는 것 같습니다. 또한 비방하기는 쉬우면서 칭찬에 인색한 자신을 돌아보게 됩니다.

아름다운 꽃을 보면서 또 티 없이 맑은 푸른 하늘을 보면서 찬탄하지 않는 사람이 있을까요? 시원한 바람, 계곡의 깨끗한 물을 보고 경탄하지 않을 수 있을까요? 이 찬탄은 존재가 가지고 있는 그것의 아름다움을 그대로 수용하기 때문일 것입니다.

그런데 자연을 보고는 아낌없는 찬사가 주저 없이 터져 나오는데 사람을 보고는 잘 안 되는 것은 왜일까요? 종종 사람은 경쟁의 대상이요, 시기의 대상이 됩니다. 그를 볼 때 그의 있는 그대로의 모습을 보기보다 내가 보고 싶은 그의 모습만을 보거나, 보기 싫은 모습이 그의 전부인 것처럼 편견을 가지고 받아들이는 때문이지요. 아무리 단점 투성이인 사람이라 하더라도 그에게도 분명 아름다운 부분이 있을텐데 그것을 발견할 수 있는 것은 바로 내 마음인 것입니다. 있는 그대로의 아름다움을 느끼지 못한다면 얼마나 불행한 일이겠습니까? 그렇다면 깊은 자기성찰이 필요합니다.

남을 칭찬할 수 있는 사람은 당당한 사람입니다. 자신을 긍정할 수 있는 사람만이 남을 긍정할 수 있기 때문이지요. 다른 사람을 수용하지 못하는 자기긍정은 진정한 긍정이 아닙니다. 매사에 남을 인정하지 못하고 헐뜯거나 결점을 캐내려고 하는 것은 자기 열등감 때문이라고 말할 수 있을 것입니다. 자기를 내세우기 위해서, 또 자신이 초라해지지 않기 위해서 자기보다 더 잘난 사람을 무의식적으로 훼손해버리려는 사람이 있습니다. 남을 칭찬하면 상대적으로 자신이 비참하고 형편없는 사람이 될 것 같은 불안이 있어서이겠지요. 상대로부터 무시당하지 않기 위해 오히려 서둘러 상대를 짓밟고 해치기까지 하는 사람도 있습니다. 그렇다고 자기를 무조건 부정하고 타인만을 긍정하는 것은 비굴한 행위입니다. 자신의 존재를 부정하고 맹목적으로 남을 찬탄한다면 그것도 제대로 보는 것이 아닐테니까요.

칭찬을 듣고도 겸허한 마음으로 교만해지지 않는 것도 어려운 일이지만, 나에 대한 비방의 말을 들었을 때 의연히 인욕할 수 있는 것은 참으로 어려운 일인 것 같습니다. 화가 나는 것은 물론 자신이 한없이 초라해지고 쓸모없는 인간으로 느껴져 때론 삶의 의미조차 잃어버릴 우려도 있습니다. 그러나 자신의 진정한 가치는 외부의 기준에 따라 좌우되는 것이 아닙니다. 우리가 중생이라고 스스로 낮추어 말하지만, 모두가 불성을 가진 귀중한 존재입니다. 하느님의 형상을 지닌 하느님의 자녀이지요. 외부의 칭찬 한 마디로 내 존재가치가 높아졌다가 비난의 말 한마디로 내 가치가 천하게 되는 것이 아닌 것입니다.

물론 잘못된 행동에 대한 반성과 행동의 개선이 불필요하다는 것은 아닙니다. 건전한 비판에 대해서는 얼마든지 마음을 열고 받아들여야 하는 것이지만, 남의 평가에 자기 존재가치감이 흔들려서는 안된다는 것입니다. 사람은 누구나 인정받고자 하는 욕구가 있습니다. 어쩌면 우리의 생활 전반에 걸쳐 인정욕구와 관련이 없는 일이 있을까요? 공부하고 일하고 옷 입고 사람을 만나는 모든 곳에서 사랑받고 인정받고자 하는 마음이 없는 사람이 있겠습니까? 우리는 누구나 어울림과 나눔의 관계(相卽相入)안에서 살고 있기 때문입니다. 인간은 관계존재란 말이지요. 건전한 상호 인정욕구는 상호 포용과 하나 됨의 실현을 위한 삶의 과정이지요. 그러나 정신적인 고통을 호소하는 대부분의 사람들이 인정받고자 하는 욕구를 지나치게 남의 평가에 의존하기 때문에 남의 눈치를 살피고 주위를 의식하게 되어 늘 불안한 것입니다.

보살행으로서 인욕바라밀을 강조하는 이유도 여기 있습니다. 자기긍정과 자기확신으로 자기정체감이 분명한 사람은 칭찬과 비방에 마음을 뺏기거나 흔들리지 않습니다. 칭찬한다고 더 좋은 사람이 되었다가 비방한다고 갑자기 나쁜 사람이 되는 것은 아니니까요. 역사적인 많은 인물들은 자신을 헐뜯는 소리에 의연한 모습을 보인 사람들이 많습니다. 두려워하거나 마음이 흔들리기는커녕 오히려 헐뜯는 상대를 불쌍히 여기는 비심(悲心)을 가지는 것을 볼 수도 있습니다. 부처님도 모든 사람에게 존경받기만 한 것은 아닙니다. 그의 사촌이었던 데바닷다는 부처님을 모함하고 후계자의 자리를 탐내어 부처님을 죽이려고까지 하였습니다. 그런 모략과 비방에 마음이 흔들렸다면 수천 년이 지난 오늘에 이르기까지 부처님의 가르침을 따르고자하는 사람이 있을 리가 없지 않겠습니까?

자신이 있는 그대로의 자신을 수용하고, 불성을 가진 존재로서의 확신을 가진다면 외부의 평가에 흔들리는 일은 없겠지요. 칭찬을 하는 것도 칭찬을 받는 것도 큰 공부입니다. 또한 남의 부족한 부분을 보고도 비방하지 않고 비난의 소리를 듣더라도 욕됨을 참는 것, 평상심을 지키는 것 역시 큰 공부이지요.

동진주의 보살은 몸과 말과 뜻으로 행하는 모든 것이 잘못됨이 없다고 합니다. 이것을 읽으면서 말은 쉽게 하면서도 몸과 마음이 일치되지 않는 저 자신을 돌아보게 됩니다. 가끔은 말과 몸과 마음이 서로 어긋나면서 생기는 괴리가 너무 커서 괴로울 때도 있습니다.

말과 몸과 마음의 불일치를 괴로워한다는 것은 이미 자기 내면을 성찰하고 있는 것이고 양심이 살아있다는 뜻입니다. 자신의 위선(僞善)을 슬퍼하고 괴로워하는 이는 양심적인 사람입니다. 이는 인간의 실존적 고뇌이기도 합니다. 개인이나 집단, 종교계나 세속세계에서든 심각하고 진지하게 반성해야 하는 문제이지요.

말과 몸과 마음으로 짓는 업(業)을 불교에서는 삼업(三業)이라 합니다. 이것은 인간의 모든 행위를 말합니다. 우리가 참회할 때 바로 이것을 참회하지요. 오늘 내가 말을 잘못하지 않았는지, 그릇된 행동을 하지는 않았는지 혹은 내 뜻이 잘못되지는 않았는지를 반성하는 것이지요. 말과 몸과 마음이 일치되고 깨끗하다면 바로 그 사람을 청정하다 할 수 있을 것입니다.

그렇지만 신·구·의 삼업이 청정하고 서로 일치하기란 쉬운 일이 아닙니다. 마음은 그렇지 않은데 불쑥 엉뚱한 말이 튀어나오기도 하고, 말을 앞세우면서 행동이 따라가지 않을 수도 있습니다. 그래서 불교에서는 말과 몸과 뜻에서 비롯되는 나쁜 업을 열 가지 악업[十惡業]으로 분류하여 불자들이 잘못을 저지르지 않도록 가르칩니다.

입으로 짓는 행위를 구업(口業) 혹은 어업(語業)이라 합니다. 말 한마디에 천 냥 빚을 갚는다는 우리 속담이 아니더라도 더러는 말 한마디가 사람을 살리기도 하고 죽이기도 하는 무서운 위력을 가지고 있다는 것을 잘 알고 있습니다. 원자탄보다 무서운 것이 지탄이라는 말도 있듯이 함부로 내뱉은 말이 평생토록 상처를 안고 살게 하는 경우도 흔히 볼 수 있지요. 입으로 짓는 잘못으로는 망어(妄語)·양설(兩舌)·악구(惡口)·기어(綺語)와 같은 나쁜 업을 들 수 있습니다. 망어란 진실하지 못하고 거짓말을 하는 것을 말합니다. 양설이란 한 입으로 두 말을 하는 것이지요. 즉 이쪽에선 이렇게 말하고 저쪽에서는 또 다르게 말하여 양쪽을 이간질 시키는 행위입니다. 악구란 다른 사람을 성나게 하는 추악한 말을 하는 것입니다. 기어란 도리에 어긋나게 교묘하게 꾸며대는 말입니다. 생각해보면 생활 속에서 정도의 차이는 있겠지만, 이 네 가지 구업에서 완전히 자유로울 수 있는 사람이 얼마나 될는지 의문스럽습니다. 우리는 보살도를 닦는 사람으로서 망어가 아닌 정어(正語)를, 양설이 아닌 진어(眞語)를, 악구가 아닌 애어(愛語)를, 기어가 아닌 실어(實語)를 쓸 수 있어야 하겠습니다.

몸으로 짓는 행위를 신업(身業)이라 합니다. 몸으로 짓는 잘못으로는 살생(殺生)·투도(偸盜)·사음(邪淫)과 같은 나쁜 업을 들 수 있습니다. 살생이란 산목숨을 죽이는 행위입니다. 투도란 남이 주지 않은 물건을 몰래 훔치는 것을 말합니다. 사음이란 자기 부인이 아닌 다른 여자와 음사(婬事)를 하는 행위입니다. 이런 일들은 특별히 사악한 소수의 사람들이 행하는 나쁜 짓이라고 생각하기 쉽지만, 인간은 물론 모든 생명의 목숨을 뺏는 것을 살생이라고 할 때 곤충과 벌레까지도 포함해서 나는 한번도 살생하지 않았다고 말할 수 있는 사람이 과연 있을까요? 보살도를 가는 우리는 살생을 하지 않는 불살생을 실천함은 물론 나아가서 적극적으로 방생(放生) 하는 자세를 가져야겠습니다. 또한 훔치지 않아야 함은 물론 베푸는 삶, 근면한 생활을 하여야겠지요.

마음으로 짓는 행위를 의업(意業)이라 합니다. 뜻으로 짓게 되는 잘못이라면 바로 탐(貪)·진(瞋)·치(癡)입니다. 마음이 선하면 선업을 짓게 될 것이고, 마음이 악하면 악업을 짓게 될 것이므로 세 가지 업 중에서 가장 중요하다고 할 수 있습니다. 신업과 구업도 이 의업에 따라 좌우되므로 아만심(我慢心)을 내지 않고 탐욕과 성냄과 어리석음을 버리고 오히려 보시하고 자비심과 지혜를 가지도록 하여야겠습니다. 서산(西山)대사의 『선가귀감』에는 "생사에서 벗어나려면 먼저 탐욕을 끊고 애욕의 목마름을 꺼버려야 한다(欲脫生死先斷貪欲及除愛渴)"고 했습니다. 깨달음에 이르기 위한 필수적인 가르침이지요.

『천수경』 참회의 게송에는 '아득히 먼 옛날부터 제가 지은 모든 악업은 탐내고 성내고 어리석음으로 인해 몸과 입과 마음으로 지어온 것이므로 그 모든 죄업을 모두다 이제 참회하겠습니다'라고 하면서 다음과 같이 십악(十惡)을 참회합니다.

殺生重罪今日懺悔 산목숨 죽인 죄 오늘 참회합니다
偸盜重罪今日懺悔 남의것 훔친 죄 오늘 참회합니다
邪淫重罪今日懺悔 사음한 나쁜 죄 오늘 참회합니다
妄語重罪今日懺悔 거짓을 말한 죄 오늘 참회합니다
綺語重罪今日懺悔 꾸며서 말한 죄 오늘 참회합니다
兩舌重罪今日懺悔 이간질 했던 죄 오늘 참회합니다
惡口重罪今日懺悔 악담한 나쁜 죄 오늘 참회합니다
貪愛重罪今日懺悔 탐심으로 지은 죄 오늘 참회합니다
瞋恚重罪今日懺悔 성냄으로 지은 죄 오늘 참회합니다
癡暗重罪今日懺悔 어리석어 지은 죄 오늘 참회합니다

보살은 중생들의 가지가지 욕망을 알고, 행할 방편을 잘 안다고 하였습니다. 우리 주변을 돌아보면 제일 가까운 가족들의 욕망을 알기도 어렵거니와 심지어는 자신의 욕망조차 알지 못하는 경우를 볼 수 있습니다. 자신과 타인의 욕망도 모르는데 하물며 거기에 적절한 방편을 행한다는 것은 더더욱 어려운 일일 것입니다.

상대의 있는 그대로의 모습을 인정하지 못하고 상대가 원하는 것을 그대로 알지 못하는 것은 '나'를 내세우기 때문입니다. 내 기준으로 편견을 가지고 남을 평가하고, 내 욕심을 투사하여 그를 보기 때문이지요.

스스로의 힘으로 자신을 돌볼 수 없는 아기에게는 그 부모가 잘 자고 잘 먹는 것 외에 아무 것도 바라는 것이 없기 때문에, 온전히 아기의 마음이 되어 보살핍니다. 비록 말하지 못하지만, 그 울음소리가 무엇을 원하는지 알고 아이의 미묘한 표정으로도 감정을 읽어냅니다. 몸짓에 안색에 묻어있는 아기의 욕망을 이해하기 때문이지요.

그러나 흥미로운 것은 아이가 성장하여 말을 자유롭게 하게 되었는데도 오히려 더 서로를 이해하지 못하게 되는 경우이지요. 말은 나눌 수 있으나 진정한 마음을 나누기는 어려운 가정을 흔히 볼 수 있습니다. 말은 생각을 전달하는 중요한 하나의 매체임은 틀림없지만, 마음을 충분히 담아내기에는 부족합니다. 상대를 말로 이해하는 것이 아니라 사랑으로 깊이 공감해야 합니다. 내 욕망과 내 기준으로 평가해서는 결코 그를 알 수 없습니다. 점점 더 거리가 멀어지게 되고 말겠지요.

상대에 대한 깊은 이해가 선행되어야 적절한 방편을 쓸 수 있습니다. 상대가 배가 고픈지 화가 났는지도 모르고 어떻게 그를 위한 방편이 있을 수 있겠습니까? 엄마의 사랑이 목말라 하는 아이에게 사랑과 관심은 기울이지 않고 돈으로 아이의 욕구를 해결하려고 하거나 자녀들이 정말 원하는 것은 간섭받지 않고 스스로 독립하는 것인데도 끝없이 의존하도록 발목을 잡으면서 그것을 사랑이라고 우기는 부모들이 있습니다.

방편은 단순하게 배워서 익히는 기법이 아닙니다. 선한 동기가 없다면 그것은 방편이라 부르지 않습니다. 이것은 진정한 자비심에서만 생기는 것이고 수행을 통해서만 얻을 수 있는 것입니다. 자녀를 향하는 것이거나 이웃을 향하는 것이든 자신의 성불을 지향하거나 타자의 해탈을 돕든, '나'라는 상(我相)을 버리고 상대의 마음을 그대로 공감하면서 최선의 태도로 다가가야 할 것입니다.

동진주의 보살은 뜻에 따라 태어난다고 하는데, 그렇다면 자신의 뜻에 따라 삶을 선택할 수 있다는 의미입니까?

그렇습니다. 『지장보살본원경』에 의하면 지장보살과 같은 분은 죄악에 빠진 중생을 구하려는 원(願)을 세우신 분인데, 지옥에서 고통 받는 중생들을 모두 구제하지 않으면 결코 성불하지 않겠다고 맹세하였습니다. 효순자비(孝順慈悲)의 마음을 가지신 지장보살은 이미 부처가 될 수 있는 분임에도 불구하고, 육도를 헤매는 중생을 구제하느라고 자신의 성불을 포기하면서까지 우리 곁에 남아있는 보살이십니다.

흔히 사바세계에 태어난 중생들은 업에 따라 몸을 받아 운명처럼 자신의 삶을 받아들여야 한다고 생각합니다. 삶은 능동적으로 이끌어가는 것이라기보다, 그저 주어진 대로 적응하며 고통을 감내해야하는 것이라고 생각합니다. 그러나 내가 어떤 선근을 쌓느냐에 따라 다음 생이 달라질 뿐 아니라, 어떤 서원을 갖는가에 따라 어제의 생의 의미가 다르고 오늘의 생, 또 내일의 생이 다르게 거듭 태어날 수 있다는 것을 알아야 합니다.

참선수행을 열심히 하던 젊은 날에 선우와 아들이 홍수에 떠내려가는 상상을 했던 적이 있습니다. 만약 그 중 한명만을 건질 수가 있다면, 나는 혈육의 정에 이끌려 덥썩 자식의 손을 잡을지 아니면 수많은 사람들의 고통을 어루만져줄 수 있을 선우의 손을 잡을지를 두고 고민했습니다. 당연히 이끌릴 천륜의 정마저도 도를 향한 내 마음을 흔들지 못하도록, 장애가 되지 못하도록 마음을 살피기 위해서였지요. 또 내가 죽어 극락과 지옥을 두고 어디로 갈 것인지를 선택하라고 한다면 선뜻 극락을 선택하여 그리로 성큼 발걸음을 옮기지나 않을까 걱정하였지요. 누구나 극락에 가기를 원합니다. 어쩌면 지옥에 태어나기를 원한다는 말은 오만인지도 모르지요. 최악의 존재상태를 뜻하는 지옥은 생각만으로도 몸서리쳐지는 끔찍한 곳인데, 기꺼이 스스로 가겠다는 것은 엄청난 서원입니다. 죄가 많아서가 아니라 극락에 갈 수 있는데도 지옥 중생과 고통을 함께 하기 위해서라면, 아마도 그가 가는 곳은 이미 지옥이 아니라 극락으로 변하게 될 것입니다.

중생이 깨달으면 부처가 되듯이, 중생이 어떤 원을 세우느냐에 따라 내일의 생이 또 그 다음 생이 달라질 것이고 자신의 선택에 따라 새롭게 태어날 수 있게 되는 것입니다. '서원'에 대해 깊고 진지하게 생각해야 합니다. 참된 서원이란 삶을 통해 실천되고 삶 속에 구현될 수 있을 때의 그것을 의미하지요. 비록 나 한 사람의 실존적 서원의 실천이라 할지라도 사회적 실천과 무관할 수 없습니다. 지금 여기 그리고 미래의 나의 삶의 양식, 존재 상태는 역사적이고 사회적인 관계 안에서 이루어집니다. 이 같은 상황 안에서 서원하고 그 원에 따라 자신의 삶을 살아야겠지요.

관정주의 보살은 수없는 중생을 관찰하고, 그들의 근기를 안다고 합니다. 또 가지가지의 이해가 있고 선호하는 것도 모두 다름을 안다고 합니다. 저의 경우 수행을 한다고 해도 수 없는 중생은커녕, 여간해서 자신의 마음 움직임조차 알기가 어렵습니다.

수행자는 참선 수행을 통해 자신의 내면을 보고 중생들의 근기를 관할 수도 있겠지만, 일반인에게는 가족을 통하여 자신을 발견하게 되는 경우도 많이 있습니다. 애들끼리 노는 것을 보면, 엄마 말투를 그대로 쓰거나 아빠 행동을 꼭 같이 하는 것을 볼 수 있습니다. 우리는 서로 상대방의 거울이 되지요. 내 모습이 상대의 거울에 비치고, 거울에 비친 내 모습이 다시 다른 사람의 거울에 비치게 되지요. 이렇게 서로가 서로를 비추는 것이 중첩되게 되는데, 이 중첩된 세계는 경직되게 고정되어 있는 것이 아니라 매 순간 살아 움직이며 변화합니다.

네 명의 구성원으로 이루어진 가족이라 할 때, 가족구성원 한사람 한사람은 자기만의 세계를 가집니다. 또한 부부의 세계, 자녀의 세계가 있는가하면, 아버지와 아들, 아버지와 딸, 어머니와 아들, 어머니와 딸의 세계가 있고, 부모와 아들, 부모와 딸, 또 가족구성원 모두의 세계도 있는 것입니다. 이렇게 본다면 한 가족 내에서도 서로 입각점이 다른 수많은 세계가 존재하는 것이고, 이것이 이웃과 사회로 퍼져나갈 때 수많은 세계가 중첩되어 중중무진한 관계를 이루게 되지요.

마치 한 개의 그물코를 들어올리면 전체의 그물이 당겨지면서 영향을 받듯이 우리는 수많은 관계 속에서 서로서로 영향을 주고받는 관계에 놓이게 됩니다. 화엄에서는 이것을 법계연기로 설명하면서, 그 어떤 것도 고립되어 단독으로 존재하지 않는다고 가르치고 있습니다. 가족치료에서는 이러한 크고 작은 각 세계를 '체계(system)'라고 부릅니다. 체계는 상호작용을 하는 요소들의 합이라고 말할 수 있는데, 미누친(Minuchin)은 이 체계 사이의 경계(boundary)가 명확해야 건강한 가족이라고 하였습니다. 즉 각 체계의 특성을 유지하면서도 동시에 체계의 상호작용을 원활하게 해야 한다는 것이지요. 그러나 지나치게 경계가 경직되거나 모호하여도 역기능적일 수 있다고 하였습니다.

우리 주변에서 자기가 낳은 자식이라고 해서 그만의 세계가 있다는 것을 인정하지 않고 사사건건 간섭하려하거나, 그들만의 개성을 존중하지 않고 자기 기준으로 평가하려드는 부모를 흔히 볼 수 있습니다. 같은 공간에 앉아 있어도 방향에 따라 눈앞에 전개되는 세계는 다른 모습입니다. 그들은 나의 자리에서 나를 보는 것이 아니라 그들의 자리에서 나를 바라봅니다. 그들 마음속에 자리 잡고 있는 내 모습은 내가 생각하는 내 모습이 아닌 것이지요. 나는 정말 거울에 비친 잘 정돈된 내 모습만 익숙할런지도 모릅니다. 내가 웃거나 화낼 때, 내 표정을 보는 사람은 내가 아닌 다른 사람이지요. 그들에게 비친 내 모습은 내가 알고 있는 내가 아닌 어쩌면 생소하고 어색한 낯선 모습일 수도 있습니다. 그러나 그들은 그 모습이 나라고 믿고 있을테지요. 상대를 탓하기 전에 상대에게 투영된 자신의 모습을 보고 반성해야겠지요.

그렇기 때문에 수행을 통하여 자신을 관하고 자신의 근기를 알아야 중생의 마음과 근기를 알 수 있게 됩니다. 그렇지 않으면 자신의 모습조차 왜곡되게 받아들이고, 천차만별의 중생들 모습을 인정하기 어렵습니다. '삼세여래일체동(三世如來一切同)'이라 했습니다. 과거·현재·미래의 수많은 부처님은 온갖 이름을 갖지만 그 불성은 하나입니다. 그 어떤 것도 획일화하지 않고 존재의 다양성과 차이성을 인정하며 있는 그대로를 볼 수 있어야 합니다. 각각의 존재는 하나이면서 또한 그를 둘러싼 모든 것들과 상호의존적 관계를 이루며 유기적인 조화를 이루어나갈 때 아름다운 세상이 되는 것이지요.

화엄에서는 한 티끌 속에 온 우주가 포함되어 있다[一微塵中含十方]고 했습니다. 가족구성원 개인의 세계가 아무리 적은 세계라 하더라도 한 사람의 마음속에 가족원 모두가 들어있어, 의상대사가 화엄의 세계를 '일중일체다중일(一中一切多中一)' 즉 하나 안에 일체가 있고 다수 안에 하나가 있다고 했던 것과 마찬가지이지요. 내 안의 내 모습을 성찰하는 것은 물론이지만 아이나 남편을 통해서 볼 수 있는 내 모습은 자신을 반조하는 중요한 계기가 됩니다. 화엄의 큰 가르침을 삶의 현장으로 가져오는, 일상의 삶의 체험을 조명해 보는 지혜가 필요합니다.

십주에 이른 보살들이 중생들을 돌볼 때 자비심을 가지고 대한다고 했습니다. 제 자신을 돌아볼 때, 순수하게 자비심에서 누군가를 이롭게 하려고 하거나 보호한 적이 있었는지, 참으로 사랑할 수 있는지 반성하게 됩니다.

물론 처음에는 의무적으로 그렇게 해야 한다는 의식에서 시작하는 경우가 많지요. 그러나 그것을 자책할 수는 없습니다. 의무의식으로나마 실천되는 가운데 그 동기가 순수해지고 선해지면 저절로 자비심이 깨어나기 마련이지요.

우리는 주변에서 남을 돕는 사람들을 만나게 됩니다. 그 중에는 작지만 꾸준히 남모르게 실천하는 사람이 있고, 매스컴을 뒤흔들며 이름을 자랑하는 사람들도 있습니다. 자의든 타의든 남을 돕는 일을 해본 적이 있을 것입니다. 그 때 남을 향해 베푸는 자기의 마음을 성찰해보세요.

명성을 얻기 위한 것인지, 환심을 사기 위한 것인지, 남의 강요에 의한 것인지, 나 자신의 강박에 의한 것인지, 어떤 보상을 바라는 것인지, 인정받기 위한 것인지, 자기만족을 위한 것인지, 나의 위상을 지키기 위한 것인지…생각해보아야 합니다.

부모가 자식을 위해 온갖 희생을 하지만, 더러는 부모가 순수한 자애심만이 아니고 힘이 있음을 과시하거나 후에 자식에게 대가를 바라는 마음을 가진 경우도 많이 볼 수 있습니다. 부모 자식 사이에도 동기가 온전히 순수하기가 힘든데, 남을 돕겠다는 마음을 가졌다 해도 위에서 열거한 것이 아닌 순수한 동기를 가진다는 것은 참으로 어려운 일이지요.

그렇기 때문에 선한 의지, 혹은 의무감에 의한 행위도 훌륭한 것입니다. 그렇지만 그것만으로는 보살의 자비심으로서 완전하다고 말 할 수 없지요. 더 완전한 것은 아무런 조건 없이 어떤 것도 바라지 않고 자비심만으로 남을 보살필 수 있어야 합니다. 그러나 자기만족이나 보상을 위한 것이라 하더라도 자비심이 없는 것이 아니라 덮여 있을 뿐입니다. 순수하지 못한 동기에서 벗어날 수만 있다면 자비심은 그대로 드러나게 되어있지요. 그 땐 내가 누구에게 베풀고 있다는 의식도 없이 저절로 이루어지는 것입니다.

사랑이든 보시든 '내가' 무엇을 한다는 것에서 자유롭지 못할 때는 아직 '나'에 대한 집착을 떨치지 못한 것이라고 할 수 있습니다. 우리가 자신의 몸을 돌볼 땐 내가 한다는 생각이 없지요. 당연히 그렇게 하는 것입니다. 그래서 내 몸과 같이 남을 사랑할 수 있어야 하는 것이지요. 내 몸과 같이 자식을 부모를 이웃을 세계를 볼 수 있다면, 아까울 것도 바랄 것도 없는 것이지요. 이렇게 되면 내가 너를 사랑하는 것이 아니라, 사랑이 사랑하게 되는 것입니다. 자비가 자비하게 되는 것입니다.

우리가 누군가에게 베풀 때, 그 동기를 성찰하면서 보다 순수한 동기로 마음을 정화시켜 나간다면, 내가 가두어두고 억압했던 자비심은 깨어나기 시작할 것입니다. 이것을 실천하는 사람이 바로 보살이라고 말할 수 있겠지요.

진정한 자비심은 바로 부처님의 마음이라고 할 수 있겠네요. 어떻게 하면 자비심을 실천할 수 있을까요?

깨달은 사람이, 견성(見性)을 체험했다는 사람이 온 우주의 생명들과 하나임(一卽一切)의 깨달음에서 비롯되는 자비심이 없다면 그것이야말로 엄청난 자기기만이라 할 수 있습니다. 온전한 자비심은 깨달음의 증표입니다. 부처님께서도 태자 시절에 성문을 나와 늙고 병들고 죽은 사람의 모습을 보고 비심을 일으킨 것이 구도적 발심의 계기가 되었지요. 자비행이란 구도자들에게는 수행의 최고 목표라고 말해도 좋습니다. 자비심이라고 할 때, 자(慈)는 편안함을 준다(與樂)는 뜻이고 비(悲)는 괴로움을 없애준다(拔苦)는 뜻이지요.

이 세상 사람들 중에 사랑받고 싶다 혹은 진정한 사랑, 영원한 사랑을 하고 싶다는 염원을 가지지 않은 사람이 있을까요? 또한 불행을 겪고 있는 사람을 보고 눈물 흘리지 않은 사람이 있을까요? 자비심이란 물론 세속적인 사랑이나 동정을 의미하는 것은 아니지만, 그것을 통해 우리들 마음속엔 이미 자비심이 본성으로서 내재되어 있음을 깨칠 수 있습니다. 더러는 그것이 불손한 동기로 왜곡되고, 지나친 집착으로 변질되어 없는 것처럼 보이기도 하지만, 구도자라면 진정한 자비심이 구현될 수 있도록 끊임없이 자신을 반조하고 새롭게 실천하는 노력을 해야 합니다.

자비심이란 그저 바라기만 한다고 생기는 것은 아닙니다. 상대의 고통이 나의 것으로 느껴지고, 그와 함께 고통을 나누고자 하는 마음이 우러나올 때, 비로소 자비심은 움직이는 것이지요. 자비는 실천입니다. 중생을 만나는 그곳에 자비심이 있습니다. 싯다르타 태자께서 늙고 병들고 죽은 사람들을 만난 그곳에서 자비심을 일으킨 것처럼 말입니다. 자선사업가가 되거나 기아로 죽어가는 아프리카에 가야만, 물론 뜻 깊은 활동이지만 거기에서만 고통 받는 중생을 만날 수 있는 것은 아닙니다. 또한 돈을 많이 번 후에야 남을 도울 수 있는 것이 아닙니다.

그 대상은 먼 곳에만 있지 않습니다. 가깝게는 내 가족이고, 내 이웃에서 시작해야 합니다. 어쩌면 나 자신일지도 모르지요. 한 사람을 진실로 사랑할 수 있게 되면 모든 사람을 사랑할 수 있게 됩니다. 내 어머니를 진실로 사랑하게 되면 이세상의 모든 어머니를 진정으로 사랑할 수 있게 되겠지요. 자식도 아내나 남편도, 그리고 나아가 자연의 모든 것 즉 나무, 풀, 새, 꽃 한 송이, 벌레 한 마리에게까지도 확대되어 미치게 될 것입니다. 지금 나와 인연이 된 가장 가까운 사람은 누구입니까? 매일매일 부대끼며 생활하는 사람이 누구입니까? 바로 그에게서부터 자비심을 실천해보십시오.

자비는 일체 선행의 근본이 됩니다. 자비정신의 구현은 대승불교에서 보살사상의 본질이라고 할 수 있지요. 마치 외동아들을 둔 어머니가 온 정성을 다해 아이를 보호하듯이, 일체의 모든 생명체 혹은 온 세상에 대해서도 한량없는 사랑과 연민을 일으키게 되는 것이 자비심이요 바로 부처님의 마음입니다.

제16. 범행품(梵行品)

요약

「범행품」에서는 물든 옷을 입고, 출가한 자들의 보살행을 설하고 있다. 범행이란 맑고 깨끗한 행으로서 출가의 계행을 말한다. 청정한 행으로 중생을 이롭게 하고 중생을 교화해야 하기 때문이다. 정념천자는 어떻게 해야 범행이 청정하게 되며, 보살의 지위로부터 위없는 보리의 도에 이르게 되는지를 법혜보살에게 묻고 있다. 이에 법혜보살은 10 가지 법으로 관찰하여야 한다고 대답하는데, 이 열 가지는 ①몸[身] ②몸의 업[身業] ③입[口] ④입의 업[口業] ⑤쯕[義] ⑥뜻의 업[意業] ⑦부처님[佛] ⑧교법[法] ⑨스님[僧] ⑩계율[戒]이다.

이 품에서는 청정한 행이 무엇인가를 근본적인 내용을 들어 의문을 제시하며 관찰하게 하고 깊이 생각하게 하고 있다. 만약 보살들이 진정한 믿음을 낸다면 곧바로 정각을 이룰 수 있다[初發心時便成正覺]고 하였다.

즉 몸과 말과 뜻을 청정하게 하며 불·법·승의 삼보를 믿고 좋아하며 계율을 지켜야한다는 것이다.

정념천자가 범행에 대하여 여쭈다

이 때 정념천자가 법혜보살에게 말하였습니다. "불자여, 온 세계의 모든 보살들이 여래의 가르침을 의지하여 물든 옷을 입고 출가하였으면, 어떻게 하여야 범행이 청정하게 되오며, 보살의 지위로부터 위없는 보리의 도에 이를 수 있습니까?"

爾時 正念天子 白法慧菩薩言. 佛子 一切世界諸菩薩衆 依如來敎 染衣出家, 云何而得梵行淸淨, 從菩薩位 逮於無上菩提之道.

[한자풀이]

梵:깨끗할 범, 청정 逮:미칠 태(좇을 체), 도달함, 이르다

THEN THE GODLING Right Mindfulness said to the enlightening being Truth Wisdom, "In all worlds, enlightening beings, following the teaching of the Enlightened Ones, dye their clothing and leave home to become mendicants: how can they attain purity of religious practice, and from the state of enlightening reach the path of unexcelled enlightenment?"

법혜보살의 범행에 대한 설법

법혜 보살이 말하였습니다. "불자여, *보살마하살이 *범행을 닦을 때에는 마땅히 열 가지 법으로 *반연을 삼고 뜻을 내어 세심하게 관찰해야 합니다. 이른바 몸과 몸의 업과 말과 말의 업과 뜻과 뜻의 업

과 부처님과 가르침과 승단과 계율입니다. 마땅히 몸이 범행인지, 내지 계율이 범행인지를 마땅히 관찰해야 할 것입니다."

法慧菩薩 言. 佛子 菩薩摩訶薩 修梵行時 應以十法 而爲所緣 作意觀察. 所謂身 身業 語 語業 意 意業 佛 法 僧 戒. 應如是觀 爲身是梵行耶 乃至戒是梵行耶.

Truth Wisdom said, "Great enlightening beings, when performing religious practice, should attentively contemplate ten things objectively: the body, physical action, speech, verbal action, mind, mental action, Buddha, the Teaching, the religious community, and the precepts. They should contemplate in this way: Is the body religious practice? And so on, down to: Are precepts religious practice?"

[주]

*보살마하살: 菩薩摩訶薩, Ⓢ Bhodhisattva Mahāsattva, 보리살타마하살타(菩提薩埵薩摩訶薩埵)의 약칭. 보리살타는 도중생(道衆生)·각유정(覺有情)이라 번역하고, 마하살타는 대중생(大衆生)·대유정(大有情)이라 번역함. 도과(道果)를 구하는 이를 도중생이라 하는데, 도과를 구하는 이는 성문·연각도 해당되므로 이들과 구별하기 위하여 다시 대중생이라 함. 또 보살에는 많은 계위가 있으므로 그 중에서 10지(地) 이상의 보살을 표시하기 위하여 다시 마하살이라 함.

*범행: 梵行, Ⓢ Brahmacara, 청정한 행

*반연: 攀緣, 휘어잡고 의지하거나 기어 올라가는 것으로 불교적으로는 원인을 도와서 결과를 맺게 하는 것. 즉 대경을 의지한다는 뜻, 일체 번뇌의 근본이 됨. 마음이 제 혼자 일어나지 못하는 것이 마치 칡넝쿨이 나무나 풀줄

기가 없으면 감고 올라가지 못하는 것과 같으며, 또 노인이 지팡이를 짚고야 일어나는 것처럼 마음이 일어날 때는 반드시 대경(對境)을 의지하고야 일어나니 이런 경우에 칡넝쿨은 나무나 풀을, 노인은 지팡이를, 마음은 대경을 반연한다.

몸과 몸의 업을 관찰함

"만일 몸이 범행이라면, 범행이라는 것은 곧 선하지 않은 것이며, 법답지 않은 것이며, 혼탁한 것이며, 나쁜 냄새나는 것이며, 부정한 것이며, 싫은 것이며, 어기는 것이며, 잡되고 물든 것이며, 송장이며, 벌레 무더기인 줄을 알아야 합니다.

만일 몸의 업이 범행이라면, 범행이라는 것은 곧 가는 것, 머무는 것, 앉는 것, 눕는 것, 왼쪽으로 돌아보는 것, 오른쪽으로 돌아보는 것, 구부리는 것, 펴는 것, 숙이는 것, 우러르는 것입니다."

若身 是梵行者, 當知梵行 則爲非善, 則爲非法, 則爲渾濁, 則爲臭惡, 則爲不淨, 則爲可厭, 則爲違逆, 則爲雜染, 則爲死屍, 則爲蟲聚.

若身業 是梵行者, 梵行 則是行住坐臥 左右顧視 屈伸俯仰.

[한자풀이]

渾:흐릴 혼 臭:냄새 취 屍:주검 시 顧:돌아볼 고 屈:굽을 굴, 굽히다 伸:펼 신 俯:구부릴 부 仰:우러를 앙

"If the body were religious practice, then religious practice would be not good, it would not be the true teaching, it would be defiled, it would be impure, it would be foul, it would be unclean, it would be disgusting, it would be a intractable, it would be defined, it would be a corpse, it would be a mass of microbes. If physical action were religious practice, then religious practice would be walking, standing, sitting, lying down, looking around, up and down."

말과 말의 업을 관찰함

"만일 말이 범행이라면, 범행은 곧 음성·숨·가슴·혀·목구멍·입술·날숨과 들숨·긴장과 이완·고저·청탁일 것입니다.

만일 말의 업이 범행이라면, 범행은 곧 문안인사하고 대강 말하고 널리 말하고 비유로 말하고 직설하고 칭찬하고 헐뜯고 방편으로 말하고 세속 따라 말하고 분명하게 말하는 것입니다."

若語 是梵行者, 梵行 則是音聲風息 脣舌喉吻 吐納抑縱 高低淸濁. 若語業 是梵行者, 梵行 則是起居訊 略說廣說 喩說直說 讚說毁說 安立說 隨俗說顯了說

[한자풀이]

脣:입술 순 喉:목구멍 후 吻:입술 문 吐:토할 토 納:바칠 납, 거두다 抑:누를 억 縱:늘어질 종 訊:물을 신 略:다스릴 약 喩:비유할 유 讚:기릴 찬, 칭찬하다 毁:헐 훼, 상처를 입히다 隨:따를 수 俗:풍속 속 顯:나타날 현 了:마칠 료, 깨닫다

"If speech were religious practice, then religious practice would be sound and breath, chest, tongue, throat, lips, exhalation and inhalation, constriction and relaxation, high and low, clear and unclear. If verbal activity were religious practice, then religious practice would be greeting, summary explanations, extensive explanations, metaphorical explanations, direct explanations, praise, criticism, definitions, explanations accommodated to conventions, clear explanations."

뜻과 뜻의 업을 관찰함

"만일 뜻이 범행이라면, 범행은 곧 깨달음이며 관찰이며 분별이며 가지가지 분별이며 기억함이며 가지가지 기억함이며 생각함이며 가지가지 생각함이며 환상이며 꿈일 것입니다.

만일 뜻의 업이 범행이라면, 범행은 곧 생각들이며 추위며 더위이며 주림이며 목마름이며 괴로움이며 즐거움이며 근심이며 기쁨임을 알아야 할 것입니다."

若意 是梵行者, 梵行 則應是覺 是觀 是分別 是種種分別 是憶念 是種種憶念 是思惟 是種種思惟 是幻術 是眠夢. 若意業 是梵行者, 當知梵行則是思想寒熱飢渴苦樂憂喜.

[한자풀이]
憶:생각할 억, 기억 眠:잠잘 면 夢:꿈 몽 寒:찰 한, 얼다 熱:더울 열, 따뜻하다 飢:주릴 기 渴:목마를 갈 憂:근심할 우

"If the mind were religious practice, then religious practice would be consideration and pondering, discrimination, various discriminations, conception, various conceptions, thought, various thoughts, acts of illusion and dreams. If mental activity were religious practice, then religious practice would be ideas, cold and heat, hunger and thirst, pain and pleasure, sorrow and joy."

관찰이 성취되었을 때의 상(相)을 말함

"이렇게 관찰하면, 몸에 취할 것이 없고, 닦는 데 집착할 것이 없고 법에 머물 것이 없으며, 과거는 이미 멸하였고 미래는 이르지 못하였고 현재는 고요하며, 업을 짓는 이도 없고, 과보를 받을 이도 없으며, 이 세상은 이동하지 않고 저 세상은 바뀌지 않을 것입니다."

如是觀已, 於身 無所取, 於修 無所着, 於法 無所住, 過去已滅, 未來未至, 現在空寂, 無作業者, 無受報者, 此世不移動 彼世不改變.

"Having contemplated thus, having no attachment to the body, no clinging to practice, no dwelling on doctrine, the past gone, the future not yet arrived, the present empty, there is no doer, no receiver of consequences; this time doesn't move, another time doesn't shift-"

"이 가운데 어느 것이 범행입니까. 범행은 어디에서 왔으며 누구의 소유며, 실체는 무엇이며 누구에 의해서 이루어졌습니까, 이것은 있는 것입니까 없는 것입니까, 색입니까 색이 아닙니까, 수입니까 수가 아닙니까, 상입니까 상이 아닙니까, 행입니까 행이 아닙니까, 식입니까 식이 아닙니까?

이렇게 관찰하면, 범행의 실체는 얻을 수 없기 때문에, 삼세의 법이 다 공적하기 때문에, 뜻(마음)에 집착이 없기 때문에, 마음에 장애가 없기 때문에, 행할 것이 둘이 없기 때문에, 방편이 자재하기 때문에, 모양 없는 법을 수용하기 때문에, 모양 없는 진리를 관찰하기 때문에, 부처님 법이 평등함을 알기 때문이며, 온갖 부처님 법을 갖추었기 때문에 이렇게 청정한 범행이라 이름 하는 것입니다."

此中何法 名爲梵行. 梵行 從何處來 誰之所有, 體爲是誰 由誰而作, 爲是有 爲是無, 爲是色 爲非色, 爲是受 爲非受, 爲是想 爲非想, 爲是行 爲非行, 爲是識 爲非識. 如是觀察, 梵行法 不可得故, 三世法 皆空寂故, 意無取着故, 心無障碍故, 所行無二故, 方便自在故, 受無相法故, 觀無相法故 知佛法平等故, 具一切佛法故 如是 名爲淸淨梵行.

"What thing is therein to be called religious practice? Where does religious practice come from? Where is it? Who is the body? By whom is it performed? Does it exist? Does it not exist? Is it form? Is it not form? Is it not form? Is it sensation? Is it not sensation? Is it conception? Is it not conception? Is it actions? Is it not actions? Is it consciousness? Is it not consciousness? Contemplating in this way, because the reality of religious practice cannot be apprehended, because the things of past, present, and future are all empty, because the intellect has no attachment, because the mind has no obstruction, because the sphere of operations is nondual, because expedient means are free, because of acceptance of formless truth, because of contemplation of formless truth, because of knowing the Buddha's teaching is equanimous, because of fulfilling all qualities of

Buddhahood, is such practice called pure religious practice."

다시 열 가지 법을 닦아야 함

"다시 열 가지 법을 닦아야 하나니, 열 가지란 이를테면 옳은 곳 그른 곳을 아는 지혜, 과거・현재・미래의 업에 대한 과보를 아는 지혜, 모든 선정・해탈・삼매를 아는 지혜, 모든 근성의 뛰어나고 부족함을 아는 지혜, 가지가지 이해를 아는 지혜, 가지가지 경계를 아는 지혜, 온갖 곳에 이르는 길을 아는 지혜, 천안통이 걸림 없는 지혜, 숙명통이 걸림 없는 지혜, 습기를 영원히 끊는 지혜니, 여래의 열 가지 힘을 하나하나 관찰하며 낱낱 힘에 한량없는 뜻이 있는 것을 마땅히 물어야 합니다."

復應修習十種法, 何者 爲十 所謂處非處智, 過現未來業報智, 諸禪解脫三昧智, 諸根勝劣智, 種種解智, 種種界智, 一切至處道智, 天眼無碍智, 宿命無碍智, 永斷習氣智, 於如來十力 一一觀察 一一力中 有無量義 悉應諮問.

[한자풀이]

斷:끊을 단　諮:물을 자, 자문하다

"Ten things should also be cultivated: knowledge of what is so and what is not; knowledge of past, present, and future consequences of actions; knowledge of all meditations, liberations, and concentrations; knowledge of superiority and inferiority of faculties; knowledge of all kinds understandings; knowledge of all kinds of realms; knowledge of where all paths lead; unhindered clairvoyance; unhindered knowledge of past lives; knowledge of the eternal cancellation of habit energy. contemplating each of these ten powers of the enlightened, in each power are innumerable meanings; one should ask about them."

자비심을 일으켜 지혜의 몸을 성취함

"설법을 들은 뒤에는 크게 *자비한 마음을 일으켜야 합니다. 중생을 관찰하여 버리지 아니하며, 쉼 없이 모든 법을 생각하며, 위없는 업을 행하고도 과보를 구하지 말며, 경계가 요술 같고 꿈같고 그림자 같고 메아리 같고 변화와 같음을 분명히 알아야 합니다.

만일 보살들이 이렇게 관찰하여 행하는 것이 상응하면, 모든 법에 두 가지 이해를 내지 않고 온갖 부처님 법이 빨리 앞에 나타날 것이며 처음 발심할 때에 *아누다라삼먁삼보리를 얻을 것이며, 온갖 법이 곧 마음의 성품임을 알 것이며, 지혜의 몸을 성취하되 다른 이에게 의지함이 없이 깨닫게 될 것입니다."

聞已 應起大慈悲心. 觀察衆生 而不捨離, 思惟諸法 無有休息, 行無上業 不求果報, 了知境界 如幻如夢 如影如響 亦如變化. 若諸菩薩 能與如是觀行相應, 於諸法中 不生二解 一切佛法 疾得現前 初發心時 卽得阿耨多羅三藐三菩提, 知一切法 卽心自性, 成就慧身 不由他悟.

"And after having heard about them should arouse a mind of great kindness and compassion and observe sentient beings without abandoning them, reflect on the teachings unceasingly, carry out superlative deeds without seeking rewards, comprehend that objects are like dreams, like illusions, like reflections, like echoes, and like magical productions. If enlightening beings can unite with such contemplations, they will not entertain a dualistic understanding of things and all enlightening teachings will become evident to them: at the time of their first determination they will immediately attain complete perfect enlightenment, will know all things are the mind's own nature, and will perfect the body of wisdom and understand without relying on another."

[주]

*자비: 慈悲, Ⓢmaitri-karuna, 불교의 덕목 가운데 하나로서 타자에 대해 불쌍히 여기는 마음, 측은지심을 나타내는 것이다. 대승불교에서는 지혜와 함께 중심적인 개념이 된다. 자(慈)의 어원은 산스크리트어 'maitri'으로 '우정, 친애의 생각'의 뜻을 지니며, 비(悲)는 산스크리트어 'karuna'로 '연민, 동정'의 의미를 지닌다. 자비는 전통적으로 고통을 없애주고 즐거움을 편안함을 주는 발고여락(拔苦與樂)의 뜻으로 쓰이는데, 구체적으로 말하면 자(慈)는 '편안함을 주는(與樂)', 비(悲)는 '괴로움을 소멸하는(拔苦)' 의미로 주로 사용된다.

*아누다라삼먁삼보리: 阿耨多羅三藐三菩提, 무상정등정각(無上正等正覺) ⓈAnuttarasamyaksambodhi, 불교 최상의 이상(理想)인 불과(佛果)의 지혜 즉 부처님의 깨우침을 말함. 아뇩다라삼먁삼보리라고 부르기도 하고, 아뇩보리라고 줄여서 부르기도 한다. 아누다라는 '무상(無上)'의 뜻이고, 삼먁삼보리는 정변지, 정등정각(正等正覺)의 뜻이다.

처음 발심 할 바로 그 때
정각을 이루게 됩니다.

Just on the time of your first determination,
you attain the true awakening.

범행이라는 말이 쉽게 이해되지 않습니다. 요즘은 잘 쓰이지 않는 용어인 것 같은데, 좀 더 쉽게 말씀해주시면 좋겠습니다.

범(梵)은 청정(淸淨) 또는 적정(寂靜)의 뜻으로, 범행이란 맑고 티 없이 깨끗한 행을 말합니다. 즉 범천(梵天)의 행법(行法)이라는 의미로, 더럽고 추한 음욕을 끊는 것을 범행이라고 합니다. 「범행품」에서는 출가하여 승복을 입고 수행하는 수행자들이 어떻게 해야 보살로서 청정한 행을 할 수 있고, 나아가 깨달음의 경계에 이를 수 있는지에 대해서 구체적으로 자상하게 설하고 있습니다.

십신의 지위에 해당하는 「정행품」에서는 140가지 서원(誓願)을 통하여 청정한 행을 하도록 가르쳤고, 십주의 지위에 해당하는 「범행품」에서는 행(行)의 체(體)에 작위(作爲)가 없는 것이 청정한 행임을 가르치고 있습니다.

이통현의 『신화엄경론』에 따르면, 자체성 없는 행으로부터 행이 청정하기 때문에 일체 모든 행이 다 청정한 것이며, 모든 행이 청정하니 지혜가 청정하고, 지혜가 청정하니 그 마음이 청정하고, 그 마음이 청정하니 모든 법이 청정하고, 모든 법이 청정하기에 법계가 청정하며, 법계의 청정함이 곧 중생의 청정함이며, 중생의 청정함이 곧 불국토의 청정함이므로 법의 평등함을 행하는 것을 청정한 행이라 한다고 하였습니다. 여기서 문득 노자 『도덕경』의 '위무위(爲無爲)'가 상기되는군요. '함이 없는 함'이란 위에서 말한 모든 집착이 사라진 청정한 행과 유사한 의미이지요.

사람들은 몸과 말과 뜻에 집착하고, 수행자라 할지라도 부처님이나 그 가르침 혹은 계율에 집착하는 경우가 많습니다. 수행은 집착이 아닙니다. 부처님의 길을 가야하지만 부처님에 집착해서는 안 되는 것입니다. 진리의 말씀을 배워야하지만 역시 집착해서는 안 되는 것입니다. 계율을 지켜야하지만 거기에 얽매여서는 안 된다는 것입니다. 집착해버리는 그것은 이미 범행이 아닙니다. 닦지만 닦는다는 것에 끄달려서 속박되면 범행이라 할 수 없습니다. 기도할 때 기도 본래의 지향은 잊어버리고 기도 그 자체에 집착해버리면 본래의 것은 놓쳐버리게 되는 것입니다. 참선하는 사람이 참선은 하지 않고 참선하고 있다는 것에 매여 버리면 절대로 선정에 들 수 없는 것입니다.

젊은 시절 도를 구하며 용맹정진 하던 나는 '청정'해야 한다는 것에 매여 한동안 결벽증에 시달린 적이 있었습니다. 아무리 닦고 또 씻어도 몸과 마음에 금방 먼지와 때가 묻게 마련인 것인데, 더러워질까봐 두려워하고 괴로워하는 것이 수행일 수가 없는 것입니다. 그 때 어머니의 지혜로운 가르침이 없었다면 청정해야 한다는 강박적 사고에서 쉽게 벗어나지 못했을 것입니다. 어머니는 방을 깨끗이 청소하고 문을 닫아두어도 며칠 후면 다시 먼지가 앉는다는 비유를 들면서 수행에 집착하는 것이 진정한 수행이 아님을 일깨워주셨습니다. 집착해버리면 범행이라 할 수 없다는 것이지요.

범행이란 객체로서 파악할 수 있거나 개념적으로 인식할 수 있는 것이 아닙니다. 어떤 인위적인 노력이나 외형적인 추구의 대상도 아닙니다. 오히려 버림으로서 집착하지 않음으로서 성취할 수 있는 것입니다. 허위의식으로 꾸미지 않고 분별심을 떠나 수순하는 것, 있는 그대로의 행입니다.

스님들은 출가할 때 세상의 온갖 것을 버리는 대신 단 한 벌의 물든 옷을 입게 되지요. 그 옷은 참으로 소박하지만 세속의 그 어떤 화려한 옷보다 가치 있는, 깊은 의미를 지닌 상징으로서의 옷이라 생각합니다.

그렇습니다. 그러나 스님들만 출가하는 것이 아니라, 비록 세속에 머물지라도 깨달음을 구하는 구도자라면 누구나 출가합니다. 물론 여기서는 출가승을 대상으로 하는 가르침입니다. 그러나 재가신도들도 수행자라면 모든 세속적인 것들로부터 끊임없이 출가해야 합니다.

출가는 물든 옷을 입고 산 속 절에 가서 사는 것만이 출가는 아닙니다. 승복을 입고 절집에 살아도 세속적인 유혹을 뿌리치지 못하고 마음이 사로잡혀있는 사람이라면 진정한 의미의 출가라고 말할 수 없습니다. 비록 세속에 있어도 구도적인 결단으로 수행에 장애가 된다면 명예의 옷, 부의 옷, 권위의 옷, 권력의 옷, 지위의 옷 등을 과감히 버릴 수 있는 자유로운 사람이라면 그가 바로 출가한 수행승이라 할 수 있을 것입니다.

가끔은 승복 속에 탐욕과 갈망을 감추고 있는 수행자도 볼 수 있습니다. 출가의 기준을 옷이나 거처에 두지 말고 진정한 발심과 수행에 두어야 한다는 것을 잊지 말아야합니다.

말과 말의 업에 대해서 생각하게 됩니다. 너무 쓸데없이 말을 많이 해서 허탈해질 때가 있는가 하면, 어떤 말을 꼭 해야 할 때 하지 못하고 시기를 놓쳐버리고 후회하는 일도 있습니다. 적절한 수준을 유지하는 것도 도를 닦는 일이라는 생각이 듭니다.

그렇습니다. 말을 해야 할 때와 하지 않아야할 때를 현명하게 판단하고 구분할 수 있는 것은 대단한 지혜입니다. 『논어(論語)』에 '더불어 말할만한데 더불어 말하지 않으면 사람을 잃는다. 더불어 말할

만하지 못한데 더불어 말한다면 말을 잃는다. 지혜로운 사람은 사람을 잃지도 않고, 말을 잃지도 않는다' 했습니다.

말을 해놓고 후회한 적이 없었습니까? 쓸데없는 말, 지나친 말, 해서는 안 될 말, 가식적이거나 이중적인 말, 헐뜯고 욕하는 말, 번드르르 하게 포장 된 말을 하면서 내가 왜 참지 못하고 그렇게 내뱉었던가를 자책하기도 합니다. 또 말은 해놓고 실천이 따르지 못할 때, 자신이 한 말의 책임 때문에 괴로워하게 됩니다. 설령 진지한 이야기를 나누었다 하더라도 상대가 더불어 말할만한 대상이 아니라면, 아무리 소중한 말이라 할지라도 그 가치를 잃어버리게 되는 것입니다. 그 땐 오히려 묵언하는 것이 백 마디 말보다 가치 있는 일이지요.

반대로 꼭 어떤 말을 했어야 될 때, 말을 하지 않게 되면 그 순간 그 사람을 놓치게 됩니다. 마음속으로 수없이 미안하면서도 한 마디 미안하다는 말을 못해 원망을 사기도 하고, 감사의 말과 사랑의 말을 제대로 하지 못해 상대에게 상처를 주고 오해를 하도록 하기도 합니다. 꼭 해야 할 말을 하지 않음으로써 서로 간의 거리가 멀어지고 미워하고 원수가 되기도 하지요. 이처럼 말을 해야 할 때 하지 않으면 사람을 잃게 되는 것입니다.

언제 침묵하고 언제 말을 해야 할 것인가를 아는 것이야말로 참된 지혜이겠지요. 또 상대에 따라 적절한 말을 할 수 있는 것은 바로 보살의 선교방편일 것입니다. 수행자는 자신의 말하는 행위를 깊이 성찰하는 것만으로도 수행의 한 중요한 계기가 될 수 있는 것이지요.

경전을 읽으니 몸이나 몸의 업이 범행이 아님을 깨닫게 됩니다. 그렇다면 몸이란 집착할 그 무엇도 아닌데 많은 사람들은 육체에 매달려 울고 웃는 삶을 살고 있습니다.

몸이 전부라고 생각할 때는 그렇지요. 몸을 지나치게 소중히 여겨 몸에 좋다는 것이면 무엇이든 가리지 않는 사람이 있는가 하면, 반대로 몸을 적대시하여 수행자들 중에서도 극심한 고행으로 몸을 지나치게 학대하는 경우도 있습니다. 몸에 대한 바른 이해는 수행자에게 참으로 중요한 의미를 지닙니다.

요즘 세간에는 '몸짱'이니 '얼짱'이니 하여 물질적이고 외적인 것에 지나치게 가치를 두어 그것을 가꾸는데 자신의 전 에너지를 소진하는 경우를 볼 수 있습니다. 키가 작다거나 몸이 뚱뚱하다거나 하는 열등감으로 평생토록 위축되어 살아가는 사람을 흔히 볼 수 있고, 심지어 살을 빼기 위해서 굶다가 죽기까지 하는 경우가 있다고 합니다. 이런 사람들은 자기 존재의 모든 가치가 몸매에 있다고 믿기 때문이겠지요. 몸매를 통해서 인정받으려하고, 몸매를 통해서 삶의 의미를 찾으려고 한 때문이겠지요.

물론 영혼과 분리된 몸이 존재할 수 없고, 우리의 몸 또한 중요하지 않은 것은 아닙니다. 마치 드러난 몸이 나의 모든 것이라 여기는 사람들은 자신의 가치에 대한 기준이 자신에게 있는 것이 아니라 남들이 보는 나의 몸매라는 외적 평가에 두는 것이 문제인 것이지요. 기준이 내 안에 있지 않고 밖에 있기 때문에 항상 남의 눈치를 보아야 하고, 타인의 평가에 따라 나의 가치가 달라지며, 외적 기준에 맞추려고 전전긍긍하다보면 결국 자신을 잃어버리는 결과를 초래하고 말지요.

반대로 몸을 더러운 것으로 보거나 수행을 한다고 지나치게 괴롭히는 것도 집착하기 때문일 것입니다. 수행자들 중에는 몸의 욕구를 견디기가 너무 힘들어 오히려 천대하거나 학대하는 경우도 있지요. 더러는 타오르는 성욕을 이길 수 없어 손가락을 자르거나 심지어 고환을 잘라버리는 극단적인 예도 볼 수 있습니다. 물론 몸이 수행에 장애가 될 때, 육체적 본능이 나를 끝없이 나쁜 길로 몰고 갈 때 이를 멈추게 하기 위한 방편으로 고행이 필요하기도 합니다. 부처님도 출가 후 6년 동안 극심한 고행을 하셨다고 합니다. 그 고행이 무의미한 것은 결코 아니었지만 그러나 극단적인 고행에는 한계가 있다는 것을 깨달으셨지요. 결국 중도를 지키신 것입니다.

몸에 대한 집착이 없다면 괴롭힐 이유도 없습니다. 괴롭히고 있다는 것은 바로 매여 있다는 것이겠지요. 여러분은 마음이 몸의 적이 되고, 몸이 마음의 적이 된 때가 있었습니까? 마음 때문에 몸이 병들고, 몸으로 인해 마음이 병든 적이 없었는지 한번 생각해 보십시오. 몸과 마음이 서로 조화롭게 일치가 되어 아무런 장애도 되지 않는다면, 억지로 꾸미고 억지로 괴롭힐 필요가 없는 것이겠지요. 온 우주, 온 법계와 더불어 호흡하고 있는 몸은 법신불이 거처하는 거룩한 집입니다. 법신불은 몸을 통해서 화신불로서 우리에게 오십니다.

경에서 과거는 이미 멸하였고 미래는 아직 이르지 못하였으며 현재는 고요하다고 말씀하시지만, 중생들의 삶은 늘 과거에 매달려 고뇌하고 오지 않은 미래에 대한 불안으로 현재가 편안하지 못합니다. 그것도 모두 집착에서 오는 것이겠지요?

집착의 대상이란 참으로 광범위한 것입니다. 사람이나 사물, 명예나 권력 혹은 재물이나 애정 등에 관한 집착은 현재 뿐 아니라 전 생애를 걸쳐 일어나게 되고, 불교의 관점에서 표현하자면 한생으로 끝나는 것이 아니라 여러 생을 되풀이 하면서 이어지게 되지요.

과거는 이미 지나갔지만, 우리는 대부분 과거에서 놓여나지 못하고 있습니다. 어릴 적 환경과 부모로부터 받은 상처가 나를 지배하고, 내가 저지른 잘못에 대한 후회와 죄책감이 나를 괴롭히며, 어떤 열등감과 원망과 분노가 한이 되어 끝없이 나를 힘들게 합니다. 또한 오지 않은 미래에 대한 불확실성이 나를 불안하게 하고, 나와 내 자식에게 닥칠지도 모르는 불행에 대한 막연한 두려움이 마음을 어지럽힙니다. 그렇게 되면 고요하게 머물 수 있는 현재는 존재하지 않습니다. 과거에서 도망쳐 나와 미래를 회피하여 몸을 숨기는 곳이 현재이지요. 그런 사람에게 현재는 우울하고 무섭고 초조할 수밖에 없는 것입니다.

과거나 미래에 결박이 되어 포로가 되어버린 현재는 공허할 뿐입니다. 그렇다고 과거나 미래를 무시할 수는 없는 것이지요. 과거는 이미 어쩔 수 없는 일이 되었고, 더 이상 바꿀 수도 없습니다. 과거가 오늘의 나에게 어떻게 실현되고 있는지를 살펴보십시오. 현재는 과거의 산물이라고도 볼 수 있겠지요. 그러나 현재는 과거의 단순한 반복이나 재연이 아니고 실체로서 고정되어 있는 것도 아닙니다. 지금 나의 결단에 따라 달라질 수 있는 것이지요. 과거가 나에게 미친 영향을 내가 어떻게 수용하는가, 그리고 미래를 전망하면서 어떤 서원을 하느냐에 따라 현재는 달라질 수 있습니다.

그렇지 않고 언제까지나 환경 탓만 하고, 자신의 처지를 비관하고 있으면 그는 한번도 현재를 살지 못하게 되고 마는 것이지요. 그의 인생에는 오로지 과거만 존재하는 것입니다. 장애가 없는 사람이 있을까요? 과거에 한번도 슬퍼하지 않은 사람이 있을까요? 누구나 아픈 과거가 있는 법이지만 그것이 굴레가 되어 옴짝달싹 못하게 되면 그는 영원히 현재를 살지 못하게 됩니다. 과거의 끝자락에 선 오늘이 아니라 현재에 서서 과거를 바라보십시오. 현재의 결단으로 과거를 참회하고 용서하십시오. 그리고 미래에 잠식된 현재가 아닌 바로 지금 여기에 서서 내일을 계획하십시오. 오늘이 깨어있을 때 미래는 밝을 것이고, 과거 또한 아름다움으로 전환될 것입니다.

사람마다 근기가 다르고 생각하는 것이 다른데, 저는 좋고 나쁜 것 그리고 잘하고 못하는 것의 기준을 저 자신에게 두었던 것 같습니다.

상대의 근기를 잘 아는 것이 바로 지혜입니다. 많은 사람들이 자신을 기준으로 상대를 평가하기 때문에 이해가 안 되고 화가 나고 용서할 수 없고 화합할 수 없는 것입니다. 자기처럼 생각하고 행동하기를 바란다면, 다른 사람의 사고와 행동까지도 소유하려는 것이 아니고 무엇이겠습니까? 자기를 척도로 삼는 그 자체가 이미 하나의 장애가 될 수 있습니다. 자기 식대로 해석하고 자기 마음을 투사하여 상대는 있는 그대로의 그이기보다 내 마음 속에서 만들어 낸 엉뚱한 사람이 되어버리고 말지요. 상대를 바로 보지 못하면 자기 자신에 대해서도 눈이 멀게 됩니다.

말의 중요성은 늘 절감하고 있습니다만, 좋은 말이나 칭찬에는 인색하고 가까운 사이일수록 마음과는 달리 상처를 주는 말을 하기도 합니다. 상담을 하다보면 부모에게서 상처를 받은 사람을 많이 볼 수 있습니다. 자녀를 세상 그 누구보다 사랑하는 사람이 분명 부모일텐데도 가장 상처를 주는 사람도 부모라는 것은 참으로 역설적이지요.

그렇습니다. 가장 가까운 사람에게서 받는 상처가 가장 큰 것이니까요. 부모가 자식에게 칭찬에 인색하다면 왜일까요? 아마도 욕심이 앞서기 때문이 아닐까요? 남의 떡이 커 보인다고, 남의 집 아이들은 다 잘하는 것 같고, 다소 잘못이 있더라도 그럴 수 있는 일로 받아들여지는 반면, 우리 집 아이들은 좀 더 잘했으면 좋겠고, 잘하고 있어도 그 정도는 당연히 해야 할 일로 받아들이니 칭찬할 일이 없지요. 부모가 원하는 것은 열 가지인데, 자녀로서는 기를 쓰고 서너 가지를 갖춘다 하더라도 인정받기에는 턱없이 부족한 것이지요.

그리고 부모가 자식의 행동을 바라볼 때, 잘하는 일에 초점을 두느냐 잘못하는 일에 초점을 두느냐하는 차이도 있습니다. 자녀의 잘하는 점에 초점을 두는 부모는 칭찬할 일이 많을 것입니다. 더러 실패를 해도 잘할 수 있도록 격려하고 다시 잘할 수 있다고 믿어주지요. 그러나 자녀의 잘못하는 점에 초점을 두는 부모는 자녀를 과소평가하고 매사에 야단칠 일만 만나게 됩니다. 애써 잘해봤자 칭찬은 없고, 어떤 일을 해도 나무람만 돌아오면 당연히 잘하려는 노력조차 포기하게 되겠지요.

결국 부모의 지나친 욕심은 스스로를 괴롭히고 자녀를 절망에 빠뜨려 열등감과 위축감으로 슬픈 일생을 보내도록 하고야말지요. 부모의 입장에선 강요와 간섭이 사랑이라 생각하지만, 받아들이는 아이의 입장에서 볼 땐 좀 더 많은 인정과 긍정 그리고 무조건적인 사랑을 갈망하게 되지요. 아이가 열 가지를 이루기를 진정으로 바란다면 우선 한 가지를 인정해야하지요. 아이가 부모로부터 칭찬 받고 인정받고 있다는 믿음과 기쁨은 세상 어려움을 헤쳐 나갈 수 있는 원동력이 되는 것이지요.

부모로서 자녀가 잘 되기를 기대하는 것은 지극히 당연한 일일 것입니다. 현명한 부모라면 자녀의 적성과 능력에 맞게 요구할 수 있겠지요. 또한 자녀가 가장 잘 받아들일 수 있는 적절한 방법으로 자녀를 이끌어 줄 수 있겠지요. 그리고 적어도 부모의 사랑을 적개심으로 심어주는 일은 없을 것입니다. 그렇다면 우리는 참사랑에 대해서 생각해보지 않으면 안 되겠지요. 무심코 내뱉은 말로 남에게 상처를 준 것이 결국 구업(口業)이 되어 자신에게 돌아오게 되는 것을 알아야겠지요.

생활 속에서 온갖 잡다한 일을 겪다가 잠자리에 들면, 누워서도 망념이 생기고, 잠이 잘 오지 않습니다. 겨우 잠이 들었다 해도 또 꿈속을 헤매며 잠을 설치게 됩니다. 그럴 때 저는 가끔 『화엄경』의 구절을 읽곤 하는데, 부처님 말씀 속에서 쉬고 있으면 참으로 마음이 편안해집니다.

내 쉴 곳이 어디인지를 생각해본 적이 있습니까? 사람들은 쉬기 위해서 일과를 마치고 집으로 돌아갑니다. 하루의 피로를 씻고 에너지를 재충전하기 위해서 잠자리에 들지요. 그러나 사람에 따라서는 쉬기 위해서 집을 떠납니다. 낯선 세계 속으로 여행을 가면서 일상에 찌든 자신을 잊어버리기도 하지요. 결혼한 여성들은 쉬기 위해 친정에 가는 경우가 많습니다. 분만을 하고 돌아가 쉴 친정이 없을 때 너무나 서러웠다는 말을 듣습니다. 부부싸움을 하거나 시집과의 갈등이 있을 때도 친정은 참으로 든든한 안식처가 됩니다. 타향살이 오래한 사람은 평생을 두고 고향을 그리워하게 됩니다. 어릴 시절 천진난만하게 뛰어놀던 그곳은 마치 어머니 품처럼 아늑하고 따뜻한 곳이지요. 음악을 좋아하는 사람은 음악을 들으며 쉬고, 자연을 좋아하는 사람은 산과 바다를 호흡하며 쉬겠지요.

그러나 그 어느 곳에서도 쉴 수 없는 사람도 있습니다. 잠자리에 누워서도 편치 못한 사람도 있습니다. 밤새 뒤척이며 악몽에 시달리면서 다리도 한번 쭉 펼 수 없는 사람이라면 수면제를 먹는다 하더라도 진정한 휴식을 취할 수는 없을 것입니다. 가족 속에서도 친구 속에서도 자연 속에서도 쉴 수 없는 사람의 슬픔을 짐작이나 할 수 있겠습니까? 스스로 마음이 혼란스러운 사람은 그 장소가 어디이든 평온할 수 없습니다. 아무리 좋은 곳을 여행하더라도 보지 못하고 느끼지 못할 것이며, 세상과 인연을 끊고 어떤 소리도 들리지 않는 고요한 곳에 있더라도 그곳에서 마음의 안정을 얻기는커녕 오히려 가슴을 짓누르는 감옥생활이 되고 말 것입니다.

우리는 끊임없이 휴식처를 원하지만, 어쩌면 그곳은 물리적인 장소가 아닐지도 모릅니다. 마음이 쉬고 있지 않으면 설사 몸이 쉰다하더라도 온전한 휴식이 될 수 없는 것이지요. 수행자들은 번거로운 세속을 떠나 고요한 장소를 찾습니다. 그러나 수행을 방해하는 최대의 적은 자신이 떠나온 그런 환경적인 요인이 아니라, 바로 자신의 마음임을 깨닫게 됩니다. 내가 내 안에서 쉴 수 없다면, 그 장소가 어디이든 온전히 쉴 수는 없는 것이기 때문입니다. 또 내가 쉴 수 없는 불편한 곳은 남들도 쉴 수 있는 곳이 못됩니다. 내가 쉴 곳을 갈망하는 것처럼 나는 다른 사람의 쉴 곳이 되어주고 있는지를 돌아보아야합니다.

여러분들은 진정한 의미에서 쉴 수 있는 곳, 머물고 싶은 곳이 어디입니까? 그곳은 특정한 장소일 수도 있고 사람과의 만남의 장일 수도 있겠지요. 또 명상이거나 부처님의 진리의 말씀일 수도 있을 것입니다. 자신에게 평온을 주는 그 곳에서 편히 쉴 수 있다면 다른 사람에게도 그대로 쉼터가 되어줄 수 있을테니까요.

처음 발심할 때 바로 무상정등각을 이룬다는 부처님의 말씀이 참으로 인상적입니다. 발심이란 보살도에 들어서기 위한 첫 단계라고 생각했는데 초발심이 곧 무상정등각을 이루게 한다는 말씀을 읽으니 초발심의 중요성을 새삼스럽게 절감하게 됩니다.

초발심은 시작이면서 끝입니다. 「초발심공덕품」에서도 초발심의 중요성에 대해서 누누이 강조하고 있습니다만 그만큼 처음으로 깨달음을 향한 마음을 낸다는 것이 어려운 일이기 때문이겠지요. 처음 발심한다는 것도 참으로 어려운 일일 뿐 아니라 진정한 초발심은 더더욱 어렵다는 말이 아니겠습니까? 처음 없이 끝이 없고, 끝이 없이 처음이 있을 수 없는 상즉(相卽)의 관계일 뿐 아니라, 깨달음을 향한 처음 마음이 곧 깨달은 마음이기 때문이지요.

이 때 마음을 낸다는 것은 보리심을 낸다는 것인데, 보리심이란 깨달음을 구하려는 마음(上求菩提)과 중생을 제도하려는 마음(下化衆生)을 가지는 것입니다. 깨달음을 구하겠다는 마음을 갖는다는 것 그 자체가 모든 인간이 불성을 가지고 있음을 믿는 것에서 출발하므로 온전한 믿음이야말로 바로 불성의 실현, 곧 성불 가능성의 실현이라고 말할 수 있습니다. 그렇기 때문에 초발심은 시작이면서 궁극이라고 말하는 것입니다.

『신화엄경론』에서 부처님의 지혜는 침체하여 가라앉는 것이 아니라고 했습니다. 단지 중생들의 마음이 미혹하여 형상을 쫓고 있지만 정(情)이 무너지면 집착의 장애가 전혀 없으므로 바로 지혜가 나타나게 됩니다. 그렇게 되면 티끌에 처하면서도 작아지지 않고, 공(空)에 두루하면서도 넓혀지지 않는 것이지요. 생각지 않아도 일체법을 알고 작위(作爲)하지 않아도 큰 공을 성취하게 되어 생사로도 그 뜻을 변하게 하지 못하며 고통과 즐거움으로도 그 성품을 바꾸지 못하는 것입니다. 즉 온갖 생각이 사그라지면서 부처님의 지혜가 비로소 나타나게 됩니다. 그러므로 초발심할 때에 문득 정각을 이룬다고 말하는 것이지요.

경문에 '지혜의 몸을 성취하되 다른 이에게 의지함이 없이 깨닫게 될 것이다.'고 한 뜻을 알고 싶습니다.

후대에 배우는 사람은 오로지 법에 응해 수행해야한다는 뜻입니다. 『대반열반경』의 가르침에 의하면, 부처님께서 돌아가실 때, 열반을 앞두고 슬퍼하는 제자들에게 '자등명 법등명(自燈明 法燈明)'하라고 유언하셨습니다. 부처님께서 깨달은 진리를 등불로 하여 진실로 자기 마음속에 빛나고 있는 불성을 깨닫는 것은 바로 자기 자신이라는 말씀이지요.

『열반경』 「서품」에 보면 부처님께서 쿠시나가라의 사라쌍수 사이에서 열반을 맞이하게 되자, 슬픔에 잠긴 수많은 제자들과 보살, 비구 등 대중들이 구름같이 모여와 이루 헤아릴 수 없는 공양물을 부처님께 바치면서 받아주실 것을 간청하였습니다. 이제 곧 그들 곁을 떠나실 부처님께 정성을 다하여 그들이 할 수 있는 가장 훌륭한 음식과 금은보화로써 마지막 공양을 올리고 싶었던 것이지요. 그러나 부처님께서는 이제 곧 떠나야할 때라는 것을 아시고, 잠자코 침묵하시며 끝내 받지 않으셨습니다.

부처님께서 이와 같은 침묵으로 우리에게 남기신 가르침은 무엇이었을까요? 바로 나를 의지하지 말고 불법을 의지하라는 것입니다. 하물며 부처님조차도 의지하지 말라고 하셨는데, 우리는 너무나 많은 것에 의지하려고 합니다. 더러는 사도(邪道)의 가르침에 의지하기도 하고, 광신도가 되어 자신과 남을 파괴시키는 일도 있습니다. 깨달음에 터하지 않은 종교적 열광이 집단화 되었을 때 헤아릴 수 없는 생명을 살상하는 비극을 초래하였습니다. 과거의 역사적 사건뿐만 아니라 이 시대에도 반복되고 있습니다. 어떤 사람은 권력이나 명성을 신앙처럼 숭배하여 쫓기도 하고, 어떤 사람은 미모와 돈의 힘에 매달리느라 자신이 불성을 지닌 소중한 존재임을 자각하지 못하는 경우도 많습니다.

부처님은 열반에 드셨지만, 부처님의 가르침은 영원합니다. 불법의 진리는 옴도 없고 감도 없습니다. 부처님이 오셨다고 해서 갑자기 생겨났다가 부처님이 돌아가셨다고 없어지는 것이 아닙니다. '모든 중생은 다 불성을 가지고 있다(一切衆生悉有佛性)' 했지요. 그러므로 다른 것에 의지하지 말고 오로지 네 마음속에 빛나는 불성을 따르고, 부처님의 가르침을 등불 삼으라는 말씀인 것입니다.

제17. 초발심공덕품(初發心功德品)

요약

이품에서는 제석천왕이 법혜보살에게 처음으로 보리심을 일으킨 공덕이 얼마나 되는지를 묻고 있다. 이 때 법혜보살은 여러 비유를 들면서 초발심의 공덕은 이루 헤아릴 수가 없이 큰 것임을 거듭 밝히고 있다.

앞의 「범행품」에서 '초발심시즉득아누다라삼먁삼보리'라고 했다. 발심함으로써 불법의 큰 바다에 들어갈 수 있고 드디어는 무상의 진리를 깨달을 수 있기 때문에 초발심이야말로 부처가 되는 출발점이라고 할 수 있다.

앞의 품에서는 청정한 행의 공이 있음을 설했고 이 품에서는 청정한 행 속의 끝없는 공덕을 밝히고 있다.

초발심공덕에 대한 제석천왕의 물음과 법혜보살의 설법

이 때 제석천왕이 법혜보살에게 물었습니다. "불자여, 보살이 처음으로 보리심을 내면 얻게 되는 공덕이 얼마나 큽니까?"

법혜보살이 말하였습니다. "이 이치는 깊고 깊어서 말하기 어렵고, 알기 어렵고, 분별하기 어렵고, 믿고 이해하기 어렵고, 증득하기 어렵고, 행하기 어렵고, 통달하기 어렵고, 생각하기 어렵고, 헤아리기 어렵고, 들어가기 어렵습니다. 그렇지만 제가 마땅히 부처님의 위신력을 받들어 그대에게 말하겠습니다."

爾時 天帝釋 白法慧菩薩言. 佛子 菩薩 初發菩提之心 所得功德 其量幾何. 法慧菩薩 言. 此義甚深 難說, 難知, 難分別, 難信解, 難證, 難行, 難通達, 難思惟, 難度量, 難趣入. 雖然 我當承佛威神之力 而爲汝說.

THEN INDRA, king of gods, said to the enlightening being Truth Wisdom, "Son of Buddha, what is the extent of the merit attained when the enlightening being first determines to become enlightened?"

Truth Wisdom said, "The truth of this is extremely deep, difficult to explain, difficult to know, difficult to discern, difficult to believe, difficult to experience, difficult to practice, difficult to master, difficult to think of, difficult to assess, difficult to approach and enter. Even so, by the power of the Buddha I will explain for you."

초발심공덕에 관한 비유

"불자여, 가령 어떤 사람이 온갖 즐길 거리로써 동방의 *아승기 세계에 있는 중생들에게 한 겁 동안 즐거움을 제공하고, 그런 다음에 [그들을] 교화하여 *오계를 청정하게 지니도록 하는 것을 남방·서방·북방과 네 간방과 상방·하방도 또 이와 같이 하였다고 합시다. 불자여, 그대는 어떻게 생각합니까. 이 사람의 공덕이 많다고 할 수 있겠습니까?"

*제석천왕이 말하였습니다. "불자여, 이 사람의 공덕은 오직 부처님만이 아실 것이며, 그 외 어떤 사람도 측량할 수 없을 것입니다."

법혜 보살이 말하였습니다. "불자여, 이 사람의 공덕을 보살이 처음 발심한 공덕에 견주어 보면 백분의 일에도 미치지 못하고, 천분의 일에도 미치지 못하며, 백천분의 일에도 미치지 못하며, 이렇게 억분의 일, 백억분의 일, 천억분, 백천억분, *나유타 억분, 백 나유타 억분, 천 나유타 억분, 백천 나유타 억분, 수분, *가라분, 산수분, 비유분, 우파니사타분의 일에도 미치지 못합니다."

佛子 假使有人 以一切樂具 供養東方阿僧祇世界 所有衆生 經於一劫, 然後 敎令淨持五戒, 南西北方 四維上下 亦復如是. 佛子 於汝意云何. 此人功德 寧爲多不. 天帝 言. 佛子 此人功德 唯佛能知, 其餘一切 無能量者. 法慧菩薩 言. 佛子 此人功德 比菩薩初發心功德 百分 不及一, 千分 不及一, 百千分 不及一, 如是億分, 百億分, 千億分, 百千億分, 那由他億分, 百那由他億分, 千那由他億分, 百千那由他億分, 數分, 歌羅分, 算分, 喩分, 優波尼沙陀分 亦不及一.

[한자풀이]
寧:어찌 녕

"O Child of Buddha, suppose someone were to provide all comforts for all the beings of incalculable worlds in the eastern direction for a whole eon, and after that teach them to keep the five precepts with purity, and were to do the same thing in the southern, western, and northern directions, the four intermediate directions, and the zenith and nadir as well—do you think this person's merit would be much?"

Indra said, "Only a Buddha could know this person's merit—no one else could be able to assess it."

Truth Wisdom said, "This person's merit, compared to the merit of an enlightening being who has just determined to realize enlightenment, does not amount even to a hundredth, not even a thousandth, a hundred thousandth, a millionth, a hundred millionth, a billionth, a hundred billionth, a trillionth, a hundred trillionth, a quadrillionth, a quintillionth—that merit does not amount to the smallest imaginable fraction of the merit of determination for enlightenment."

[주]
*아승기(阿僧祇): ⓢAsamkhya, 인도의 큰 수(數). 상세히는 아승기야(阿僧祇耶)·아승기야(阿僧企耶). 줄여서 승기(僧祇). 무수(無數)·무앙수(無央數)라 번역. 산수로 표현할 수 없는 가장 많은 수. <화엄경>아승기품에서는 124 대수(大數) 중 제 105.<대비바사론> 177, <대지도론> 4, <화엄경탐현기> 15에 여러 가지 말이 있다. 범어로는 아승기라 할 것인데 제방(諸方)

에서 [아승지]라 한다.

*오계: 五戒, ⓢPañce Śīlāne 불교에 귀의하는 재가 남녀가 받을 5종의 계율. 불교도 전체에 통하여 지킬 계율. ①중생을 죽이지 말라. ②훔치지 말라. ③음행하지 말라. ④거짓말하지 말라. ⑤술 마시지 말라.

*제석천: 帝釋天, 13품 참고.

*나유타: 那由他, ⓢNayuta, 니유다(尼由多)·나술(那述·那術)이라고도 음사한다. 인도(印度)에서 아주 많은 수를 표시하는 수량의 이름. 아유다의 백배. 수 천만 혹은 천억·만억이라고도 하여 한결같지 않다. 대수(大數)의 하나. 오늘날 사용하고 있는 수의 단위로는 백조(百兆)에 해당한다. 그러나 불전(佛典) 중에는 천만 혹은 일억·천억·해 등과 같은 이설(異說)들이 나오기도 한다.

*가라분: 歌羅分 ⓢKalā 가라(伽羅·迦羅·哥羅)라고도 쓰며, 견절(堅折)·분측(分則)·계분(計分)이라 번역. 물체나 시간의 아주 적은 부분. 터럭 하나를 백으로 쪼갠 그 1분(分), 혹은 16분의 1을 1가라분 이라고 한다.

이승법과의 비유

"불자여, 이 비유는 그만두고, 가령 어떤 사람이 온갖 즐길 거리로써 시방의 열 아승기 세계에 있는 중생들에게 백*겁 동안 공양하고, 그런 뒤에 가르쳐서 천겁 동안 공양하면서 *십선도를 닦게 하고, 백천 겁 동안 *사선에 머물게 하고, 억 겁 동안 *사무량심에 머물게 하고, 백억 겁 동안 *사무색정에 머물게 하고, 천억 겁 동안 *수다원과에 머물게 하고, 백천 억 겁 동안 *사다함과에 머물게 하고, 나유타 억 겁 동안 *아나함과에 머물게 하고, 백천 나유타 억 겁 동안 *아라한과에 머물게 하고, 그런 후에 그들을 가르쳐서 *벽지불도에 머물게 하였다고 합시다. 불자여, 어떻게 생각하십니까? 이 사람의 공덕이 많다고 할 수 있겠습니까?"

제석천왕이 말하였습니다. "불자여, 이 사람의 공덕은 오직 부처님만이 아실 것입니다."

법혜보살이 말하였습니다. "불자여, 이 사람의 공덕을 보살이 처음 발심한 공덕에 비교하면 백분의 일에도 미치지 못하고, 천분의 일에도 미치지 못하고, 십만분의 일에도 미치지 못하고, 내지 우파니사타분의 일에도 미치지 못합니다."

佛子 且置此喩, 假使有人 以一切樂具 供養十方十阿僧祇世界所有衆生 經於百劫, 然後 敎令修十善道, 如是供養 經於千劫 敎住四禪, 經於百千劫 敎住四無量心, 經於億劫 敎住四無色定, 經於百億劫 敎住須陀洹果, 經於千億劫 敎住斯陀含果, 經於百千億劫 敎住阿那含果, 經於那由他億劫 敎住阿羅漢果, 經於百千那由他億劫 敎住辟支佛道. 佛子 於意云何. 是人功德 寧爲多不. 天帝 言. 佛子 此人功德 唯佛能知. 法慧菩薩 言. 佛子 此人功德 比菩薩初發心功德 百分 不及一, 千分 不及一, 百千分 不及一, 乃至優波尼沙陀分 亦不及一.

"Setting aside that example for the moment, suppose someone provided all the beings of ten infinities of worlds with medicines for a hundred eons, and then taught them to practice the path of ten virtues, serving them thus for a thousand eons; then teaching them to dwell in the four meditations for a hundred thousand eons, then teaching them to dwell in the four immeasurable states of mind for a hundred million eons, then teaching them to dwell in the four formless concentrations for ten billion eons, then teaching them to dwell in the state of stream-enterer for a hundred billion eons, then teaching them to dwell in the state of once-returner for ten trillion eons, then teaching them to dwell in the state of nonreturner for a quadrillion eons, then teaching them to dwell in sainthood for a quintillion eons, then teaching them to dwell in the path of the self-enlightened; do you think this person's merit would be great?"

The king of gods said, "Only a Buddha could know the merit of such a person."

Truth Wisdom said, "This person's merit, compared to the merit of an enlightening being who has just determined to realize enlightenment, does not amount to a hundredth part, not even a thousandth, a hundred thousandth, or even the smallest imaginable fraction thereof."

[주]

*겁: 劫, 劫波의 약어, Ⓢkalpa, Ⓟkappa, 우주론적인 시간의 단위. 찰나가 모여서 밤낮이 되며, 밤낮이 모여서 반달과 한 달이 되고, 반 달과 한 달이 모여서 가장 긴 시간, 곧 겁을 이룬다. 인도의 시간 단위 중에 가장 긴 것임, 무한대의 시간, 영원한 시간, 우주의 연령을 뜻함. 기세간(器世間) 곧 세계의 성(成)·주(住)·괴(壞)·공(空) 등이 반복되는 헤아릴 수 없이 긴 시간을 말한다. 반석겁(盤石劫), 개자겁(芥子劫), 석산겁(石山劫) 등.

*십선업도: 十善業道, Ⓢdaśa kuśala-karma-pathaḥ 10선(善)의 행위는 좋은 곳에 이르는 길이란 말.

※십선(十善)↔십악(十惡). 십선도(十善道) 또는 십선계(十善戒)라고도 함. 몸과 말과 뜻[신구의(身口意)으로 열 가지 악을 저지르지 않는 것. 불살생

(不殺生) · 불투도(不偸盜) · 불사음(不邪婬) · 불망어(不妄語) · 불양설(不兩舌) · 불악구(不惡口) · 불기어(不綺語) · 불탐욕(不貪慾) · 불진에(不瞋恚) · 불사견(不邪見)

*사선: 四禪, 사정려(四靜慮) 혹은 색계정(色界定) Ⓢ Catvari-dhyanani 이 정은 고요함과 함께 지혜가 있어, 능히 자세하게 생각하는 뜻으로 정려라 함. 이에 초(初) · 2 · 3 · 4의 구별이 있으니, 초선은 유심유사정(有尋有伺定) · 2선은 무심유사정(無心?有伺定) · 3선은 무심무사정(無尋無伺定) · 4선은 사념법사정(捨念法事定)

*사무량심: 四無量心, Ⓢ Catvāri-apramāṇa-cittāni, 한없이 중생을 어여삐 여기는 마음의 네 가지. ①자무량심(慈無量心), Maitrī- apramāṇa- citta 무진(無瞋)을 체(體)로하고 한량없는 중생에게 즐거움을 주려는 마음. 처음은 자기가 받는 낙(樂)을 남도 받게 하기로 뜻 두고, 먼저 친한 이부터 시작하여 널리 일체 중생에게까지 미치게 하는 것. ②비무량심(非無量心), Karuṇā-a. 무진(無瞋)을 체로 하여, 남의 고통을 벗겨 주려는 마음. 처음은 친한 이의 고통을 벗겨주기로 하고, 점차로 확대하여 다른 이에게까지 미치는 것. ③희무량심(喜無量心) Muditā-a. 희수(喜受)를 체로 하여 다른 이로 하여금 고통을 여의고, 낙을 얻어 희열(喜悅)케 하려는 마음. 처음은 친한 이부터 시작하여 점점 다른 이에게 미치는 것은 위와 같다. ④사무량심(捨無量心). Upekṇā-a. 무탐(無貪)을 체로 하여 중생을 평등하게 보아 원(怨) · 친(親)의 구별을 두지 않으려는 마음. 처음은 자기에게 아무런 관계가 없는 이에 대하여 일으키고, 점차로 친한 이와 미운 이에게 평등한 마음을 일으키는 것. 무량이란 것은 무량한 중생을 상대(相對)로 하며, 또 무량한 복과(福果)를 얻으므로 이렇게 이름 한다.

*사무색정: 四無色定=사공정(四空定), Ⓢ Catasra-ārūpya-samāp-attaya Ⓟ Catasso-āruppa-samāpattiya = 사무색정(四無色定). ①공무변처정(空無邊處定). 먼저 색(色)의 속박을 싫어하여 벗어나려고, 색의 상(想)을 버리고, 무한한 허공관을 하는 선정(禪定). ②식무변처정(識無邊處정). 다시 더 나

아가 내식(內識)이 광대무변하다고 관하는 선정. ③무소유처정(無所有處定). 식(識)인 상(想)을 버리고, 심무소유(心無所有)라고 관하는 선정. ④비상비비상처정(非想非非想處定). 앞의 식무변처정은 무한한 식(識)의 존재를 관상하므로 유상(有想)이고, 무소유처정은 마음이 존재하지 않는 것을 관상하므로 비상(非想)인데, 이것은 유상을 버리고, 비상을 버리는 선정이므로 비상비비상정이라고 한다.

*수다원: 須陀洹, ⓈSrotāpanna, 성문 4과(果)의 하나. 예류과(預流果)의 범명(梵名), 무루도(無漏道)에 처음 참례하여 들어간 지위.

*사다함: 斯陀含, ⓈSakṛdāgāmin, 성문 4과(果)의 하나. 또는 수다함(須陀含). 일래과(一來果)의 범명(梵名). 욕계의 사혹(思惑)을 끊지 못했기 때문에 이제 한 번 욕계에 태어나는 지위.

*아나함: 阿那含, ⓈAnāgāmin, 아나가미(阿那伽彌·阿那伽迷)라 역음. 성문 4과(果) 중의 제 3. 줄여서 나함(那含). 불환(不還)·불래(不來)라 번역. 욕계(欲界)에서 죽어 색계(色界)·무색계(無色界)에 나고는 번뇌가 없어 다시 나지 않는 지위.

*아라한: 阿羅漢, ⓈArhan, ①소승의 교법을 수행하는 성문(聲聞) 4과의 가장 윗자리. 응공(應供)·살적(殺賊)·불생(不生)·이악(離惡)이라 번역. ②여래의 10호의 하나.

*벽지불: 辟支佛, ⓈPratyeka-buddha ⓅPacceka-buddha, 벽지가불(辟支迦佛)이라고도 쓰며, 역각(緣覺)·독각(獨覺)이라 번역. 꽃이 피고 잎이 지는 등의 외연(外緣)에 의하여 스승 없이 혼자 깨닫는 이.

부처님께서 초발심한 까닭

"왜냐하면 불자여, 모든 부처님께서 처음 발심할 때는, 단지 백겁이나 백 천 나유타 억겁동안 시방의 열 아승기 세계에 있는 중생들에게 온갖 즐길 거리로써 *공양하기 위해서 보리심을 낸 것은 아닙니다. 또한 그렇게 많은 중생들을 가르쳐서 오계와 십선업도를 닦게 하거나, 사선정 · 사무량심 · 사무색정에 머물게 하거나, 수타원과 · 사타함과 · 아나함과 · 아라한과 · 벽지불도를 얻게 하기 위해서 보리심을 낸 것이 아닙니다. 여래의 종성이 끊어지지 않게 하기 위한 까닭이며, 일체 세계에 두루 가득하게 하기 위한 까닭이며, 일체 세계의 중생을 제도하여 해탈케 하기 위한 까닭이며, 일체 세계의 이루고 무너짐을 알기 위한 까닭이며, 일체 세계에 있는 중생의 때 묻고 깨끗함을 알기 위한 까닭이며, 일체 세계의 성품이 청정함을 알기 위한 까닭이며, 일체 중생의 욕락과 번뇌와 습기를 알기 위한 까닭이며, 일체 중생이 여기서 죽어 저기 나는 것을 알기 위한 까닭이며, 일체 중생의 근기과 방편을 알기 위한 까닭이며, 일체중생의 마음 움직임을 알기 위한 까닭이며, 일체 중생의 삼세의 지혜를 알기 위한 까닭이며, 일체 부처님의 경계가 평등함을 알기 위한 까닭으로 위없는 *보리심을 낸 것입니다."

何以故 佛子 一切諸佛 初發心時, 不但爲以一切樂具 供養十方十阿僧祇世界所有衆生, 經於百劫 乃至百千那由他億劫故 發菩提心. 不但爲敎爾所衆生 令修五戒十善業道, 敎住四禪四無量心四無色定, 敎得須陀洹果, 斯陀含果, 阿那含果, 阿羅漢果, 辟支佛道故 發菩提心. 爲令如來種性不斷故, 爲充遍一切世界故, 爲度脫一切世界衆生故, 爲悉知一切世界成壞故, 爲悉知一切世界中衆生垢淨故, 爲悉知一切世界自性淸淨故, 爲悉知一切衆生 心樂煩惱習氣故, 爲悉知一切衆生 死此生彼故, 爲悉知一切衆生 諸根方便故, 爲悉知一切衆生心行故, 爲悉知一切衆生三世智故, 爲悉知一切佛境界平等故 發於無上菩提之心.

"Why? Because when the Buddhas first set their minds on enlightenment, they do not do so just to provide the beings of innumerable worlds in all directions with all comforts for a hundred eons or a hundred thousand quadrillion eons. They do not set their minds on enlightenment just to teach that many beings to cultivate morality and goodness, just to teach them to abide in the four meditations, four immeasurable minds, and four formless concentrations, just to teach them to attain the states of stream-enterer, once-returner, nonreturner, saint, and independently enlightened one. Rather, they set their minds on enlightenment to cause the lineage of the enlightened ones not to die out, to pervade all worlds, to liberate the sentient beings of all worlds, to know the formation and disintegration of all worlds, to know the defilement and purity of beings in all worlds, to know then inherent purity of all worlds, to know the inclinations, afflictions, and mental habits of all sentient beings, to know where all sentient beings die and are born, to know expedient means appropriate to the faculties of all sentient beings, to know the mentalities of all sentient beings, to know all sentient beings' knowledge of past, present, and future, and to know all realms of Buddhas are equal."

[주]

*공양: 供養, ⓢPūjanā, Pūjā, satkāra, 또는 공시(供施)·공급(供給)·공(供). 불·법·승 삼보(三寶)나 스승·부모·죽은 사람의 영혼에 대하여 신·구·의(身口意) 세 가지 방법으로 공물을 바치는 것. 우리나라 승가에서는 스님들의 식사를 공양이라 하는데, 이것은 공양하는 이의 시은(施恩)을 상기하여 잊지 않게 하고자 함에 그 뜻이 있다. 불교에서는 불살생(不殺生)이

라는 근본적 원리를 벗어나지 않기 위하여, 바라문교 등에서 동물로 제물을 바치는 것과는 다른 제의(祭儀)의 형식을 추구하였는데, 이 때 채용된 것이 원주민들이 기름을 바르고 향을 피우며 꽃이나 물을 바치고 등을 켜던 풍습이라고 전한다. 초기 교단에서는 사사공양(四事供養)이라고 하여 의복·음식·침구·탕약 등 출가자에게 필요한 최소한의 의식주가 주로 승단에 시여(施與)되었다. 또 공양에는 경(敬)공양, 행(行)공양, 이(利)공양의 세 가지가 있다. 경공양은 전당을 장엄하게 하는 것. 행공양은 독경하는 것. 이공양은 음식을 공양하는 것 등임.

*보리심: 菩提心. 위로는 보리(菩提: 깨달음)를 구하고, 아래로는 중생을 교화하려는 마음. 이 마음의 내용은 4홍 서원으로서 '①중생을 다 제도하기를 원합니다 ②번뇌를 다 끊기를 원합니다 ③법문은 모두 다 배우기를 원합니다 ④불도는 모두 다 증득하기를 원합니다'라는 네 가지 큰 서원을 세우고 그것을 성취하려는 마음이다. 보살은 광대한 자리(自利)·이타(利他)의 서원을 세우고, 3아승기 100대겁 동안 6도(度) 등의 행을 닦아야만 불과(佛果)를 얻는다 함.

수많은 세계와의 비교

"불자여, 이 비유는 그만두고, 가령 어떤 사람이 한 *찰나 동안에 동방에 있는 아승기 세계가 이루어지고 무너지는 겁의 수효를 알 수 있고, 찰나 찰나마다 이와 같이 하여 아승기 겁이 다하도록 한다면, 이 모든 겁의 수효는 그 끝을 알 수 없을 것입니다. 또 둘째 사람이 한 찰나 동안에 앞 사람이 아승기 겁 동안에 안 겁의 수효를 알 수 있으며, 이와 같이 말하여 열째 사람에게 이르고, 남방·서방·북방과 네 간방과 상방·하방도 역시 이와 같다고 합시다.

불자여, 이러한 시방의 아승기 세계가 이루어지고 무너지는 겁의 수효는 그 끝을 알 수 있다하더라도, 보살이 *아누다라삼먁삼보리심을 처음 낸 공덕과 선근은 그 끝을 알 수 없을 것입니다."

佛子 復置此喩, 假使有人 於一念頃 能知東方阿僧祇世界成壞劫數, 念念如是 盡阿僧祇劫, 此諸劫數 無有能得知其邊際. 有第二人 於一念頃 能知前人阿僧祇劫所知劫數, 如是廣說 乃至第十, 南西北方 四維上下 亦復如是. 佛子 此十方阿僧祇世界成壞劫數 可知邊際, 菩薩 初發阿耨多羅三藐三菩提心 功德善根 無有能得知其際者.

"Again, setting this example aside, suppose there is someone who can in a single thought know the number of eons of becoming and decay of innumerable worlds in the eastern direction, and does this for an incalculable eon; no one can determine the bounds of those numbers of eons. Then suppose there is a second person who can know in a single thought all the numbers of eons known by the first person over an incalculable eon. Again, continue this up to ten persons, then extend it to all ten directions. The limit of the number of eons of becoming and decay of all these incalculable worlds of the ten directions may be known, but the limit of the virtues of the enlightening being setting the mind on perfect enlightenment cannot be known."

[주]

*찰나: 刹那, Ⓢkṣaṇa, 번역하여 일념이라 하며, 때가 가장 짧은 것. 즉 한 생각을 일으키는 순간이라는 의미로서 시간의 최소단위를 뜻한다.

*아누다라삼먁삼보리: ⓢAnuttarasamyaksambodhi, 16품 참고.

삼세 부처님의 지혜를 모두 앎

“이런 마음을 내었으면 지난 세상의 모든 부처님이 처음 *정각을 이루시는 것과 열반에 드시는 것을 알 수 있으며, 미래의 모든 부처님의 *선근을 믿을 수 있으며, 현재의 모든 부처님이 가지신 지혜를 알 수 있습니다.

저 부처님들이 소유하신 *공덕을, 이 보살이 믿을 수 있고 받을 수 있고 닦을 수 있고 얻을 수 있고 알 수 있고 증득할 수 있고 성취할 수 있으며 여러 부처님과 같이 하나의 성품으로 평등할 수 있습니다.

왜냐하면 이 보살이 일체 여래의 *종성을 끊지 않으려고 발심하며, 일체 세계에 충만하게 하려고 발심하며, 일체 세계의 중생을 제도하여 해탈케 하려고 발심하며, 일체 세계의 이루고 무너짐을 모두 알려고 발심하며, 일체 중생의 때 묻고 깨끗함을 모두 알려고 발심하며, 일체 세계의 *삼유가 청정함을 모두 알려고 발심하며, 일체 중생의 욕락과 번뇌와 습기를 모두 알려고 발심하며, 일체 중생의 모든 근성과 방편을 모두 알려고 발심하며, 일체 중생의 마음 움직임을 모두 알려고 발심하며, 일체 중생의 삼세 지혜를 모두 알려고 발심한 것입니다.”

發是心已 能知前際一切諸佛 始成正覺 及般涅槃, 能信後際一切諸佛 所有善根 能知現在一切諸佛 所有智慧.
彼諸佛所有功德 此菩薩 能信 能受 能修 能得 能知 能證 能成就 能與諸

佛 平等一性. 何以故 此菩薩 爲不斷一切如來種性故 發心, 爲充遍一切世界故 發心, 爲度脫一切世界衆生故 發心, 爲悉知一切世界成壞故 發心, 爲悉知一切衆生垢淨故 發心, 爲悉知一切世界三有淸淨故 發心, 爲悉知一切衆生心樂煩惱習氣故 發心, 爲悉知一切衆生死此生彼故 發心, 爲悉知一切衆生諸根方便故 發心, 爲悉知一切衆生心行故 發心, 爲悉知一切衆生三世智故 發心.

"Having aroused this determination, they are able to know the first attainment of true awakening as well as the final release of all Buddhas of the past, are able to believe in the roots of goodness of all Buddhas of the future, and are able to know the knowledge and wisdom of all Buddhas of the present. The virtues of those Buddhas, these enlightening beings can believe in, can accept, can cultivate, can attain, can know, can witness, and can perfect; they can be equal, of the same nature, as the Buddhas. Why? Because these enlightening beings arouse their aspiration in order not to let the lineage of all enlightened ones die out; they arouse their aspiration in order to pervade all worlds; they arouse their determination in order to liberate the beings of all worlds; they arouse their aspiration in order to completely know the formation and disintegration of all worlds; they arouse their determination in order to completely know the defilement and purity of all beings; they arouse their minds in order to know the purity of the realms of desire, form, and formlessness in all worlds; they arouse their determination in order to completely know the inclinations, afflictions, and mental habits of all living beings; they arouse their aspiration in order to completely know the faculties and means of all beings; they arouse their determination in order to completely know the mental activities of all beings; they arouse their aspiration in order to know all beings' knowledge of past, present, and future."

[주]

*정각: 正覺, Ⓢ Saṁbodhi, 등정각(等正覺)의 준말. 부처님의 지(智)를 이름하여 정각이라 함. 부처님이 무루정지(無漏正智)를 얻어 만유의 실상(實相)을 깨달았기 때문에 성불(成佛)을 성정각(成正覺)이라고 함.

*선근: 善根, Ⓢ kuśala-mūla, ①좋은 과보를 받을 좋은 인(因)이란 뜻. 착한 행업의 공덕 선근을 심으면 반드시 선한 열매를 맺는다 함. ②온갖 선을 내는 근본이란 뜻으로 무탐(無貪)·무진(無瞋)·무치(無癡)를 3선근이라 함.

*공덕: 功德, Ⓢ guṇa, bhāgya, puṇya, vibhūti Ⓟ guṇa, bhagga, puñña, 13품 참고.

*종성: 種姓, Ⓢ gotra, 가족, 가족의 성, 혈통, 씨족 등을 의미한다. 통상은 성명의 성으로 그 성에 공통하는 것을 가리킨다. 성(姓)에는 같은 혈통이 이어져 일종의 같은 습관이나 성질이 있고 다른 종성과 구별되므로 종성(種姓)이라고도 한다.

*삼유: 三有, Ⓢ Tri-bhava ①유(有)는 존재한다는 뜻으로 욕유(欲有)·색유(色有)·무색유(無色有) = 삼계(三界) ②1. 생유(生有) 처음 나는 일찰나 2. 본유(本有) 나서부터 죽을 때까지의 존재 3. 사유(死有) 죽는 일찰나 ③유루(有漏)의 다른 이름.

발심함으로써 불과를 이루게 됨

"발심하였으므로 항상 삼세 모든 부처님의 생각하심이 되며, 삼세 모든 부처님의 위없는 깨달음을 얻을 것이며, 삼세 모든 부처님의 오묘한 법을 주게 될 것이며, 삼세 모든 부처님과 더불어 성품이 평등하며, 삼세 모든 부처님의 도를 돕는 법(*조도법)을 이미 닦았으며, 삼세 모든 부처님의 힘과 두려움 없음(*무소외)을 성취하며, 삼세 모든 부처님의 유일한 불법을 장엄하며, 법계의 모든 부처님의 설법하시는 지혜를 모두 얻을 것입니다. 왜냐하면 이렇게 발심함으로써 마땅히 부처가 될 것이기 때문입니다."

以發心故 常爲三世一切諸佛之所億念, 當得三世一切諸佛 無上菩提, 卽爲三世一切諸佛 與其妙法, 卽與三世一切諸佛 體性平等, 已修三世一切諸佛 助道之法, 成就三世一切諸佛 力無所畏, 莊嚴三世一切諸佛 不共佛法, 悉得法界一切諸佛 說法智慧. 何以故 以是發心 當得佛故.

"Because they have set their minds on enlightenment, they are always remembered by all the Buddhas of past, present, and future, and will attain the unsurpassed enlightenment of all Buddhas of all times. Then they will be given the sublime teachings of all Buddhas of all times, and will be actually and essentially equal to all Buddhas of all times. Having cultivated the methods of fostering the Path used by all Buddhas of all times, consummated the powers and fearlessnesses of all Buddhas of all times, and adorned themselves with the unique qualities of all Buddhas of all tines, they will thoroughly attain the knowledge and wisdom to explain the truth of all Buddhas of the cosmos. Why? Because by means of this determination they will attain Buddhahood."

[주]

*조도법: 助道法, 바로 보는 법, 태도를 돕는 수행방법.

※삼십칠도품(三十七助道品): 열반의 이상경에 나아가기 위하여 닦는 도행의 종류. 4념처, 4정근, 4여의족, 5근, 5력, 7각분, 8정도분.

1) 4념처: 四念處, Ⓢcattāri satipatthānāni 신(身)·수(受)·심(心)·법(法)에 대한 관법. 사념주(思念住)·사념처관(思念處觀)이라고도 한다. 소승의 수행의 하나로, 소승의 수행자가 삼현위(三賢位)에서 오정심관(五停心觀)다음에 닦는 관(觀). ①신념처(身念處): 부모에게 받은 육신이 부정하다고 관하는 것. ②수념처(受念處): 우리 마음에 낙이라고 하는 음행·자녀·재물 등을 보고, 낙이라 하는 것은 참이 아니고, 모두 고통이라고 관하는 것. ③심념처(心念處): 우리의 마음은 항상 그대로 있는 것이 아니고 늘 변화 생멸하는 무상한 것이라고 관하는 것. ④법념처(法念處): 위의 셋을 제하고, 다른 만유에 대하여 실로 자아(自我)인 실체(實體)가 없으며, 또 나에게 속한 모든 물건을 나의 소유물이라고 하는 데 대해서도, 모두 일정한 소유자(所有者)가 없다고, 무아관(無我觀)을 하는 것.

2) 4정근: 四正勤, Ⓢcatvāri-samyakprahānāni, 사정단(四正斷), 사정승(四正勝), 사의단(四意端), 선법을 더욱 자라게 하고 악법을 멀리 여의려고 부지런히 수행하는 네 가지 법. ①이미 생긴 악을 없애려고 부지런히 행함. ②아직 생기지 않은 악을 미리 방지하려고 부지런히 행함. ③이미 생긴 선을 더욱 자라게 하려고 부지런히 행함. ④아직 생기지 않은 선을 생기도록 부지런히 행함.

3) 4여의족: 四如意足, Ⓢcatvāra-ṛddhipāda, 사여의분(四如意分), 사신족(四神足), 여의(如意), 뜻대로 자유자재한 신통. 족(足)은 신통이 일어나는 각족(脚足)이 되는 뜻으로 이 정(定)을 얻는 수단에 욕(慾)·정진(精進)·심(心)·사유(思惟)의 넷이 있으므로 일어나는 원인에 의하여 정을 나눈다. ①욕여의족(慾如意足) ②정진여의족(精進如意足) ③심여의

족(心如意足) ④사유여의족(思惟如意足).

4) 5근: 五根, ⓈPañca-indriya Pañcendriyāṇi, 보리에 도달하기 위한 방법으로 다른 일체 선법(善法)을 내는 근본이 되므로 오근이라 한다. ①신근(信根): 불법승 3보와 고(苦), 집(集), 멸(滅), 도(道) 4체(諦)의 이치를 믿음. ②진근(進根): 용맹하게 선법을 수행하는 것. ③염근(念根): 근(根)은 작용이 있는 것. 염은 대경(對境)을 마음에 머물러 두고 잊지 않는 작용. ④정근(定根): 마음을 한 곳에 머물러 두어 산란치 않게 하는 선정(禪定). 이것이 온갖 선근 공덕을 발생하는 근원이라는 뜻으로 근(根)이라고 함. ⑤혜근(慧根): 혜(慧)는 우리로 하여금 진리를 깨닫게 하는 수승(殊勝)한 능력이 있으므로 근(根)이라 함.

5) 5력: 五力, ⓈPañca balāni, 수행하는 데 필요한 다섯 가지 힘. 불교에 대한 실천 방면의 기초덕목이 되는 5종 ①신력(信力): 불법을 믿고 다른 것을 믿지 않는 것 ②진력(進力): 선을 짓고 악을 폐하기에 부지런히 하는 것 ③염력(念力): 사상을 바로 가지고 사특한 생각을 버리는 것 ④정력(定力): 선정을 닦아 어지러운 생각을 없게 하는 것 ⑤혜력(慧力): 지혜를 닦아 불교의 진리인 4체(諦)를 깨달음. 욕계, 색계, 무색계의 견혹(見惑), 사혹(思惑)을 파하고, 번뇌 없는 순진한 무루 지혜를 발하는 힘.

6) 7각분: 七覺分, 열반에 이르기 위하여 닦는 도행(道行)그 제6, 칠각지(七覺支), 칠각의(七覺意), 칠보리분(七菩提分). 깨달음을 얻기 위해 필요한 사항으로 마음의 상태에 따라 존재를 관찰하는 데 주의방법을 7종으로 요약한 것. 즉 불도를 수행하는 데 지혜로써 참되고 거짓되고 선하고 악한 것을 살펴서 골라내고 알아차리는 7가지. ①택법각분(擇法覺分): 지혜로 모든 법을 살펴서 선한 것은 골라내고, 악한 것은 버리는 것. ②정진각분(精進覺分): 갖가지의 수행을 할 때에 쓸데없는 고행은 그만 두고, 바른 도에 일심으로 노력하여 게으르지 않는 것. ③희각분(喜覺分): 참된 법을 얻어서 기뻐하는 것. ④경안각분(輕安覺分): 신심(身心)을 가볍고 쾌적하게 하는 것. ⑤사각분(捨覺分): 바깥 경계에 집착하던 마음

을 여읠 때에 거짓되고 참되지 못한 것을 추억하는 마음을 버리는 것. 대상에 대한 집착을 버리는 것. ⑥정각분(定覺分): 정에 들어서 번뇌 망상을 일으키지 않는다. 마음을 집중하여 산란하지 않는 것. ⑦염각분(念覺分): 생각을 화평하게 가지는 것. 불도를 수행함에 있어서 잘 생각하여 정(定), 혜(慧)가 고르게 하는 것. 만일 마음이 혼침(昏沈)하면 택법각분, 정진각분, 희각분으로 마음을 일깨우고, 마음이 들떠서 흔들리면 경안각분, 사각분, 정각분으로 마음을 고요하게 한다.

7) 8정도: 八正道, Ⓢārya-aṣṭāṅgo mārgo, 팔성도지(八聖道支), 팔정도분(八正道分), 불교의 실천 수행하는 중요한 종목을 8종류로 나눈 것. ①정견(正見): 유・무의 편견을 여읜 정중(正中)의 견해. 곧 불교의 정도리(正道理)를 시인하는 견해(見解). ②정사유(正思惟):무루의 지혜로 4체(諦)의 이치를 추구 고찰(推求考察)하고, 관(觀)이 더욱 진취하게 함을 말한다. ③정어(正語): 정견(正見), 정사유(正思惟)에 의하여 온갖 망어(妄語)・사어(邪語) 등을 하지 않는 말. ④정업(正業): 몸의 행동이 정견(正見), 정사유(正思惟)에 따라서 활동하는 것. ⑤정명(正命): 행동・말・생각으로 악 업을 짓지 않고, 정당한 생활을 하여, 5사명(邪命)을 여의는 것. ⑥정정진(正精進): 일심 노력하여 아직 발생하지 않은 악을 나지 못하게 하며, 나지 않은 선은 발생케 하는 것. ⑦정념(正念): 사념(邪念)을 버리고, 항상 향상을 위하여 수행하기에 정신을 집중하는 것. ⑧정정(正定): 산란한 생각을 여의고, 참으로 마음이 안정된 것.

*무소외: 無所畏, 마음속에 아무런 두려움이 없음, 본래면목을 발견해서 아무 것에도 걸리고 막히지 않아 조금도 두려움 없이 자신하고 법을 설하는 것.

※진리를 체득하지 못한 자가 품는 다섯 가지 두려움-①불활외(不活畏): 초학보살이 보시할 때 '이후 내가 생활할 수 있을까 두려워하여 제가 가진 재물을 모두 보시하지 못하는 것. ②오명외(惡名畏): 항상 나쁜 일을 하고 숨기면서 발각되어 나쁜 소문이 세상에 퍼지는 것을 두려워 함. ③사외

(死畏): 목숨을 사랑하고 아껴 죽는 것을 두려워함. ④악도외(惡道畏): 나쁜 짓을 하고 삼악도에 떨어질 것을 두려워함. ⑤대중위덕외(大衆威德畏): 여러 사람 앞에서 두려워함. 보살이 왕궁에서나 지식인 앞에서 종지를 말할 적에 잘못이 있을까 두려워하여 마음이 침착하지 못함을 말함.

※사무소외(四無所畏): 불·보살이 설법할 때 두려운 생각이 없는 지력(智力)의 네 가지. 1)부처님의 4무소외: ①정등각무외(正等覺無畏): 일체 모든 법을 평등하게 깨달아 다른 이의 힐난을 두려워하지 않음. ②누영진무외(漏永盡無畏): 온갖 번뇌를 다 끊었으므로 외난(外難)을 두려워하지 않음. ③설장법무외(說障法無畏): 보리를 장애하는 것을 말하되 악법은 장애되는 것이라고 말했을 때 다른 이의 비난을 두려워하지 않음. ④설출도무외(說出道無畏): 고통 세계를 벗어나는 요긴한 길을 표시함에 있어서 다른 이의 비난을 두려워하지 않음. 2)보살의 4무외: ①능지무외(能持無畏): 보살이 부처님의 교법을 듣고 능히 이것을 받아 지니며 잊지 않으므로, 남에게 가르치면서 두려워하지 않는 것. ②지근무외(知根無畏): 보살은 중생들의 근기(根機)를 잘 알아 알맞은 법을 말하므로 조금도 두려운 마음이 없음. ③결의무외(決疑無畏): 보살이 여러 사람에게 설법을 할 때에 대중으로부터 어떠한 어려운 질문을 받더라도 자유로이 적당한 대답을 할 수 있으므로 마음속에 조금도 두려움이 없음. ④답보무외(答報無畏): 보살이 대중 앞에서 설법할 때 중생들의 모든 물음에 대하여, 이치에 알맞게 해답하여 자유자재하게 응답하여 두려워하지 않는 것.

삼세 부처님과 평등함

"이 사람은 곧 삼세 부처님들과 더불어 똑같음을 알게 됩니다. 삼세 부처님 여래의 경계에 있어서 평등하고, 삼세 부처님 여래의 공덕에 있어서 평등하며, 여래의 한 몸과 수많은 몸이 궁극적으로 평등하다는 진실한 지혜를 얻게 됩니다.

가까스로 발심하였을 때에, 곧 시방 모든 부처님의 칭찬을 함께 받게 될 것이고, 곧 법을 잘 말할 수 있게 되며, 모든 세계에 있는 중생들을 교화하고 조복할 것이고, 곧 모든 세계를 진동할 수 있으며, 곧 모든 세계를 비출 수 있고, 곧 모든 세계의 *악도의 고통을 없앨 수 있으며, 곧 모든 국토를 깨끗이 장엄할 수 있고, 곧 모든 세계 가운데에서 *성불함을 나타내 보일 수 있으며, 곧 모든 중생이 다 환희를 얻도록 할 수 있고, 곧 모든 법계의 성품에 들어갈 수 있으며, 곧 모든 부처님의 종성을 지닐 수 있고, 곧 모든 부처님의 지혜 광명을 얻을 수 있을 것입니다."

應知此人 卽與三世諸佛同等. 卽與三世諸佛如來境界平等, 卽與三世諸佛如來功德平等, 得如來一身無量身 究竟平等 眞實智慧. 纔發心時, 卽爲十方一切諸佛 所共稱歎, 卽能說法, 敎化調伏一切世界所有衆生, 卽能震動一切世界, 卽能光照一切世界, 卽能息滅一切世界諸惡道苦, 卽能嚴淨一切國土, 卽能於一切世界中 示現成佛, 卽能令一切衆生 皆得歡喜, 卽能入一切法界性, 卽能持一切佛種性, 卽能得一切佛智慧光明.

[한자풀이]
纔: 겨우 재, 비로소, 방금　震:벼락 진

"Know that such a person is thereupon the same as the Buddhas of all times, thereupon equal in perspective to the Buddhas of all times, thereupon equal in virtue to the Buddhas of all times, and attains the true knowledge of the ultimate equality of one body and infinite bodies of the Enlightened."

"As soon as on sets the mind on complete enlightenment, one is praised by all the Buddhas of all quarters and can thereupon expound the teaching, edify and purify the beings of all worlds, and can thereupon shake all worlds, and can thereupon illumine all worlds, and can thereupon extinguish the pains of the states of misery in all worlds, and can thereupon beautify and purify all lands, and can thereupon manifest attainment of Buddhahood in all worlds, and can thereupon cause all living things to rejoice, and can thereupon enter into the essence of all reality realms, and can thereupon maintain the lineage of all enlightened ones, and can thereupon attain the light of wisdom of all Buddhas."

[주]

*악도: 惡道, 현세에서 악업(惡業)을 지은 결과로 장차 받게 될 고통의 세계. 육도 중에서 세 가지 나쁜 길을 삼악도라고 한다.

※삼악도: 三惡道, 또는 삼악취(三惡趣). 지은 악업에 의해서 왕래(往來)할 수 있는 곳으로, 지옥도(地獄道)·아귀도(餓鬼道)·축생도(畜生道)를 말한다. 죄악을 범한 결과로, 태어나서 고통을 받는 악한 곳.

①지옥: 地獄, Ⓢnaraka ; niraya, 즐거움은 없고 괴로움만 극심한 곳. 죄업을 지은 중생이 그 죄업의 성질에 따라 떨어져서 온갖 괴로움을 받는다고 한다. 지옥에는 여덟 종류의 뜨거운 큰 지옥(八大熱地獄)과 이 속에 16별처지옥(十六別處地獄)이 있으며 또한 여덟 종류의 추운 지옥(八寒地獄)과 그 안에 16별처지옥이 있다고 함. 죄업이 무거운 중생은 한 지옥에서 형벌이 끝나면 계속 다른 지옥으로 옮겨 다니면서 끝없는 고통을 겪어야 된다고 한다.

②아귀: 餓鬼, Ⓢpreta, 탐욕의 과보로서 중생이 윤회하는 여섯 세계(육도) 중의 한 세계. 아귀는 무엇을 먹더라도 곧 불덩이로 변해서 끊임없는 기

갈에 시달리며 그 생김새는 북같이 큰 배에 바늘만한 목을 가졌다고 함.

③축생: 畜生, Ⓢtiryag-yoni, 남에게 길리우는 생류. 고통이 많고 낙이 적으며, 성질이 무지하여 식욕·음욕만이 강하고, 부자 형제의 차별이 없이 서로 잡아먹고 싸우는 새·짐승·벌레·고기 따위. 그 종류는 매우 많고 사는 곳은 물·하늘·뭍에 걸쳐 있다. 중생으로서 악업을 짓고 우치가 많은 이는 죽어서 축생도에 태어난다고 함.

*성불: 成佛, 모든 번뇌를 해탈하고 부처의 경지에 도달하는 것. 불도(佛道) 수행자들이 원하는 최고의 경지를 말함.

발심한 보살은 오직 일체지를 구할 뿐

"이 처음 발심한 보살은 삼세에 있어서 어떤 것도 얻으려고 하지 않습니다. 이는 부처님들이나 부처님 가르침이나 *보살이나 보살법이나 *독각이나 독각법이나 *성문이나 성문법이나 *세간이나 세간법이나 *출세간이나 출세간법이나 중생이나 중생의 법들을 말합니다. 오직 *일체지를 구할 뿐이므로 어떤 것에도 마음이 집착하지 않습니다."

此初發心菩薩 不於三世 小有所得. 所謂若諸佛 若諸佛法 若菩薩 若菩薩法 若獨覺 若獨覺法 若聲聞 若聲聞法 若世間 若世間法 若出世間 若出世間法 若衆生 若衆生法. 唯求一切智 於諸法界 心無所着.

"This enlightening being who has just aspired to enlightenment does not apprehend anything in the past, present, or future—whether Buddhas, Buddhas' teachings, enlightening beings, principles of enlightening beings, solitary awakened ones, principles of solitary awakened ones, listeners, principles of listeners, the world, worldly things, the transmundane, transmundane things, sentient beings, or norms of sentient beings—the enlightening being only seeks omniscience and has no mental attachment to anything."

[주]

*보살: 菩薩, 보리살타(菩提薩埵)의 준말. Ⓢbodhisattva, 14품 참고.

*독각: 獨覺, ⓈPratyekabuddha, 연각(緣覺)이라고도 번역함. 항상 적정을 낙으로 삼아 혼자 스스로 수행하여 수행의 공을 이룬 것인데, 부처가 없는 세상에 나서 스스로 각오하여 생사를 떠난 자를 독각이라고 한다.

*성문: 聲聞, ⓈŚrāvaka, 15품 참고.

*세간: 世間, Ⓢloka-dhātu, sarva-loka, ①일반사회・세상・세속(世俗)・세계와 같은 뜻. 세(世)는 격별・천류의 뜻이고 간(間)은 내부에 있는 것. 간격의 뜻이다. 세상의 모든 사상(事象)・사물(事物)을 가리킨다. ②육도(六道)를 가리킨다. 지옥・아귀・축생・아수라・인・천계의 미(迷)의 세계를 말하며, 출세간(出世間)에 대한 말. 대지도론 권63에는 '세간은 삼계(三界)'라고 함. ③차별(差別)의 뜻을 나타냄. 화엄종의 삼세간-기세간(器世間)・중생세간(衆生世間)・지정각세간(智正覺世間).

*출세간: Ⓢloka-uttara, ①번뇌 망상과 미혹의 세간을 버리고 무위적멸(無爲寂滅)・해탈(解脫)의 경계에 들어가는 것. ②티끌세상을 벗어남. 세상을 벗어나 불도(佛道)수행에 들어감.

*일체지: 一切智, ⓈSarva-jñā, ⓅSabbañña, 3지(三智)의 하나. 일체제법의 총상(總相)을 개괄적으로 아는 지혜. 천태(天台)에서는 성문(聲聞)・연각(緣覺)의 지혜라 하고, 구사에서는 부처님의 지혜라 한다.

법혜보살이 게송으로 설함

발심으로 업과 번뇌 끊을 수 있고　　　發心能離業煩惱
일체의 모든 여래께 공양하면서　　　供養一切諸如來
업의 미혹 이미 떠나 아주 끊어지면　　　業惑旣離相續斷
널리 삼세에서 해탈을 얻을 것입니다　　　普於三世得解脫

Will for enlightenment can divorce afflictions of action
And provide offerings to all the Enlightened:
Once habitual delusions are divorced, their continuity's broken,
And liberation is attained for all time.

일체 모든 독각승과 성문승이며　　　一切獨覺聲聞乘
색계의 모든 선정 삼매의 낙과　　　色界諸禪三昧樂
무색계의 여러 가지 삼매들까지　　　及無色界諸三昧
다 발심으로 근본을 삼게됩니다　　　悉以發心作其本

All the vehicles of individual illuminates and Buddhist disciples,
The pleasures of the meditation states of the realm of form,
As well as the trances of the formless realm,
All have the will for enlightenment as their basis.

일체의 부처님 법 알고자 하면　　　欲知一切諸佛法
마땅히 보리심을 빨리 내야합니다　　　宜應速發菩提心
이 마음은 공덕 중에 가장 뛰어나　　　此心功德中最勝
반드시 여래의 *무애지 얻게됩니다　　　必得如來無碍智

If you want to know all the truths of the Buddhas,

You should quickly develop the determination for enlightenment.
This determination is the most excellent of virtues,
Assuring attainment of the unhindered knowledge of the enlightened.

[주]

*무애지: 無碍智, 부처님의 지혜. 어떤 것에도 거리낌이 없이 모든 사리(事理)를 모두 알아 통달 자재한 지혜.

중생의 마음 움직임 헤아려 알고 衆生心行可數知
세계의 부순 티끌 역시 그러하며 國土微塵亦復然
허공 끝까지를 잠깐만 헤아려도 虛空邊際乍可量
초발심한 공덕은 측량할 수 없습니다 發心功德無能測
The mental activities of living beings might be counted,
And so might the number of atoms in a land;
The extent of space might be assessed,
But the virtues of the will for enlightenment cannot be measured:

[한자풀이]

乍: 잠깐 사, 갑자기

시방의 부처님들 보려고 하고 欲見十方一切佛
한량없는 공덕장 베풀려 하며 欲施無盡功德藏
중생의 모든 고통 없애려 하면 欲滅衆生諸苦惱
마땅히 보리심을 빨리 내야합니다 宜應速發菩提心
If you want to see all the Buddhas of the ten directions,
And want to disburse from the inexhaustible treasury of virtue,
If you want to extinguish the afflictions of beings,
Quickly arouse the will for enlightenment.

[한자풀이]

宜:마땅할 의, 마땅히 ~ 하여야 한다.

발심은 특별한 사람이나 특별한 때와
장소에서만 가능한 것이 아닙니다. 지금
여러분이 서 있는 바로 그 곳이 발심할 수 있는
최상의 자리가 될 수 있을 것입니다.

The initial determination doesn't happens to
only a special person or in a special place and time.
Rather, just where you are
is the best place of determination.

이 품에서 초발심의 공덕이 참으로 크고 훌륭하다는 것을 계속 강조하고 있습니다. 「범행품」에서 '초발심시즉득아누다라삼먁삼보리'라는 경문을 보고 초발심의 중요성을 짐작하였습니다만, 이 품에서 다시 초발심에 대한 끝도 없는 찬사를 대하고 보니 초발심이란 '처음'이라는 의미라기보다는 '온전'하다는 의미로 받아들여야 할 것 같습니다.

'첫 단추를 잘 끼우라', '시작이 반이다', '초심을 잃지 말라' 등의 시작의 중요성에 대한 말이 많습니다. 어떤 목표가 있을 때, 그곳을 향한 걸음이 아니면 출발이라고 하지 않습니다. 깨달음의 길에서 발심하지 않으면 진정한 의미의 출발이 아닙니다. 그러나 출발했을 땐 그 목표가 아직 내게 구현되지 않았더라도 이미 내 마음속에 내재하게 됩니다. 천년을 살고 만년을 산다고 하더라도 깨달음에 대한 발심 없이 깨달음으로 한 발짝인들 다가설 수 있겠습니까? 그것은 그저 방황이고 헤매임이라 해야겠지요.

초발심이라고 했을 때, '처음'이라는 말이 주는 느낌이 미숙하거나 부족한 의미로 받아들이기가 쉬어서 처음이 곧 궁극이라는 의미가 와 닿지 않는 것 같은 생각이 듭니다. 그러나 '맨 처음'이라고 할 때 그것은 단계나 시간적 의미이기도 하겠지만, 근원성이나 본래성의 의미가 함축되어있지요.

이통현 장자에 의하면 처음 보리심을 낸 보살이 최초로 여래 지혜의 종성(種性) 가문에 태어날 때 지혜의 아는 바가 부처님과 다르지 않은 것이며, 삼세 시겁(時劫)의 늦고 빠름이 없다는 그 견해가 부처님과 다르지 않은 것이며, 지락(志樂)이 광대해서 중생을 교화하는 것이 부처님과 다르지 않은 것이며, 초발심부터 여래의 일체지의 수레를 타고 찰나를 벗어나지 않고 등정각을 이루어 중생을 교화하는 것이 부처님과 다르지 않은 것이라고 했습니다. 따라서 초발심 보살이 부처님의 대지혜의 흐름 속에 겨우 들어갔다 하더라도 부처님의 공덕과 같기 때문에 처음 들어가는 것과 마지막의 궁극이 시기의 늦고 빠름이 없는 것입니다. 또 지혜가 하나이기 때문에 중생을 맹세코 제도하여 모두 성불하도록 하는 뜻과 원이 동등하기 때문입니다. 이와 같은 이통현 장자의 그 진술들을 숙고한다면 초발심보살이 그토록 찬사를 받는 이유가 납득이 되리라 생각합니다.

초발심보살의 공덕이 큼을 말하기 위해서 경문에서는 온갖 비유를 들어 비교하고 있습니다. 이 때 제석천왕은 그들의 공덕은 오직 부처님만이 아실 것이라고 말하고 있는데, 이 경문을 읽으니 쉽게 판단하고 남의 공덕을 함부로 평가한 경솔함을 반성하게 합니다.

우리가 내리는 판단은 결국 자기식의 판단일 뿐입니다. 크다는 것은 작은 것에 비하여 큰 것이고, 적다는 것은 많은 것에 비해 적은 것이지요. 사람을 평가할 때도 그 기준은 자기 가치관에 따라 하게 됩니다. 내가 좋다고 생각한 것이 다른 사람이 보는 관점에서는 나쁜 점일 수도 있고, 내가 부정적으로 비평하는 부분도 다른 사람이 볼 때는 긍정적으로 인정하는 경우도 있지요. 결국 내 마음에 드는지 들지 않는지에 따라 상대를 평가하는 오류를 범하게 되는 것입니다.

우리는 어떤 일을 당하게 되면 우선 평가하려 드는 때가 많습니다. 그의 인간적인 모습을 보려고 하기보다 잘잘못을 따져서 그를 평가하거나, 경우에 따라서는 잘된 점은 인정하지 않고 잘못된 점만을 꼬집어 평가하는 때도 많습니다. 평가하지 않고 있는 그대로의 모습을 볼 수 있는 사람은 참으로 성숙한 사람일 것입니다. 이것이 진정한 평가입니다. 살아있는 존재는 의식적으로든 무의식적으로든 가치를 평가하고 판단하려는 욕구를 그 본성으로 지니고 있습니다. 그것이 도덕적 판단이든 미적 판단이든 종교적 수행에 있어서 바른 길과 그릇된 길에 대한 지혜로운 판단이든 우리는 가치판단을 떠나서는 어떤 선택도 결단도 불가능 합니다. 여기서 말하는 평가와 판단이란 인간의 실존이나 사물에 대한 그릇된 편견을 경계하고 있지요. 판단하지 말고 판단을 유보하는 것이 더 현명할 때가 많습니다. 평등하고 청정한 마음의 지혜가 회복될 때까지 기다려야 합니다. 판단하지 않는 판단, 평가하지 않는 평가라고 표현할 수 있습니다. 그렇지만 일상적인 삶에서는 우리의 사회가 경쟁을 부추기고 능력에 따라 대접을 달리하는 풍토가 만연하다보니, 성공을 위해서라면 남의 약점을 파헤치고 없는 잘못도 만들어 헐뜯고 뒤집어씌우는 경우까지 있습니다.

나는 과연 남을 판단할만한 자격을 갖추었을까요? 법혜보살이 제석천에게 훌륭한 공덕을 갖춘 어떤 사람의 예를 들면서 그의 공덕이 얼마나 큰지에 대해서 어떻게 생각하는지 물었을 때, 제석천은 선불리 크다 혹은 적다라는 판단을 내리지 않습니다. 오직 부처님만이 아실 것이라고 대답하고 있지요. 참으로 겸손한 태도입니다. 저라면 아마도 판단하고 싶은 유혹을 느꼈을 것입니다.

『화엄경』에는 설법하는 보살들도 부처님의 가피를 입어 부처님의 위신력으로 연설하고 있습니다. 대보살이라 하더라도 자신의 기준으로 말하는 것이 아니라 불법에 의지해서 말하고 있음을 나타내는 겸손한 표현이지요. 앞의 경문도 자칫 자기기만이나 오만에 빠질 우려가 있는 우리를 깨우치시려는 대목일 것입니다. 누구도 판단하지 마십시오. 타자에 대한 판단으로 자기 자신이 판단 받게 됩니다. 자기의 잣대로 다른 사람을 재고 평가절하 하는 일이 없도록 해야 합니다.

경문에서 어떤 사람이 성문사과(聲聞四果)에 이르도록 가르치고 벽지불도(辟支佛道)에 머물도록 가르쳤다고 해도 이런 사람의 공덕보다 초발심의 공덕이 더 크다고 했습니다. 성문이나 연각의 지위도 무수억겁을 통하여 얻을 수 있는 지위일텐데, 초발심의 공덕은 그보다 더 훌륭하다는 것이 놀랍습니다.

그렇습니다. 십선도(十善道)를 닦게 하고, 사선(四禪)에 머물게 하며, 사무량심(四無量心)과 사무색정(四無色定)에 머물게 하고, 나아가 성문(聲聞, Śrāvaka)과 연각(緣覺, Pratyeka-buddha)에 머물게 하였더라도 그 모든 공덕보다 초발심의 공덕이 크다고 하셨습니다.

성문(聲聞)이란 사성제(四聖諦, catur-ārya-satya)의 이치를 깨달아 아라한(阿羅漢, Arhan)이 되기를 이상으로 하는 불도 수행자를 말합니다. 이는 4단계의 지위가 있는데, 그 첫째 지위는 수다원(須陀洹, srotāpanna)으로 범부의 자리를 벗어나 성인의 지위에 들어간다고 해서 입류(入流)·예류(預流)·역류(逆流)라고 하지요. 둘째 지위는 사다함(斯陀含, sakṛd-āgāmin)인데 일래(一來)라고 번역합니다. 비록 욕계의 미혹을 끊었지만 나머지를 끊지 못하였으므로 다시 한번 욕계에 환생하여 깨닫게 되는 자라는 뜻으로 원어를 직역하면 '한번 오는 것'이라는 의미로 일왕래과(一往來果)라고도 하지요. 세번째 지위는 아나함(阿那含, Anāgāmin)으로 불환(不還)·불래(不來)라 번역합니다. 사다함과에서 남은 미혹을 모두 끊고 욕계(欲界)에서 죽게 되면 색계(色界)·무색계(無色界)에 태어나 번뇌가 없어져서 다시는 욕계로 돌아오지 않는다는 뜻입니다. 네번째 지위는 '아라한(阿羅漢, Arhan)'으로 줄여서 나한(羅漢)으로 쓰기도 합니다. 소승의 교법을 수행하는 성문(聲聞) 4과의 가장 윗자리로 삼계의 견혹을 모두 끊고 공양과 존경을 받을 수 있는 지위라고 해서 응공(應供)·불생(不生)·이악(離惡)이라 번역하기도 합니다. 연각(緣覺) 즉 벽지불은 독각(獨覺)이라 하여 12인연을 관하여 깨달은 이를 말합니다.

그러나 이통현 장자는 『신화엄경론』에서 아라한과 벽지불은 다만 세간을 벗어남만 기뻐하고, 무명이 본래로부터 이미 온 부동지불임을 깨닫지 못하고 있다고 지적합니다. 그렇지만 대승의 가르침에서는 초발심 때에 근본무명이 바로 근본무분별지임을 요달(了達)하고, 겨우 발심한 보살이라도 능히 시방에 몸을 나타내 성불할 수 있다고 하였습니다. 이는 초발심 때에 여래의 부사의일체지승(不思議一切智乘)을 타고 부처님의 종지(種智)를 얻어 여래 법계의 집안에 태어나 부처님의 지혜와 대자비의 힘을 얻게 되기 때문에 능히 성불하게 되는 것이라고 하였습니다.

그만큼 깨달음을 향한 마음이 자신을 위한 것인가, 나와 남이 더불어 깨닫기를 원하는 것인가에 따라 공덕이 엄청나게 다르다는 가르침을 주고 있습니다. 경문에서 초발심 보살의 공덕이 큰 것은 바로 성문연각의 도를 얻기 위해 보리심을 내는 것이 아니라 여래의 종성이 끊어지지 않기 위해, 일체 세계의 중생을 제도하여 해탈케 하기 위해, 일체중생의 삼세 지혜를 알기 위해서라는 것만 보아도 알 수 있습니다. 경문에서 이토록 초발심의 중요성을 강조하는 것은 중생들에게 초발심을 내도록 인도하고, 무명의 늪에서 허우적거리며 절망하고 있는 중생들에게 희망을 주기 위한 가르침이라고도 할 수 있겠지요.

보살이 보리심을 내는 것은 일체세계의 성품이 청정함을 알기 위함이라고도 하였습니다. 지금까지 저는 저 자신이 더욱 청정해야겠다는 생각만 하였는데, 보살은 모든 세계가 다 그 성품이 청정함을 알려고 한다는 경문을 읽고 저 자신에게 매어있는 좁은 소견을 돌아보게 됩니다.

투사 없이 편견 없이 사람을 대하고 세계를 볼 수 있다면, 그 성품의 본성을 있는 그대로 보게 되는 것이겠지요. 그러나 중생계에 처한 많은 사람들은 다른 사람을 대할 때 이해득실을 따지게 되고, 자기 기준에 따라 좋게도 혹은 나쁘게도 평가하고 있습니다. '제 눈에 안경'이라는 말이 있지요? 안경에 잡티가 있거나 색이 들어있으면 사물을 제대로 볼 수가 없습니다. 시력이 약해 눈이 나쁘면 자신이 보는 만큼 사물을 이해하게 되지요.

여러분들은 무학대사가 이성계에게 말한 '돼지의 눈에는 돼지가 보이고, 부처의 눈에는 부처가 보인다.'는 유명한 고사를 알고 있을 것입니다. 자신이 청정하지 못하면 남의 청정함을 볼 수가 없고, 중생의 자성의 청정함을 볼 줄 아는 사람이 자기본성의 청정함도 깨달을 수 있게 됩니다. 자성의 청정함을 보지 못한 사람은 더러움도 제대로 본 것이 아닙니다. 참으로 깨끗하고 투명한 불성을 보고 그 위에 때 묻은 얼룩을 본다면, 연민과 자비심이 우러나오게 됩니다. 본래 성품은 참으로 깨끗한 것인데 왜 저렇게 왜곡되었을까, 저리도 파괴되었을까를 생각하면 도저히 그를 미워할 수가 없는 것입니다.

발심한다는 것이 참으로 어렵기도 하겠지만 그 마음을 조금도 변치 않고 한결같이 한다는 것은 더욱 어려운 일일 것 같습니다. 한 순간 마음을 내었더라도 금방 흐트러지고 변하기 쉬운 저의 마음을 생각해볼 때 세속에 살면서 변함없는 보리심을 갖는다는 것은 말처럼 쉬운 일이 아니라고 여겨집니다.

발심이란 세속의 생활을 떠난 특별한 마음이 아닙니다. 일상생활이 그대로 수행의 장이 되고 평상심이 그대로 구도적인 마음이 되어야 하는 것이지요. 만약 일상을 떠나 어떤 특별한 마음을 가진다고 한다면 발심한다는 것도 무리지만 그것을 유지한다는 것은 거의 불가능한 일이겠지요.

많은 수도자들은 번거로운 세속을 떠나 고요한 숲속으로 갑니다. 그것은 번뇌 망상을 일으키는 환경으로부터 격리되어 속히 깨달음의 경지에 도달하려는 결단인 것이지요. 그러나 세속의 인연을 떠났다고 해서 번민이나 고통이 없는 것은 아닙니다. 잡다한 인간관계에서 오는 번거로움은 적을지 몰라도 자기 내면에서 끊임없이 요동치는 탐·진·치의 거센 물결을 잠재우기란 쉬운 일이 아닙니다. 그 과정에서 뼈를 깎는 고행을 하기도 하지요.

재가자들은 가족이나 직업을 떠나는 것은 아니더라도 마음으로 출가를 해야 합니다. 관계 속에 있으면서 관계에 얽매이지 않고, 물질적 사물들 속에 있으면서 탐심을 갖지 않게 되면, 세속을 떠난 어떤 수도자보다 훌륭한 수행이 될 것입니다. 출가 수행자가 산속에서는 고요한 마음을 가질 수 있었는데, 세속에 들어와서는 흔들리게 된다면 그것은 진정한 평화가 아닐 것입니다. 출가자들이 혹독한 외로움과 자기와의 싸움에서 이기기 위해 고행한다면, 재가자들은 세속의 수많은 유혹과 어지러운 관계에서 오는 분노나 적개심 그리고 어리석은 자기의 무지로부터 벗어나고자 하는 노력 그 자체가 바로 고행이라고 할 수 있겠지요. 산 속에서만 수행을 할 수 있는 것이 아닙니다. 재가자들이 매 순간 경험하는 갈등과 생업의 수고로움을 수행의 과정으로 전환할 수 있다면 삶의 현장은 그대로 도량이 되는 것이겠지요.

발심하는 것은 순간의 마음일 수 있어도 발심하기까지에는 오랜 인연이 무르익은 결과라 할 수 있습니다. 또한 그 발심이 깨달음의 경지에 이르기까지 끊임없이 새롭게 발심하고 또 발심해야하는 것입니다. 진실로 원하는 것이 무엇인지 자신을 들여다보십시오. 진실로 성취하고자 하는 것이 있다면 그것을 이루고자하는 마음이 일어나는 것은 지극히 당연한 일일 것입니다. 그 마음이 한번 스쳐가듯 일어났다 스러지는 것이 아니라, 온 마음을 다 차지하며 그것을 성취할 때까지 내고 또 새로 내어 계속 변함이 없으면 결국 소망을 이루게 되는 것입니다. 구도자에게 그토록 이루고 싶은 소망은 위로는 깨달음을 구하는 것이고, 아래로는 중생을 제도하는 일이므로 그와 같은 마음을 내는 것을 발심이라 하는 것입니다.

이슬람교도들은 기도를 하더라도 메카를 향하고, 죽어서 무덤의 방향조차도 메카를 향한다고 합니다. 물론 그것이 경직되거나 편협된 사고로 전락해서는 안 되겠지만, 늘 한결같은 마음을 가지고 지향한다는 의미로 받아들인다면 불교에서 말하는 구도자의 발심과 다르지 않겠지요. 발심은 특별한 사람이나 특별한 장소에서만 가능한 것이 아닙니다. 여러분이 서 있는 그 자리가 바로 발심할 수 있는 최상의 장소가 될 수 있을 것입니다.

보살은 발심하되 자신의 이익을 구하려는 것이 아니라 중생의 마음과 행을 모두 알고 그들을 해탈시키고자 발심한다고 합니다. 시각이 늘 내 문제와 내 가족 문제에 고정되어 있는 저로서는 참으로 아득한 바람이라는 생각이 듭니다.

누구든 자기의 시각으로 사물을 봅니다. 그것도 자신이 선 자리에서 앞을 볼 수밖에 없습니다. 종종 옆이나 뒤를 놓치게 되는 이유도 거기에 있습니다. 복잡한 도시에 섞여있을 때와 높은 산 위에 올라서서 도심을 바라보는 감회는 사뭇 다르게 느껴지지요. 비행기를 타고 창공을 날면서 육지를 내려다보면 까마득히 멀어지는 삶의 터전이 그 속에 있을 때와는 전혀 다른 모습으로 가슴에 와 닿습니다.

심지어는 자신의 모습인데도 뒷모습은 생소하고 낯설게 느껴지는 경우가 있습니다. 거울에 비춰진 화장한 얼굴과 잘 차려입고 나설 때의 정돈된 내 모습이 전부인 줄 알다가 좀처럼 볼 기회가 없는 나의 뒷모습에 놀라고 실망하는 사람도 있습니다. 어떤 사람은 정수리 부분에 머리카락이 많이 빠져서 옆머리를 간신히 끌어올려 가리고 있었는데, 어느 날 위에서 찍힌 사진에서 어느 정도 결점을 보완한 앞모습과는 전혀 다른 자신의 모습에 놀라서 충격을 받았다고 합니다. 남들은 위에서 뒤에서 옆에서 자신의 모습을 보고 있는데 자신만이 앞에서 보는 자신의 모습이 전부인줄 착각하고 있었던 것이지요.

가족치료자인 새티어(Satir)는 가족간의 의사소통을 원활히 하기 위한 방법으로 키가 작은 아내에게 의자 위에 올라서서 남편과 비슷한 높이에서 대등하게 이야기하기를 권장하기도 합니다. 이것은 모든 인간이 자신의 위치에서 사고하는 한계를 극복하기 위한 작은 노력이라 할 수 있겠지요. 어린 자식에게 부모가 엄청난 크기로 비치고, 어린 학생에게 학교 운동장이 어마어마한 넓이로 느껴지는 것은 다 자신의 눈으로 사물을 보기 때문이지요. 성장한 후에 부모도 인간적인 결점을 가진 사람이었음을 발견하게 되고, 어릴적 뛰놀던 운동장이 어이없게도 작고 초라한 것임을 느껴보지 못한 사람은 없을 것입니다.

자신이 굳게 믿고 있었던 그 무엇이 단지 자신의 시각에서 보는 자신만의 편견이라면 그 때문에 상처받는 사람이 얼마나 많을지 생각해볼 일입니다. 더러는 보이는 만큼만 보는 것이 아니라 왜곡되고 변질되어 자기와 남까지도 다치게 하는 경우가 있습니다. 화엄에서는 보살이 어떤 편견도 없이 있는 그대로의 모습을 볼 수 있도록 가르치며, 또한 나아가 보리심을 내어 자신에게 초점을 두었던 시선을 일체 중생에게 돌리도록 가르치고 있습니다. 그렇게 되었을 때 보살이 한 가지를 보아도 전체를 보는 것과 다름이 없는 경지가 되는 것이지요. 일즉일체이니까요.

경전을 읽다보면 특별히 마음에 와 닿는 구절이 있습니다. 또 같은 구절이라도 다시 읽으면 전과 다른 느낌으로 와 닿을 때도 있어요. 그 때마다 이 구절이 내게 무슨 말을 하고 있는가를 생각하게 됩니다.

그것이 왜 다가오는가를 통찰하면 큰 깨달음을 얻을 수 있습니다. 무심코 지나치며 읽은 책 한 구절이 내 삶을 바꾸어 놓은 계기가 되는 경우가 있습니다. 또 내가 읽고 감명을 받은 책이 다른 사람에게는 아무 감동도 줄 수 없는 경우도 있습니다. 특히 내 마음에 다가오는 그 문장은 무의식 속에 잠자던 내 마음의 어떤 부분과 밀접한 관계를 가지고 있기 때문이라고 할 수 있습니다.

수행에 매진하던 젊은 날, 『금강경』 한 구절을 읽고 크게 각성하는 계기가 되었던 적이 있었습니다. 그 경구는 '凡所有相皆是虛妄若見諸相非相卽見如來'라고 하는 사구게인데 형상이 있는 모든 것은 다 허망하므로, 만약 형상에 집착하지 않는다면 곧 바로 여래를 볼 수 있으리라는 의미입니다. 보시도 계율에도 항상 청정해야한다는 의식이 강박적으로 나를 짓누르고 있을 때 형상에 집착하지 말라는 부처님의 말씀이 크게 가슴에 와 닿았던 것이지요.

마찬가지로 경 구절을 읽으면서 어떤 감동이 있으면, 그저 '참 좋은 문장이구나.'라고 지나쳐버리지 말고 다른 문장보다 특히 이 문장이 더 크게 내 마음에 다가오는 이유가 무엇인지 자신을 들여다보십시오. 어쩌면 그 문장의 의미와 내용과의 일치를 간절히 원하기 때문일 수도 있고, 그렇지 못한 자신을 반성하기 때문이기도 하겠지요. 원한다는 것은 바로 부족하다는 의미이지요. 위로를 받는다는 것은 아프다는 의미이지요.

이와 같이 경문을 읽는 것은 바로 자신을 발견하는 계기가 됩니다. 아프다고 할 때, 막연히 몸이 아프다가 아니라 어디가 어떻게 아프다는 것을 알아야 거기에 알맞은 약을 쓸 수 있습니다. 물이 흔해도 목마를 때 한 모금의 물이 생명수가 되는 것입니다. 마음을 닫고 입으로만 외는 경문은 백날 읽어도 소용이 없습니다. 단 한 문장이라도 자기를 느끼고 발견하고 성숙하게 하는 계기가 된다면, 그 때야말로 경을 통해 스승을 만나고 부처를 만나게 되는 것이겠지요. 부처님께서는 누구에게나 불성이 있다고 하셨습니다. 그러나 그 불성이 발현하기에는 어떤 상황을 만남으로써 가능한 것입니다. 여러분들은 바로 경을 온 마음으로 읽고 겸허한 마음으로 자신을 직시한다면 깨달음의 기회를 만나게 될지도 모릅니다.

발심한 보살은 모든 세계의 악도의 고통을 없앨 수 있다고 합니다. 악도라고 말하면 보통 지옥 아귀 축생 세 갈래를 삼악도라 하는데 예전에는 우리

사는 이곳은 인간계이니까 어떤 잘못을 저지르게 되면 죽어서 이곳과는 다른 악도에 태어나서 고통을 받는 것이라고 생각했습니다. 그런데 요즘 생각해보면 지옥세계가 물리적인 장소를 달리하는 특별한 어떤 곳이라기보다 내 마음에 고통이 있으면 그곳이 바로 지옥이요, 한 마음 바꾸어 깨달음을 얻으면 그곳이 바로 천상이라는 생각이 듭니다. 저는 아버지께서 갑작스럽게 돌아가신 충격 때문에 좀처럼 마음의 안정을 회복하기가 힘이 드는데 발심하는 것으로 악도의 고통까지 없앨 수 있다니 그러한 경지에 이르기를 간절히 소망하게 됩니다.

만약 눈에 가시가 박혔다면 얼마나 고통스럽고 답답할까요? 온통 그 가시를 뽑아낼 생각으로 가득하게 될 것입니다. 그러나 사람들은 남의 눈에 티끌은 보면서도 자기 눈의 들보도 보지 못하는 경우가 많습니다. 그러면서도 답답하지도 않고 고통스럽지 않으니 빼내야겠다는 의지도 없지요. 이미 어떤 일이 나를 아프게 한다는 것을 아는 사람은 참으로 현명한 사람입니다. 그리고 그 고통에서 빠져나올 수 있는 기회를 찾게 될 것입니다.

대부분의 경우 자기의 사고의 틀에 갇혀버리는 경우가 많습니다. 또한 욕심이라는 덫에 걸려 끝없이 집착하며 자신을 옭아매는 경우가 많습니다. 결국 스스로 감옥을 만드는 것이지요. 때로는 과거가 감옥이 될 수도 있고, 위에서 말한 것처럼 가족의 죽음이라는 충격적인 사건이 나를 고통스럽게 하는 하나의 감옥이 될 수 있지요. 그러나 그 감옥 속의 고통이 결코 허망한 것은 아닙니다. 갇혀본 사람만이 자유의 소중함을 절감하기 때문이지요. 그리고 고통으로 신음하고 있는 다른 많은 사람의 고통을 공감할 수 있지요. 무엇보다 그곳에서 벗어나고자 하는 노력을 하게 되고 감옥에 갇힌 다른 사람들도 구출해주고자 하는 자비심이 일어날테니까요. 자비심이란 원래 우리가 가지고 있는 본성이지만 고통을 겪고 있는 사람을 만나게 됨으로써 비로소 깨어나게 되는 것이지요.

가까운 사람, 특히 예상치 못한 부모의 죽음을 맞이할 때 참으로 받아들이기 힘들 것입니다. 자식은 대개 부모에 대해서 의존적인 관계에 있기 때문에 원하지 않게 그 연결고리가 끊어졌을 때 상실감에서 오는 우울감과 더러는 죄책감에 빠지면서 새로운 감옥에 갇혀버리는 경우가 있습니다. 그러나 거의 모든 종교에서는 사람이 육체를 벗었다고 해서 끝이라고 생각하지 않습니다. 불교에서는 윤회의 방식으로 존재하고 있다고 믿고 있지요.

살아남은 사람이 돌아가신 분을 위해 할 수 있는 일이라면 성실하게 살면서 돌아가신 분의 선한 마음이 나를 통해서 실현될 수 있도록 하는 것이라 생각합니다. 만약 그 분이 깨달음을 얻고자 구도의 길을 걸어오신 분이라면 내가 깨달음을 향해 정진함으로써 슬픔과 고통을 선한 의지로 전환시킬 수 있을 것입니다. 죽으면 그만일 것이라는 생각을 버려야합니다. 열반에 드는 성불의 경지에 이르기 전에는 어떤 존재방식으로든 살아있습니다. 영혼조차도 이고득락(離苦得樂)하기를, 왕생극락(往生極樂)하기를, 부디 성불(成佛)하기를 기원하는 마음을 가짐으로써 자신도 감옥에서 벗어나고 돌아가신 분도 구도의 길을 계속 갈 수 있도록 돕는 일이 될 것입니다.

발심으로 업과 번뇌를 다 끊을 수 있다고 하신 부처님의 가르침을 읽고 보니, 보살의 길을 가겠다고 서원한 저는 이미 발심했다고 생각했는데 아직 발심조차 못한 것이라는 반성을 하게 됩니다.

발심의 위력, 발심의 공덕이 그토록 크다는 말이지요. 발심이란 생각으로 이루어지는 것이 아닙니다. 물론 처음에는 의지로 발심하고자 하는 뜻을 가지게 되지요. 이성적으로 사유하고 의지로 마음을 열게 되는 과정을 겪게 됩니다. 여러분들도 경전을 읽으니 참으로 발심이란 중요한 것이구나 하는 생각이 들면서 나도 그렇게 해야겠다는 의지와 결단이 생기게 되지요. 처음 출발은 대체로 의지와 결단으로 시작하는 것이 당연한 일이겠지요. 계속되는 시도와 거듭되는 발심이야말로 진정한 온 몸과 마음에서 우러나오는 진정한 발심으로 나아가게 됩니다.

깨달음도 보통 해오(解悟)와 증오(證悟)의 두 단계로 나누고 있습니다. 해오라고 하면 먼저 깨닫고 뒤에 닦는 것을 말하고, 증오라고 하면 먼저 닦고 뒤에 깨닫는 것을 말합니다. 경전 등을 읽고 이성이나 지성을 통해 깨달음을 얻는 것을 해오라고 하는데, 증오를 중시하는 측에서는 자(字)를 알고 경을 보아서는 증오하지 못한다고 하여 해오를 낮추어보는 선사들도 있습니다. 그러나 교선일치를 주장하였던 중국의 종밀선사나 우리나라의 지눌대사께서는 '교는 부처님의 말씀이고, 선은 부처님의 마음'이라고 하면서 정혜쌍수(定慧雙修)를 강조하셨습니다. 교(敎)만 쫒아 지식으로 진리의 세계를 이해하려고 하거나 선(禪)만 중시하여 경전을 도외시하는 수행자를 꾸짖는 말씀인 것이지요.

정(定)과 혜(慧)를 아울러 닦아야 함을 주장하신 지눌대사는 적적(寂寂)에만 편중하거나 성성(惺惺)에만 편중하는 것을 경계하시면서 어느 한 쪽에만 치우치는 것은 참다운 수행이 아니라고 하셨습니다. 그러면서 『수심결(修心訣)』에서 하근기들은 수상정혜(隨相定慧)하여 차츰 닦아나가는 점수(漸修)를 권하셨고, 상근기들은 자성정혜(自

性定慧) 하여 돈오(頓悟)하도록 가르치셨지요. 북종(北宗)의 신수(神秀)는 점수를 중시하였고 남종(南宗)의 혜능은 돈오를 중시하여, 오늘날까지 수행자들 사이에는 점수다 돈오다 하여 논란이 계속되고 있지만 그 어느 것도 깨달음을 향한 근기에 따른 방편이라 할 것입니다.

모든 구도자들이 깊은 수행을 통하여 반야의 지혜로써 진리를 증득하여 깨달음에 이르기까지에는 해오의 과정을 결코 무시할 수 없는 것입니다. 우리가 경전을 공부하는 것 또한 부처님의 말씀을 통하여 깨달음을 얻기 위한 것이기도 하지요. 불교에서 구도자들이 깨달음을 얻기 위해 참선수행을 하는 것처럼, 가톨릭교회에서도 묵상(meditation)이나 관상(contemplation)기도를 합니다. 이때 묵상기도란 사고력, 상상력, 감정, 의욕을 모두 동원하는 탐색적인 기도입니다. 묵상의 목적은 삶의 현실에 비추어 고찰한 주제를 신앙을 통해 우리 것으로 만드는 것이지요. 관상기도는 침묵입니다. 기도의 신비를 단순하게 나타내는 기도이지요. 이 기도는 예수님께 신앙의 눈길을 고정시켜, 하느님의 말씀을 경청하고 관상기도를 통해 우리가 그리스도의 신비에 참여하는 만큼, 그리스도의 기도와 합쳐지게 되는 것이지요. 온전한 무아의 경지, 오롯한 삼매의 경지에 들기 위해서는 그 시작의 단계에서 의지적인 결단이 필요한 것이지요.

발심 역시 마찬가지입니다. 진정한 발심은 바로 깨달음과 통하는 것이지만, 그것이 온전한 것이 되기 위해서는 이성적이고 의지적인 발심이 그 시작이 되는 것은 당연한 일일 것입니다. 거듭 발심하여 번뇌를 벗고 업장을 벗게 되면 결국 본래성(本來性)에 도달하게 되는 것입니다.

제18. 명법품(明法品)

요약

이 품에서는 초발심 보살이 행해야 할 실천행을 설하면서 앞의 다섯 품에서 설한 법문의 내용을 보다 구체적으로 밝히고 있다.

정진혜보살은 부처님의 가르침을 어떻게 닦아야하는지를 법혜보살에게 묻는데, 법혜보살은 불방일, 즉 부지런히 노력하라고 대답하고 있다. 보살이 쉬지 않고 꾸준히 정진하는 불방일의 행을 실천하도록 권하면서 불방일에 근거하여 자리이타의 행을 온전하게 해야 한다고 했다.

또 십바라밀로 보살행을 청정하게 해야 한다고 강조하고 있다. 십바라밀은 십행과 십지에서도 다루고 있는데, 이것은 『화엄경』의 보살행 전체를 십바라밀로 묶어 요약할 수 있다. 십바라밀은 보시바라밀, 지계바라밀, 인욕바라밀, 정진바라밀, 선정바라밀, 지혜바라밀, 방편바라밀, 원바라밀, 력바라밀, 지바라밀이다.

정진혜보살이 법혜보살에게 법을 묻다

이 때 정진혜보살이 법혜보살에게 물었습니다. … "저 보살들이 부처님의 가르침 가운데에서 어떻게 닦아야 여래들께서 모두 환희심을 내게 하고, 보살들의 머무는 곳에 들어가며, 모든 큰 행이 다 청정함을 얻으며, 큰 서원을 만족하게 하며, 보살들의 광대한 보고(寶庫)를 얻으며, 필요에 따라 알맞은 몸을 나타내어 항상 설법하고, 그러면서도 *바라밀다의 행을 버리지 않고, 중생들을 보살피어 모두 해탈케 하며, *삼보의 종성을 이어 끊어지지 않게 하며, 선근과 방편이 모두 헛되지 않게 되겠습니까? 불자여, 저 보살들이 어떤 방편을 써야 이 법을 원만하게 얻을 수 있게 될 것인지 불쌍히 여기는 마음으로 저에게 말씀해 주십시오. 여기 모인 이들이 모두 듣고 싶어 합니다."

爾時 精進慧菩薩 白法慧菩薩言 … 彼諸菩薩 於佛教中 云何修習 令諸如來 皆生歡喜, 入諸菩薩所住之處, 一切大行 皆得淸淨, 所有大願 悉使滿足, 獲諸菩薩廣大之藏, 隨所*應化 常爲說法, 而恒不捨波羅蜜行, 所念衆生 咸令得度, 紹三寶種 使不斷絶, 善根方便 皆悉不虛. 佛子 彼諸菩薩 以何方便 能令此法 當得圓滿 願垂哀愍 爲我宣說. 此諸大會 靡不樂聞.

[한자풀이]
紹:이을 소, 잇다, 받다 靡:아닐 미

THEN THE ENLIGHTENING BEING Vigorous Wisdom said to the enlightening being Truth Wisdom … "how should those enlightening beings practice the Buddha-teachings so as to cause all the Enlightened Ones joy, enter the abode of all enlightening beings, attain purity of all great actions, fulfill all great vows, obtain the vast treasuries of enlightening beings, always teach according to necessity and potential for edification without ever giving up the transcending practices, cause all sentient beings under their care to attain deliverance, and continue the lineage of the three treasure unbroken, that their good roots and adaptive skills not be wasted? O Child of Buddha, by what techniques can they cause these things to be fulfilled? Please extend your compassion to explain for us—everyone in this assembly wants to hear."

[주]

*응화: 應化, Ⓢnirmita, 응현(應現), 불・보살이 여러 가지 근성(根性)에 대하여, 각기 상응한 몸을 나타내어 이해할 수 있는 교법을 말하여 교화함.

*바라밀다: 波羅蜜多, Ⓢprāmitā, ⓅPārami, 또는 바라밀(波羅蜜). 어원은 "최고의", "최상의"로 성취, 최상, 완성을 의미한다. 한역에서는 '도피안(到彼岸)', '도(度)'등으로 번역된다. 구경(究竟), 도피안(到彼岸), 보살의 대행(大行)을 말하는 것. 생사의 차안(此岸)에서 열반의 피안(彼岸)까지 가는 것이므로 도피안(到彼岸)이라 함. 바라밀의 여러 의미 때문에 의역하지 않고 바라밀 혹은 바라밀다라고 음역하는 것이 보통이다.

*삼보: 三寶, 佛寶・法寶・僧寶 ①불보-여러 부처님들, 깨달았다는 뜻 ②법보-부처님이 말씀한 교법, 모범 된다는 뜻. ③승보-교법대로 수행하는 이, 화합이라는 뜻. 보(寶)는 귀중하다는 뜻. 즉 삼보란 세 가지 보배라는 뜻으로 깨달음을 얻은 사람(佛)과 그 가르침(法)과 그것을 신봉하는 교단(僧)의 세 가지를 말한다. 이것은 불교를 구성하는 세 가지 중요한 요소이다. 삼보에 귀의하는 것은 불교도로서 기본적 조건이다. 이 셋은 다른 것으로서 보면 각각 별개의 것이지만 본질적으로는 하나라고도 생각할 수 있다.

법혜보살의 설법

이 때 법혜보살이 정진혜보살에게 말하였습니다. … "불자여, 보살마하살이 일체지를 얻을 마음을 내었으면, 마땅히 어리석음을 벗고 부지런히 수호하여 방일하지 않도록 해야 합니다. 불자여, 보살마하살이 열 가지 법에 머물면 *방일하지 않는 것이라 말할 수 있습니다. 열 가지란, 첫째 여러 가지 *계율을 보호하여 지키는 것, 둘째 어리석음을 벗어나 보리심을 깨끗이 하는 것, 셋째 소박하고 정직한 마음으로 아첨과 속임을 떠나는 것, 넷째 물러서지 않고 부지런히 선근을 닦는 것, 다섯째 자기가 발심한 것을 늘 생각하는 것, 여섯째 재가・출가의 모든 *범부를 가까이 하기를 즐기지 않는 것, 일곱째 여러 선한 업을 닦으면서도 세간의 *과보를 구하지 않는 것, 여덟째 이승(성문・연각)을 영원히 떠나 보살도를 행하는 것, 아홉째 온갖 선 닦기를 좋아하여 끊어지지 않게 하는 것, 열째 스스로 계속 이어나가는 힘을 항상 잘 관찰하는 것입니다. 불자여, 보살들이 만약 이 열 가지 법을 행한다면 이것이 곧 방일하지 않음에 머무는 것이라고 말할 것입니다."

爾時 法慧菩薩 告精進慧菩薩言 … 佛子 菩薩摩訶薩 已發一切智心, 應離癡闇 精勤守護 無令放逸. 佛子 菩薩摩訶薩 住十種法 名不放逸. 何者爲十, 一者 護持衆戒, 二者 遠離愚癡 淨菩提心, 三者 心樂質直 離諸諂誑, 四者 勤修善根 無有退轉, 五者 恒善思惟自所發心, 六者 不樂親近在家出家一切凡夫, 七者 修諸善業 而不願求世間果報, 八者 永離二乘 行菩薩道, 九者 樂修衆善 令不斷絶, 十者 恒善觀察自相續力. 佛子 若諸菩薩 行此十法 是則名爲住不放逸.

Then the enlightening being Truth Wisdom said to the enlightening being Vigorious wisdom … "Child of Buddha, once enlightening beings have developed the determination for omniscience, they should leave the darkness of ignorance and diligently guard themselves from indulgence and laxity. If enlightening beings abide by ten things, that is called nonindulgence: one is to keep the behavioral precepts; second is to abandon folly and purify the will for enlightenment; third is to like straightforwardness and reject flattery and deception; fourth is to earnestly cultivate virtues without regressing; fifth is to continually reflect on one's aspiration; sixth is not to enjoy association with ordinary people, whether they be householders or monks; seventh is to do good deeds without hoping for worldly rewards; eighth is to forever leave lesser vehicles and practice the path of enlightening beings; ninth is to gladly practice what is good, not letting goodness be cut off; tenth is to always examine one's own power of perseverance. If enlightening beings practice these then things, this is called abiding in nonindulgence."

[주]

*방일: 放逸, Ⓢpramāda, 심소(心所)의 이름. 대번뇌지법(大煩惱之法)의 하나. 인간으로서 해야 할 착한 일이나, 방지해야 할 악한 일을 뜻에 두지 아니하고, 방탕하고 함부로 하는 정신 작용을 말한다.

*계율: 戒律, Ⓢśīla-vinaya, Ⓟsīla-vinaya, 몸과 말과 뜻으로 말미암은 모든 악을 방지하기 위하여 불교에 귀의한 사람이 지켜야 할 행위규범. 계율은 계와 율의 복합어로, 원래 범어에서는 계(Ⓢśīla)와 율(Ⓢvinaya)을 서로 다른 뜻으로 사용하여 왔다. 계는 습관・관습・경향 등의 뜻이 있어서 좋은

습관이나 도덕적 행위라는 뜻으로 사용되었고, 인간의 몸과 마음을 조정하는 종교적·도덕적인 규범을 일컫는 것이었다. 곧 불교도이면 남녀와 출가 재가를 구별하지 않고 모두가 지켜야 할 행위규범이다. 이에 대하여 율은 제거·훈련·조복 등을 뜻하는 말로, 모든 그릇됨을 여의고 이상적인 세계로 선도해야 할 출가교단을 자체적으로 통제하는 규범이다. 따라서 공동체 생활을 영위하는 출가자를 통제하는 규범으로써 재가신도들이나 일반 사람들에게는 별로 관련되지 않는 것이다. 결국 계는 넓은 뜻으로 볼 때 불교 도덕이요, 율은 출가자를 위한 통제규칙으로 정의된다. 그러므로 계율이라는 용어 자체는 수행자 개인의 자발적인 의지의 측면인 계와 교단 통제를 위한 규범인 율이라는 이중적인 구조를 가지고 있으며, 자율적·동기주의적 규정과 타율적·결과주의적 규정이라는 전혀 다른 두 가지의 면이 공존하고 있다고 할 수 있다.

*범부: 凡夫, ⓈBalapṛthagjana, 평범한 사람. 도교(道教)에서는 세속의 사람을 범부라 하지만, 불교에서는 지혜가 얕고 우둔한 중생을 범부라 한다. 대승·소승을 막론하고 견도(見道) 이전으로 올바른 이치를 깨닫지 못한 이는 모두 범부이다.

*과보: 果報, Ⓢvipāka-phala, 15품 참고.

방일하지 않으면 열 가지 청정함을 얻게 됨

“불자여, 보살마하살이 방일하지 않는데 머물면 열 가지 청정함을 얻게 됩니다. 열 가지란 첫째 말한 대로 행하는 것, 둘째 생각과 지혜를 성취하는 것, 셋째 깊은 선정에 머물면서 마음이 가라앉거나 들뜨지 않는 것, 넷째 불법 구하는 것을 좋아하여 게을리 하지 않는 것, 다섯째 법을 들음에 있어 이치대로 관찰하여 오묘한 지혜를 충분히 갖추어 내는 것, 여섯째 깊은 선정에 들어가 부처님의 신통을 얻는 것, 일곱째 마음이 평등하여 높고 낮음이 없는 것, 여덟째 여러 중생들의 상 · 중 · 하 부류에 대하여 마음에 거리낌이 없고 마치 대지처럼 똑같이 이익을 주는 것, 아홉째 중생이거나 한 번 보리심 낸 이를 보더라도 스승처럼 그들을 존중하고 삼기는 것, 열째 계를 일러준 *화상(和尙)에서 *아사리까지 모든 보살이나 *선지식이나 *법사를 항상 존중하여 섬기고 공양하는 것입니다. 불자여, 이것을 이름 하여 보살이 방일하지 않는데 머무는 열 가지 청정이라고 합니다."

佛子 菩薩摩訶薩 住不放逸 得十種淸淨. 何者 爲十 一者 如說而行, 二者 念智成就, 三者 住於深定 不沈不擧, 四者 樂求佛法 無有懈息, 五者 隨所聞法如理觀察 具足出生巧妙智慧, 六者 入深禪定 得佛神通, 七者 其心平等 無有高下, 八者 於諸衆生上中下類 心無障碍 猶如大地 等作利益, 九者 若見衆生 乃至一發菩提之心 尊重承事 猶如和尙, 十者 於授戒和尙及阿闍梨 一切菩薩諸善知識法師之所 常生尊重 承事供養. 佛子 是名菩薩 住不放逸十種淸淨.

[한자풀이]

放:놓을 방　逸:달아날 일　闍:망루 도, 화장할 사

"When enlightening beings persist in nonindulgence, they attain ten kinds of purity: (1) acting in accord with what they say; (2) consummation of attention and discernment; (3) abiding in deep concentration without torpor or agitation; (4) gladly seeking Buddha-teachings without flagging; (5) contemplating the teachings heard according to reason, fully developing skillfully flexible knowledge; (6) entering deep meditation and attaining the psychic powers of Buddhas; (7) their minds are equanimous, without sense of high or low status; (8) in regard to superior, middling, and inferior types of beings, their minds are unobstructed, and like the earth, they benefit all equally; (9) if they see any beings and the one who have even once made the determination for enlightenment, they honor and serve them as teachers; (10) they always respect, serve, and support their preceptors and toturs, and all enlightening being, wise friends, and teachers. These are called the ten kinds of purity of enlightening beings persisting in nonindulgence."

[주]

*화상: 和尙, ⓈUpādhaya ⓅUpajjhāya가 그릇되어 준말로서 오사(烏社)·화사(和社)·화상(和上)이라고도 한다. 범어로 오파타야(鄔波馱耶)라 음역. 친교사(親敎師)·역생(力生)·의학(依學)·근송(近誦)이라 번역. 본래는 아사리와 함께 수계사(授戒師)인 스님을 말하는 것이나, 후세에는 덕이 높은 스님을 가리키는 말이 되었다.

*아사리: 阿闍梨, ⓈĀcārya 아기리(阿祈利)·아차리야(阿遮利夜·阿遮梨耶)라고도 쓰며, 교수(敎授)·궤범(軌範)·정행(正行)이라고 번역. 제자의 행위를 교정하며 그의 사범이 되어 지도하는 큰 스님. 아사리의 호는 <오분율(五分律)> 16에, 출가(出家)아사리·갈마아사리·교수아사리·수경아사리·의지아사리 등의 5종을 말한다. 불교에서는 제자를 교육하는 스승에 화상(和尙)과 아사리의 두 종류가 있다. 화상은 세속의 부모와 같이 제자의 생애를 통하여 거의 일정하고, 아사리는 학교의 교사와 같이 공부할 때의 스승이기 때문에 변할 수도 있다.

*선지식: 善知識, ⓈKalyāṇamitra, ↔ 악지식(惡知識). 지식(知識)·선우(善友)·친우(親友)·선친우(善親友)·승우(勝友)라고도 함. ①부처님이 말씀한 교법(敎法)을 말하여 다른 이로 하여금 고통 세계를 벗어나 이상경(理想境)에 이르게 하는 이. ②노·소, 남·녀, 귀·천을 가리지 않고, 모두 불

연(佛緣)을 맺게 하는 이.

*법사: 法師, Ⓢdharma-bhāṇaka, 불법에 정통하고, 청정한 행을 닦아서 세간의 모범이 되어 중생을 교화하는 스님. 우리나라에서는 흔히 법맥을 전해 준 스승을 말한다.

여러 지위에 빨리 들게 하는 열 가지 법

"불자여, 보살들로 하여금 여러 지위에 빨리 들게 하는 열 가지 법이 있습니다. 열 가지이란 첫째 복덕과 지혜의 두 가지 행을 원만하게 잘 하는 것, 둘째 바라밀다의 도를 크게 장엄할 수 있게 되는 것, 셋째 지혜를 통달하여 다른 이의 말을 따르지 않는 것, 넷째 선지식을 섬기어 항상 떠나지 않는 것, 다섯째 늘 정진하여 게으르지 않는 것, 여섯째 여래의 *신통한 힘에 잘 머무를 수 있게 되는 것, 일곱째 선근을 닦는데 피로하거나 권태로워 하지 않는 것, 여덟째 깊은 마음 밝은 지혜를 *대승법으로 장엄하는 것, 아홉째 지위마다의 법문에 마음이 머물지 않는 것, 열째 삼세 부처님의 선근 방편과 더불어 자체 성품을 똑같게 하는 것입니다. 불자여, 이 열 가지 법이 보살들로 하여금 모든 지위에 빨리 들어가게 합니다."

佛子 有十種法 令諸菩薩 速入諸地. 何等 爲十 一者 善巧圓滿福智二行, 二者 能大莊嚴波羅蜜道, 三者 智慧明達 不隨他語, 四者 承事善友 恒不捨離, 五者 常行精進 無有懈怠, 六者 善能安住如來神力, 七者 修諸善根 不生疲倦, 八者 深心利智 以大乘法 而自莊嚴, 九者 於地地法門 心無所住, 十者 與三世佛善根方便 同一體性. 佛子 此十種法 令諸菩薩 速入諸地.

[한자풀이]

懈:게으를 해 怠:게으름 태 倦:게으를 권, 피로하다 利:날카로울 리, 화하다, 통하다

"There are ten things which cause enlightening beings to quickly enter the stages: (1) skillfully fulfilling the twin practices of virtue and knowledge; (2) ability to greatly adorn the path of the transcendent practices; (3) knowledge clearly comprehending, not following others'words; (4) serving good friends never abandoning them; (5) always practicing perseverance, without laziness; (6) skillful ability to abide in the psychic powers of Buddhas; (7) cultivating roots of goodness without growing wearied; (8) with a deep mind and incisive knowledge, adorning oneself with the teaching of the Great Vehicle; (9) the mind not dwelling on the teachings of each stage; (10) being of the same essential nature as all Buddhas of all times in virtue and liberative means. These ten things cause enlightening beings to quickly enter the stages."

[주]

*신통력: 神通力, Ⓢvikurvā, ṛddhi, 우리 마음으로 헤아리기 어렵고, 생각할 수 없는 무애자재한 통력, 온갖 일에 통달하여 자유자재하게 작용할 수 있는 힘으로 불·보살 등에게 이러한 힘이 있다.

※육신통: 六神通, Ⓢsad-abhijnah, ①천안통(天眼通)-육안으로 볼 수 없는 것을 보는 신통 ②천이통(天耳通)-보통 귀로는 듣지 못할 음성을 듣는 신통 ③타심통(他心通)-다른 사람의 의사를 자재하게 아는 신통 ④숙명통(宿命通)-지나간 세상의 생사를 자재하게 아는 신통 ⑤신족통(神足通) 또는 여의통(如意通)-불가사의하게 경계를 변하여 나타내기도 하고 마음대

로 날아다니기도 하는 신통 ⑥누진통(漏盡通)-자재하게 번뇌를 끊는 힘

*대승: 大乘, Ⓢmahāyāna, 소승(小乘)에 대립되는 말. 승(乘)은 타는 것을 의미하는데, 중생을 태우고 깨달음의 세계로 운반한다는 뜻이다. 즉 탈 것이란 불도(佛道) 내지 부처님의 교리를 의미하며, 대승은 자리이타(自利利他)의 가르침을 교리로 하고 있어 큰 탈 것에 비유 하고, 소승은 자기 구제만 집착하고 타인의 제도는 돌보지 않는다 하여 대승교도 측에서 폄하하여 작은 수레에 비유하여 지칭한 용어이다.

보살행을 청정하게 하는 열 가지 법

"불자여, 보살들로 하여금 행하는 일이 청정하도록 하는 열 가지 법이 있습니다. 열 가지란 첫째 재물을 희사하여 중생의 뜻을 만족하게 하는 것, 둘째 계를 청정하게 지니어 어기지 않는 것, 셋째 부드러움과 인욕함이 다함없는 것, 넷째 부지런히 수행하여 영원히 물러서지 않는 것, 다섯째 바르게 생각하는 힘으로 마음이 미혹되고 혼란하지 않는 것, 여섯째 한량없는 법들을 분별하여 완전히 아는 것, 일곱째 일체의 행을 닦아 집착함이 없는 것, 여덟째 마음이 흔들림 없어 마치 산과 같은 것, 아홉째 중생들을 널리 제도하기를 다리(교량)와 같이 하는 것, 열째 모든 중생이 여래와 더불어 성품이 같은 줄을 아는 것입니다. 불자여, 이 열 가지 법이 보살들이 행하는 것을 청정하게 하는 것입니다."

佛子 有十種法 令諸菩薩 所行淸淨. 何等 爲十 一者 悉捨資財 滿衆生意, 二者 持戒淸淨 無所毁犯, 三者 柔和忍辱 無有窮盡, 四者 勤修諸行 永不退轉, 五者 以正念力 心無迷亂, 六者 分別了知無量諸法, 七者 修一

切行 而無所着, 八者 其心不動 猶如山王, 九者 廣度衆生 猶如橋梁, 十者 知一切衆生 與諸如來 同一體性. 佛子 是爲十法 令諸菩薩 所行淸淨.

[한자풀이]

毁:헐 훼, 상처를 입히다 犯:범할 범, 어긋나다, 해치다

"There are ten things which cause the practices of enlightening beings to be pure: (1) giving up all possessions to satisfy the wishes of sentient beings; (2) adhering to pure morality, not transgressing; (3) being inexhaustibly gentle and tolerant; (4) cultivating practices diligently without regressing; (5) being free from confusion and mental disturbance, through the power of correct mindfulness; (6) analyzing and comprehending the innumerable teachings; (7) cultivating all practices without attachment; (8) being mentally imperturbable, like a great mountain; (9) extensively liberating living beings, like a bridge; (10) knowing that all living beings are in essence the same as the Buddhas. These ten things make enlightening bings' practices pure."

보살의 열 가지 큰 서원

"불자여, 보살은 열 가지 청정한 *서원이 있습니다. 열 가지란 첫째 중생을 성숙시키는데 게으름이 없기를 원하는 것, 둘째 선한 일들을 갖추어 행하여 세계를 깨끗이 하기를 원하는 것, 셋째 여래를 받들어 섬기면서 항상 존중하기를 원하는 것, 넷째 정법을 보호해 지니면서 목숨을 아끼지 않기를 원하는 것, 다섯째 지혜로 관찰하여

여러 부처님 국토에 들어가기를 원하는 것, 여섯째 보살들과 더불어 성품이 동일하기를 원하는 것, 일곱째 여래의 문에 들어가 일체법을 통달하기를 원하는 것, 여덟째 보는 사람마다 믿음을 내어 모두 이로움 얻기를 원하는 것, 아홉째 미래 겁이 다하도록 신통한 힘이 세상에 머물기를 원하는 것, 열째 보현행을 갖추어 *일체종지의 문을 깨끗하게 하기를 원하는 것입니다. 불자여, 이것이 보살의 열 가지 청정한 서원입니다."

佛子 菩薩 有十種淸淨願. 何等 爲十 一 願成熟衆生 無有疲倦, 二 願具行衆善 淨諸世界, 三 願承事如來 常生尊重, 四 願護持正法 不惜軀命, 五 願以智觀察 入諸佛土, 六 願與諸菩薩 同一體性, 七 願入如來門 了一切法, 八 願見者生信 無不獲益, 九 願神力住世 盡未來劫, 十 願具普賢行 淨治一切種智之門. 佛子 是爲菩薩 十種淸淨願.

[한자풀이]

惜:아낄 석 軀:몸 구

"Enlightening beings have ten pure vows: (1) they vow to develop living beings to maturity, without wearying; (2) they vow to fully practice all virtues and purify all worlds; (3) they vow to serve the Enlightened, always engendering honor and respect; (4) they vow to keep and protect the true teaching, not begrudging their lives; (5) they vow to observe with wisdom and enter the lands of the Buddhas; (6) they vow to be of the same essence as all enlightening beings; (7) they vow to enter the door of realization of thusness and comprehend all things; (8) they vow that those who see them will develop faith and all be benefited; (9) they vow to stay in the world forever by spiritual power; (10) they vow to fulfill the practice of

Universal Good, and master the knowledge of all particulars and all ways of liberation. These are the ten pure vows of enlightening beings."

[주]

*서원: 誓願, Ⓢpraṇidhāna, 원래의 의미는 '기원한다', '맹세한다' 등의 의미이지만, 특히 대승불교에서는 보살이 스스로 깨달음을 얻고 또한 다른 중생(衆生)을 구제할 것을 맹세하거나 또는 소원하는 것을 말한다. 결정코 목적을 이루려고 맹세함. 불・보살에게는 반드시 총(總)서원・별(別)서원이 있으니. 총서원은 사홍서원(四弘誓願)으로 모든 불・보살이 다 일으키는 것이고, 별서원은 아미타불의 48원, 약사여래의 12원과 같이 한 부처님에게만 국한한 서원 임.

*일체종지(一切種智): Ⓢsarva-akara-jnata 3지(智)의 하나. 일체만법의 별상(別相)을 낱낱이 정밀하게 아는 지혜. 부처님의 지혜. 부분적 모양을 아는 지혜. 예를 들면 도화의 윤곽을 그리고 나서 농담(濃淡) 음영(陰影) 등을 그리는 것과 같은 것.

※3지: 도종지(道種智), 일체지(一切智), 일체종지(一切種智) ①도종지: 보살이 중생을 교화할 적에 세간・출세간・유루・무루의 도를 말하는 지혜 ②일체지: 모든 법의 총체적 모양을 아는 지혜. 예를 들면 도화의 윤곽을 그리는 것과 같은 것. ③일체종지 : 위와 같음.

서원을 만족하면 열 가지 무진장을 얻음

"불자여, 보살이 이러한 서원을 만족하면 곧바로 열 가지 *무진장(無盡藏)을 얻습니다. 열 가지란, 모든 부처님을 널리 뵈옵는 무진장과, 모두 지니어 잊지 않는 무진장과, 모든 법을 완전히 아는 무진장과, 크게 가엾이 여기는 마음으로 구호하는 무진장과, 갖가지 삼매 무진장과, 중생의 마음을 만족하는 넓고 큰 복덕의 무진장과, 온갖 법을 연설하는 깊고 깊은 지혜 무진장과, 신통의 과보를 얻는 무진장과, 무량한 겁에 머무는 무진장과, 그지없는 세계에 들어가는 무진장입니다. 불자여. 이것이 보살의 열 가지 무진장입니다."

佛子 菩薩 滿足如是願時 卽得十種無盡藏. 何等 爲十, 所謂普見諸佛無盡藏, 總持不忘無盡藏, 決了諸法無盡藏, 大悲救護無盡藏, 種種三昧無盡藏, 滿衆生心廣大福德無盡藏, 演一切法甚深智慧無盡藏, 報得神通無盡藏, 住無量劫無盡藏, 入無邊世界無盡藏. 佛子 是爲菩薩 十無盡藏.

"When enlightening beings fulfill such vows, they attain ten inexhaustible treasuries: perception of the Buddhas; perfect memory power; certain understanding of all the teachings; compassionate salvation; various states of concentration; extensive blessings and virtues satisfying the hearts of all beings; profound knowledge to expound all truths; spiritual powers gained as a consequence of practice; subsistence for immeasurable eons; entry into boundless worlds. These are enlightening beings' ten inexhaustible treasuries."

[주]

*무진장: 無盡藏, ①다함이 없는 재보를 가진 장(藏). 무진한 재물을 넣는 장(藏). ②다함이 없는 덕(德)을 지니고 있는 것.

보살이 열 가지 바라밀다를 잘 갖추어 장엄함

"보살이 이와 같이 중생들을 위하여 법을 연설하면 곧 스스로 닦아서 이치를 증장하고, 모든 바라밀다를 버리지 않고 바라밀다의 도를 충분히 잘 장엄합니다."

菩薩 如是爲諸衆生 而演說法 則自修習 增長義利, 不捨諸度 具足莊嚴波羅蜜道.

"When enlightening beings expound the Teaching to sentient beings in this way, they practice it themselves, increasing its benefit, not giving up the ways of transcendence, fully setting out the path of the transcendent practices."

1. 보시바라밀다

"이 때 보살이 중생의 마음을 만족하게 하기 위하여 안과 밖의 모든 것을 버리면서도 집착하지 않는데, 이렇게 보시바라밀다를 청정하게 할 수 있습니다."

是時 菩薩 爲令衆生 心滿足故 內外悉捨 而無所着, 是則能淨壇波羅蜜.

"At this time, enlightening beings give up everything external and internal, without attachment, to satisfy the hearts of sentient beings—thus they can purify the transcendent practice of giving."

2. 지계바라밀다

"여러 가지 계율을 갖추어 지니면서도 집착하지 않고 *아만을 영원히 떠나게 되는데, 이렇게 지계바라밀다를 청정하게 할 수 있습니다."

具持衆戒 而無所着 永離我慢 是則能淨尸波羅蜜.

"They keep ethical precepts without attachment, forever divorcing conceit—thus they can purify the transcendent practice of morality."

[주]

*아만: 我慢, ⓈAsmimāna, 나를 믿으며 스스로 높은 양하는 교만, 거만한 아집(我執)으로 마음에 뽐내는 것. 자아(自我)가 존재한다는 아견(我見)으로 인하여 "내가"라고 교만해 하는 마음 작용.

3. 인욕바라밀다

"온갖 나쁜 것을 모두 참으면서 여러 중생에게 마음이 평등하여 흔들리지 않음이 마치 대지가 모든 것을 지닐 수 있는 것과 같은데, 이렇게 인욕 바라밀다를 청정하게 할 수 있습니다."

悉能忍受一切諸惡 於諸衆生 其心平等 無有動搖 譬如大地 能持一切, 是則能淨忍波羅蜜.

"They are able to tolerate all evils, with minds equanimous toward all beings, without disturbance or wavering, just like the earth, able to bear all—thus they can purify the transcendent practice of forbearance."

4. 정진바라밀다

"온갖 업을 지으면서도 게으름 없이 늘 수행하고, 행함에 있어서 물러서지 아니하며, 세력이 용맹하여 제어할 수 없고, 모든 공덕에 있어서는 취하지도 버리지도 않으면서도 일체지의 문을 만족할 수 있는데, 이렇게 정진 바라밀다를 청정하게 할 수 있습니다."

普發衆業 常修靡懈, 諸有所作 恒不退轉, 勇猛勢力 無能制伏, 於諸功德 不取不捨 而能滿足一切智門, 是則能淨精進波羅蜜.

"They undertake all practices without laziness, never regressing in what they do, with indomitable courage and energy, not grasping or rejecting all virtues, but able to fulfill all aspects of knowledge—thus they can purify the transcendent practice of vigor."

5. 선정바라밀다

"다섯 욕심(*오욕) 경계에 탐착함이 없고, 차례차례 선정을 다 성취할 수 있으며, 항상 올바르게 생각하여 머물지도 나가지도 않고,

모든 번뇌를 다 없앨 수 있으며, 한량없는 삼매 문을 내고, 끝없는 큰 신통을 성취하며, 순서대로 혹은 거꾸로 차례차례 모든 삼매에 들고, 한 삼매문에서 끝없는 삼매문에 들어가며, 모든 삼매의 경계를 다 알며, 온갖 삼매가 *삼마발데의 지혜 인과 더불어 서로 어김이 없고, 일체지의 지위에 빨리 들어갈 수 있는데, 이렇게 선정 바라밀다를 청정하게 할 수 있습니다."

於五欲境 無所貪着, 諸次第定 悉能成就, 常正思惟 不住不出, 而能銷滅一切煩惱, 出生無量諸三昧門, 成就無邊大神通力, 逆順次第 入諸三昧, 於一三昧門 入無邊三昧門, 悉知一切三昧境界, 與一切三昧 三摩鉢底智印 不相違背, 能速入於一切智地, 是則能淨禪波羅蜜.

[한자풀이]

銷:녹일 소, 다하여 없어지다 違:어길 위 背:등 배, 뒤

"They have no attachment or greed for any objects of desire, are able to consummate the successive degrees of concentration, always meditate correctly, neither dwelling in or leaving concentration, yet able to dissolve all afflictions, produce innumerable facets of concentration, develop boundless great psychic powers, going back and forth successively from meditation state to meditation state, in one meditation enter boundless meditations, knowing all spheres of meditation, not discordant with the seal of knowledge of all concentrations and trances, able to quickly enter the stage of omniscience—thus they can purify the transcendent practice of meditation."

[주]

*오욕: 五欲, ⓈPanca-kamaguna ①5묘욕(妙欲)·묘오욕(妙五欲)·5묘색(妙色)·5묘(妙)라고도 한다. 5근의 대상이 되어 가의(可意)·가애(可愛)·가락(可樂)의 것으로 모든 욕망의 근원이 되는 것. 곧 색(色)·성(聲)·향(香)·미(味)·촉(觸)의 5경(境). 그러나 이 5경은 욕구의 대상이고, 욕구 그 자체는 아니다. 이 5가 모든 욕망을 일으키므로 5욕이라 한다. ②재욕·색욕(色欲·性欲)·음식욕·명예욕·수면욕(睡眠欲)을 말하기도 한다.

*삼마발데: 三摩鉢底, ⓈSamāpatti 정(定)의 일명. 삼마발데(三摩鉢提·三摩拔提)라고도 함. 등지(等至)라 번역. 정을 등지라 함은 등(等)은 정력(定力)에 의하여 혼침(惛沈)·도거(悼擧)의 번뇌를 여의고, 마음이 평정(平靜)함을 말함. 정력이 이런 상태에 이르게 하므로 지(至)라 함.

6. 반야바라밀다

"여러 부처님께(계신 곳에서) 법을 듣고 받아 지니고, 선지식을 가까이하여 섬기는 것을 게을리 하지 않으며, 항상 법문 듣기를 좋아하여 싫증내지 않고, 들어서 받아들인 것에 따라 이치대로 사유하며, 참된 삼매에 들어가 모든 편견을 버리며, 모든 법을 잘 관찰하여 실상의 인을 얻고, 여래의 *무공용의 도를 분명히 알며, 넓은 문의 지혜를 타고 *일체지지의 문에 들어가서 영원히 휴식을 얻게 되는데, 이렇게 반야 바라밀다를 청정하게 할 수 있습니다."

於諸佛所 聞法受持, 近善知識 承事不倦, 常樂聞法 心無厭足, 隨所聽受 如理思惟, 入眞三昧 離諸僻見, 善觀諸法 得實相印, 了知如來 無功用道, 乘普門慧 入於一切智智之門 永得休息, 是則能淨般若波羅蜜.

[한자풀이]
厭:싫어할 염, 마음에 찰 염(厭足=만족함) 僻:후미질 벽, 치우치다, 피하다

"Hearing the Teaching from the Buddhas and accepting and keeping it, associating with wise companions, serving them tirelessly, always glad to hear the teaching, never growing weary of it, thinking about what is heard according to the true principle, entering genuine concentration, divorcing all biased views, observing all things well, apprehending the definite mark of the character of reality, comprehending the effortless path of the Enlightened, riding on universal wisdom, entering the gate of the knowledge of all knowledge, attaining eternal rest—thus can they purify transcendent wisdom."

[주]
*무공용: 無功用, 일을 하려고 미리 마음속에서 계획하고 분별하는 일이 없이 자연에 맡기는 것.(8지 이상의 보살은 애쓰지 않더라도 자기의 지혜가 저절로 진리에 계합한다. 이러한 지혜를 무공용지라 한다.)
*일체지지: 一切智智, 살바야나(薩婆若那)를 번역한 말. 일체지 중에서 극지(極智)란 뜻. 부처님의 지혜

7. 방편바라밀다

"모든 세상에서 짓는 업을 일부러 나타내 보이며, 중생의 교화를 싫증내거나 게을리 하지 않고, 그 즐기는 마음을 따라 몸을 나타내

며, 행하는 어떤 일에도 전혀 집착하지 않고, 경우에 따라 범부나 성인이 행하는 행을 나타내기도 하고, 생사를 나타내기도 하고, 열반을 나타내기도 하며, 짓게 되는 모든 것을 잘 관찰할 수 있고, 온갖 장엄하는 일을 나타내 보이면서도 탐착하지 아니하고, 모든 갈래에 두루 들어가 중생을 제도하는데, 이렇게 방편 바라밀다를 청정하게 할 수 있습니다."

示現一切世間作業, 敎化衆生 而不厭倦, 隨其心樂 而爲現身, 一切所行皆無染着, 或現凡夫 或現聖人 所行之行, 或現生死, 或現涅槃, 善能觀察一切所作, 示現一切諸莊嚴事 而不貪着, 遍入諸趣 度脫衆生, 是則能淨方便波羅蜜.

"Manifesting all worldly occupations to teach living beings, never getting tired of it, appearing to them in forms pleasing to them, having no attachments to anything done, sometimes manifesting the acts of ordinary people, sometimes manifesting the acts of sages, sometimes manifesting birth and death, sometimes manifesting nirvana, able to keenly observe all doings and manifest all adornments without covetousness, entering all realms of existence to liberate sentient beings—thus can they purify the transcendent practice of skill in means."

8. 원바라밀다

"끝까지 일체중생을 성취하고, 끝까지 일체 세계를 장엄하며, 끝까지 모든 부처님들께 공양하고, 끝까지 장애 없는 법을 통달하며, 법계에 가득한 행을 끝까지 수행하고, 몸은 미래 겁이 다하도록 항상 머물며, 지혜는 모든 마음을 끝까지 알고, [육도윤회의 생사바다를] 헤매어 다님과 열반으로 돌아감을 끝까지 깨달으며, 일체국토를 끝까지 나타내 보이고, 여래의 지혜를 끝까지 증득하는데, 이렇게 원 바라밀다를 청정하게 할 수 있습니다."

盡成就一切衆生, 盡莊嚴一切世界, 盡供養一切諸佛, 盡通達無障碍法, 盡修行遍法界行, 身恒住盡未來劫, 智盡知一切心念, 盡覺悟流轉*還滅, 盡示現一切國土, 盡證得如來智慧, 是則能淨願波羅蜜.

"Thoroughly developing all living beings, thoroughly adorning all worlds, making offerings to all Buddhas, completely arriving at the state of nonobstruction, thoroughly cultivating practice extending throughout the universe, physically remaining throughout all times, knowing the thoughts of all minds, being fully aware that all cyclic transformations return to extinction, appearing in all lands, completely realizing the knowledge and wisdom of the enlightened—thus they can purify the transcendent practice of vows."

[주]

*환멸: 還滅, 수행을 쌓아 번뇌를 그치고 열반으로 돌아감을 이르는 말. ↔ 유전(流轉).

9. 력바라밀다

"깊은 마음의 힘을 갖추었으니 잡되게 물듦이 없는 까닭이고, 깊이 믿는 힘을 갖추었으니 꺾을 이가 없는 까닭이며, 대비의 힘을 갖춘 것은 지치고 싫증내지 않는 까닭이고, 대자의 힘을 갖춘 것은 행함이 평등한 까닭이며, *총지(다라니)력을 갖춘 것은 방편으로써 온갖 뜻을 지닐 수 있는 까닭이고, *변재의 힘을 갖춘 것은 모든 중생들이 기쁨으로 만족하게 하려는 까닭이며, 바라밀다의 힘을 갖춘 것은 대승을 장엄하는 까닭이고, 큰 서원의 힘을 갖춘 것은 영원히 끊어지지 않는 까닭이며, 신통의 힘을 갖춘 것은 한량없이 내는 까닭이며, *가지하는 힘을 갖춘 것은 믿고 이해하여 받아들도록 하는 까닭이니, 이렇게 력 바라밀다를 청정하게 할 수 있습니다."

具深心力 無有雜染故, 具深信力 無能摧伏故, 具大悲力 不生疲厭故, 具大慈力 所行平等故, 具總持力 能以方便 持*一切義故, 具辨才力 令一切衆生 歡喜滿足故, 具波羅蜜力 莊嚴大乘故, 具大願力 永不斷絶故, 具神通力 出生無量故, 具加持力 令信解領受故, 是則能淨力波羅蜜 .

"Replete with the power of profound will, being without defilement, replete with the power of profound faith, being invincible, replete with the power of great compassion, never being wearied, replete with the power of great kindness, being impartial in action, replete with memory power, being able to skillfully retain all meanings, replete with the power of elucidation, causing all beings to be happy and fulfilled, replete with the power of transcendent practices, adorning the great vehicle, replete with the power of vows, never ceasing, replete with the power of spiritual abilities, producing innumerable miracles, replete with the power of strengthening and sustaining, able to induce faith and acceptance—thus can they purify the transcendent practice of power."

[주]

*총지: 摠持, ⓈDhāraṇī, 다라니(陀羅尼)라 음역. 한량없는 뜻을 포함하여 잃어지지 않게 하는 것. 또 선법을 가져 잃지 않고, 악법을 가져 일어나지 않게 하는 것.

*일체의: 一切義, 일체의 사물(事物)

*변재: 辯才, 교묘하게 법과 뜻을 말하는 재능, 변설(辯舌)의 재능. 변론에 교묘한 것

*가지: 加持, Ⓢadhiṣṭhāna, 가(加)는 가피(加被). 지(持)는 섭지(攝持)·소지(所持)·호념(護念) 등의 뜻. 불·보살이 중생을 가호하고 교화할 목적으로 자비심으로부터 초자연적인 현상을 나타내는데, 서원·기적·은총 등의 뜻이 내포되어 있다. 또 부처님의 대비력이 중생에게 주어지고, 중생의 신심에 부처님께서 응답하여 서로 계합(契合)하는 것을 의미하기도 한다.

10. 지바라밀다

"탐욕이 많은 이를 알며, 성냄이 많은 이를 알며, 어리석음이 많은 이를 알며, 이 셋을 다 행하는 이를 알며, 닦아야할 지위를 수행하는 이를 알며, 잠깐 동안에 그지없는 중생의 행을 알며, 끝없는 중생의 마음을 알며, 일체법의 진실함을 알며, 모든 여래의 힘을 알며, 법계

의 문을 두루 깨닫는데, 이렇게 지혜 바라밀다를 청정하게 할 수 있습니다."

知貪欲行者, 知瞋恚行者, 知愚癡行者, 知等分行者, 知修學地行者, 一念中 知無邊衆生行, 知無邊衆生心, 知一切法眞實, 知一切如來力, 普覺悟法界門, 是則能淨智波羅蜜.

"Knowing those who act on covetousness, knowing those who act on anger, knowing those who act on folly, knowing those who act equally on all of these, knowing those who cultivate learning, in a single thought knowing the actions of boundless sentient beings, knowing the minds of boundless sentient beings, knowing the truth of all things, knowing the powers of all enlightened ones, being aware of all aspects of the cosmos of reality—thus can they purify the transcendent practice of knowledge."

중생에게 법을 설하여 해탈을 얻게 함

"불자여, 보살이 이와 같이 모든 바라밀다를 청정하게 할 때, 모든 바라밀다를 원만하게 할 때, 모든 바라밀다를 버리지 아니할 때 크게 장엄한 *보살승 가운데 머물며, 일체 중생이 생각하는 것에 따라 법을 설하시고 깨끗한 업을 늘이게 하여 해탈을 얻게 합니다. 악도에 떨어진 이는 가르쳐서 발심하게 하고, *팔난에 있는 이는 부지런히 정진케 하고, 탐욕이 많은 중생에게는 탐욕 없는 법을 보이고, 성을 잘 내는 중생에게는 평등함을 행하게 하고, 집착이 많은 중생을 보면 연기법을 말하고, *욕계중생에게는 탐욕과 성냄과 같은 좋지 못한 나쁜 것을 버리도록 가르치고, *색계중생에게는 *위빠사나(비발사나)를 말씀하시고 *무색계중생에게는 미묘한 지혜를 말씀하시고, *이승(성문・연각)들에게는 고요한 법을 가르치고, 대승을 좋아하는 이에게는 열 가지 힘의 넓고 큰 장엄을 연설합니다."

佛子 菩薩 如是淸淨諸波羅蜜時, 圓滿諸波羅蜜時, 不捨諸波羅蜜時 住大莊嚴菩薩乘中, 隨其所念一切衆生 皆爲說法 令增淨業 而得度脫. 墮惡道者 敎使發心, 在難中者 令勤精進, 多貪衆生 示無貪法, 多瞋衆生 令行平等, 着見衆生 爲說緣起 欲界衆生 敎離欲恚惡不善法, 色界衆生 爲其宣說毘鉢舍那, 無色界衆生 爲其宣說微妙智慧, 二乘之人 敎寂靜行, 樂大乘者 爲說十力廣大莊嚴.

[한자풀이]

墮:떨어질 타, 떨어지다, 무너지다, 부서지다

"Child of Buddha, when enlightening beings thus purify the transcendent practices, fulfill the transcendent practices, do not give up the transcendent practices, they abide in the magnificently adorned vehicle of enlightening beings, and expound the Teaching to all sentient beings who come to their attention, causing them to increase pure conduct and attain liberation. Those who have fallen into evil ways they cause to aspire to enlightenment, those in difficulty they cause to diligently persevere. To the greedy they teach desirelessness. The wrathful they induce to practice equanimity. To these attached to views they explain interdependent origination. Beings in the realm of desire they teach to divorce unwholesome things like craving and hatred. To beings in the realm of form they teach analytic insight. To beings in the formless realm they expound subtle wisdom. To people of the two lesser vehicles they teach the practice of dispassion and tranquility. To those who like the great vehicle they expound the great adornment of the ten powers."

[주]

*보살승: 菩薩乘, 삼승(三乘)의 하나. 성불하기를 이상(理想) 목적으로 삼는 보살들이 수행하는 육바라밀 등의 법문. 이 법문은 보살로 하여금 번뇌의 세계를 벗어나 이상의 불과(佛果)에 이르게 하므로 이렇게 이름 한다. 그러므로 보살의 기류(機類)를 바로 보살승이라고 한다.

*팔난: 八難, 불교에서는 ①부처님을 보고 법을 듣는데 8종의 장애되는 어려움이 있다. 재지옥난(在地獄難)·재축생난(在畜生難)·재아귀난(在餓鬼難)[이 세 곳은 고통이 심해서 불법(佛法)을 듣지 못한다]·재장수천난(在長壽天難)·재울단월난(在鬱單越難)[이 두 곳은 즐거움이 너무 많아서 불법을 듣지 못한다.]·농맹음아난(聾盲瘖瘂難)·불전불후난(佛前佛後難) ②수계(受戒) 자자(自恣) 등을 행할 때 줄여서 간단히 함을 허락하는 8종의 어려운 일. 왕난(王難)·적난(賊難)·화난(火難)·수난(水難)·병난(病難)·인난(人難)·비인난(非人難)·독충난(毒蟲難) 등을 말한다. ③경법(經法)을 보고 듣는 만남을 어렵게 하는 것 『삼십육부존경주』에서 인도(人道)로 태어남이 어렵고, 여자가 되지 않고 남자로 되기 어렵고, 형체를 완전히 하기 어렵고, 중국(中土)에 나기 어렵고, 만남에 도군(道君)이 있기 어렵고, 품성을 자인(慈仁)하기 어렵고, 나라를 태평하게 하기 어렵고, 삼보(三寶)를 서로 만나도록 하기 어렵다 ④『북두본명연생경주』에서는 악질을 의미한다.-중풍[癱]·광증[癲]·간질병[癇]·두통[瘋]·폐결핵[癆]·뱃속에 있는 기생충(蠱)·문둥병(癩).

*위빠사나: 비발사나(毘鉢舍那), Ⓢvipaśyanā, Ⓟvipassanā, 능견(能見)·정

견(正見)·관(觀)·관찰(觀察)이라 번역한다. 선정에 의해 얻어지는 조용한 마음으로 자재롭게 관하는 것. 법(法)을 관상(觀想)하는 것. 보는 것.

*이승: 二乘, Ⓢyāna-dvaya, 불교에 있어서 불타의 두 종류의 교법(敎法). 불교의 가르침을 그 가르침의 특성에 따라 보살승(菩薩乘), 연각승(緣覺乘), 성문승(聲聞乘)의 세 가지로 나누었을 때 연기의 이법(理法)을 깨달은 연각과 부처님의 가르침을 듣고 깨달음을 얻은 성문을 가리킨다. 승(乘, Ⓢyāna)은 원래 실어서 운반한다는 뜻으로 탈것을 의미하는데, 여기서는 사람을 실어 이상의 경지에 이르게 하는 교법 즉 '가르침'을 뜻한다.

*욕계: 欲界, Ⓢkāma-ḍhātu, 삼계인 욕계(欲界)·색계(色界)·무색계(無色界) 중의 하나.욕은 탐욕이니, 음욕(婬欲)과 식욕(食欲), 수면욕(睡眠欲)이 강한 유정(有情)이 머무는 곳을 욕계라 함. 위의 육욕천(사왕천, 도리천, 야마천, 도솔천, 화락천, 타화자재천)에서부터 시작하여 가운데 인계(人界)의 사대주(四大州)와 아수라(阿修羅), 축생(畜生), 아귀(餓鬼), 아래로 8대 지옥(地獄)에 이르는 것.

*색계: 色界, Ⓢrupa-ḍhātu, 욕계와 같은 탐욕은 없으나, 미묘한 형체가 있는 세계. 선정의 얕고 깊고 거칠고 묘한 것에 의하여 크게 나누어 4선(禪)으로 하고, 다시 18천으로 나눔(초선천의 3천-범중천·범보천·대범천, 2선천의 3천-소광천·무량광천·광음천, 3선천의 3천-소정천·무량정천·변정천, 4선천의 9천-무운천·복생천·광과천·무상천·무번천·무열천·선견천·선현천·색구경천)

*무색계: 無色界, Ⓢārupya-ḍhātu, 색계와 같은 미묘한 몸도 없고, 순 정신적 존재의 세계. 이 세계에는 온갖 형색(形色)은 없고 수(受)·상(想)·행(行)·식(識)의 4온(蘊)만 있다. 여기에 공무변처(空無邊處)·식무변처(識無邊處)·무소유처(無所有處)·비상비비상처(非想非非想處)의 4천이 있다.

중생들이 이 보살을 보면 아뇩다라삼먁삼보리를 얻게 됨

"어떤 중생이라도 이 보살을 본다면 이것이 헛되지 않을 것이라는 것을 알아야 합니다. 반드시 아누다라삼먁삼보리를 이루게 되기 때문입니다. 만약 이름을 듣거나, 공양하거나, 함께 있거나, 생각하거나, [그들을] 따라서 출가하거나, 설법을 듣거나, 선근을 기쁘게 따라하거나, 멀리서 공경하는 마음을 내거나, 내지 이름을 칭찬하고 찬탄하더라도, 모두 아누다라삼먁삼보리를 얻게 됩니다."

若有衆生 見此菩薩 當知亦復無空過者. 以必當成 阿耨多羅三藐三菩提故. 若聞名, 若供養, 若同住, 若憶念, 若隨出家, 若聞說法, 若隨喜善根, 若遙生欽敬, 乃至稱揚讚歎名字, 皆當得阿耨多羅三藐三菩提. (佛子 譬如有樂 名爲善見 衆生見者 衆毒悉除 菩薩 如是 成就此法 衆生 若見 諸煩惱毒 皆得除滅 善法增長)

[한자풀이]

遙:멀 요, 아득하다 **欽**:공경할 흠, 선망하다 **稱**:일컬을 칭, 부르다 **揚**:오를 양, 날리다 **讚**:기릴 찬, 칭찬하다 **歎**:읊을 탄, 칭찬하다

"If any sentient beings see these enlightening beings, know that this also will not be in vain, for they will surely attain unexcelled complete perfect enlightenment. Any who hear their names, or make offerings to them, or live with them, or remember them, or leave home to follow them, or listen to them preach, or rejoice in their virtues, or respect them from afar, or even praise their names, will all attain unexcelled complete perfect enlightenment."

게송으로 다시 설함

보리심에 머물며 많은 복 모으고 心住菩提集衆福
늘 게으름 없이 견고한 지혜 세우며 常不放逸植堅慧
바른 생각으로 그 뜻 잊지 않으니 正念其意恒不忘
시방의 부처님들 모두 환희 하시네 十方諸佛皆歡喜
Mind dwelling on enlightenment, gathering myriad virtues,
Never self-indulgent, planting unshakable wisdom,
Always mindful of the aspiration for enlightenment—
At this all Buddhas rejoice.

보살이 남을 위해 법을 말하지만 菩薩爲他演說法
자기의 닦을 행을 버리지 않고 不捨自己諸度行
바라밀 가는 길을 이룬 뒤에는 波羅蜜道旣已成
언제나 고해에서 중생 건지시네 常於有海濟群生
Enlightening beings expound the Teaching for others
Without giving up their own transcendent practices:
Once they have accomplished the transcendent ways,
They remain forever in the sea of existence, rescuing living beings.

[한자풀이]

旣:이미 기 濟:건널 제, 건지다

밤낮으로 닦고 닦아 게으름 없이 晝夜勤修無懈倦
삼보의 종성이 끊이지 않게 하며 令三寶種不斷絶
수행한 일체의 깨끗한 법으로 所行一切白淨法

모두 다 여래되기를 회향 합니다　　悉以廻向如來地
They practice diligently day and night, never flagging,
Causing the seeds of the three treasure not to perish.
All the pure practices they carry out
They dedicate to the stage of enlightenment.

이렇게 수행하여 불지혜 얻고　　如是修行得佛智
여래의 바른 법장 깊이 들어가　　深入如來正法藏
큰 법사되어 오묘한 법 연설하시니　　爲大法師演妙法
감로수를 골고루 뿌리는 듯 합니다　　譬如甘露悉霑灑
Thus practicing, they attain Buddha-knowledge,
Entering deeply into the treasury of truth of the Enlightened.
As great teachers they expound the subtle truth,
Like sweet elixir refreshing all.

[한자풀이]

霑:젖을 점, 적시다　灑:뿌릴 쇄, 끼얹다

나아가고 그침이 평안하여 코끼리 같고　　進止安徐如象王
용맹하고 두려움 없음이 사자와 같으며　　勇猛無畏猶師子
흔들림없음이 산 같고 지혜는 바다같고　　不動如山智如海
무더위를 없애주는 큰 비와도 같습니다　　亦如大雨除衆熱
Their deportment is calm as a majestic elephant,
Their fearless courage is like that of a lion:
Imperturbable as a mountain, their knowledge is like an ocean,
And like a great rain, removing all heat.

[한자풀이]

徐:천천할 서, 평온하다

지금이야말로 해탈할 수 있는 최선의
기회입니다. 다음 순간 혹은 내일로 미루지
마십시오. 바로 지금 시작하십시오.
그리고 꾸준히 수행 정진하십시오.

The present time is the best opportunity
to emancipate. Don't put it off to next or tomorrow.
Start just now and practice steadily.

품을 시작하면서 정진혜보살이 법혜보살님께 설법을 청하면서 여기 모인 모든 이들이 듣기를 원한다는 것을 전하고 있습니다. 설법을 청하는 정진혜보살의 태도가 참으로 겸손하고, 그 마음이 간절하여 배우고자 하는 이의 자세를 가르쳐주는 듯 합니다.

구하려는 마음을 갖지 않고서는 얻을 수 없습니다. 귀 기울이지 않으면 나에게 하는 말도 들리지 않습니다. 보려고 하지 않으면 눈앞에 있는 물건도 보이지 않습니다. 정진혜보살이 스승에게 간절한 마음으로 설법을 청하듯이 우리들도 이 경전을 대하면서 간절하게 가르침을 청하는 마음으로 읽어야 할 것입니다. 내가 듣고자 하지 않으면 이 경전은 아무런 말도 하지 않을 것입니다. 그저 종이 위에 적힌 글귀에 불과하겠지요. 내가 일념으로 지혜의 길을 가르쳐달라고, 해탈의 길을 가르쳐달라고 간청할 때, 비로소 경은 내게 말을 걸어올 것입니다. 내가 구도적 관심을 가지고 다가갈 때 경은 우리 마음 안에 살아서 움직이는 엄청난 힘을 발휘하게 되는 것입니다.

법혜보살은 보살이 발심하였으면 방일하지 않아야 한다고 말하고 있습니다. 방일하지 않아야한다는 의미를 구체적으로 알고 싶습니다.

방일(放逸)이란 산스크리트어로는 pramāda로, 대상을 인식할 때 일어나는 정신작용을 말합니다. 그 뜻으로는 법도(法度) 없이 자기 마음대로 함부로 하는 마음을 말하며, 마음을 잡지 못하고 해이해져 게으르게 된 마음입니다. 유식종에서는 근본번뇌에 따라서 일어나는 번뇌를 수번뇌(隨煩惱)라 하는데 20종으로 나누고 있지요. 방일도 그 중 하나에 해당됩니다.

마음이라는 것은 고정불변의 실체가 아닙니다. 늘 움직이고 변할 수 있는 것이지요. 한번 마음을 내었다 해서 그것이 영원히 지속되는 것이 아니라, 계속해서 새롭게 발심하여 그것을 잊지 않고 늘 가슴에 지니어 억념(憶念)하는 것이라 할 수 있지요. 대부분의 수행자들은 스스로 방일할 것을 염려하여 공동체생활을 하면서 정해진 생활의 규범을 지키고 있지요. 일어나고 잠자는 시간은 물론 예불 드리고 정진하는 시간, 먹고 쉬는 일까지도 법도에 어긋나지 않도록 가르치고 있지요.

만약 행주좌와(行住坐臥)의 모든 순간이 그대로 선정에 들어있는 수행자라면 더 이상 규칙에 몸을 가둘 필요는 없을 것입니다. 그 땐 오히려 번거로운 하나의 형식에 불과할테니까요. 그러나 이제 불법을 만나 발심하려는 사람은 철저히 규칙을 지키면서 나태하고 게을러지려는 마음을 다스려야겠지요.

지눌스님께서는 『계초심학인문(誡初心學人文)』에서 '마음을 깨달아 생사에서 벗어나기를 바라면서 어떻게 부질없는 말장난으로 허송세월을 할 것인가' 하면서, 방일하기 쉬운 초심자들에게 불법을 만나기가 참으로 어렵다는 생각을 하면 도 닦는 일이 새로워질 것이며, 불법을 만나서 참으로 다행스럽다는 생각을 하게 되면 결코 물러서지 않게 될 것이라고 가르치고 있습니다.

원효스님께서도 『발심수행장(發心修行章)』에서 '오늘만, 오늘만' 하면서 나쁜 일을 하는 날이 많고, '내일부터는, 내일부터는' 하면서 착한 일을 하는 날이 적고, '금년까지만, 금년까지만' 하면서 계속 번뇌를 쌓아가고, '내년부터는, 내년부터는' 하면서 깨달음의 길로 나아가지 않는 방일한 자를 꾸짖고 있습니다. 시간은 금방 지나 하루, 한 달, 일년이 가버리고 눈 깜짝할 사이에 죽음에 이르게 됩니다. 몸은 반드시 없어지게 마련인데, 어찌 급하지 않겠습니까?

인간으로 태어나기 힘들고 불법을 만나기 힘들다 했습니다. 인도에 태어난 이 소중한 기회를 놓쳐버려서는 안 됩니다. 지금이야말로 해탈할 수 있는 최선의 기회인 것입니다. 발심하였다면 다음 순간으로 혹은 내일로 미루지 마십시오. 바로 지금 시작하십시오. 그리고 꾸준히 노력하십시오.

일상생활 속에서 더러 마음이 들뜨기도 하고 가라앉기도 하는데, 마음이 평등하여 높고 낮음이 없으며 늘 정진하여 게으름이 없는 태도를 가지기란 여간 힘든 일이 아닐 수 없을 것입니다. 늘 고요한 마음을 가지기 위해서는 엄격한 자기관리가 필요할 것 같습니다.

발심 수행하는 수도자라 하더라도 처음부터 마음이 늘 고요한 것은 아닙니다. 수행 중에 혼침에 들거나 무기공(無記空)에 빠질 것을 늘 경계하고 있지요. 복잡한 이해관계에 얽힌 번뇌와 잡다한 망상은 적을지라도 자신과의 싸움에서 오는 끝없는 갈등과 방심 그리고 자칫 빠져들기 쉬운 권태의 유혹을 뿌리치기가 쉽지 않지요. 그래서 초심자들에게는 정신단좌(正身端坐)할 것을 권합니다. 수행력이 높으신 분들은 걸을 때나 누울 때도 선정(禪定)에 든 상태를 유지할 수 있다고 하지만, 처음 수행을 시작하는 사람들은 정신을 집중하고 해이해지려는 마음을 물리칠 수 있는 방법으로 가장 좋은 자세이기 때문이지요. 정신단좌란 좌선을 할 때의 바른 자세로서 똑바로 앉아 전후좌

우로 기울어지지 말고, 귀와 어깨를 똑바르게 하며 코와 배꼽을 일직선으로 하고 척추를 꼿꼿이 세워 단정하게 앉는 것을 말합니다.

몸가짐을 바르게 하는 것은 물론, 호흡을 고르게 하고 혼침에 들지 않고 마음이 환하게 깨어있는 상태를 유지해야합니다. 또한 식사를 할 때 너무 많이 먹거나 너무 적게 먹지 않고, 잠자는 것도 적당히 해서 잠에 끌려가지 않도록 경계합니다.

흔히 불교는 몸을 고달프게 하여 학대하는 것으로 수행을 삼는지 의문을 갖는 경우가 있습니다. 부처님도 출가하여 6년을 고행하였습니다. 몸을 철저히 학대하며 씻지도 먹지도 않는 고행 끝에 뼈와 가죽만 남는 지경에 이르기도 하였지만, 몸을 괴롭히는 것이 진정한 수행이 아님을 깨달으셨지요. 그리고는 중도(中道)를 지켜 강가강의 지류인 니련선하에서 마을처녀가 주는 우유를 마시고 목욕을 한 후 강을 건너 부다가야의 보리수 아래에서 깨달음을 이루셨다고 합니다. 그러나 부처님도 그러했고 수많은 수행자들이 지금까지도 자신의 몸을 혹사하면서 고행하는 것은 몸과 마음이 조화를 이루지 못하고 몸으로 인해 일어나는 탐욕과 어리석음을 채찍질하여 제어하기위해서인 것이지요.

몸을 돌보느라 지나치게 기름진 음식을 먹고 편한 것만 찾아서도 안 되겠지만, 수행을 하겠다고 지나치게 굶어 영양실조가 되게 하거나 몸을 모질게 대하는 것도 올바른 수행의 태도가 아닙니다. 만약 그렇게 하는 사람이 있다면 그것은 집착에서 오는 행동이겠지요. 하면 할수록 더욱 몸이라는 굴레에서 벗어나지 못하게 될 것입니다. 속세에서 일상생활을 하는 재가수행자들에게는 자기의 몸과 마음을 조화롭고 균형 있게 조절하는 중도의 자세 그대로가 어쩌면 수행입니다. 꼭 산속에서 좌선을 해야만 수행이 아닙니다.

음식을 조절하고(調食), 수면을 조절하며(調睡眠), 몸을 단정히 하고(調身), 호흡을 고르게 하며(調息) 마음을 고요히 하면서도 환하게 깨어있도록 하는 것(調心), 이것이야말로 모든 수행자들이 늘 노력해야할 조화로운 상태일 것입니다.

마음을 다스리는 일은 참으로 어려운 것 같습니다. 요즘은 몸에 좋다는 음식들이 워낙 많아 수행을 위해서는 오히려 적절히 절제할 필요가 있습니다만 마음을 다스리기 위해서는 어떻게 해야 할지 궁금합니다.

뱀이 물을 마시면 독이 되고, 소가 물을 마시면 우유가 됩니다. 옛스님들이 말씀하시기를 '지혜로운 사람이 배우면 깨달음이 오고 어리석은 사람이 배우면 윤회를 더한다.'고 했습니다. 누구나 몸과 마음을 가지고 있지만 그것을 어떻게 사용하느냐에 따라서 그 결과는 엄청난 차이가 있게 마련이지요. 야운(野雲)스님의 『자경문』에서 출가하여 수행하는 이들에게 당부하는 덕목을 살펴보면서 수행자는 어떤 마음가짐을 가져야하는지 생각해봅시다.

첫째, 좋은 옷이나 좋은 음식은 절대로 가까이 하지 말아야 합니다. 농부가 밭을 갈아 씨를 뿌릴 때까지 수많은 이웃들이 고생하고 수많은 벌레들이 상처를 입었는데, 지나치게 호사스러운 음식과 옷은 남의 신세를 크게 지는 일이기 때문입니다. 둘째, 자기 재물은 아깝게 여기지 말고 남의 재물은 탐내지 말아야 합니다. 보살의 덕목 중 가장 중요한 것이 보시바라밀입니다. 자기의 재물도 아깝게 여기지 말아야 하는데 하물며 남의 재물을 탐해서는 안 되는 것이지요. 재산은 아무리 많아도 가지고 가지 못하지만, 업은 아무리 작아도 버리고 가지 못하는 것입니다. 셋째, 말을 삼가고 행동을 조심해야 합니다. 자주 나는 새가 그물에 잘 걸리고 많이 움직이는 짐승이 화살에 잘 맞습니다. 입은 화를 부르는 문이고 몸은 재앙의 근본이므로 조심하여야 합니다. 넷째, 나쁜 사람을 멀리하고 착한 사람을 가까이 해야 합니다. 새는 숲을 가려서 쉬어야 하고, 사람은 스승이나 벗을 가려서 배워야 합니다. 다섯째, 저녁 9시에서 새벽 3시 사이에만 잠자리에 들어야 합니다. 잠은 도에 큰 장애가 되는 악마이기도 합니다. 여섯째, 자신을 높이기 위해 남을 낮추는 일은 하지 않아야 합니다. 어진 사람이 되기 위해서는 겸손과 양보가 가장 중요하고, 사람을 사귀기 위해서는 공경과 신의가 으뜸입니다. 마음을 비운 이에게는 많은 복이 저절로 오게 되지요. 일곱째, 재물이나 이성(異性, 『자경문』에는 '여성'으로 되어있음)을 보면 바른 생각으로 대하여야 합니다. 이성(異性)이나 재물은 도를 망치게 하는 원인이 됩니다. 여덟째, 세속과 교통하여 다른 사람의 미움을 사지 않아야 합니다. 사람의 정에 얽매이면 진리를 구하는 마음이 흩어집니다. 이렇듯 세속에 연연하지 않는 것을 '출가'라 합니다. 아홉째, 남의 허물을 말하지 않아야 합니다. 그렇게 하면 반드시 자신을 해치는 일로 돌아옵니다. 착하다거나 악하다는 말에 끌려 다니지 마십시오. 덕이 없으면서 칭찬받으면 부끄러워할 줄 알아야 하고, 허물이 있어 욕을 먹으면 진정으로 반성해야 합니다. 열째, 모든 대중들에게 늘 평등한 마음을 가져야 합니다. 평등한 마음에는 나와 남이 없고, 사랑하고 미워하는 마음이 없으므로 가까이 하고 멀리하는 마음이 없습니다.

이와 같은 덕목은 비록 출가한 수행자에게 당부하는 것이기는 하지만, 도를 구하는 사람이라는 차원에서는 비록 재가자라 하더라도 마음으로 출가한 것이나 마찬가지이므로, 재가발심 수행자 역시 모범으로 삼아야하는 마음가짐입니다.

경문에서 법을 들음에 있어서 이치대로 관찰한다는 구절이 가슴에 와 닿습니다. 저는 이치대로 관찰하였다기보다는 제 맘에 따라 듣거나 보거나 하지 않았나하는 생각이 듭니다.

그 무엇이든 이치대로만 듣고 본다면 무슨 갈등과 분쟁이 있을 수 있겠습니까? 지구상의 수많은 미움과 폭력을 보십시오. 지구 전체를 말하지 않더라도 우리 사는 사회의 크고 작은 모순과 불협화음이 만연하고, 더 작게는 한 가정의 가족구성원의 진정한 화합이 이루어지기 어려울 뿐 아니라 자기 내면에서조차 일치를 이루지 못하고 있음을 발견할 수 있습니다. 그 대부분의 이유가 불교에서 말하는 세 가지 독인 탐·진·치의 범주를 벗어나지 못하고 있습니다. 심지어 인간의 영혼을 구제해야할 사명을 가진 종교에서까지 화해와 용서는커녕, 아집과 독선으로 피 흘리는 역사를 계속 이어오고 있습니다.

높은 곳에서 낮은 곳으로 물이 흐르고 겨울이 가면 봄이 오듯이, 우리가 느끼지 못하는 동안에도 우주는 끊임없이 생성하고 변화하며 소멸하는 과정을 계속하고 있습니다. 이치대로 사물이나 사건을 받아들인다면, 화내고 미워할 일이 아무 것도 없을 것입니다. 법을 들을 때 이치대로 관찰하지 않으면 법을 제대로 들을 수가 없게 될 것입니다. 이 때 듣는다는 것은 귀로 듣는 것은 물론 눈으로 보거나 마음으로 느끼는 그 모든 것을 의미하겠지요. 그러나 이치대로 듣는다면 이 세상 모든 것이 불법 아닌 것이 없을 것입니다. 하늘을 나는 한 마리 새를 보면서도 부처님의 가르침을 만날 수 있습니다. 흐르는 계곡물

소리에서 부처님의 목소리를 들을 수 있습니다. 그렇다면 개구리 울음소리, 아름답게 피었다 시드는 이름모를 꽃 한 송이, 만났다 헤어지는 모든 인연조차도 법신불의 가르침 아닌 것이 없겠지요.

멀리서 법을 찾지 마십시오. 바로 당신이 머문 그 자리에서 법을 듣고자 하십시오. 내가 처한 현실이 가장 중요합니다. 내 앞에 있는 그 사람이 가장 소중한 사람입니다. 내가 지금 느끼는 슬프고 기쁜 감정을 이치대로 관찰하십시오. 아마도 화가는 그것을 그림으로 그려내겠지요. 시인은 시를 쓰고 음악가는 노래할 것입니다. 위대한 철인이나 구도자는 눈뜨기를 간절히 갈망하는 맹인이 광명을 얻은 것처럼 지혜의 눈을 뜨게 될 것입니다.

보살마하살들은 중생들의 온갖 부류에도 거리낌 없는 마음으로 마치 대지처럼 똑같이 이익을 준다고 합니다. 사람에 따라 상황에 따라 마음이 흔들리기 쉬운 저 자신을 생각하면서 대지와 같은 마음을 지녀야겠다고 다짐해 봅니다.

참으로 대지는 차별이 없습니다. 예부터 농사짓는 사람들의 유일한 희망은 땅은 진실하다는 것이지요. 어떤 속임도 거짓도 없이 노력한 만큼의 보답이 약속되기 때문입니다. 돈 있고 권력 있는 사람이거나, 헐벗고 굶주린 사람이라도 죽어서 똑같이 땅에 묻히면 그저 한줌의 흙으로 돌아가게 됩니다. 대지는 아첨하지 않고, 교만하지 않습니다. 누구에게나 공평하지요. 그것이 사람이거나 동물이거나 식물이거나 할 것 없이 말입니다. 우리가 발 딛고 서있는 대지에 대한 그러한 믿음이 없다면 이 세상은 엄청난 혼동과 무질서에 빠지고 말 것입니다.

『석마하연론(釋摩訶衍論)』의 비유에 의하면 대지는 네 가지를 짊어지고 있어 뛰어난 힘을 가진다고 했습니다. 첫째는 큰 바다이고 둘째는 여러 산들 셋째는 풀과 나무들 그리고 넷째는 중생들입니다. 안으로는 엄청난 불덩이를 끌어안고 겉으로 산과 바다 그리고 동식물과 인간이 조화롭게 살아갈 수 있도록 사랑을 베푸는 대지의 상징화된 속성은 마치 어머니와 보살의 모습을 연상케 합니다. 사람들은 아버지를 하늘에 비유하여 높고 어머니는 땅에 비유하여 낮다고 하면서 조선시대의 남존여비사상과 관련하여 생각하는 경우가 많습니다. 하지만 그것은 낮고 높은 신분의 차이를 설명하려는 것이 아니라 대지가 가진 속성이 어머니와 보살의 모든 것을 수용하고 자비롭게 베푸는 심성에 비유할만 하기 때문일 것입니다.

사람들은 자신에 대해서나 남에 대해서도 평등한 마음을 가지기가 참으로 어려운 것 같습니다. 많이 배운 사람 과 적게 배운 사람, 부유한 사람과 가난한 사람, 잘생긴 사람과 못생긴 사람, 지위가 높은 사람과 낮은 사람들에 대한 분별심을 내어 수없이 꼬리표를 달게 됩니다. 상대가 크다고 느끼면 내가 작아지면서 비굴해지고, 상대가 초라하다고 느끼면 교만해져 힘을 과시하려고 합니다. 어떤 부류에 대한 상중하의 분류는 개인적, 사회적, 집단적인 질서유지의 편의에 의해 상대적으로 규정된 것이지 근원에서 보면 그 어떤 것도 차별이 없습니다.

그렇다고 중생들의 다양성과 차이성을 무시하는 것이 아닙니다. 획일화되고 고정된 것을 의미하는 것이 아닙니다. 화엄은 온갖 다양한 꽃들이 조화롭게 어울려 이루어지는 아름다운 세계를 그리고 있습니다. 키 큰 사람도 있고 작은 사람도 있지요. 남자도 있고 여자도 있고, 늙은 사람도 있고 젊은 사람도 있습니다. 그러나 못난 사람, 미운 사람조차도 모두 불성을 가진 존재라는 점을 깨닫게 된다면 우리는 편견과 투사를 버리고 있는 그대로의 상대를 바라볼 수 있게 될 것입니다.

평등한 행위를 하기 위해서는 평등한 마음이 우선되어야 하겠지요. 안으로는 자신의 마음이 평등하고 밖으로는 모든 사물과 중생을 평등하게 대할 수 있어야 할 것입니다. 우리는 외상(外相)에 끄달리지 않고, 그들의 존재와 본성을 평등하게 볼 수 있는 대지와 같은 마음을 길러야겠습니다.

보살마하살이 마음을 청정하게 하기 위해서는 큰 산과 같이 마음에 흔들림이 없어야한다고 합니다. 태산 같은 마음과 청정한 마음은 어떤 관련이 있을까요?

청정(淸淨)이란 티 없이 맑고 깨끗하여 온갖 번뇌와 더러움에서 벗어난 것을 말합니다. 깨끗하다는 의미와 더불어 순수함이나 온전함이라는 의미도 있습니다. 그러므로 태산과 같이 흔들림 없는 마음이란 바로 온전히 순수하고 깨끗한 마음이 되는 것이라 할 수 있지요.

젊은 시절 명상하면서 저는 산의 이미지를 많이 사용했습니다. 자기 마음을 태산과 일치시키면서 태산처럼 끄떡없고 흔들림 없는 의연한 마음이 되기를 염원했지요. 하늘이 무너져 내려 금방이라도 나를 덮칠지라도 저 태산처럼 동요됨이 없는 모습을 그려보곤 했습니다. 하늘이야 무너질 리 없지만, 그만한 번뇌나 염오라 할지라도 동요되거나 겁먹지 않고 평정심을 유지하겠다는 각오인 것이지요.

산은 우뚝 솟은 봉우리도 있지만, 산이 높을수록 골이 깊어 계곡이 아름다운 법이지요. 또 산은 철따라 나뭇잎이 피고 지고 온갖 꽃이 어우러집니다. 수많은 산짐승이 뛰어놀고 새들이 노래하며, 구름도 쉬었다가고 바람도 머물다 갑니다. 언제나 그 자리를 지키는 큰 바위가 있는가 하면, 쉴 새 없이 흐르는 물이 있습니다. 변화무쌍하면서도 언제나 그 자리를 지키며 온갖 생명을 안고 있는 산은 수많은 설법을 하고 있지요.

등산을 하며 오르내리는 산길은 마치 구도의 여정을 연상케 합니다. 호흡과 걸음걸이의 행보를 고르게 하여 걷지 않으면 금방 지치게 되고, 산세를 살피지 않으면 길을 잃을 수도 있습니다. 자연에 몸을 맡기고 한 걸음 한걸음 발을 옮기며 마음을 한 곳에 모으면 그것이 그대로 명상인 것입니다.

가을이 되면 마당에 떨어진 나뭇잎을 쓸어 모읍니다. 마치 마음의 번뇌를 쓸 듯이 정성껏 쓸어 한자리에 모아 태우기도 하지요. 그 때 한 잎 한 잎의 나뭇잎이 나의 욕심이요 화내는 마음이요 어리석음임을 보면서 미련 없이 훨훨 태워 없애 버리는 연습을 합니다. 나뭇잎이 타면서 연기로 사라지듯, 나의 집착도 남김없이 없앨 것을 서원하면서 말이지요.

산은 수행자에게 있어서 배움터이며 쉼터이기도 합니다. 또한 벗이기도 하고 스승이기도 하지요. 청산을 두고 노래했던 나옹(懶翁)선사의 게송을 떠올려봅니다. '청산은 나를 보고 티 없이 살라하고, 창공은 나를 보고 말없이 살라하네. 탐욕도 벗어놓고 성냄도 벗어놓고 물같이 바람같이 살다가 가라하네.'

「명법품」에서는 정진혜보살이 보살의 행에 대해서 법혜보살에게 묻고 있습니다. 이 때 정진혜보살은 보살행을 십바라밀로 설명하고 있는데, 십바라밀이 어떤 것인지에 대하여 알고 싶습니다.

『화엄경』에는 깨달음에 이르는 단계를 10신(信)·10주(住)·10행(行)·10회향(廻向)·10지(地)·등각(等覺)·묘각(妙覺)으로 중생이 부처가 되는 과정을 그리고 있습니다. 52단계라고 하면 까마득하게 멀어 너무나 요원한 것처럼 보이기도 합니다. 더군다나 각 단계마다 또 열 가지씩의 실천행이 제시되고 있어 너무나 복잡하고 막막하게 느껴질지도 모릅니다. 그러나 보살이 실천해야 하는 보살행의 핵심을 파악해보면 십바라밀(十波羅蜜)로 다시 요약될 수 있지요.

바라밀(波羅蜜, ⓈPāramitā)이란 도피안(到彼岸)이라 번역하며 피안(彼岸) 즉 이상(理想)의 경지에 이르고자하는 보살의 수행을 말합니다.

대승불교에서는 보살의 수행덕목으로 육바라밀을 들고 있는데 『화엄경』에서는 중생교화의 입장에서 방편(方便)·원(願)·력(力)·지(智)의 바라밀을 더해 십바라밀 즉 10이라는 원만수로 보살행을 나타내고 있습니다.

보살(菩薩, Ⓢbodhisattva)이란 깨달음을 구하는 사람으로서 보리심(菩提心)을 발한 후 상구보리(上求菩提), 하화중생(下化衆生)하기 위해 수행·정진하는 이를 말합니다. 즉, 보살은 일체중생이 본래 부처임을 믿는 것[信]에서 무상의 진리를 이루어 일체중생을 구제하고자 하는 서원을 세우고 보리심을 낸[發菩提心] 사람이지요. 자리이타(自利利他)의 대원을 내어[誓願] 깨달음에 이르기[菩薩道]까지를 보살도라고 부르는데, 그 과정에서 보살이 수행해야할 실천덕목은 십바라밀(十波羅蜜)로 요약할 수 있습니다.

십바라밀의 실천은 바로 보살의 삶입니다. 십바라밀이란 보시(布施)·지계(持戒)·인욕(忍辱)·정진(精進)·선정(禪定)·지혜(智慧)·방편(方便)·원(願)·력(力)·지(智)바라밀입니다. 십바라밀과 『화엄경』의 보살 계위를 요약하여 다음의 표로 소개하고자 합니다.

	십바라밀(十波羅蜜)	십신(十信)	십주(十住)	십행(十行)	십회향(十廻向)	십지(十地)
1	보시(布施)바라밀 [단(檀) 〃] Dānapāramitā	신심(信心)	초발심주(初發心住)	환희행(歡喜行)	일체 중생을 구호하면서도 중생이라는 생각을 떠난 회향 (救護一切衆生離衆生相廻向)	환희지(歡喜地)
2	지계(持戒)바라밀 [시(尸) 〃] Śilapāramitā	염심(念心)	치지주(治地住)	요익행(饒益行)	깨뜨릴 수 없는 회향 (不壞廻向)	이구지(離垢地)
3	인욕(忍辱)바라밀 [찬제(羼提) 〃] Ksāntipāramitā	정진심(精進心)	수행주(修行住)	무위역행(無違逆行)	모든 부처님과 동등한 회향 (等一切諸佛廻向)	발광지(發光地)
4	정진(精進)바라밀 [비리야(毘梨耶) 〃] Viryapāramitā	혜심(慧心)	생귀주(生貴住)	무굴요행(無屈撓行)	모든 곳에 이르는 회향(至一切處廻向)	염혜지(焰慧地)
5	선정(禪定)바라밀 Dhyānapāramitā	정심(定心)	구족방편주(具足方便住)	무치란행(無癡亂行)	다함이 없는 공덕장 회향(無盡功德藏廻向)	난승지(難勝地)
6	반야(般若)바라밀 [지혜(智慧) 〃] Prajñāpāramitā	불퇴심(不退心)	정심주(正心住)	선현행(善現行)	견고한 일체의 선근을 따르는 회향 (隨順堅固一切善根廻向)	현전지(現前地)
7	방편(方便)바라밀 Upāyapāramitā	회향심(廻向心)	불퇴주(不退住)	무착행(無着行)	일체 중생을 평등하게 따라주는회향(等隨順一切衆生廻向)	원행지(遠行地)
8	원(願)바라밀 Pranidhāna-pāramitā	호심(護心)	동진주(童眞住)	난득행(難得行)	진여인 모양의 회향 (眞如相廻向)	부동지(不動地)
9	력(力)바라밀 Balapāramitā	계심(戒心)	법왕자주(法王子住)	선법행(善法行)	집착도 속박도 없는 해탈 회향 (無着無縛解脫廻向)	선혜지(善慧地)
10	지(智)바라밀 Jñānapāramitā	원심(願心)	관정주(灌頂住)	진실행(眞實行)	법계와 평등한 무량회향 (等法界無量廻向)	법운지(法雲地)

바라밀이라는 용어는 한자어인데, 한자로는 파라밀(波羅蜜)이라고 쓰고 읽기는 바라밀이라고 읽어 혼동이 됩니다. 또 바라밀과 바라밀다가 혼용되고 있어 어느 것이 정확한 표현인지 궁금합니다.

'바라밀(波羅蜜)'이란 산스크리트어인 'pāramitā'를 음역(音譯)한 것으로 '바라밀다(波羅蜜多)'라고도 합니다. 초기경전에는 pārami로, 그 뒤에 pāramitā라는 말이 나타나고 있는데 빨리어 에서도 두 가지를 다 쓰고 있어서, 같은 뜻으로 쓰이는 용어임을 알 수 있습니다. 말뜻으로는 '최상, 성취, 완성'의 의미인데, 한역에서는 '도피안(到彼岸)', '도(度)'등으로 번역되고 있습니다.

도피안(到彼岸)이라면 생사의 이 언덕(차안, 此岸)에서 열반의 저 언덕(피안, 彼岸)에 이른다는 의미로 궁극의 깨달음에 이르는 길을 의미합니다. 그 외에도 구경(究竟) 혹은 보살의 대행(大行)이라는 여러 의미가 있어 의역하여 쓰기보다 음역하여 쓰는 것이 일반적이지요.

경전에는 수많은 음사어(音寫語)를 사용하고 있습니다. 바라밀도 그 중 하나이지요. 불교관련 서적이나 불경을 읽을 때 어려운 용어를 많이 접하게 되는데, 불교신도이면서도 '불교는 어렵다'라는 인식을 갖게 되는 이유가 바로 여기에 있는 것 같습니다. 어려운 한자어가 많아서이기도 하겠지만, 그 한자어 중에 소리를 표기하는 음사어가 사용되고 있기 때문에 불경을 더욱 어렵게 느끼도록 하는 원인이 되고 있습니다. 한자는 뜻글자이므로 한자어를 보면 한자를 풀이하여 뜻을 짐작할 수 있지만, 음사어인 경우 한자의 음(音)을 가지고 외국어의 음을 나타낸 것이기 때문에 글자가 가진 뜻과는 아무런 관계가 없는 경우가 많습니다.

불경의 경우도 고유명사는 물론 음역하였지만, 그 외의 용어들도 음역한 경우가 많이 있습니다. 뜻으로 풀이하여 해석하지 않고 소리 나는 대로 쓰게 된 이유에 대해서는 여러 가지로 짐작해볼 수 있지만 정확하게 설명되고 있지 않습니다. 진언의 경우 소리 자체가 갖는 상징성과 소리에서 나오는 신비한 울림(공명)의 힘이 있음을 느낄 수 있습니다. 또 그 용어를 번역할만한 적절한 단어가 없거나, 그 단어로는 의미를 전달하기에 충분하지 않은 경우에도 원래 음을 그대로 쓸 수밖에 없었을 것입니다.

중국어로 번역된 한문불교경전을 보면, 산스크리트어 경전의 용어들을 음사어로 음역한 용례가 많이 있습니다. 산스크리트(sanskrit)어란 고대 인도의 표준 문장어로 중국 등지에서는 범천(梵天)이 만든 언어라는 전설이 있어 그에 따라 범어(梵語)라고도 합니다. 물론 산스크리트어 경전이나 빨리어 경전을 바로 한글로 번역한 경우는 예외가 되겠지만 대승불교의 경전 대부분이 중국을 거쳐 우리나라로 들어왔기 때문에, 중국어로 번역된 경전을 다시 한글로 번역하여 쓰고 있는 경우가 더 많이 있습니다.

경전에 사용된 음사어들은 산스크리트어를 뜻으로 풀어쓰지(의역) 않고, 중국어 발음에 알맞은 글자로 소리 나는 대로 바꾸어 쓴(음역) 용어들입니다. 그 때의 한자는 최대한 산스크리트어의 원음에 가까운 소리가 나는 글자를 사용했기 때문에 한자가 가진 뜻 자체가 전하는 의미는 없는 것이지요. 문제는 우리나라에서 그것을 받아들여 산스크리트어 원음이나, 적어도 중국어 발음대로 옮기지 않고, 그 한자어를 우리 표음방식 그대로 읽어버린 데 있습니다. 이런 용어들을 무비판적으로 오랜 세월 사용하는 동안, 우리 귀에 익숙해져 어떤 용어는 그것이 원래 의역된 한자어인지 산스크리트어를 음사하여 음역한 것인지도 구분이 안 될 정도로 친숙한 용어도 있습니다. 오히려 지금 바로잡겠다고 고치게 되면 혼동을 초래하게 될 지도 모릅니다.

대승불교의 전래 경로를 보면 티벳에서 중국을 거쳐 우리나라에 들어왔기 때문에 중국어로 번역된 경전을 받아들이고 이를 번역하여 사용하게 된 것은 자연스러운 일일 것입니다. 특히 중국을 통하지 않고는 어떤 문화도 접하기 힘들었던 우리나라였기에 더더욱 그럴 수밖에 없었던 것이 사실이지요. 그러나 현대에 와서는 필요한 자료를 얼마든지 비교할 수 있을 뿐 아니라, 음역되었던 원래의 용어가 충분히 밝혀져 있습니다. 그러므로 본래의 발음과는 동떨어져 엉뚱한 발음이 된 용어에 대한 올바른 이해와 함께 잘못 쓰이고 있는 용어를 바로잡는 시도가 필요할 것입니다. 물론 한꺼번에 다 바꿀 수는 없겠지만, 차차 시간을 두고 그런 용어들을 의역하거나, 아니면 원음에 가까운 한글표기로 바꾸어야 할 것입니다.

보살의 수행덕목인 십바라밀은 특정종교 수행자들만의 실천덕목이라기보다는 심리치료에 있어서 치료자가 닦아야할 덕목이라는 생각이 듭니다. 만약 치료자가 십바라밀을 생활에 적용시키려고 한다면 어떻게 해야 할까요?

물론 십바라밀은 불교의 수행자나 신도들만의 덕목이라고 말할 수는 없습니다. 모든 사람의 생활지침이 될 수 있을 것입니다. 특히 심리치료를 위한 치료자라면 보살과 같은 구도적인 자세를 가지지 않으면 안 될 것입니다. 그런 의미에서 치료자의 수행과정으로서의 십바라밀을 현대적 관점에서 다음과 같이 생각해볼 수 있을 것입니다.

첫째, 치료자는 업적을 바라거나 명예를 구하지 않고 자기가 가진 모든 것을 베풀면서도 아까워하거나 자신을 내세우지 않아야 할 것입니다(보시). 둘째, 온갖 유혹에도 흔들리지 않고 탐욕을 내지 않으며 스스로 계를 잘 지키는 것은 물론 내담자를 탐 · 진 · 치의 집착으로부터 벗어나는 길을 제시해야 할 것입니다(지계). 셋째, 항상 겸손하며 비록 극심한 고초를 겪게 되더라도 굽히거나 성냄이 없이 인내해야 합니다(인욕). 또 내담자의 전이 및 투사, 퇴행, 늦은 회복을 견딜 수 있어야 합니다. 넷째, 쉬지 않고 정진하며 결코 자신의 길을 후회하지 않으며 긍지를 가지고 전문성을 길러야 합니다(정진). 다섯째, 바른 생각으로 흔들림이 없으며 한결같은 마음에 머물러야 합니다(선정). 여섯째, 지혜의 눈으로 내담자를 있는 그대로 볼 수 있어야 합니다(지혜). 일곱째, 비판단적인 태도로 내담자의 상태에 따라 최선의 방법을 찾아야 합니다(방편). 여덟째, 자각각타(自覺覺他)의 보살의 원처럼 치료자도 자기실현을 추구하며 내담자를 고통에서 벗어나게 하겠다는 간절한 소망을 가져야 합니다(원). 아홉째, 번뇌에서 벗어나 완전히 청정하고 다른 사람을 바르게 할 능력을 함양해야 합니다(력). 열째, 지혜와 자비심으로 내담자의 실상을 그대로 볼 수 있고 모든 사람의 마음을 이해해야 합니다(지).

이와 같이 치료자가 열 가지 덕목을 실천하여 치료 장면에 적용한다면 그는 바로 깨달음의 길을 추구하는 보살이라고 말할 수 있을 것입니다. 치료는 치료자의 의무의식만으로 가능한 것이 아닙니다. 인간을 포함한 모든 존재에 대한 근원적인 신뢰와 사랑으로 끈기 있게 관심을 가져야 하는 것입니다. 치료자 개인의 욕심과 기대를 포기하고 내담자의 존재를 허용해주고 내담자의 창조적 생명력이 드러날 수 있도록 촉매역할을 해주어야 하니까요.

또 치료자는 냉담하거나 집착하지 않으며 어떠한 강요나 편견도 없이 온화한 애정으로 내담자의 감정을 자유롭게 표현하도록 허용해야 합니다. 치료자의 이러한 태도는 구도적인 보살의 행이 아니고서는 불가능하지요. 끊임없는 노력으로 보시(布施)·지계(持戒)·인욕(忍辱)·정진(精進)·선정(禪定)·반야(般若)·방편(方便)·원(願)·력(力)·지(智) 바라밀(波羅蜜)을 실천해 나갈 때, 치료자는 참으로 내담자의 소질과 능력에 따른 최선의 방법을 펼칠 수 있을 것입니다.

치료자 역시도 이 세상 모든 사람의 고통, 분노, 슬픔, 기쁨 그 모든 것을 나의 것으로 느끼고 받아들이며, 어떤 어려움도 인욕하고 정진하여 지혜로써 내담자를 대하면서 한사람도 빠뜨리지 않고 그들을 속박에서 벗어나게 하겠다는 소망을 갖는다면, 그것이 바로 보살의 서원이고 행이라 할 수 있을 것입니다. 또 치료자는 자비로워야하고 지혜로워야 합니다. 자비와 지혜는 청정한 마음에서만 이룰 수 있지요. 그것은 부처의 모습이면서 보살이 추구해야 할 목표이기도 한 것입니다.

보살의 수행덕목인 십바라밀을 현대적 의미로 일상생활에 적용할 수 있는 방법을 제시해주시니 훨씬 쉽게 마음에 와 닿습니다. 그렇다면 심리치료를 필요로 하는 내담자에게는 십바라밀을 어떻게 적용시킬 수 있을까요?

십바라밀(十波羅蜜)은 앞에서도 여러 번 강조했지만 성숙을 원하는 모든 사람이 실천해야 할 수행덕목입니다. 이는 위에서와 같이 치료자가 자신의 성장을 위한 수행법(修行法)이기도 하지만, 내담자에게는 장애를 제거하는 치료과정이 될 수도 있을 것입니다. 마치 십바라밀을 성직자들의 전유물로 생각해서는 안 되는 것이지요. 비록 고통의 늪에 빠져 있는 사람이라 할지라도 그렇기 때문에 더욱 무명에서 벗어나기 위한 노력을 아끼지 않아야 할 것입니다. 그렇다면 내담자들은 어떻게 이 십바라밀을 받아들이고 실천해야할지 생각해 봅시다.

첫째, 보시(布施)라고 하면 남에게 베풀어주는 것을 말합니다. 고통을 겪는 많은 내담자들은 남에게 주는 것은커녕 얻으려 하고 의존하려는 경향이 크지요. 모든 번뇌(煩惱)는 집착(執着)에서 생겨납니다. 집착이란 재물이나 권력, 명예에 대한 것도 있겠지만 무엇보다 사람에 대한 그리고 애정과 인정에 대한 집착에서 가족적인 문제가 발생할 경우가 많을 것입니다.

얻으려 하면 할수록 번뇌는 더욱 커지고, 놓아버리고 오히려 남에게 베풀수록 그 만큼 자유를 얻게 됩니다. 자신의 욕심을 버리지 못하는데서 병이 옵니다. 인간은 사회와 자연의 관계망 안에서 주체인 자유의지의 인격적 존재자이지요. 집착과 번뇌라는 끊임없이 반복되는 순환 고리를 끊고 자기에게 고착되었던 중심을 이동하여 남의 입장에서 생각하고 이해하며 그를 이롭게 하려고 베푸는 마음을 갖는다면 결국 자리(自利)와 이타(利他)의 기능적인 순환을 이룰 수 있게 될 것입니다.

둘째, 지계(持戒)는 계율을 지키는 것입니다. 살아가는 데에는 지켜야할 많은 규칙이 있게 마련이지요. 가정은 물론 직장, 사회, 국가는 나름대로의 질서가 있고 그 질서를 자율적으로 지켜나갈 때 화목하고 건강한 체계를 유지할 수 있을 것입니다. 그러나 규범이 경직되어 가족구성원의 특수성을 무시하고 지나치게 엄격하게 적용될 때 문제가 비롯될 수 있습니다.

또한 권위에 눌려 강제에 의해 지켜지는 계율과 강박에 의해 지켜지는 계율은 불만과 적개심 그리고 좌절감을 낳게 마련이지요. 가족은 상황을 무시하거나, 개인의 특수성을 무시한 획일적인 규칙의 적용을 지양해야할 것입니다. 가족구성원이 가족 공동의 선을 위한 규칙을 자율적으로 지켜나가고, 스스로의 생활을 통제하게 된다면 보다 성숙한 가족구성원, 조화로운 가족을 이룰 수 있을 것입니다.

셋째, 인욕(忍辱)은 괴로움을 받아들여 참는 것을 말합니다. 욕되고 싫은 일을 참는 것은 누구에게나 어려운 일이겠지요. 그러나 열등감이 많고 자존감이 낮은 사람들은 특히 조금만 부당한 일을 당해도 참을 수 없는 모욕감을 느끼게 됩니다. 화를 지나치게 억압하는 것도 좋지 않지만, 아무렇게나 터트리는 것도 건강한 태도가 아닙니다. 참는다는 것은 잘못된 것을 인정한다는 것과는 다릅니다. 자신의 불성을 믿고 그 어떤 것도 자신을 더럽힐 수 없다는 신념을 가진다면 분노를 쉽게 다스릴 수 있을 것입니다.

넷째, 정진(精進)은 부지런히 노력하여 게으르지 않은 것을 말합니다. 이는 자신과 가족을 사랑하는 성실한 자세일 것입니다. 자신과 가족의 문제가 무엇인지 안다고 해도 아는 것만으로는 문제를 해결할 수 없습니다. 역기능적인 문제를 가진 많은 가정에서는 역기능의 원인을 알면서도 고쳐나가려는 용기와 노력보다는 익숙해져서 굳어버린 잘못된 방법을 습관처럼 되풀이하는 경우가 많이 있습니다. 역기능적인 순환 고리를 끊고 문제에서 벗어나기 위해서는 그대로 주저앉아 안주하려는 유혹을 떨치고 새로운 결심과 노력을 아끼지 말아야 할 것입니다.

다섯째, 선정(禪定)은 마음을 가라앉히고 고요히 사색하는 것입니다. 선은 불교의 가장 대표적인 수행방법의 하나이지요. 수행자들에게는 깨달음을 위한 가장 직접적인 방법이 되겠지만 내담자의 경우라면 자신의 무지를 들여다보고 가족 역기능의 원인을 밝혀 자신과 가족의 참모습을 발견하는 일이 될 수 있을 것입니다. 선정을 통해 모든 스트레스, 번민, 괴로움 그리고 정서적 불안정을 없애고 고요하고 평안한 마음을 얻을 수 있게 될 것입니다.

여섯째, 반야(般若)는 모든 분별심을 떠난 지혜입니다. 모든 존재의 자성(自性)이 공(空)함을 알게 되는 것을 말하지요. 편견과 투사로서 상대를 보지 않고, 있는 그대로의 사물을 볼 수 있게 되는 것입니다. 보통의 경우 내담자들은 자신과 가족에 대한 왜곡된 지각을 가지고 있습니다. 서로를 있는 그대로 보고 받아들일 수 있도록 지혜바라밀을 닦아야할 것입니다.

일곱째, 방편(方便)은 경우에 따라 적합한 방법을 사용하는 것입니다. 획일적이고 고정된 방법으로 모든 상황에 대처해서는 안 됩니다. 때와 장소, 사람에 따라 각각 다른 방법이 융통성 있게 적용되어야 할 것입니다. 변하지 않는 것은 아무 것도 없지요. 어떤 관계도 동일하지 않습니다. 따라서 그에 따른 방편도 무한한 것이라 할 수 있을 것입니다.

여덟째, 원(願)은 바라는 것을 기필코 이루려는 의지입니다. 내담자는 스스로 자신과 가족의 역기능을 없애려는 원을 가져야 합니다. 또한 나아가서 자신의 성숙과 가족 및 다른 사람의 성숙과 행복을 원할 수 있어야 합니다.

아홉째, 력(力)은 힘을 말합니다. 그것은 자신의 불성에 대한 믿음의 힘이요, 모든 존재가 자성이 없음을 알고 연기에 의해 일어나고 스러짐을 아는 지혜의 힘입니다. 내담자는 자신이 처한 문제에서 벗어나고, 가족 역기능의 순환 고리를 끊을 수 있을만한 결단과 용기가 필요합니다. 또 내담자가 가진 부정적인 힘을 긍정적인 힘으로 전환할 수 있어야 할 것입니다.

열째, 지(智)는 사리(事理)를 분명히 아는 것입니다. 모든 것을 실제와 같이 알 수 있는 지혜를 말하지요. 내담자가 일체 모든 것의 진실을 알게 된다면 어떤 숨길 것도, 의심할 것도 화낼 것도 없을 것입니다.

이와 같이 십바라밀은 내담자가 건강한 삶을 살도록 이끌어주는 실천 수행법이라고 할 수 있습니다. 치료는 치료자가 하는 것이 아닙니다. 내담자는 이미 스스로 치유능력을 갖추고 있기 때문이지요. 즉 불성을 가지고 있기 때문이라는 것입니다. 치료자는 단지 이들의 잠재된 불성을 일깨워 스스로 치료해 나갈 수 있도록 도와주는 역할을 해야 할 것입니다.

「명법품」에서는 계속해서 보살마하살의 청정한 마음을 강조하고 있습니다. 특히 보살의 십바라밀을 설하면서도 바라밀다를 청정하게 해야 한다고 합니다. 열 가지 바라밀다는 보살의 수행덕목으로서 이미 매우 뛰어난 행위인데, 거기에 청정이라는 말을 덧붙인다는 것은 지나친 강조가 아닐까요?

바라밀다를 행하면서도 그것이 청정하지 않다면 엄밀한 의미에서 그것은 진정한 바라밀다라고 말할 수 없습니다. 보시의 경우를 예를 들어 생각해 볼까요. 주변의 크고 작은 재난으로 불우이웃을 돕는 사람들 중에는 번듯하게 이름을 내면서 자신을 과시하기 위한 사람들도 있고, 어떤 경우에는 자신의 체면이나 사람들의 이목을 의식해서 보시하는 경우도 있지요. 매스컴의 발달로 자신의 행위를 광고하는데 더 큰 목적을 가진 사람도 있고, 은근히 보상을 바라는 사람도 있을 것입니다. 그러나 가끔은 자신의 전 재산을 내어놓으면서도 결코 자신을 밝히지 않는 사람들도 있습니다.

성경에도 오른손이 하는 일을 왼손이 모르게 하라는 예수님의 말씀이 있습니다(마태6.3). 자선을 베풀면서 내가 그런 일을 했노라 하는 겉치레의 자만심을 가져서는 안 된다는 가르침이지요. 『금강경』에도 부처님께서 수보리에게 말씀하시기를 어떤 것에도 걸림 없는 보시를 해야 한다고 하셨습니다. 색·성·향·미·촉·법 그 어디에도 걸리지 않고 어떤 생각에도 걸리지 않는 보시를 했을 때 보살이 짓는 복은 상상할 수 없을 정도로 많다고 하셨습니다. 즉 내가 보시를 행하면서 '내가 누구를 위해 자비를 베풀었어'라는 생각을 하지 않아야 한다는 것입니다. 자신을 위한 베풂이 아니라 중생을 위한 베풂이어야 참된 베풂이라고 할 수 있겠지요.

지계 역시 마찬가지입니다. 권력에 굴복하거나 강박에 의한 지계는 이미 지계가 아닙니다. 또 억압으로 인해 결국 한이 되는 인욕도 진정한 의미의 인욕이 아닌 것이지요. 보살의 실천행으로서의 십바라밀은 어느 것 하나 소홀히 할 수가 없습니다. 그리고 이 열 가지는 서로 별개의 것이 아니지요. 화엄보살도는 총상(總相)이며, 보시바라밀 내지 지바라밀 각각은 별상(別相)이라고 할 수 있습니다. 십바라밀의 모든 인연이 서로 위배되지 아니하여 보살도의 전체 모습이 되는 것이 동상(同相)이며, 보시바라밀 등 각 바라밀이 각기 다른 양상을 띠고 있음은 이상(異相)이라고 할 수 있습니다. 성상(成相)은 모든 바라밀에 의해 보살도의 공용이 이루어지며, 괴상(壞相)은 보시바라밀은 보시바라밀의 공덕이 있고 내지 지바라밀은 지바라밀의 공덕이 있는 것입니다. 그러므로 육상원융의 견지에서 볼 때 보시바라밀이 곧 화엄보살도라고 말할 수 있는 것이지요. 보시바라밀이 없으면 온전한 보살도가 이루어지지 않기 때문입니다.

즉 계(戒)를 지키는 사람만이 선정(禪定)에 들 수 있고 반야의 지혜(智慧)가 있는 사람이라야 올바른 방편(方便)을 얻을 수 있습니다. 또 모든 것을 아끼지 않고 주는 사람이 인욕(忍辱)하지 않을 리가 없습니다. 보시(布施)를 다하고 나서야 지계(持戒)를 하는 것이 아닙니다. 진실로 보시를 행하는 사람이라면 그는 이미 나머지 아홉 가지를 다 갖춘 사람일 것입니다. 그래서 「명법품」에서는 십바라밀 앞에 '청정(淸淨)'이라는 말을 꼭 붙이고 있는 것이지요.

따라서 청정하게 십바라밀을 행할 때 중생들로 하여금 고통과 번뇌의 세계로부터 깨달음의 저 언덕에 이르도록 할 수 있을 것입니다.

경문의 반야바라밀다를 설하는 부분을 보니, 마음공부 하는 사람들이 어떻게 접근해야할지를 잘 가르쳐주고 있는 것 같습니다.

그렇습니다. 경전은 어렵다는 생각을 버리고, 그 가르침을 잘 새겨보면 발심한 수행자가 어떤 순서로 깨달음의 길로 나아가야할지를 친절하게 구체적으로 일러주고 있음을 발견하게 됩니다.

도를 구하는 자는 여러 부처님 계신 곳에서 법을 듣고 받아 지니며 선지식을 가까이 하여 섬기는 것을 게을리 하지 않아야 한다고 합니다. 또 항상 법문 듣기를 좋아하여 싫증내는 일이 없으며 들은 것을 이치대로 사유하며 참된 삼매에 들어가 모든 편견을 버려야 한다고 합니다. 모든 법을 잘 관찰하여 실상의 인(印)을 얻으면 여래의 무공용(無功用)의 도를 분명히 알고 일체지지(一切智智)의 문에 들어가 영원한 휴식을 취할 수 있게 된다고 하였습니다.

부처님 말씀을 들을 수 있고, 선지식을 가까이 섬기는 일도 아무에게나 주어지는 기쁨은 아닌 것 같습니다. 물질만능으로 치달리는 자본주의 사회에서는 추구해야할 목표를 물질의 풍요에 두기 쉽고, 수많은 유혹의 손길이 더욱 정신의 피폐를 가속화시킴에도 불구하고 경전을 묵상하거나 좋은 스승의 말씀을 들을 기회가 많지 않습니다. 빠른 속도로 변화하는 현대에는 자칫 머뭇거리다가는 경쟁에서 밀려나기 십상이라 허겁지겁 경쟁의 대열에 끼여 물결처럼 떠다니다보면 어느덧 허망한 세월을 한탄하고 있는 늙은 자신을 발견하게 되지요. 자신의 일에서 벗어나 법문을 듣기를 즐기며 고요한 곳에 머물며 자신을 성찰하는 일은 큰 용기를 필요로 하는 일이라 보아도 좋을 것입니다.

부처님의 가르침대로 불법을 듣고 지니며, 선지식을 가까이 하며, 법문을 즐겨듣고 이치대로 사유하고, 참된 삼매에 들어 모든 편견을 버리게 되면 실상을 있는 그대로 볼 수 있게 되고 여래의 무공용의 도를 얻게 된다고 하였습니다. 무공용이란 억지로 애쓰거나 계획하지 않고 자연스럽게 흐름에 맡겨도 이루어지는 경지를 말합니다. 처음에는 누구나 지적인 이해나 의도적인 노력이 필요합니다. 그렇지만 실상의 이치를 깨달은 사람은 능동적으로 추구하는 것이 아니라 수동적으로 두어도 저절로 이루어지게 되는 것이지요. 그런 경지에 가면 바로 진리에 머물러 영원히 휴식을 취할 수 있다고 가르치고 있습니다.

우리 모두 경전의 이 한 단락만이라도 마음에 새겨 정진한다면 큰 깨달음을 얻는 중요한 계기가 될 수 있을 것입니다.

제4회
야마천궁회(夜摩天宮会)

설법한 장소 : 야마천궁(천상)

설주보살 : 공덕림보살

품명(총4개품) : 19. 승야마천궁품 20. 야마천궁게찬품
21. 십행품 22. 십무진장품

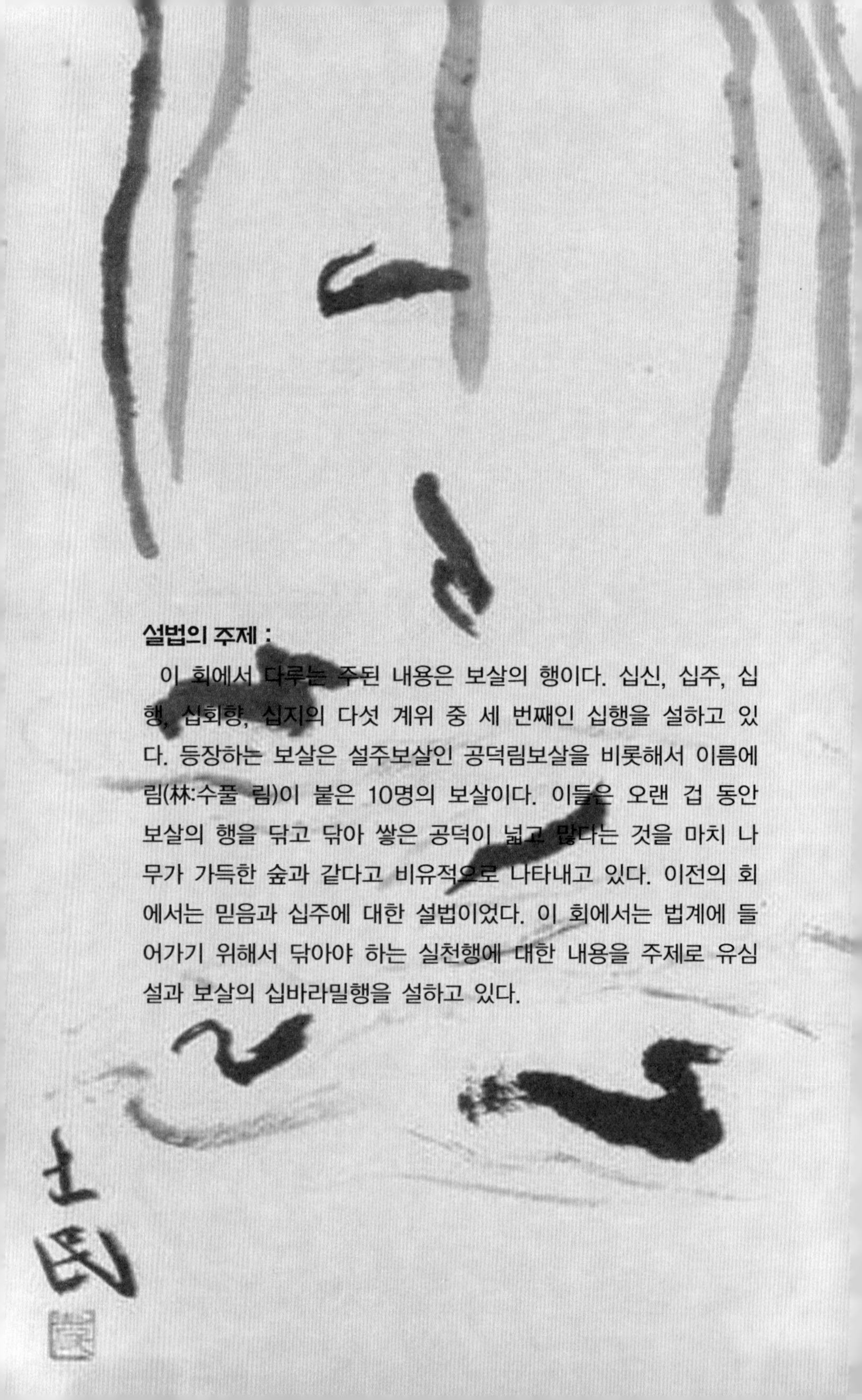

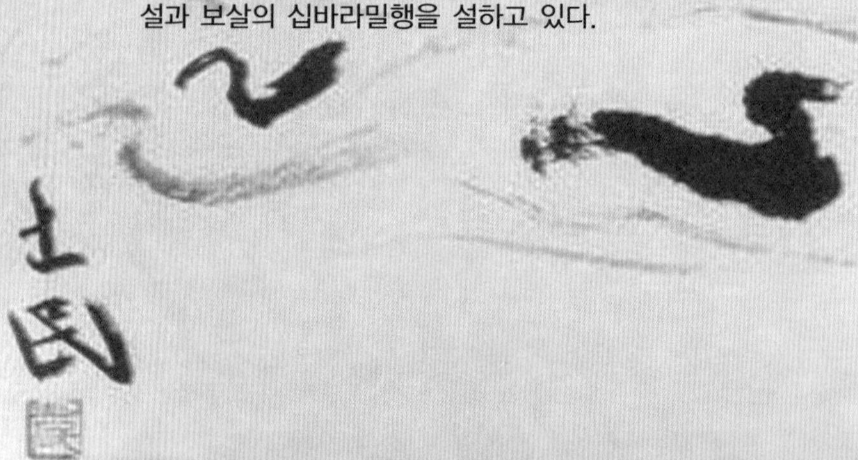

설법의 주제 :

이 회에서 다루는 주된 내용은 보살의 행이다. 십신, 십주, 십행, 십회향, 십지의 다섯 계위 중 세 번째인 십행을 설하고 있다. 등장하는 보살은 설주보살인 공덕림보살을 비롯해서 이름에 림(林:수풀 림)이 붙은 10명의 보살이다. 이들은 오랜 겁 동안 보살의 행을 닦고 닦아 쌓은 공덕이 넓고 많다는 것을 마치 나무가 가득한 숲과 같다고 비유적으로 나타내고 있다. 이전의 회에서는 믿음과 십주에 대한 설법이었다. 이 회에서는 법계에 들어가기 위해서 닦아야 하는 실천행에 대한 내용을 주제로 유심설과 보살의 십바라밀행을 설하고 있다.

제19. 승야마천궁품(昇夜摩天宮品)

요약

이 품은 4회인 야마천궁회의 서론부분에 해당한다. 이 회의 설법장소인 야마천궁을 설명하고 부처님을 모시는 장면이다.

부처님은 일체의 보리수와 일체의 수미산 정상을 떠나지 않고 야마천궁의 보장엄전으로 향하신다. 야마천왕이 멀리서 보고 즉시 보연화장 사자좌를 만들어 부처님을 공경하여 맞이한다. 야마천왕은 지난 세상 부처님 계신 곳에서 선근을 심던 것을 생각하면서 부처님의 공덕을 찬탄하고 이 궁전에 있는 사자좌가 매우 길상함을 게송으로 찬탄하였다.

세존께서 야마천궁으로 향하심

이 때 세존께서 모든 보리수 아래와 수미산 꼭대기를 떠나지 않으시고, *야마천궁의 보배로 아름답게 장식된 궁전을 향하셨습니다.

야마천왕이 멀리서 부처님께서 오시는 것을 보고 즉시 신통한 힘으로써 그 궁전 안에 보련화장사자좌를 만들었는데, 백만 층으로 아름답게 장식되었고, 백만의 황금그물이 서로 짜여져 있었으며, 백만 꽃 휘장, 백만 장식 휘장, 백만 향 휘장, 백만 보배 휘장이 그 위를 덮고 있었습니다.

爾時 世尊 不離一切菩提樹下 及須彌山頂, 而向於彼夜摩天宮寶莊嚴殿. 時 夜摩天王 遙見佛來 卽以神力 於其殿內 化作寶蓮華藏師子之座, 百萬層級 以爲莊嚴, 百萬金網 以爲交絡, 百萬華帳, 百萬鬘帳, 百萬香帳, 百萬寶帳 彌覆其上.

[한자풀이]

遙:멀 요, 아득하다 絡:헌솜 락, 명주 鬘:머리장식 만, 조화로 꾸민 비녀

At that time the World Honored One, without leaving the foot of the enlightenment trees and the peaks of the polar mountains, headed for the jewel-adorned hall of the palace of the Suyama heaven. The king of the Suyama heaven, seeing from afar the Buddha coming, produced by magical powers a jewel lotus bank lion throne in his palace, with a million tiers of decorations, wrapped in a million golden nets, covered with a million drapes of flowers, a million drapes of garlands, a million drapes of perfumes, and a million drapes of jewels.

[주]

*야마천: 夜摩天, S Suyāma-deva, 욕계(欲界) 6천(天)의 제 3천. 공거(空居) 4천의 하나. 수야마천(須夜摩天)·염마천(焰摩天)·염천(焰天)이라고도 하며, 선시천(善時天)·시분천(時分天)이라 번역. 시간을 따라 쾌락을 받으므로 시분천. 지상에서 16만 유순 위에 있다.

야마천왕이 부처님을 맞이함

이때, 야마천왕이 사자좌를 차려놓고는 부처님 세존을 향하여 허리를 굽히고 합장하며 공경하고 존중하는 마음으로 부처님께 말씀드렸습니다. "어서 오십시오 세존이시여. 잘 오셨습니다 선서시여. 참으로 잘 오셨습니다 여래·응정등각이시여! 바라오니 저희들을 가엾이 여기시어 이 궁전에 계시어주십시오." 이때 부처님께서 청을 받아들이시어 보배 궁전에 오르시니, 시방의 모든 곳에서도 역시 이와 같았습니다.

時 彼天王 敷置座已 向佛世尊 曲躬合掌 恭敬尊重 而白佛言. 善來世尊. 善來善逝. 善來如來應正等覺. 唯願哀愍 處此宮殿. 時 佛 受請 卽昇寶殿, 一切十方 悉亦如是.

[한자풀이]

敷:펼 부 躬:몸 궁 哀:슬플 애, 불쌍히 여기다 愍:근심할 민, 불쌍히 여기다 昇:오를 승, 높은 지위에 오르다

Then that celestial king, having set out this throne, turned to the Buddha, the World Honored One, bowed and joined his palms with reverence and respect and said, "Welcome, O World Honored One; welcome, Felicitous One: welcome, Enlightened One; welcome, O Worthy; welcome, O Truly Awakened One. Please be so gracious as to sojourn in this palace." Then the Buddha, accepting the invitation, ascended to the precious hall. This also took place in the same way everywhere in the ten directions.

야마천왕이 게송으로 부처님을 찬탄함

야마천왕은 지난 세상 부처님 계신 곳에서 선근 심던 것을 떠올리면서 부처님의 위신을 받들어 게송으로 말하였습니다.

爾時 天王 卽自憶念過去佛所 所種善根 承佛神力 而說頌言.

Then the celestial king, reflecting on the roots of goodness he had planted with past Buddhas, spoke these verses with the aid of the Buddha's spiritual powers.

보왕여래 이 세상의 등불이시니 　寶王如來世間燈
여러 가지 길상 중에 가장 으뜸이라 　諸吉祥中最無上
부처님 일찍이 이 청정한 궁전에 드시니 　彼曾入此淸淨殿
그러므로 이 곳이 가장 길상하다네 　是故此處最吉祥
The Buddha Jewel King, lamp of the world,

Supreme among the Auspicious,
Has been in this pure hall;
Therefore this place is most auspicious.

연등여래 세상을 밝게 비추시니 然燈如來照世間
여러 가지 길상 중에 가장 으뜸이라 諸吉祥中最無上
부처님 일찍이 이 훌륭한 궁전에 드시니 彼曾入此殊勝殿
그러므로 이 곳이 가장 길상하다네 是故此處最吉祥

The Buddha Burning Lamp, lighting the world,
Supreme among the Auspicious,
Has been in this magnificent hall;
Therefore this place is most auspicious.

[한자풀이]

曾:일찍 증

세존께서 궁전에 드시니 궁전이 드넓어짐

이 때 세존께서 마니보배로 장엄한 궁전에 드시어 보련화장사자좌 위에서 결가부좌하시니, 그 궁전이 홀연히 넓어져서 하늘 대중들이 있는 곳과 같았으며, 시방세계들도 모두 다 그와 같았습니다.

爾時 世尊 入摩尼莊嚴殿 於寶蓮華藏師子座上 結跏趺坐, 此殿 忽然廣博寬容 如其天衆 諸所住處, 十方世界 悉亦如是.

[한자풀이]

忽:갑자기 홀, 돌연 博:넓을 박 寬:너그러울 관, 집이 넓다 容:얼굴 용, 수

용하다, 받아들이다

Then the World Honored One entered the jewel-adorned hall and sat crosslegged on the jewel lotus flower bank lion throne; the hall suddenly expanded vastly. The same thing happened in all worlds of the ten directions as happened in the abodes of the gods.

자신을 비우고 낮출 수 있는 사람이
진정 용기 있고 자신감이 있는 사람입니다.

The one who can make himself empty
and down is the person
who truly have courage and confidence.

이 품은 부처님께서 야마천에 오르시어 설법하게 되는 장면을 묘사하고 있는데, 야마천이란 어떤 곳인지요? 그리고 이 상징이 의미하는 바가 무엇인지요?

야마천(夜摩天)은 욕계 6천 중의 세 번째 하늘입니다. 욕계(欲界)란 식욕(食慾)이나 수면욕(睡眠慾), 음욕(淫慾) 등의 수많은 욕심으로 이루어진 세계를 말합니다. 욕계는 색계(色界), 무색계(無色界)와 함께 삼계라고 불리는데, 이는 중생이 생사윤회를 거듭하는 모든 세계를 총칭하여 부르는 이름입니다.

욕계는 다시 여섯 갈래의 세계가 있는데, 지옥(地獄)·아귀(餓鬼)·축생(畜生)·아수라(阿修羅)·인간(人間)·천상(天上)으로 나눌 수 있습니다. 이 중 지옥(地獄)·아귀(餓鬼)·축생(畜生)을 일컬어 삼악도(三惡道)라고 부르는데, 중생의 지은 업에 따라 태어나게 되는 가장 최악의 세계인 것이지요. 그렇다면 욕계 중에서 가장 높은 갈래는 천상인데, 그것도 여섯 하늘로 나누고 있습니다. 여섯 하늘은 사왕천(四王天), 도리천(忉利天), 야마천(夜摩天), 도솔천(兜率天), 화락천(化樂天), 타화자재천(他化自在天)입니다.

사왕천은 수미산 중턱에 있고 도리천은 수미산 정상에 있어 지상에 있는 하늘인데 비해, 야마천 이후부터 타화자재천까지는 허공 중에 존재하는 세계라 공거(空居) 4천(四天)이라고 합니다. 이 중 야마천(梵 Suyāma-deva)은 선시천(善時天), 시분천(時分天)이라고 번역합니다. 『신화엄경론』에서 말하기를 이 하늘은 해나 달의 밝고 어두움이 없이 연꽃이 피는 것으로써 아침을 삼고 연꽃이 오므리는 것으로 밤을 삼는다고 합니다. 이 하늘은 지상에서 16만 유순 위에 있는데, 이 천상의 사람의 키는 2유순, 옷의 길이는 4유순, 넓이는 2유순이라고 합니다. 처음 난 때가 인간의 7세 아이와 같고, 얼굴이 원만하며, 의복은 저절로 마련되고, 수명은 2천세입니다. 그 하늘의 하루 밤낮은 인간의 200년에 해당하는데, 인간의 세월로 그 하늘의 2천세를 환산하면 14억 4백만년이나 된다고 합니다.

『신화엄경론』의 이통현 장자는 세존께서 야마천에 오르신 것은 공(空)에 의지하여 머물 뿐 인간과는 연결되지 않음을 밝힌 것으로, 십행도 마찬가지로 법의 공함에 의지하여 행을 행함으로써 때를 알아 세속을 이롭게 하기 때문에 이 하늘에 오르심을 나타낸 것이라고 말하고 있습니다.

야마천왕이 세존을 맞이하면서 사용하는 호칭을 보면 여러 가지를 동시에 쓰고 있는 것을 볼 수 있습니다. 짧은 문장에 세존·선서·여래·응정등각이라는 호칭을 쓰고 있는데, 모두 부처님을 지칭하는 것인지, 그렇다면 호칭의 의미는 어떻게 다른지 알고 싶습니다.

여래는 여러 가지 호칭으로 불리고 있습니다. 중생들이 수없이 많고 또한 그 종류가 다양하여 그들에게 깨우침을 주기위해 부처님도 수없이 많은 모습과 이름으로 그들 앞에 나타난다고 합니다. 우리가 흔히 사용하는 부처님 명호는 ①여래(如來) ②응공(應供) ③정등각자(正等覺者) ④명행족(明行足) ⑤선서(善逝) ⑥세간해(世間解) ⑦무상사(無上士) ⑧조어장부(調御丈夫) ⑨천인사(天人師) ⑩세존(世尊) 등으로 여래십호(如來十號)라 하여 열 가지를 들 수 있는데, 그 의미는 모두 부처님의 덕성을 나타내고 있음을 알 수 있습니다.

먼저 여래(如來)는 산스크리트어로 Tathāgata인데, 단어의 조성에 따라 여러 의미로 나누지만, 지금까지의 부처님들과 같이 같은 길을 걸어서 열반의 저 언덕에 이른 사람 혹은 진리에 도달한 사람이라는 의미를 지니고 있습니다. 대승불교에서는 진리 그 자체인 법신불이 이 세상에 그대로 드러났다고 해서 여래라고 부르고 있지요.

응공(應供, Arhat)이란 온갖 번뇌를 끊고 지(智)와 덕(德)이 원만하여 인간계(人間界)와 천상(天上界)의 공양을 받을만한 분이라는 뜻으로 역시 여래를 가리키는 말입니다.

정등각자(正等覺者, Samyak-sambuddha)란 글자 그대로 정(正)은 그릇됨이 없는 것이며 등(等)은 치우치지 않음을 말하고 각(覺)은 깨달아 아는 지혜입니다. 즉 정등각은 우주의 모든 것을 널리 깨달아 아는 지혜로서, 모든 부처님의 위없는 바르고 완전한 깨달음의 지혜를 가리킵니다. 따라서 부처님을 정등각자라고 부르는 것이지요. 보통 응정등각(應正等覺)이라고 할 때는 응(應)과 정등각(正等覺)을 합하여 부르는 말이지요.

명행족(明行足, Vidyācarana-sampanna) 역시 부처님의 십호 중의 하나입니다. 명(明)은 아누다라삼먁삼보리 즉 큰 지혜의 뜻이며 행족(行足)은 계·정·혜의 삼학(三學)을 뜻하는 것입니다. 즉 부처님은 계·정·혜 삼학의 수행을 통하여 밝고 큰 지혜를 얻으신 분이라는 의미입니다. 또 다른 의미로는 명(明)을 천안(天眼)·숙명(宿命)·누진(漏盡)의 삼명이라 하고, 행(行)을 신(身)·구(口)·의(意)의 삼업(三業)이라 하여 부처님은 이것을 모두 만족(滿足)하신 분이라 하여 명행족이라고 하기도 합니다.

선서(善逝, Sugata)는 수가타(須伽陀)라 음역하며, 호거(好去)·묘왕(妙往)이라고 번역하기도 합니다. 글자 그대로는 잘 가셨다는 뜻인데, 인(因)으로부터 과(果)에 가기를 잘하여 돌아오지 않는다는 뜻입니다. 즉 부처님은 확실하게 깨달음의 저 언덕에 가서 다시는 생사(生死)의 바다에 빠지지 않기 때문에 이렇게 부르기도 합니다.

세간해(世間解, Lokavid)란 세간의 유정(有情)과 비정(非情)의 모든 일을 다 안다는 의미에서 부처님을 세간해라고 부릅니다. 또 무상사(無上士, Anuttara)라는 부처님의 호칭은 위없이 높으신 분이라는 의미로 아누다라의 번역어입니다.

조어장부(調御丈夫, Purusadamyasārathi)는 부처님은 대자(大慈)·대비(大悲)·대지(大智)로써 모든 중생을 간절한 말이나 부드러운 말과 같이 여러 가지 방편으로 잘 조복(調伏)하고 제어(制御)하여 정도(正道)를 잃지 않게 하는 분이라는 뜻입니다.

천인사(天人師, sāstā deva-manusyānām)는 모든 천상(天上)의 존재들과 사람들의 스승이라는 의미입니다. 즉 부처님은 인간계의 사람들과 천상계의 신들을 가르쳐 인도하는 분이기 때문이지요. 여래 십호 중 마지막 명호인 세존(世尊, Bhagavat)은 세상에서 가장 존중받는 높으신 분이라는 뜻을 가지고 있습니다. 이는 부처님은 온갖 공덕을 원만히 갖추어 이 세상을 이롭게 하며, 또한 세상에서 가장 높으신 분이기 때문이지요.

이와 같이 부처님의 명호를 살펴보았습니다. 이름은 서로 다른 것 같지만, 결국 깨달으신 분을 묘사하기 위한 여러 표현이라고 볼 수 있지요. 따라서 위의 경문에서 본 '세존·선서·여래·응정등각'이라는 호칭은 바로 부처님을 감탄하여 맞이하면서 부른 이름이라는 것을 알 수 있을 것입니다.

야마천왕은 부처님이 앉으시도록 사자좌를 마련했다고 하는데, 사자좌가 의미하는 것은 무엇인지요?

경전에 사용되는 용어는 비유의 표현이 매우 많습니다. 그 수사법은 직유법과 은유법 등 매우 다양합니다. 사자좌(獅子座, simhāsana)란 부처님의 자리 혹은 부처님의 경지를 일컫는 말이지요. 사자는 동물 중의 왕으로 부처님이 모든 사람들 속에 있는 것이 마치 사자가 온갖 동물들 속에 있는 것처럼 우뚝 높다고 하여 이와 같이 비유합니다. 또 부처님께서 설법하실 때 앉으시는 높고 큰 자리를 사자좌라고 하지요.

사자에 비유되는 또 다른 용어는 사자후가 있습니다. 사자후(獅子吼, simhanada)란 부처님의 설법을 일컫는 말로, 크게 부르짖어 감동을 주는 설법에 비유하는 말입니다. 즉 사자가 한번 크게 부르짖어 포효하면 뭇 짐승들이 놀라서 자빠지는 것처럼, 부처님께서 한번 설법하시면 모든 악마가 다 굴복하게 된다는 의미에서 사용되고 있지요.

야마천왕도 부처님을 맞이하면서 부처님께서 앉으실 사자좌를 마련하였던 것이지요. 모든 중생은 불성을 가지고 있다고 하였습니다. 그렇다면 우리 마음속에도 부처님 앉으신 사자좌가 있을 터이지요. 가장 깊고 깨끗한 진리의 자리는 어디일까요? 모두다 마음 밖의 부처를 찾느라 애를 쓰지만, 내 마음속 불성의 자리를 찾는 일 또한 깨달음을 이루는 수행이라 할 수 있겠지요.

부처님께서 야마천궁에 오셨을 때 야마천왕은 정중히 절하며 자신들을 가엾이 여겨 이곳에 머물러 주실 것을 간곡히 청하고 있습니다. 인간계에 비

하여 천상은 까마득히 높은 곳으로 느껴지는데, 그곳의 천왕이 부처님께 자신들을 불쌍히 여기기를 바라면서 법을 청하는 모습이 조금만 높은 지위에 오르면 더 이상 배우려하지 않는 우리의 태도와는 비교가 되는 것 같습니다.

인간계에 비하여 천계가 매우 높은 위치에 있다고 하나 야마천에 있는 천상의 사람 역시 욕계를 벗어나지 못하는 수준입니다. 욕계란 앞에서도 말한 적이 있지만 욕심으로 이루어진 세계이지요. 욕계(欲界)와 색계(色界) 그리고 무색계(無色界)를 합하여 삼계(三界)라 부르는데, 이는 중생이 살아가는 동안에 지은 업의 과보인 동시에 이곳을 무대로 생사윤회를 거듭하게 되지요.

색계란 탐욕은 벗어났지만 완전히 물질계를 여읜 정신적인 세계에는 이르지 못한 중간단계의 세계이고, 무색계란 순수하게 정신적인 세계라고 할 수 있습니다. 깨달음의 세계란 이 모든 것을 초월해야만 하는 것이지요. 그러니까 욕계 6천의 세 번째 하늘인 야마천의 왕이 부처님께 정중히 예를 갖추며 법을 청하는 것은 당연한 일이겠지요.

우리가 야마천왕을 굉장한 지위에 있다고 느끼는 것은 결국 우리의 좁은 생각에서 나온 기준인 것이지요. 부와 권력으로 신분의 높낮이를 재는 우리 사회의 통념으로 이해하려고 하니까 어색하게 느껴지는 것입니다. 그러나 욕계가 아닌 무색계의 중생이라 할지라도 깨닫지 못한 자가 깨달으신 분께 간청하는 것이라 생각하면 이해가 더욱 쉽지요. 높다 낮다고 해도 욕계의 수준을 벗어나지 못하고 있는 자신을 자각한다면, 오히려 높은 수준에 있는 중생일수록 깨달음을 얻고자 하는 욕구가 강렬하여 자신의 부족함을 솔직하게 인정하고 자신을 낮출 수 있을 것입니다.

우리 주변의 관계 속에서도 자신을 낮출 수 있는 사람이 진정 용기있고 자신감이 있는 사람인 것을 볼 수 있습니다. 자신감이 부족한 사람은 자신이 못났다고 남에게 말할 수도 없고, 스스로 인정하고 싶지도 않습니다. 다른 사람들이 자기를 낮추어 볼까봐 두려워서 오히려 더 잘난척하려고 애를 쓰게 되지요. 많이 배우고 가진 자들은 가진 것을 뺏길까봐 힘껏 움켜쥐게 되고 경쟁자들을 물리치기 위해 아집의 벽을 쌓아 자신을 보호하려 드는 경우가 많습니다. 남의 문하에 가서 배우거나 자신의 부족함을 드러내면 명예가 떨어지고 비웃음을 살까봐, 몰라도 아는 척하며 거들먹거리는 경우도 흔히 볼 수 있습니다.

인간계에 사는 우리가 볼 때, 까마득히 높은 지위에 있다고 여겨지는 야마천왕도 저토록 겸손한 마음으로 깨달음을 얻기 위해 자신을 낮추는데, 인간계에 사는 우리들이 외적인 기준으로 신분의 차등을 두어 도토리 키 재기 식의 다툼을 한다는 것은 허망하고 알량한 오만이 아니겠습니까?

천왕이라는 지위에 만족하지 않고 아직 깨달음을 얻지 못한 자신을 기꺼이 낮추고 부처님께 간절히 법을 청하는 야마천왕은 진정한 구도자의 모습인 것이지요. 이러한 태도는 비굴한 것도 불쌍한 것도 아닙니다. 부족한데도 가르침을 청하지 못하는 태도야말로 비겁하고 불쌍한 행위가 아니겠습니까? 자신을 두고 '불쌍히 여기시어'라고 말할 수 있는 사람은 이미 불쌍한 사람이 아닌 것일 테니까요. 이와 같은 관계는 상호존중의 관계이며 성실하고 진실한 관계라고 할 수 있을 것입니다.

제20. 야마천궁게찬품(夜摩宮中偈讚品)

요약

이 품에서는 상주안불(常住眼佛)께서 계시는 친혜세계(親慧世界)의 공덕림보살을 위시한 열명의 보살들이 게송으로 부처님을 찬탄하는 내용으로 이루어져있다.

앞품에서는 부처님께서 야마천궁에 오르시어 마니보배 장엄전에 드시고 보련화장 사자좌에 결가부좌를 하셨다. 이 품의 시작에서는 부처님의 신력으로 시방의 큰 보살들이 수많은 보살들과 함께, 십만 세계의 티끌 수 국토 밖에 있는 세계로부터 부처님 계신 곳으로 와서 모였다. 이 때 모인 10불 세계의 큰 보살들은 각자 부처님 계신 곳에서 청정한 행을 닦던 분들로서, 공덕림·혜림·승림·무외림·참괴림·정진림·역림·행림·각림·지림보살이다.

이 보살들이 부처님께 와서 공경예배하고 설법을 듣기 위해 결가부좌하여 자리에 앉으면서 설법 들을 준비를 갖추었다. 이 때 부처님께서는 두 발등으로 광명을 내시어 시방세계를 비추셨다. 각 보살들은 게송으로 해당지위의 법을 찬탄하였는데, 특히 각림보살의 유심게는 마음을 화가에 비유한 게송으로 널리 알려져 있다.

이 유심게의 일심 또는 유심사상은 『화엄경』의 대표적인 중요한 내용이라고 할 수 있다.

보살대중들이 모여 듦

이 때 부처님의 신력으로, 시방에 있는 각각 큰 보살들이 각자 부처님세계의 티끌 수처럼 많은 보살들과 함께, 십만 부처님세계의 티끌 수 국토 밖에 있는 여러 세계로부터 와서 모였습니다. 그 이름은 공덕림보살 · 혜림보살 · 승림보살 · 무외림보살 · 참괴림보살 · 정진림보살 · 역림보살 · 행림보살 · 각림보살 · 지림보살이었습니다.

爾時 佛神力故 十方各有一大菩薩 一一各與佛刹微塵數菩薩, 俱 從十萬佛刹微塵數國土外諸世界中 而來集會. 其名曰功德林菩薩, 慧林菩薩, 勝林菩薩, 無畏林菩薩, 慚愧林菩薩, 精進林菩薩, 力林菩薩, 行林菩薩, 覺林菩薩, 智林菩薩.

THEN, DUE TO THE SPIRITUAL FORCE of the Buddha, a great enlightening being from each of the ten directions, each accompanied by as many enlightening beings as atoms in a buddha-land, came from beyond as many lands as atoms in a hundred thousand buddha-lands, and gathered in an assembly. The names of those great enlightening beings were: Forest of Virtues; Forest of Wisdom; Forest of Victory; Forest Fearlessness; Forest of Conscience; Forest of Energy; Forest of Power; Forest of Practice; Forest of Awareness; Forest of Knowledge.

세존께서 두 발로 광명을 내어 비추심

이 때 세존께서 두 발에서부터 백 천억의 오묘한 빛 광명을 내어 시방의 모든 세계를 비추시니, 야마천궁에 계시는 부처님과 대중들이 모두 나타났습니다.

爾時 世尊 從兩足上 放百千億妙色光明 普照十方一切世界, 夜摩宮中佛及大衆 靡不皆現

Then the World Honored One emanated from the top of his feet ten trillion beams of light of wonderful hues, illumining the ten directions; the Buddhas and congregations in the palaces of the Suyams heavens in all worlds were made clearly visible.

보살들이 각각 부처님을 찬탄함

1. 공덕림보살의 찬탄

공덕림보살이 부처님의 위신력을 받들어 시방을 두루 관찰하고 게송으로 말하였습니다.

爾時 功德林菩薩 承佛威力 普觀十方 而說頌言.

Then the Enlightening being Forest of Virtues, imbued with power from the Buddha, looked over the ten directions and said in verse.

세상의 탐욕 멀리 떠나고　　遠離世所貪
그지없는 공덕 갖추심으로　　具足無邊德
신통한 힘을 얻게 되니　　故獲神通力
못보는 중생들이 없습니다　　衆生靡不見
Leaving behind worldly desires
He fulfilled boundless virtue;
Therefore he gained spiritual power
And is seen by all beings.

시방세계 다니시는 데에　　遊行十方界
허공과 같이 걸림 없으니　　如空無所碍
한 몸인지 무량한 몸인지　　一身無量身
그 모양 취할 수 없어라　　其相不可得
He traverses all worlds in the cosmos
Like space, with no obstruction;
One body, infinite bodies:
His form cannot be grasped.

그지없는 부처님의 공덕을　　佛功德無邊
어찌 헤아려 알 수 있으리　　云何可測知
머물지 않고 가지도 않지만　　無住亦無去
법계에 널리 들어가시네　　普入於法界
Buddha's virtues are boundless;
How could they be measured?
Neither abiding nor leaving,
He permeates the cosmos.

2. 혜림보살의 찬탄

혜림보살이 부처님의 위신력을 받들어 시방을 널리 관찰하고 게송으로 말하였습니다.

爾時 慧林菩薩 承佛威力 普觀十方 而說頌言.

Then the enlightening being Forest of Wisdom, empowered by the Buddha, looked over the ten directions and said in verse.

여래께서 세상에 나오시어서　　如來出世間
세상 어둠 어리석음 없애시고　　爲世除癡冥
세상의 등불같은 이러한 분은　　如是世間燈
참으로 귀하여 뵙기 어렵습니다　　希有難可見

Buddha appears in the world
Removing the darkness of ignorance;
Such a lamp of the world
Is rare and hard to get to behold.

[한자풀이]

冥:어두울 명　希:바랄 희, 드물다

여래는 대등할 이도 없고　　如來無與等
비교할 수도 없으니　　求比不可得
진실한 법을 깨닫지 못하고는　　不了法眞實
아무도 여래를 뵙지 못합니다　　無有能得見

The Buddha has no peer;
None comparable can be found.

Without comprehending real truth
No one can perceive him.

부처님의 몸에서 신통에 이르기까지 佛身及神通
자재하심이 이루 헤아리기 어렵고 自在難思議
가는 일도 없고 오는 일도 없지만 無去亦無來
법을 말씀하시어 중생제도 하시네 說法度衆生

Buddha's body and psychic powers
Are inconceivably free:
Neither going nor coming,
He speaks the truth to liberate.

3. 승림보살의 찬탄

승림보살이 부처님의 위신력을 받들어 시방을 널리 관찰하고 게송으로 말하였습니다.

爾時 勝林菩薩 承佛威力 普觀十方 而說頌言.

Then the enlightening being Forest of Victory, imbued with power from the Buddha, looked over the ten directions and said in verse.

비유하면 한여름 철의 譬如孟夏月
구름 없는 깨끗한 허공처럼 空淨無雲曀
빛나는 태양빛 광명이 퍼져 赫日揚光輝
시방에 가득히 충만합니다. 十方靡不充

As in the summer months
With the sky clear and cloudless,

The radiant sun blazes with light
Filling the ten directions,

[한자풀이]

曀:구름낄 예　赫:붉을 혁, 빛나는 모양　揚:오를 양, 하늘을 오르다　輝:빛날 휘, 광채를 발하다

그 빛은 한량이 없어　其光無限量
헤아려 알 수 없으니　無有能測知
눈뜬 사람도 그러한데　有目斯尙然
하물며 눈어두운 소경들이야!　何況盲冥者

That light boundless,
Impossible to measure
Even by those with eyes,
Let alone the blind—

[한자풀이]

斯:이 사, 어조사, 則과 같은 뜻　況:하물며 황, 더구나　盲:소경 맹, 눈이 멀다　冥:어두울 명

부처님들도 이와 같아서　諸佛亦如是
끝도 없는 크나큰 공덕은　功德無邊際
아무리 오랜 겁을 지나더라도　不可思議劫
분별하여 알 수가 없습니다　莫能分別知

So are the Buddhas-
Their virtues are boundless;
Even in inconceivable eons
No one can know them in detail.

4. 무외림보살의 찬탄

무외림보살이 부처님의 위신력을 받들어 시방을 널리 관찰하고 게송으로 말하였습니다.

爾時 無畏林菩薩 承佛威力 普觀十方 而說頌言.

Then the enlightening being Forest of Fearlessness, by the power of the Buddha, looked over the ten directions and said in verse.

한량없고 수 없는 겁 동안에	無量無邊劫
이 법 만나기가 참으로 어려운데	此法甚難値
만약 듣게 되는 사람 있다면	若有得聞者
본래의 원력임을 알아야합니다	當知本願力

This teaching is hard to encounter
Even in countless eons:
If any get to hear it,
Know it is the power of past vows.

어떤 사람 이 법을 지닐 수 있고	若有能受持
이와 같은 여러 부처님 가르침을	如是諸佛法
지닌 후에 남에게 널리 말한다면	持已廣宣說
이 사람 마땅히 부처 될 것입니다	此人當成佛

If any can accept and hold
Such teachings of Buddha,
And, upholding them, spread them too,
They will become Buddhas.

하물며 부지런히 정진하여　　　　　況復勤精進
견고한 마음 버리지 않으면　　　　　堅固心不捨
이러한 사람은 알아야합니다　　　　　當知如是人
꼭 깨달음 성취할 수 있음을!　　　　　決定成菩提

How much the more so those who work diligently,
Firm of mind, not giving up:
You should know such people
Will certainly attain enlightenment.

5. 참괴림보살의 찬탄

참괴림 보살이 부처님의 위신력을 받들어 시방을 널리 관찰하고 게송으로 말하였습니다.

爾時 慚愧林菩薩 承佛威力 普觀十方 而說頌言.

[한자풀이]

慚:부끄러워할 참　愧:부끄러워할 괴

Then the enlightening being Forest of Conscience, empowered by the Buddha, looked over the ten directions and said in verse.

지혜 없는 곳에서부터는　　　　　無有從無智
지혜가 생길 수가 없으니　　　　　而生於智慧
세간은 늘 어둔 곳이므로　　　　　世間常闇冥
지혜를 낼 수 없습니다　　　　　是故無能生

Never from lack of wisdom
Has wisdom ever been born:

Worldlings are always in the dark,
And therefore none can produce it.

[한자풀이]

闇:어두울 암　冥:어두울 명, 아득하다

모양있는 것과 모양없는 것	如相與無相
생사와 열반과 같이	生死及涅槃
차별되고 각각 같지 않으니	分別各不同
지혜와 무지도 그러합니다	智無智如是

As signs and signlessness,
Birth-death and nirvana,
Are distinct and not the same,
So are knowledge and nescience.

마치 *'아가타'라고 하는 약이	如阿伽陀藥
온갖 독을 없앨 수 있는 것같이	能滅一切毒
지혜도 역시 이와 같아서	有智亦如是
무지를 다 없앨 수 있습니다	能滅於無智

Just as a panacea
Can eliminate all toxins,
So also can knowledge
Extinguish all ignorance.

[주]

*아가타: Ⓢagada의 음역. 이 약은 중생의 병을 널리 제거한다는 뜻. 또 무가(無價)로 한역하는 경우가 있으나, Ⓢgada를 가(價)로 해석하여 이 약은 가치를 헤아릴 수 없다고 하는 의미를 취한다. ①gada는 병이란 뜻. a는 부

정의 뜻이며 따라서 아가타는 무병, 건강, 나아가 불사(不死)를 의미한다. ②약의 뜻으로 특히 해독제를 의미한다. 죽지 않는 약. 이 약을 복용하면 병이 없어진다는 뜻 ③통속적인 어원해석에 의하면 Ⓢagada를 Ⓢāgada로 해석하여 보거(普去)라 한역한다.

6. 정진림보살의 찬탄

이 때 정진림 보살이 부처님의 위신력을 받들어 시방을 두루 관찰하고 게송으로 말하였습니다.

爾時 精進林菩薩 承佛威力 普觀十方 而說頌言.

Then the enlightening being Forest of Energy, empowered by the Buddha, looked over the ten directions and said in verse.

금과 금빛이라는 것이　　如金與金色
그 성품 차별 없는 것처럼　　其性無差別
법과 법 아닌 것도 그러해　　法非法亦然
본래의 성품이 다르지 않습니다　　體性無有異

Just as a gold and gold color
Are in essence no different,
So also phenomena and nonphenomena
Are in essence no different.

비유하면 숫자를 셈하는 법이　　譬如算數法
하나씩 더하면 한량이 없는데　　增一至無量
수라는 것은 제 성품 없는 것　　數法無體性

지성으로 인해 차별하게 됩니다 智慧故差別
It's like the method of counting,
Adding one, up to infinity;
The numbers have no substantial nature:
They are distinguished due to intellect.

[한자풀이]
算:셀 산, 수효

마치 시방에 있는 중생들이 如十方衆生
제각각 허공의 모양 받아들이듯 各取虛空相
부처님을 볼 때도 그와 같아서 諸佛亦如是
세간에서 망령되게 분별합니다 世間妄分別
These sentient beings of the universe
Each grasp characteristics of space:
So it is of the Buddhas;
Worldlings conceive of them arbitrarily.

7. 역림보살의 찬탄

이 때 역림보살이 부처님의 위신력을 받들어 시방을 널리 관찰하고 게송으로 말하였습니다.

爾時 力林菩薩 承佛威力 普觀十方 而說頌言.

Then the enlightening being Forest of Power, by the Buddha's power, looked over the ten directions and said in verse.

*오온은 *업이 그 근본이요 諸*蘊業爲本

모든 업은 마음이 근본이니 諸業心爲本
마음이란 것은 환상 같아서 心法猶如幻
세간도 역시 그러합니다 世間亦如是

The five clusters are based on actions,
Actions are based on mind:
Mental phenomena are like phantoms,
And so indeed is the world.

[주]

*온: 蘊, 쌓여서 모여진 것. 인간존재를 구성하는 요소. 오온(五蘊)이란 인간존재 그 자체의 형태를 다섯 개의 면에서 본 것으로 색·수·상·행·식을 말한다.

*오온: 五蘊, ⓈPañca-skañdha ⓅPanca-khandha, 5취온(取蘊), 5음(陰), 5중(衆), 5취(聚)라고도 한다. 온(蘊)은 모아 쌓은 것. 곧 화합하여 모인 것. 무릇 생멸하고 변화하는 것을 종류대로 모아서 5종으로 구별. ①색온(色蘊, ⓈRūpa-skand ha): 스스로 변화하고 또 다른 것을 장애하는 물체 ②수온(受蘊): 고(苦)·락(樂)·불고(不苦)·불락(不樂)을 느끼는 마음의 작용 ③상온(想蘊): 외계(外界)의 사물을 마음 속에 받아들이고, 그것을 상상하여 보는 마음의 작용 ④행온(行蘊): 인연으로 생겨나서 시간적으로 변천함 ⑤식온(識蘊, ⓈVijñāna-skancha): 의식(意識)하고 분별함

*업: 業, ⓈKarma, ⓅKamma, 몸·입·뜻으로 짓는 말과 동작과 생각하는 것과 그 세력을 말한다. 업은 짓는다는 의미로서 정신으로 생각하는 작용 곧 의념(意念)이며, 이것이 뜻을 결정하고 선악을 짓게 하여 업이 생긴다. 업은 또 사업(思業)과 사이업(思已業)으로 나눈다. 사업은 뜻으로 활동하는 정신내부의 의업(意業). 사이업은 한번 뜻을 결정한 후에 외부에 표현되는 표업(表業)에 의하여 그 표업이 끝난 후에도 밖으로는 표현되지 않아도, 그 선업이나 악업을 상속하는 것은 무표업(無表業)이다. 또 업은 선업(善業)과 악업(惡業)으로 나눈다. 선업 중 주요한 것은 10선업, 그 반대는 10악업. 이

밖에도 업의 분류에는 여러 가지가 있지만, 악업만을 단순히 업이라 하기도 한다.

비록 세간이 이루어지기도 하고　　世間雖有成
세간이 파괴되기도 하지만　　世間雖有壞
세간을 분명히 통달한 이는　　了達世間者
이러한 것을 말하지 않습니다　　此二不應說
Though the world has a formation
And a disintegration,
One who understands the world
Would not speak this way.

어떤 것을 세간이라 하고　　云何爲世間
어떤 것을 세간 아니라 합니까　　云何非世間
세간과 세간 아닌 것은　　世間非世間
단지 이름만 다를 뿐입니다　　但是名差別
What is the world,
What is not a world?
World and not world
Are only distinctions of name.

삼세와 오온 법을　　三世五蘊法
세간이라 말하고　　說名爲世間
그것이 멸한 것을 세간 아니라 하니　　彼滅非世間
이와 같이 이름만 빌렸을 뿐입니다　　如是但假名
The three times and five clusters

Are called the world,
Their extinction is "not the world" :
Thus they are just temporary names.

[한자풀이]

假:빌 가, 잠시

8. 행림보살의 찬탄

이 때 행림보살이 부처님의 위신력을 받들어 시방을 널리 관찰하고 게송으로 말하였습니다.

爾時 行林菩薩 承佛威力 普觀十方 而說頌言.

Then the enlightening being Forest of Practice, empowered by the Buddha, looked over the ten directions and said in verse.

시방 세계에 있는	譬如十方界
모든 지위의 종성들은	一切諸地種
제 성품 있는 것 아니지만	自性無所有
두루 하지 않는 곳 없듯이,	無處不周遍

As in all worlds
All the solid elements
Have no independent existence
Yet are found everywhere,

다만 모든 업인 연고로	但以諸業故
중생이라 말하거니와	說名爲衆生
역시 중생들을 떠나서는	亦不離衆生

업을 찾아 볼 수 없네　　　　而有業可得
Just because of activities
Do we say the name "living beings"-
And there is no action to be found
Apart from living beings.

업의 성품 본래 공적한 것이나　　　　業性本空寂
중생들이 의지하는 것이며　　　　衆生所依止
온갖 형상으로 나타나지만　　　　普作衆色相
어디에서도 온 곳 없어라　　　　亦復無來處
The nature of action is fundamentally empty and nil,
But is that on which beings are based,
Everywhere producing all physical forms,
And yet coming from nowhere.

몸도 부처 아니고　　　　身亦非是佛
부처도 몸 아니지만　　　　佛亦非是身
다만 법으로 몸을 삼아　　　　但以法爲身
온갖 법을 통달 하도다　　　　通達一切法
The body is not the Buddha,
Nor is Buddha a body:
Only reality is the body,
Permeating all things.

만일 바른 생각을 닦아서　　　　若修習正念
분명하게 *정각을 보게 되면　　　　明了見正覺

모양도 없고 분별도 없어 無相無分別
법왕자라 이름 할 것입니다 是名法王子
If one cultivates right awareness
And clearly sees true awakening,
Signless, Without discrimination,
This is an inheritor of truth.

[주]

*정각: 正覺, ⓢSaṁbodhi, 17품 참고.

9. 각림보살의 찬탄

이 때 각림보살이 부처님의 위신력을 받들어 시방을 널리 관찰하고 게송으로 말하였습니다.

爾時 覺林菩薩 承佛威力 遍觀十方 而說頌言.

Then the enlightening being Forest of Awareness, imbued with the power of Buddha, looked over the ten directions and said in verse.

비유하면 그림 그리는 화가가 譬如工畵師
자기 마음 알 수 없으면서도 不能知自心
마음으로 인해 그림 그리듯이 而由心故畵
모든 법의 성품도 그러 합니다 諸法性如是
Just as a painter
Can't know his own mind
Yet paints due to the mind,
So is the nature of all things.

마음은 마치 화가와 같아서　　心如工畵師
온갖 세간 그려낼 수 있는데　　能畵諸世間
오온은 마음에서부터 생기니　　五蘊悉從生
모든 것을 다 만들게 됩니다　　無法而不造
Mind is like an artist,
Able to paint the worlds:
The five clusters all are born thence;
There's nothing it doesn't make.

마음처럼 부처도 그러하고　　如心佛亦爾
부처처럼 중생도 그러하니　　如佛衆生然
부처나 마음을 알아야 합니다　　應知佛與心
자체의 성품이 다함없음을!　　體性皆無盡
As is the mind, so is the Buddha;
As the Buddha, so living beings:
Know that Buddha and mind
Are in essence inexhaustible.

만약 사람이 마음의 움직임으로　　若人知心行
널리 온갖 세간 만들어짐을 안다면　　普造諸世間
이 사람 곧 바로 부처를 보게 되어　　是人則見佛
참된 부처의 성품 깨닫게 됩니다　　了佛眞實性
If people know the actions of mind
Create all the worlds,
They will see the Buddha
And understand Buddha's true nature.

만약에 삼세 일체 부처님을 若人欲了知
진실로 깨달아 알려는 사람은 三世一切佛
*법계의 성품을 보아야 합니다 應觀法界性
모든 것이 마음에서 만들어짐을! 一切唯心造
If people want to really know
All Buddhas of all times,
They should contemplate the nature of the cosmos:
All is but mental construction.

[주]

*법계: 法界, ⓈDharmadhātu 달마타도(達磨馱都)라 음역. 15품 참고.

10. 지림보살의 찬탄

이 때 지림보살이 부처님의 위신력을 받들어 시방을 널리 관찰하고 게송으로 말하였습니다.

爾時 智林菩薩 承佛威力 普觀十方 而說頌言.

Then the enlightening being Forest of Knowledge, receiving power from the Buddha, looked over the ten directions and said in verse.

집착한 것도 취할 수 없고 所取不可取
본 것도 볼 수 없으며 所見不可見
들은 것도 들을 수 없어 所聞不可聞
한 마음이란 불가사의합니다 一心不思議
The grasped cannot be grasped,
The seen cannot be seen,

The heard cannot be heard:
The one mind is inconceivable.

[한자풀이]

取:취할 취, 가지다, 얻다

말해서 안되는 것을 말한다면	不應說而說
이것은 스스로 속이는 것이라	是爲自欺誑
자기 일을 성취할 수 없으니	己事不成就
중생을 기쁘게 할 수 없습니다	不令衆歡喜

To say what should not be said
Is self-deception;
When one's own task is not complete,
One cannot gladden others.

[한자풀이]

欺:속일 기, 거짓 誑:속일 광, 기만하다

비유하면 마치 여의주가	譬如隨意珠
온갖 빛깔 나타낼 수 있는 것처럼	能現一切色
빛깔 없지만 빛깔이 드러나는 것은	無色而現色
부처님들도 역시 그러합니다	諸佛亦如是

Just as the wish-fulfilling jewel
Can manifest all colors,
Being colorless yet manifesting color,
So are all the Buddhas.

[주]

*여의주: 如意珠, ⓢCintāmaṇi, 이 구슬은 뜻대로 여러 가지 욕구하는 것을

내기 때문에 여의주라고 한다. 여의륜관음은 두 손에 이 보배구슬을 가졌고, 사갈라 용왕의 궁전에도 있다고 한다.

또 마치 청정한 허공은	又如淨虛空
형상 아니어서 볼 수 없는 것처럼	非色不可見
비록 온갖 모양으로 나타나더라도	雖現一切色
허공을 볼 수 있는 이는 없습니다	無能見空者

Also like clear space
Is formless and invisible
And though it shows all forms
None can see space,

비록 여래의 음성을 듣지만	雖聞如來聲
음성이 여래는 아닙니다	音聲非如來
그렇지만 음성을 떠나서는	亦不離於聲
*정등각을 알 수가 없습니다	能知正等覺

Though the Buddha's voice is heard,
The sound is not the Buddha;
And yet not apart from sound
Can the Truly Awake be known.

[주]

*정등각: 正等覺 Ⓢsamyak-sambodhi, 정(正)은 사(邪)에 대하고 등(等)은 치우치지 않음을 보인 것이요 각(覺)은 일체 제법(諸法)을 깨달아 아는 지혜이다. 정등각은 바로 우주의 일체만상을 두루 아는 지혜이다. 제불(諸佛)이 무상정지(無上正智)를 말함.

*보리는 오고 감이 없어서　　菩提無來去
온갖 *분별을 떠난 것인데　　離一切分別
어떻게 이런 가운데에서　　云何於是中
스스로 보았다고 말하리오　　自言能得見

Enlightenment has no coming or going;
It's apart from all discriminations:
How then can one
Say he able to see it?

[주]

*보리: 菩提, ⓢBodhi, 보리가 음사하며 '깨닫다'의 의미이다. 도(道)·지(智)·각(覺)이라 번역. ①불교 최고의 이상(理想)인 불타 정각의 지혜. 곧 불과(佛果) ②불타 정각의 지혜를 얻기 위하여 닦는 도(道). 불과에 이르는 길을 말함. 우리나라 속음에 '보리'라고 한다.

*분별: 分別, ⓢvibhaga, vikalpa, 모든 사리(事理)를 사량(思量)하여 식별(識別)하는 것. 이는 마음과 심소(心所)의 자성(自性)의 작용이므로 마음과 심소의 다른 이름이 된다.

부처님은 법을 가진 것 아닌데　　諸佛無有法
부처님들 어찌 말씀이 있으리오　　佛於何有說
다만 자기의 마음을 따라서　　但隨其自心
이 같이 설법이라 생각 합니다　　謂說如是法

The Buddhas have no doctrine:
How could Buddha have any explanation?
It is just in accord with one's own mind
One thinks Buddha expounds such a doctrine.

모든 것은 오로지 마음에서
비롯됩니다(一切唯心造).

All cause only from mental construction.

야마천궁회에서 설주보살은 공덕림보살인데, 시방에서 몰려온 수많은 보살들의 이름이 '림'으로 끝나는 이름을 가진 것이 인상적입니다. 이것은 어떤 의미가 있는지 궁금합니다.

'야마천궁게찬'이란 야마천의 궁전에서 보살들이 부처님을 찬탄하는 게송을 올린다는 뜻입니다. 야마천궁에서 펼쳐지는 법회에는 시방에서 온 대보살들이 저마다 십불찰미진수 보살을 거느리고 모였는데, 열명의 상수보살들은 모두 '림(林)'으로 끝나는 이름을 가지고 있습니다.

'림(林)' 즉 숲을 생각하면 넓고 크며 웅장하고 많다는 느낌을 가지게 됩니다. 한편 지혜와 자비의 그늘을 드리워 중생들의 안식처가 되며, 시내와 연못이 있어 온갖 새들과 짐승들이 의지하게 됩니다. 온갖 꽃을 피워 열매를 맺게 하니 아름답기 그지없습니다. 더위를 막아주고 시원한 바람을 주며, 깨끗한 공기는 마음을 청정하게 합니다.

경쟁이 심해지고 물질적 가치 위주의 생활로 긴장이 팽배해지는 사회일수록 사람들은 잠시라도 복잡한 도시를 떠나 조용한 곳으로 가고 싶어 합니다. 최근에는 사람들에게 많이 알려지고 편의시설로 잘 꾸며진 휴식처보다, 조용하고 이름 없는 휴양림에서 숲과 함께 대화하고 호흡하면서 쉬고 싶어 하는 사람들이 늘고 있습니다. 그것은 위에서 열거한 것과 같은 숲이 가진 덕목 때문이겠지요. 우리도 숲의 공덕을 배운다면 그 또한 수행의 방편이라 할 수 있겠지요.

『신화엄경론』에 의하면 수풀 '림'이라는 상징이 주는 다섯 가지 의미의 덕이 있습니다. 첫째는 건립의 덕으로서, 10행의 지위에 있는 보살은 안으로 큰 지혜와 대자비로 스스로 수호하여 경계가 저절로 고요하고, 밖으로는 색진(色塵) 경계의 바람에 꺾이지 않아 일체중생에게 이로움을 주므로 숲에 비유합니다. 둘째는 몸체와 줄기와 큰 가지와 작은 가지가 서로의 대상에 의지해 낳으면서도 낳음이 없는 덕을 가집니다. 즉 모든 것이 인연에 의해 생기게 됨을 말하고 있습니다. 셋째는 꽃과 잎과 열매로 이로움을 주는 덕을 가집니다. 나무의 꽃은 사람들을 즐겁게 하고, 잎은 뜨거운 열기를 가로막아서 청량함을 얻게 하고, 열매는 중생에게 양식이 되어 충족시켜줍니다. 넷째는 뜨거운 더위를 막아서 시원하게 하는 덕을 가집니다. 다섯째는 인간·용·새·짐승·귀신 등이 돌아가는 곳으로의 덕을 가집니다.

숲이라는 상징이 주는 이와 같은 뜻에서 볼 수 있듯이 10행위의 보살들은 수많은 행을 건립하기 때문에 공덕 역시도 참으로 많습니다. 따라서 법신이 자비와 지혜로써 온갖 행을 행하기 때문에 그 공덕이 숲과 같이 많음을 나타내기 위해 십행을 설하기 위한 야마천궁회에서 '림(林)'으로 끝나는 보살의 이름이 등장하는 것입니다.

수많은 보살대중들이 모였을 때 부처님께서는 두 발등으로부터 오묘한 빛의 광명을 내시며 온 누리를 비추셨습니다. 10신의 법문 전에는 발밑의 족륜(足輪)으로부터 광명을 내셨고, 10주의 법문 전에는 발가락 끝에서 광명을 놓으시고, 이제 10행의 설법을 앞두고 발등으로 광명을 놓으시고 계십니다. 광명을 내시는 부위가 발밑에서 점점 올라가는 것은 어떤 상징적 의미가 있을 것이라는 생각이 듭니다.

다른 경전에서도 부처님께서 설법하시기 전에 광명을 놓으시는 장면을 묘사하고 있습니다. 그러나 대부분의 경우는 온몸으로 광명을 놓으시는 경우이며, 『화엄경』에서처럼 점진적인 차례를 이루고 있지는 않습니다. 『화엄경』에서는 초회에서 마지막 9회의 설법에 이르기까지 열 가지의 방광이 나타나는데, 그 가운데는 저마다의 덕을 갖춘 특성이 있음을 볼 수 있습니다. 화엄의 특징 중의 하나가 모든 수를 10으로 맞추고 있는데, 이는 10이 원만수로서 갖추고 있는 덕이 다함이 없다는 것을 의미합니다.

초회에서 부처님께서는 치아사이로 광명을 놓으시는데, 이는 처음 정각에 오르시어 시방의 모든 대중에게 고하여 모이도록 하기 위함입니다. 둘째로는 미간 사이에서 놓은 과(果)의 광명인데 이것은 다시 족륜(足輪) 사이로 들어가 인(因)을 이루고 다시 족륜 밑에서 광명을 내고 있습니다. 이는 인으로써 과를 이루고 과로써 인을 이루는 인과성을 한꺼번에 제시하고자 하는 것이라 할 수 있습니다. 이렇게 하여 믿음의 성취를 나타내는데, 믿음이란 깨달음에 있어서 가장 기본이 되는 것이기 때문에 발바닥의 족륜으로부터 나오는 광명에 비유하고 있습니다.

3회의 십주 법문에서는 발가락 끝으로 광명을 놓으시고, 4회 즉 야마천궁에서 십행의 법문을 앞두고 발등으로 광명을 놓으시는 것은 차례로 지위에 따라 승진하는 법을 나타내기 위함입니다. 5회의 도솔천궁회에서 10회향을 설하실 때에는 무릎으로, 6회의 타화자재천궁회에서 10지를 설법하실 때에는 미간의 호상에서 광명을 놓으시게 됩니다. 이와 같이 발밑과 발가락 끝과 발등은 모두 행하는 것과 관련이 있고, 무릎이란 굽히고 펴고 돌이키는 것이 자유로워서 회향의 뜻을 가지고 있어 광명을 내는 신체 부위의 의미와 깨달음의 과정을 상징적으로 밝히고 있습니다.

혜림보살이 게송에서 부처님은 귀하신 분이라 참으로 만나기 어렵다고 하면서 진실한 법을 깨닫지 못하면 뵈올 수 없다고 하였습니다. 그렇다면 저와 같은 중생은 어쩌면 평생을 두고도 부처님을 뵙지 못하게 될 수가 있겠다는 생각이 듭니다.

많은 사람들이 부처님을 생각하거나 불상을 우러르는 것만으로도 큰 위안을 받습니다. 부처님 앞에 서면 욕심내고 잘난척하며 칼날같이 시퍼런 경쟁심과 긴장 속에 살아온 거짓의 나를 참회하고 겸허한 마음으로 돌아갈 수 있기 때문이지요. 한없이 넓은 부처님 자비의 가슴에 안겨 실컷 울기라도 한다면, 온갖 회한과 분노로 얼룩진 가슴일지라도 어린아이같이 순수하고 선한 마음이 되는 것을 느낄 수 있습니다. 그래서 사업에 실패한 사람이 다시 용기를 얻기 위해서 부처님을 찾기도 하고, 연인과의 쓰라린 이별을 감당하기 힘들어하는 사람이 부처님을 찾기도 합니다. 또한 세상으로부터 버림받고 삶을 포기하려던 사람이 어떻게 살아야 하며 자신은 어떤 사람인지에 대한 강한 의문을 가지고 부처님을 찾기도 하고, 깨달음을 구하고자 용맹정진하면서 부처님을 찾기도 합니다. 부처님은 이토록 우리들에게 희망과 용기를 주시며 한없는 자비의 미소로 아픈 가슴을 어루만져주십니다.

일반 불자들은 부처님 계시는 절에만 가도 부처님 손길 아래에서 한없는 고요와 평화를 느낄 수 있었으리라 생각합니다. 그러나 그것이 법당 안에 만들어져 있는 불상의 모습에서 오는 것이라고 믿는 사람은 그리 많지 않을 것입니다. 당장이라도 건물의 옥상에서 뛰어내리고 싶었던 사람도 충동을 자제하면서 부처님을 뵙기 위해 가는 동안에 자신을 다시 돌아보게 되고 잘못을 뉘우치게 되고, 부처님께 참회하면서 세상을 향한 또 자신을 향한 열등감과 미움을 다 벗어버리면 오히려 새로운 힘을 얻어 삶의 길을 찾게 됩니다. 부처님 계시는 곳은 참되게 살고자 하는 수많은 사람들의 서원이 서린 도량이라 그곳에 있는 동안이라도 스스로 깨끗이 정화되고 마음이 안정되는 것을 느끼게 되는 것입니다.

그것이야말로 세파에 찌들리고 무명에 가리워진 불성이 드러나는 것이 아니겠습니까? 욕심과 성냄과 어리석음에 휘둘리며 자신의 내면 깊숙이 불성이 있으리라고는 꿈에도 생각해본 적이 없는 사람도 바로 그 불성의 힘으로 새 삶을 이끌어나가게 되는 것이지요. 언뜻 보면 밖에 있는 부처님을 섬기는 것 같아도 결국 자기 내면의 불성을 만나기 위해 절을 찾는 것이라고 해야 하겠지요.

진정한 자신과 만날 수 있는 사람이 얼마나 될까요? 내 밖에 있는 타자로서의 부처가 아니라 자기 내면의 불성을 깨달아 아는 것이 진정한 부처를 만나는 길임을 생각해야 할 것입니다. 여래와 만난다는 것은 곧 여래와 나는 둘이면서 둘이 아니라는 것을 의미합니다.

여래께서 이 세상에 오시어 세상 어두움 다 없애신다하지만, 오늘날 이토록 반목과 투쟁이 만연한 사회를 보면서 마음이 무거울 때가 한 두 번이 아닙니다.

석가모니 부처님께서 열반하신 이후의 시기를 정법(正法), 상법(像法), 말법(末法)의 세 시기로 구분합니다. 이 삼시(三時)사상은 6세기 중국에서 형성되었고, 그 시대의 상황을 반영하고 있습니다. 말법시대는 교설만이 있으나 아무도 행하지 않고 따라서 깨달음도 없는 시대를 말하는데, 불멸 후 천년에서 이천년이 지난 때라고 합니다. 말법의 기간은 보통 1만년 정도라고 하는데, 시기에 대해서는 많은 설이 있지요. 이와 같은 설에 의하면 지금 우리는 말법시대에 살고 있다고 말할 수 있겠지요. 오늘날 그 누구도 이 삼시사상을 그대로 받아들이지는 않지만, 우리에게 시사하는 바가 있습니다. 오늘날 종교들은 그 본래의 빛을 잃어가고 있습니다. 끊임없는 쇄신과 개혁 없이는 되살아날 수 없습니다. 말법시대가 지나면 교법까지 없어지는 이른바 법멸(法滅)시대가 온다고 하는데, 우리 시대의 종교적 상황은 우리에게 새로운 결단을 요구하고 있습니다.

오늘날 자본주의가 도덕적 기반을 벗어나 질주하면서 황금만능주의가 팽배해져 사람들은 더더욱 욕망의 늪에서 허우적거리게 되었고, 신자유주의의 무한경쟁 시대에 극단적인 이해관계의 대립은 갈등과 투쟁을 낳으면서 전쟁이 끊이지 않고, '네 것이다 내 것이다', 혹은 '너 때문이다, 나 때문이다' 하면서 끝없는 어리석음의 줄다리기를 계속하고 있습니다.

그러나 『화엄경』에서 부처님은 너와 나를 구분하지 않고 우리 모두의 깨달음을 강조하고 있습니다. 즉 개인의 깨달음만을 추구하도록 하지 않고, 집단적이고 사회적인 각성과 우주적인 깨달음을 강조하고 있습니다. 등불의 밝음이 비록 작지만, 빛이 모여 횃불이 되고 모닥불이 된다면 이웃을 밝히고 사회를 밝히는 빛이 될 것입니다. 자기 발밑만 밝히려 하지 말고 다른 사람의 앞길도 비추어 안내하다보면 작은 빛들이 모여 이웃을 밝히고 세계를 밝히게 되는 것이겠지요.

『화엄경』에서 보살들은 마지막 한 중생까지도 끝까지 구제하겠노라고 서원합니다. 이러한 서원은 오늘을 사는 우리들에게 너무 큰 서원일지도 모릅니다. 그렇지만 자기가 선 자리에서 나의 도움이 필요한 사람에게 빛이 되어줄 수는 있겠지요. 어려움에 처한 이들에게 때로는 따뜻한 미소로, 때로는 일손을 거들며, 때로는 마음을 위로하며 다가갈 수 있겠지요. 그 순간 우리는 자기 불성의 빛을 비추어 어둠 속에서 길을 잃고 헤매는 사람에게 작은 등불이 되는 것이지요. 부처님의 가르침을 따르며, 그것을 실천하는 사람이 있는 동안에는 이 세상이 그렇게 어둡지만은 않을 것입니다. 그것이 바로 사랑의 빛이요, 자비의 빛이니까요.

'아가타(Agada)'가 온갖 독을 없앨 수 있는 것같이, '지혜'는 온갖 무지를 없앤다고 합니다. 남을 가르치는 입장에 있는 사람으로서 직업적 선생이 아니라 진정한 스승으로서의 지혜로운 삶을 살아야겠다는 다짐을 하게 됩니다.

가르치는 사람으로 이 세상을 산다는 것은 참으로 복된 일입니다. 큰 공덕을 쌓는 일이지요. 남에게 영향력을 크게 미칠 수 있는 위치에 있는 만큼 다른 사람을 제도할 기회도 그만큼 많은 것입니다. 한편 참된 가르침을 펴고자 노력하는 가운데 스스로는 깨달음의 길로 나아갈 수 있는 기회를 더 많이 만나게 되는 것이겠지요.

하지만 제도적인 틀 속에 갇혀 단순히 지식만을 전하는 사람으로 남는다면 스승이라 불릴 수는 없겠지요. 가르치는 사람이 지혜도 양심도 없는 사람이라면 가슴이 없는 컴퓨터와 무엇이 다르다고 말하겠습니까? 점점 어두워지는 교육현실을 반성하고 부끄러워하는 교육자만이 이 세상을 밝힐 수 있는 사람입니다. 고뇌하고 아파하는 교육자가 진정한 보살이라 말할 수 있을 것입니다.

'아가타'가 중생들의 탐·진·치 삼독을 없애주는 묘약이라면, 교육 현장에서 교사들의 무관심과 편견을 없애주는 묘약은 지혜와 사랑이라 하겠지요. 보살은 어디든 자기의 손길이 필요한 곳을 찾아다니며 중생을 제도해야할 터인데, 교사는 해마다 많은 아이들과 만나서 인연을 맺게 되니 얼마나 축복받은 기회입니까? 수많은 사람들이 가르치는 일에 종사하고 있지만, 어떤 마음으로 직업을 받아들이고 수행하느냐에 따라 삶의 질은 달라지는 것이지요. 진정한 인류의 스승은 부처님이십니다. 부처님의 삶의 태도를 배운다면 자신도 남도 깨달음의 길로 인도하는 진정한 스승이 될 것입니다.

정진림보살의 게송에서 '금과 금빛이 성품에 차별이 없다'는 말씀이 크게 마음에 와 닿습니다. 본질과 현상은 본래 같은 것인데, 중생들이 분별심으로 그것을 나누어 눈에 드러나는 것에 집착하고 있지요.

금은 홀로 있어도 금이고, 흙속에 묻혀있어도 금인 것이지요. 굳이 반짝이며 빛을 내고 있지 않아도, 누가 알아주지 않아도 금인 것입니다. 법장은 측천무후에게 이사무애의 법계를 설파하면서 궁전의 뜰 앞에 있는 금사자의 예를 들었습니다. 금이라는 본체와 사자라는 현상은 둘로 나뉘어지지만 그것은 결국 원융무애한 것임을 비유한 것이지요. 금을 녹이면 그릇도 되었다가 목걸이나 반지가 되기도 합니다. 그러나 그 모양이 어떻게 변하더라도 그 성질은 똑같은 것이지요. 마치 물과 파도가 하나인 것과 마찬가지입니다. 분명 물결치는 파도와 바다는 본성에 있어서는 차별이 없는데, 중생들이 그것을 분별하여 부르는 것과 같습니다.

이토록 본성을 보려는 안목은 없고 드러나는 현상에만 집착하는 삶의 태도를 가질 때, 우리는 점점 더 현란한 색상에 매달리게 됩니다. 좀 더 빛을 많이 내려고 애쓰거나, 겉모습만이라도 그럴듯하게 보이려고 금칠을 하고 금빛을 흉내 내려고 하는 경우가 얼마나 많습니까? 본질이 금이면 비록 둔탁하나마 저절로 금빛은 우러나기 마련입니다.

사람의 마음도 진실한 성품이 그대로 드러나서 부드럽고 어진 모습을 지닌 사람은 참으로 아름답습니다. 착하지도 않으면서 착한 척하고, 용서하지 못하면서 용서하는 척하며, 남의 시선 때문에 자비로운 척 자신의 마음을 꾸미는 경우를 우리는 많이 경험할 수 있습니다. 자신을 속이고 남에게도 위장하여 외상(外相)을 치장하는 것에 온 마음을 뺏긴다면 마치 금빛을 흉내 내며 천박한 광채를 발하는 것과 다르지 않을 것입니다. 자신의 인정욕구, 남들의 평가에 매여 사회적인 관습과 규범, 종교적 의무에 있어 자기 내면과 행위가 일치하지 않고 왜곡되어버리는 경우가 많은 것입니다. 수행자라면 더욱 본질과 현상의 차별 없음을 깨닫고 겉과 속의 괴리를 좁혀나가서 어느 한 곳에 치우치는 일이 없어야 할 것입니다.

'오온은 업이 그 근본이요, 모든 업은 마음이 근본'이라고 합니다. 마음가짐을 어떻게 하느냐에 따라 결국 나의 삶과 세상이 달라진다는 뜻으로 받아들여도 될까요?

그렇습니다. 중생심을 가진 사람들이 사는 현실세계를 세속이라 하지만, 보살심을 가진 사람이 살면 아우성치는 시장바닥도 청정도량이 되고, 중생심을 가진 사람이 살면 청정도량이라 말하는 사찰이나 수도원도 세속이 되고 말지요.

오온(五蘊)이란 모든 존재를 다섯 가지 구성요소 즉 색・수・상・행・식으로 분석해서 생각하는 것을 말합니다. 색(色)이란 우리들의 신체를 말하고, 수(受)란 감수작용 즉 외부의 자극에 대하여 받아들이는 감각이나 느낌이며, 상(想)은 표상작용 즉 감수한 것을 마음 안에 생각해 내고 개념화하는 것이고, 행(行)이란 의지에 따라 활동하는 작용이며, 식(識)이란 대상을 구별하고 인식하는 작용을 말합니다.

오온이란 이렇듯 유기체로서의 존재를 다섯 요소로 분석하고 있지만, 이것의 실체는 어디에도 없으므로 공(空)하다는 것을 말하고자 하는 것입니다. 모든 존재는 생멸하는 무상(無常)한 존재입니다. 이것을 깨달으면 고통에서 해방되는 것입니다. 반야심경에서도 관세음보살님께서 '오온이 모두 공함을 관찰하시고, 일체 모든 고통에서 벗어나셨다'고 합니다. 그런데도 중생들은 자아가 영원히 존재하며 변하지 않는 줄로 착각을 하며 삽니다. 착각하는 정도가 아니라 거기에 집착하여 스스로 속박되고 얽매여 있는 것입니다. 오온은 오음(五陰)이라고도 하는데, 이렇듯 중생이 이루어 놓은 오음이 치성해서 일어나는 고통을 오음성고(五陰盛苦)라고 하고 여덟 가지 고통[八苦]의 하나로 말하기도 합니다.

결국 나를 구속하고 있는 것은 그 어떤 것도 아닌 내 마음이라는 것을 알 수 있습니다. 그렇다면 내가 선 이 자리가 마음먹기에 따라 지옥도 되었다가 극락도 되는 것이겠지요.

마음을 어떻게 쓰느냐가 중요하다는 것은 알겠는데, 가끔은 저 자신이 마음의 평화를 추구하면서 회피하고 외면하고 있는 것은 아닌가하는 생각이 들 때가 많습니다.

가끔은 직면하지 않고 무관심하거나 외면하면서 자기 마음은 동요가 없노라고 생각할 때가 많습니다. 회피하는 것은 집착의 또 다른 형태이지요. 집착하는 것만큼이나 심하게 얽혀있기 때문에 거기서 도망가려고 하는 것이지요. 그것을 보기라도 한다면, 참으로 도망치고 싶은 곳에 자기가 매여 있는 것을 인정한다는 것은 너무나 끔찍한 일일테니까요. 만약 그렇다면 아무리 태연한 척 한다고 해도 진정한 마음의 고요 혹은 평화라고 할 수는 없을 것입니다.

많은 사람들이 자신의 업으로 감옥을 만듭니다. 가끔은 외부에서 주어지는 책임이나 역할이 자신을 옥조일 때도 있지만 대부분은 자기 내면에서 만들어진 벽에 둘러싸여 갇히게 되는 것이지요. 어떤 사람은 소유욕의 감옥에, 또 어떤 사람은 죄책감의 감옥, 열등감의 감옥, 적개심의 감옥, 인정욕구의 감옥, 의존심의 감옥에 갇혀 평생을 삽니다. 그 벽을 뛰어 넘으려고도 하지 않고 계속 집착하며 매달리게 됩니다. 이런 사람은 광야에 있어도 여전히 좁고 답답한 감옥을 벗어나지 못하는 것이지요. 그러나 진정 자유로운 사람은 아무리 좁은 방에 있어도 갇혀있지 않습니다. 그 무엇도 그를 가둘 수가 없지요. 외부적인 조건이나 심지어 죽음조차도 그에게는 장애가 될 수 없게 되는 것입니다.

실제로 마음의 병을 깊이 앓는 사람을 상담해보면 그들은 오랫동안 자기만의 세계에 빠져있었던 것을 볼 수 있습니다. 마치 눈 위를 가리고 눈 옆을 가리는 챙이 있는 모자를 쓰고 걷는 것처럼 오직 발밑과 눈앞만을 보고 살아왔다고 합니다. 그 밖에는 보이지도 들리지도 않는 것이지요. 다치기 쉬운 자기 마음을 꽁꽁 싸매느라, 또는 자신의 왜곡된 편견에 집착하여 결코 감옥 밖의 다른 세계가 있다는 것을 모르는 것이지요. 그리고 그 세계에 너무 익숙하여 손을 잡고 끌어내려고 해도 걸어 나올 용기를 가지지 못합니다.

그러나 그 모든 세상은 자기의 마음에서 만든 세상이기에, 감옥이라는 어떤 실체가 있는 것은 분명 아닙니다. 자기 마음 안에서 좋은 세상도 만들었다가 나쁜 세상도 만드는 것이지요. 그러므로 그 속에 놓여있는 내가 어떻게 받아들이고 어떻게 관계하느냐에 따라서 이 세상은 달라질 것입니다. 철벽같이 높던 벽도 한마음에 허물어져버릴 수 있는 것입니다. 이것이 바로 불성의 힘이지요. 나아가 잘못된 세상을 바로 잡는 일도 바로 여기서 시작해야 합니다.

행림보살의 게송을 보면 '만일 바른 생각을 닦아서 분명하게 정각을 본다면 모양도 없고 분별도 없어진다'고 하였습니다. 그러나 정각에 이르면 모든 상을 볼 수 있어야 하고, 모든 분별이 뛰어나야하는 것이 아닐까요?

여기서 모양도 없고 분별도 없다는 것은 모양에도 분별에도 걸리지 않는다는 것을 의미하지요. 즉 모양을 초월하고 분별을 초월했다는 뜻입니다. 완전한 자유로움이지요. 그 어떤 것에도 걸림이 없는 자유를 말합니다.

그러나 중생들은 상(相)에 끄달려 마음을 빼앗기면 마치 헛것인데도 진짜인양 매달리게 됩니다. 또 분별심을 내어 좋거나 나쁜 것, 내게 이롭거나 그렇지 않은 것, 내 욕구를 충족시키거나 그렇지 못한 것을 구분하고 가려내어 편견을 가지게 됩니다. 분별이 없다는 것은 깨달음에 이른 분이 사물을 올바르게 판단할 능력이 없다고 말하고 있는 것이 아닙니다. 어떤 모양에 대한 또 분별심에 대한 집착도 떠났다는 것을 의미합니다. 깨달으신 분의 분별은 이미 모든 사물을 있는 그대로 볼 수 있는 지혜이지요. 그러나 미혹한 사람의 분별은 집착이고 망상인 것입니다.

『금강경』에도 형상이 있는 그 어떤 것도 다 허망한 것이므로, 형상에 집착하지 않고, 아무런 걸림이 없어야 참으로 여래를 볼 수 있게 된다고 하였지요. 그러므로 참된 깨달음을 얻으면 모든 것이 공(空)하여 자성(自性)이 없는 줄을 알아 분별도 집착도 떠나게 되는 것입니다.

행림보살은 정각에 도달하기 위해서 정념을 닦고 익히라 하였습니다. 어떤 사람은 문득 깨달음에 이르는 것처럼 말하지만, 이 게송을 읽으니 끊임없이 바른 생각을 닦고 익히는 것이 깨달음에 이르는 길임을 알게 됩니다.

물론 깨달음을 얻는 것은 순간이지요. 그러나 깨달음의 순간을 맞이하기 위해서는 끊임없는 노력을 기울여야만 합니다. 부처님은 팔정도라 하여 깨달음에 이르는 길을 여덟 가지로 말씀하셨는데, 그 중의 하나가 정념입니다.

정념이란 올바른 생각 혹은 의식이라 할 수 있습니다. 그릇된 생각을 버리고 항상 향상을 위하여 수행하기에 정신을 집중하는 것이지요. 진실한 생각으로 바른 뜻을 수행하는데 정신을 집중하고 이상과 목적을 항상 염두에 두고 잊지 않는 것을 말합니다.

그러나 정념이 결코 쉽지 않다는 것은 너무나 잘 아는 일일 것입니다. 하루에도 수없이 온갖 망상에 끌려 다니는 자신을 발견하는 일이 어렵지는 않을테니까요. 오롯이 한 곳에 마음을 붙들어 두기란 참으로 어려운 일이지요. 특히 바쁜 현대인들에게는 더 어려운 일이 아닐까 생각합니다. 대부분의 사람들은 서로를 사랑하면서도 미운 마음에 사로잡히고, 한편 원망스러우면서도 불쌍한 마음이 들어 서로 모순된 마음에 갈등을 느끼며 잠시라도 마음이 고요할 때가 없습니다. 또 이 일을 하면서도 저 일에 마음을 뺏기고, 직장에 가 있으면서도 집에 두고 온 일이 마음에 걸려 일이 손에 잡히지 않는 경우도 있습니다. 밥을 먹으면서도 밥 먹는 일에 집중할 수가 없고, 잠을 잘 때도 꿈속을 헤매며 온갖 상념에 시달리기 일쑤입니다. 그러면서 지금 내가 무얼 하고 있는지조차 잊어버리고 온 마음을 뺏기며 허둥지둥 세월을 보낼 때가 있습니다.

외상을 좇아 바깥으로 치달리는 내 마음을 붙들고, 하루에도 수도 없이 변덕스레 들끓는 마음을 고요히 잠재우며, 오로지 바른 생각에 머물기 위해서는 역시 닦고 익히는 과정 없이는 불가능한 것이겠지요. 여러분의 마음은 지금 어디에 가 있습니까? 혹시 그릇된 생각에 끌려 다니고 있지는 않으십니까?

각림보살은 모든 것은 오직 마음에서 만들어지는 것이라고 하였습니다. 마음 하나로 울고 웃고, 극락도 갔다가 지옥도 갔다가 하는 우리의 마음 상태를 참으로 잘 말하고 있다고 생각합니다.

'일체유심조(一切唯心造)'의 구절은 『화엄경』의 핵심사상으로 매우 뜻 깊은 구절입니다. 아마도 『화엄경』의 수많은 게송 가운데 가장 널리 알려진 게송이 아닐까 생각합니다. 이는 '모든 것은 오로지 마음이 만들어내는 것'이라는 뜻이지요. 마음은 인간의 희노애락(喜怒哀樂)과 같은 감정을 일으키는 것은 물론, 생사와 열반까지도 마음의 작용에 의해 생긴다는 것입니다. 모든 것은 오로지 마음이 지은 것이라 마음 밖에서는 단 하나도 얻을 수 없습니다. 중생들은 외적인 어떤 존재도 오직 마음에서 오는 것임을 알지 못하기 때문에 온갖 분별망상에 사로잡히게 되는 것이지요.

즉 탐·진·치에 휩쓸리어 헤매는 중생의 마음도 부처님의 깨달은 마음도 모두 마음에서 오는 것이라는 뜻이지요. 마음이 헤매면 중생이 되는 것이고, 마음이 깨달으면 부처가 되는 것입니다. 60화엄에는 '마음과 같이 부처도 그러하고, 부처와 같이 중생도 그러하니, 마음과 부처와 중생 이 셋은 차별이 없다(如心佛亦爾 如佛衆生然 心佛及衆生 是三無差別)'고 하였습니다. 중생도 부처도 마음의 작용에 따라 이루어지는 것이므로 마음과 부처와 중생은 차별이 없다고 하는 것입니다. 마음가짐에 따라 중생도 되었다가 부처가 되기도 한다는 것이지요.

이 게송은 '유심게'라고 하고, '파지옥게(破地獄偈)' 즉 능히 지옥을 쳐부수는 게송으로도 널리 알려져 있습니다. 전설적인 이야기에 의하면 중국의 당나라 문명(文明) 원년(684), 수도에 왕씨(왕명간)라는 사람이 있었는데, 그다지 착하게 살지도 않고 계율도 잘 지키지 않고 살다가 병으로 죽게 되었다고 합니다. 그가 죽자 지옥문 앞으로 끌려가게 되었는데, 지옥문 앞에 있던 지장보살님이 이 일체유심조 게송을 주면서 이것을 외우면 지옥에 떨어지지 않는다고 일러주었습니다. 왕씨는 지옥으로 떨어질 것이 두려워 일념으로 이 게송을 외웠고, 그 후 염라대왕 앞에 갔을 때, 왕씨에게 무슨 공덕이 있느냐는 염라대왕의 물음에 오직 일심으로 이 사구게를 수지하고 있다고 고했더니, 염라대왕은 그의 죄를 면하여 지옥에 보내지 않고 더 살다가 오라 했다고 합니다. 이 게송을 외울 때 그 소리를 듣는 사람은 모두 고통에서 벗어나 해탈하게 되었다고 하는데, 왕씨는 3일 만에 소생하여 공관사(空觀寺)의 승정(僧定)법사 스님께 이 게송을 여쭈니 그 게송이 바로 『화엄경』에 나오는 구절임을 가르쳐주었다고 합니다.

오늘날에도 사찰에서 예불을 드릴 때 이 게송을 빠뜨리지 않고 읊는 것만 보아도 그 의미의 중요성은 매우 크다고 할 수 있습니다.

각림보살은 마음을 화가에 비유하였는데, 정말 공감이 가는 표현인 것 같습니다. 요즘 그림을 이용한 심리치료가 있던데 『화엄경』의 가르침을 따른다면 매우 의미 있는 치료방법이 될 것 같습니다.

그렇습니다. 마음은 마치 그림을 잘 그리는 화가와 같다고 하였지요. 역사적으로 유명한 예술적 그림을 감상하노라면, 그 그림 속에서 작가의 영혼과 사상과 번민을 느낄 수 있습니다. 화폭에 사실적인 풍경을 그대로 옮겨두었다면 아무런 감동을 줄 수 없을 것입니다. 그 그림 속에는 화가의 혼과 예술정신이 깃들어 있기 때문에 수 백 년이 지난 그림을 보고도 가슴 뭉클한 감동이 전해오는 것이겠지요.

그러나 반드시 유명한 그림뿐만 아니라 보통 사람들의 낙서나 그림도 우연한 것이 아니라 개인의 심리적 상태를 표현하거나 해결하려는 시도임을 알 수 있습니다. 따라서 그림은 물론 낙서조차도 그 개인의 심리적 특징이나 상태를 잘 나타내주는 투사적 도구라고 볼 수 있는 것이지요.

오늘날 그림은 심리치료의 진단 및 치료의 도구로 널리 사용되고 있습니다. 무의식적인 미술활동은 미술치료의 과정에 매우 중요한데 작업과정에서 의식의 검열을 받지 않는 상징적 의사소통과 진실한 표현을 촉진시킬 수 있기 때문이지요. 그림에는 개인의 심리적인 특성이 투사되어 있기 때문에, 색과 형태를 통하여 내담자의 내적, 외적 현실을 파악하고 치료적으로 이끌어갈 수 있습니다. 즉 미술치료는 시각예술이라는 수단을 이용하여 인격의 통합 혹은 재통합을 돕기 위한 시도라고 할 수 있는 것이지요.

심리치료에 있어서 언어적인 방법보다 미술치료가 내담자의 문제나 무의식에 접근하기가 더 쉽다고 하는 이유는 바로 내담자의 투사 때문이라고 할 수 있습니다. 미술작업은 심상의 표현으로 말로는 표현하기 힘든 내담자의 특성이 드러나게 되는 것입니다. 특히 심리치료에서 언어적인 수단에만 의존할 경우 자신의 마음을 말로 표현하는 과정에서 방어기제를 사용하게 되는 경우가 많은데 미술치료는 비언어적 수단이어서 통제를 적게 받으므로 방어가 감소되는 장점이 있기 때문입니다. 게다가 전혀 예상치 않았던 작품을 만들거나, 자신의 의도와는 다른 작품을 만나게 될 때도 있는데 이 또한 내담자의 내면을 통찰하고 감정을 승화시켜 성장할 수 있도록 유도하는 기회가 되는 것입니다.

각림보살이 말하는 것처럼 내담자가 자기의 마음을 미처 알지 못하면서도 그림 가운데 자신의 마음을 드러내고 있는 것을 볼 수 있습니다. 정신분석에서는 우리가 모르는 마음을 무의식이라 하는데, 현실적으로 수용이 곤란한 부분은 억압하여 무의식화합니다. 억압된 경험은 감정과 의지가 조화를 이루지 못하고 비정상적인 행동으로 표출하게 되어 어떤 증상으로 나타나게 되는 것이지요. 치료자는 내담자의 무의식을 통찰을 통해 의식화시킴으로써 인격을 통합시키려고 합니다. 이 때 무의식의 상징적인 산물인 꿈이나 백일몽을 자유연상 등을 통해 해석하게 되는데, 상징적 산물은 주로 시각적인 형태로 나타나게 되지요. 즉 꿈이 무의식을 그려내는 방법이듯이 그림 또한 무의식을 그려내는 방법이라고 할 수 있을 것입니다. 그림에는 말로 표현하기 힘든 부분까지도 포함되어 있습니다. 또한 내담자의 마음은 그림의 내용에서 뿐 아니라 그림을 그리는 사람의 표정과 태도와 필압이나 색과 형태 등에서도 드러나게 됩니다. 따라서 무의식을 의식수준으로 전환시키는 방법으로 언어적인 기법보다는 미술작품을 이용한 분석이 매우 효과적이라고 할 수 있습니다.

각림보살의 게송을 보면 마음은 지옥을 만들어내기도 하고 고통을 만들어내기도 하지만 한편 깨달음을 얻을 수 있기도 하다고 했지요. 자신을 깊이 관찰하게 되면 모든 것의 성품이 무자성(無自性)임을 알 수 있고, 부처의 성품을 깨닫게 된다고 했습니다. 이는 미술치료에 있어서 그림을 통해 내담자를 진단하고 치료하는 과정을 거쳐 궁극적으로는 전인격적인 통합 및 자기실현을 추구하려는 목표와 일치되고 있습니다.

마음을 화가라고 표현한 『화엄경』의 내용은 참으로 경이롭습니다. 중생이 자기의 마음에 따라 업을 짓고 번뇌에 빠지게 되며 자기의 분별심으로 온갖 색깔의 세계를 만들게 됩니다. 그러나 무명에 덮인 마음이라도 마음의 움직임으로 모든 것을 만든다는 것을 알게 되면 바로 부처를 보게 된다고 하였습니다. 즉 모든 것이 무자성(無自性)임을 깨닫게 된다면 바로 불성(佛性)을 성취하게 된다는 것이지요.

우리는 정신적인 질병이 모두 마음에서 비롯되고, 신체적인 질병이라 할지라도 심인성인 경우가 매우 많습니다. 그러나 마음은 눈에 보이지 않는 것이고 알아내기도 표현하기도 어려운 것이므로 미술치료에서는 그림 뿐 아니라 조소·디자인·서예·공예 등 미술의 전 영역에 걸친 작품의 이미지를 통해 나타난 투사를 비언어적인 커뮤니케이션기법으로 접근하려고 하는 것이지요. '그림 속에 마음이 없지만 그러나 마음을 떠나서 그림을 찾을 수도 없다[彩畵中無心 然不離於心 有彩畵可得]'는 경문은 미술치료의 유용성과 의의를 뒷받침해주고 있기도 합니다.

『화엄경』의 가르침을 바탕으로 한다면 미술을 통한 심리치료는 작업 과정을 통하여 무의식을 의식화함으로써 과거의 해결하지 못한 갈등에 근거한 왜곡된 지각의 정체를 밝혀내어 내담자를 자유롭게 해줌과 동시에 자기표현과 승화작용을 통하여 자아성장을 촉진시킬 수 있을 것입니다. 또한 언어적 이미지와 시각적 이미지에서 지금까지 상실·왜곡·방어·억제되어 있는 상황에서 보다 명확한 자기상, 자기 자신의 세계관을 재발견하여 자기 가치를 확인하고 자기실현을 추구하도록 도와줄 수 있을 것이라 생각합니다.

같은 장면을 두고도 화가에 따라 색이 다르고 느낌이 다른 것을 보면, 자신의 눈에 비친 주관적인 현실만 존재하지 그 자체로 존립하는 객관적인 현실이란 없는 것이 아닌가하는 생각이 듭니다.

사람들은 사물을 받아들일 때, 자신의 감각기관을 통해서 보고 듣고 느끼고 생각하게 됩니다. 똑같은 바다를 보면서도 어떤 사람은 드넓은 우주의 섭리를 생각하는 사람이 있는가 하면, 어떤 사람은 돈벌이의 대상으로 보기도 하고, 어떤 사람은 죽음과 허무를 생각하고 있을지도 모르지요. 결국 자신의 근기 내에서 사물을 받아들이게 되는 것입니다.

떨어지는 나뭇잎 하나를 보고도 생명의 유한함을 느끼고 제행무상을 깨닫는 사람이 있는가 하면, 이왕 한 때의 무상한 삶이라면 실컷 가지고 누리자는 생각으로 더욱 향락적인 행위에 집착하는 사람이 있을 것입니다. 어떤 사건이나 사물을 받아들이는 태도는 사람마다 다른 것이지요.

심각한 갈등을 겪고 있는 어느 한 가족과 이야기를 나눈 적이 있는데 그들은 서로가 서로에게 느끼는 감정이 다 다르다는 것을 알게 되었습니다. 아버지는 자식에 대한 사랑으로 엄하게 지도했다고 하는데, 그 아들은 아버지가 자기를 미워하고 화가 나서 소리를 지를 땐 자기를 죽일지도 모른다는 공포에 휩싸였다고 합니다. 엄마가 외국에서 둘째 아이를 낳고 공부와 생계와 육아를 겸할 수가 없어 할머니가 귀국하는 편에 어린 영아를 한국에 보냈던 적이 있고, 그 후 유아기에도 아이를 떼놓고 외국에 체류한 적이 있었는데 그 아이는 엄마에게서 버림받았다고 느끼고 있는 것을 보았습니다.

겉으로는 아무런 문제도 없어 보이는 이 가족이 느끼는 현실이란 다 다른 것이라고 할 수 있습니다. 다른 사람들의 눈에 비친 이 가정은 좋은 직장을 가진 부모와 건강한 아이들로 이루어진 화목한 가정이었습니다. 그러나 그 가족구성원 각자가 느끼는 이 가정은 차갑고 엄격하기만한, 그러면서 불신과 상처로 얼룩진 가정이었던 것이지요. 이와 같이 관계에서도 서로에 대해 선택적으로 지각하기 때문에 자신만의 주관적인 현실에 살고 있다고 말할 수 있지요.

그래서 각림보살은 자기의 마음으로 그림을 그리게 된다고 말하고 있는 것입니다. 또 이 마음의 움직임으로 모든 것을 만든다는 것을 알게 된다면 곧 바로 참된 불성을 깨닫게 된다고 말하고 있습니다. 그만큼 있는 그대로의 참 모습을 보기가 어렵다는 것이 아니겠습니까? 누구나 어떤 사물, 사건, 사람, 관계를 보더라도 자기 마음을 투사하여 보기 때문에 이 마음을 화가에 비유한 것이겠지요.

인간중심적 상담을 주장했던 로저스(Rogers)는 “내가 알고 있는 가장 만족스러운 경험 중 한 가지는 바로 내가 일몰을 보고 감탄하면서 맞이하는 것과 똑같은 방식으로 한 개인을 완전하게 감탄하면서 맞이하는 것이다. 내가 일몰을 바라볼 때... 나는 내 자신이 ‘오른쪽 코너에 약간 오렌지색을 연하게 칠하고, 바탕에는 약간 좀더 자주색을 칠하고, 그리고 구름 색깔로는 약간 좀 더 핑크빛을 사용하라...’고 말하는 것을 느끼지 못한다. 나는 일몰을 통제하려고 애쓰지 않는다. 나는 그것이 펼쳐지는 대로 경이로운 마음으로 그것을 바라본다.”고 하면서 사물이나 사람을 있는 그대로 받아들일 것을 강조했습니다.

여러분들의 눈에 비친 현실은 있는 그대로의 모습과 얼마나 괴리가 있습니까? 이 괴리를 줄여 나가 궁극에는 법계의 참 성품을 볼 수 있다면 그것이 바로 깨달음의 경지라고 할 수 있겠지요.

지림보살은 말해서 안 되는 것을 말한다면 스스로를 속이는 일이라 하면서 자기 일을 성취하지 못하고서는 중생을 기쁘게 할 수 없다고 하였습니다. 하루에도 몇 번씩 이건 지나친 말이다 혹은 쓸데없는 말이다라고 생각하면서도 잘 고쳐지지 않고 있습니다. 중생제도라는 큰 서원을 세우기보다 자신을 속이지 않고 남을 기쁘게 하는 바른 말하는 습관을 들여야겠다고 다짐해

봅니다.

바른 말을 사용하는 것은 참으로 큰 수행입니다. 부처님도 고통을 없애고 깨달음에 이르는 여덟 가지 방법(팔정도) 중 하나로 정어(正語)를 가르치셨지요. 정어란 정견(正見)과 정사유(正思惟)에 의한 바른 언어를 말합니다. 즉 거짓말(妄語), 이간질 시키는 말(兩舌), 욕하는 말(惡口), 아첨하는 말(綺語) 등을 하지 않고 바르고 진실된 고운 말을 하는 것을 정어라고 합니다.

또한 바르고 아름다운 말은 중생을 제도하기 위한 방법이기도 합니다. 불보살들이 중생들을 거두고 보살피기 위하여 행하는 네 가지 덕목[사섭법] 중에는 애어섭사(愛語攝事)가 있습니다. 중생들에게 정답고 사랑스러운 말로 다다가 마음이 담긴 따뜻한 말을 하는 것이지요. 이와 같이 바른 말을 쓴다는 것은 계율이기도 하거니와 자기 수행의 방법이면서 중생제도의 방편이기도 합니다.

그러면서도 우리생활 중에서 가장 반성을 많이 해야 할 부분이 또 언어사용이 아닌가 생각합니다. 친한 사이에 금이 가는 경우도 그렇고, 가족 속에서 상처를 받는 것도 바로 말 때문인 경우가 많습니다. 정작 해야 할 말은 하지 않고 하지 말아야 할 말은 함부로 내뱉는 경우가 얼마나 많습니까? 부부싸움을 심하게 한 어떤 부부의 말을 들어보면, 모질고 독한 소리를 해서 어떻게 하면 상대의 가슴에 깊이 못을 박고 상채기를 낼 수 있을까를 생각했다고 합니다. 상대를 굴복시킬 결정적인 말을 찾기 위해 애를 썼다고 하였습니다. 또 부모가 자녀를 지도할 때도 기대에 미치지 못하는 자녀에게 용기를 불러일으켜주기는커녕 자존심을 짓밟아버리는 온갖 욕설을 하면서 화풀이를 하거나 부모의 권위를 내세운 적은 없는지 생각해볼 일입니다.

자매간에 사이가 좋지 않아 청소년기에 서로를 미워하던 동생이 성인이 되고난 후 수녀가 되어, 소중했던 젊은 날 언니를 증오하고 욕하며 보냈던 것을 회상하고 참회의 눈물을 흘리는 것을 본 적이 있습니다. 그들은 서로에게 참으로 중요한 사람들이고, 서로의 행복에 영향을 주는 사람들입니다. 그들이 진정으로 서로에게 해야 할 말들은 '사랑한다', '너는 내게 정말 소중한 사람이다', '나는 네가 잘 되기를 진심으로 바란다'는 말이 아니겠습니까?

그런데도 사람들은 거짓말, 이간질 시키는 말, 욕하는 말, 아첨하는 말을 하면서 자신을 속이고 남을 고통스럽게 합니다. 남을 향해 내뱉었던 말은 상대에게만 상처를 주는 것으로 끝나지 않고 고스란히 본인에게 되돌아오게 되어 고통을 반복하게 되는 것입니다. 불보살님들은 중생을 제도하기 위해 애어섭사(愛語攝事)를 하시지만, 우리들은 일상생활에서 만나는 사람들 특히 가족들에게 먼저 바른말과 사랑스러운 말을 실천해보도록 해야 할 것입니다. 이것이 바로 자기 수행의 작은 시작일테니까요.

지림보살이 비록 여래의 음성을 듣지만 음성이 여래가 아니라고 한 말이 가슴에 와 닿습니다. 음성 자체가 진리인줄 알고 집착하기 쉬운 저를 깨우쳐주는 듯 합니다.

『금강경』에도 비슷한 구절이 있습니다. '만약 형상으로 부처를 보려고 하거나, 음성으로 부처를 찾으려고 하면, 잘못된 길에 빠져있는 것이므로 결코 부처를 볼 수 없을 것[若以色見我 以音聲求我 是人行邪道 不能見如來]'이라 했습니다. 비록 여래의 음성을 듣고 가르침을 얻지만, 음성 그 자체는 여래가 아니라는 것입니다.

옛 선사들은 후학들이 가르침이 지향하는 의미보다 그 수단에 천착할까봐 여러 가지 비유로 충고를 하고 있지요. 달과 손가락의 비유나 뗏목과 언덕의 비유가 바로 좋은 예입니다. 달을 가리키는 손가락에 집착하다보면 정작 달은 보지 못하고 손가락이 전부인줄 알게 됩니다. 뗏목 역시 이쪽 강 언덕에서 저 언덕으로 건너가기 위한 수단일 뿐인데 뗏목에 집착해서는 안 된다는 것이지요. 그 뗏목은 강을 건너기 위해서는 참으로 필요한 것이지만, 강을 건넌 후에는 반드시 버려야할 것이기 때문입니다.

마찬가지로 여래의 음성이라고 할 때도, 물리적인 소리 그 자체가 여래가 아니라, 언어와 음성을 넘어선 가르침의 의미를 들을 수 있어야 하는 것이지요.

제21. 십행품(十行品)

요약

「십행품」은 제4회의 본론에 해당하는 부분으로서, 보살의 열 가지 행을 설하고 있다. 이 회의 설주보살인 공덕림보살은 부처님의 위신력과 가피에 힘입어 '선사유삼매'에 들었다가 나와서 보살의 열 가지의 행을 말하게 된다. 선사유삼매라고 하는 것은 뜻을 잘 관찰하는 선정으로, 그 법을 잘 살피고, 정념(正念)으로 사유하여 법문을 펼치며, 나중에 배우는 이를 위하여 법칙을 짓는 것이라고 할 수 있다.

「십행품」의 명칭은 ①환희행(歡喜行) ②요익행(饒益行) ③무위역행(無違逆行) ④무굴요행(無屈撓行) ⑤무치란행(無癡亂行) ⑥선현행(善現行) ⑦무착행(無着行) ⑧난득행(難得行) ⑨선법행(善法行) ⑩진실행(眞實行)이다.

화엄의 보살도는 십바라밀로 요약할 수 있다. 십주, 십행, 십회향, 십지에서는 각각의 지위에서 행하여야할 십바라밀과 연결되고 있을 뿐 아니라, 「입법계품」에서 선재가 구도의 길에서 만나는 선지식의 해탈법문 역시도 십바라밀과 관련지어 생각할 수 있다.

특히 「십행품」에서는 보살의 열 가지 행을 보살의 십바라밀과 비교하여 차례대로 설명하고 있는데, 이 보살행의 경계는 '일체유심조'의 경계로서 십행이란 십바라밀 그 자체라고 할 수 있다. 십바라밀은 ①보시바라밀 ②지계바라밀 ③인욕바라밀 ④정진바라밀 ⑤선정바라밀 ⑥반야바라밀 ⑦방편바라밀 ⑧원바라밀 ⑨력바라밀 ⑩지바라밀이다.

공덕림보살이 삼매에 듦

이때 공덕림보살이 부처님의 신력을 받들어 보살의 선사유 삼매에 들었습니다. 이 삼매에 들자, 시방으로 각각 일만 부처님 세계의 티끌 수처럼 많은 세계 밖에 *명호가 다 같이 공덕림인 일만 부처님 세계의 티끌 수 같은 부처님들께서 공덕림보살 앞에 나타나 말씀하셨습니다.

"불자여, 참으로 훌륭합니다. 그대는 '선사유삼매'에 매우 잘 들었습니다. 선남자여, 이것은 시방으로 각각 일만 부처님 세계의 티끌 수처럼 많은, 명호가 같은 부처님들이 그대에게 다함께 가피하려는 것입니다. 또한 *비로자나 여래께서 그 옛날 서원하신 힘과, 위신의 힘과, 모든 보살들이 수많은 선근을 닦은 힘으로써 그대가 이 삼매에 들어서 법을 연설하게 하려는 것입니다."

爾時 功德林菩薩 承佛神力 入菩薩善思惟三昧. 入是三昧已, 十方各過萬佛刹微塵數世界外 有萬佛刹微塵數諸佛 皆號功德林, 而現其前 告功德林菩薩言. 善哉, 佛子. 乃能入此善思惟三昧. 善男子, 此是十方各萬佛刹微塵數同名諸佛 共加於汝. 亦是毘盧遮那如來 往昔願力, 威神之力, 及諸菩薩 衆善根力 令汝入是三昧 而演說法.

THEN THE ENLIGHTENING BEING Forest of Virtues, imbued with the Buddha's power, entered into absorption in the skillful meditation of enlightening beings; when he had entered this absorption, there appeared before him Buddhas from beyond as many lands as atoms in ten thousand buddha-lands from each direction, and all were named Forest of Virtues. They said to the enlightening being Forest of Virtues, "Very good it is, O Child of Buddha, that you are able to enter this concentration in skillful meditation. Good man, it is the collective empowerment of the Buddhas of the same name, as many as atoms in ten thousand buddha-lands from each of the directions, and also the power of the past vows and the spiritual force of Vairocana Buddha, as well as the power of the virtues of the enlightening beings, that enables you to enter this concentration and expound the teaching."

[주]

*명호: 名號, ①부처님의 칭호. 이 명호는 덕을 포섭하고 실(實)을 나타내므로, 부처님은 그 명호로써 생각하는 중생을 구제한다. ②명(名)은 한 부처님의 별명, 예를 들면 서가 · 약사 · 아촉 · 아미타와 같은 것. 호(號)는 모든 부처님의 통칭, 여래 · 응공 · 등정각 · 명행족 등 10호를 말한다.

*비로자나: 毘盧遮那, ⓈVairocana, 변일체처(遍一切處), 광명변조(光明遍照), 부처님의 진신(眞身)을 나타내는 칭호. 부처님의 신광(身光) · 지광(智光)이 이사무애(理事無碍)의 법계에 두루 비추어 원명한 것을 의미함.

부처님의 가피

이때 모든 부처님께서는 즉시 공덕림 보살에게 걸림 없는 지혜 · 집착 없는 지혜 · 끊임없는 지혜 · 스승 없는 지혜 · 어리석음 없는 지혜 · 차별 없는 지혜 · 허물없는 지혜 · 한량없는 지혜 · 이길 이 없는 지혜 · 게으름 없는 지혜 · 빼앗을 수 없는 지혜를 주셨습니다. 왜냐하면 이 삼매의 힘이 바로 이와 같기 때문입니다.

이 때 여러 부처님들께서 각각 오른 손을 내밀어 공덕림 보살의 정수리를 어루만지셨습니다. 이때 공덕림보살은 곧 바로 삼매로부터 일어나 모든 보살에게 말하였습니다.

是時 諸佛 卽與功德林菩薩 無碍智, 無着智, 無斷智, 無師智, 無癡智, 無異智, 無失智, 無量智, 無勝智, 無懈智, 無奪智. 何以故 此三昧力 法如是故. 爾時 諸佛 各申右手 摩功德林菩薩頂. 時 功德林菩薩 卽從定起 告諸菩薩言.

[한자풀이]

奪:빼앗을 탈, 없어지다

Then the Buddhas bestowed on the enlightening being Forest of Virtues unobstructed knowledge, unattached knowledge, uninterrupted knowledge, teacherless knowledge, knowledge without folly, unvarying knowledge, unerring knowledge, immeasurable knowledge, invincible knowledge, unflagging knowledge, and knowledge that cannot be taken away. Why? Because the power of this concentration is naturally thus.

Then the Buddhas each extended their right hands and patted the enlightening being Forest of Virtues on the head, whereupon he rose from concentration and addressed the enlightening beings, saying.

보살의 열 가지 행

"불자여, 무엇이 보살마하살의 행입니까? 불자여, 보살마하살에게는 열 가지 행이 있는데, 이는 삼세의 모든 부처님께서 말씀하시는 것입니다. 열 가지란, 첫째 즐거움 주는 행(환희행), 둘째 이롭게 하는 행(요익행), 셋째 거스름이 없는 행(무위역행), 넷째 굴복하거나 꺾임이 없는 행(무굴요행), 다섯째 어리석음과 산란을 벗어나는 행(무치란행), 여섯째 잘 나타나는 행(선현행), 일곱째 집착 없는 행(무착행), 여덟째 얻기 어려운 행(난득행), 아홉째 법을 잘 말하는 행(선법행), 열째 진실한 행(진실행)입니다."

佛子 何等 是菩薩摩訶薩行. 佛子 菩薩摩訶薩 有十種行, 三世諸佛之所宣說. 何等 爲十, 一者 歡喜行, 二者 饒益行, 三者 無違逆行, 四者 無屈撓行, 五者 無癡亂行, 六者 善現行, 七者 無着行, 八者 難得行, 九者 善法行, 十者 眞實行 是爲十.

[한자풀이]

宣:베풀 선, 생각을 말하다 **饒**:넉넉할 요, 많다, 너그럽다 익 위 역 굴 요

"Buddha-Children, great enlightening beings have ten kinds of practices, which are expounded by the Buddhas of past, present, and future. What are the ten? (1) The practice of giving joy; (2) beneficial practice; (3) the practice of nonopposition; (4) the practice of indomitability; (5) the practice of nonconfusion; (6) the practice of good manifestation; (7) the practice of nonattachment; (8) the practice of that which is difficult to attain; (9) the practice of good teachings; (10) the practice of truth."

1. 환희행

모든 것을 베푸는 보살

"불자여, 어떤 것을 보살마하살의 즐거운 행이라고 합니까? 불자여, 환희행을 하는 보살은 크게 베푸는 사람이 되어, 가지고 있는 물건을 모두 다 보시할 수 있습니다. 그 마음은 평등하여 후회하거나 아까워하지 않고, 댓가를 바라지 않으며, 명예를 구하거나, 이익을 탐내지도 않습니다. 다만 일체중생을 구제하고 보호하며, 일체중생을 받아들이고, 일체중생을 이롭게 하기 위함이며, 부처님들께서 본래의 닦으시던 행(수행하던 것)을 배우고, 부처님들께서 본래의 닦으시던 행을 생각하며, 부처님들께서 닦으시던 행을 좋아하고, 부처님들께서 닦으시던 행을 청정하게 하며, 부처님들께서 닦으시던 행을 증장하며, 부처님들께서 닦으시던 행에 머물러 지니며, 부처님들께서 닦으시던 행을 드러내 보이며, 부처님들께서 닦으시던 행을 연설하여 중생들이 괴로움에서 벗어나 즐거움을 얻도록 하기 위함입니다."

佛子 何等 爲菩薩摩訶薩歡喜行. 佛子 此菩薩 爲大施主 凡所有物 悉能惠施. 其心平等 無有悔吝, 不望果報, 不求名稱, 不貪利養. 但爲救護一切衆生, 攝受一切衆生, 饒益一切衆生, 爲學習諸佛本所修行, 憶念諸佛本所修行, 愛樂諸佛本所修行, 淸淨諸佛本所修行, 增長諸佛本所修行, 住持諸佛本所修行, 顯現諸佛本所修行, 演說諸佛本所修行 令諸衆生 離苦得樂.

"What is the great enlightening being's practice of giving joy? Here the enlightening beings are magnanimous givers, bestowing whatever they have with an equanimous mind, without regret, without hoping for reward, without seeking honor, without coveting material benefits, but only to rescue and safeguard all living beings, to include all living beings in their care, to benefit all living beings, and to emulate the original practice of all Buddhas, recall the original practice of all Buddhas, delight in the original practice of all Buddhas, purify the original practice of all Buddhas, further develop the original practice of all Buddhas, make manifest the original practice of all Buddhas, and expound the original practice of all Buddhas, to cause all sentient beings to be relieved of pain and suffering and attain comfort and happiness."

보시행을 밝힘

"불자들이여, 보살마하살이 이 행을 닦을 때에 모든 중생들이 환희하고 즐거워하도록 합니다. 어느 지방에나 가난한 곳이 있으면 *원력으로써 고귀하고 매우 부유하게 그곳에 태어나서, 가령 매순간마다 한량없고 수 없는 중생들이 보살이 있는 곳에 와서 '어지신 이여, 우리는 너무나 가난하여 가진 것이 없고, 굶주림으로 병약하고 고통스러워 목숨을 이어가기 힘이 듭니다. 부디 우리를 불쌍히 여기시어 저에게 육신의 살을 *보시하여 먹게 하여 생명을 부지하게 해주십시오'라고 한다면, 이때 보살은 곧 보시하여 주어 그가 환희하고 만족한 마음을 갖도록 합니다. 이렇게 한량없는 십만 중생이 와서 구걸하더라도, 보살은 그에게서 조금도 물러서거나 겁내지 않고, 오히려 자비심을 더욱 증장하며, 이렇게 중생들이 모두 와서 구걸하는 것을 보살이 봄으로써 더욱 환희하여, '나는 지금 좋은 이익을 얻고 있다. 이 중생들은 나의 *복밭이며 나의 선지식으로, 구하지도 않고 청하지도 않았는데도 저절로 와서 나를 *불법 가운데 들게 하고 있다. 나는 마땅히 이렇게 배우고 닦아서 모든 중생의 마음을 어기지 않도록 해야겠다.'고 생각합니다."

佛子 菩薩摩訶薩 修此行時 令一切衆生 歡喜愛樂. 隨諸方土 有貧乏處 以願力故 往生於彼豪貴大富 財寶無盡, 假使於念念中 有無量無數衆生 詣菩薩所 白言, 仁者, 我等 貧乏 靡所資贍 飢羸困苦 命將不全. 惟願慈哀 施我身肉 令我得食 以活其命, 爾時 菩薩 卽便施之 令其歡喜 心得滿足. 如是無量百千衆生 而來乞求, 菩薩 於彼 曾無退怯, 但更增長慈悲之心, 以是衆生 咸來乞求 菩薩 見之 倍復歡喜, 作如是念 我得善利. 此等衆生 是我福田 是我善友, 不求不請 而來敎我入佛法中. 我今應當如是修學 不違一切衆生之心.

[한자풀이]

貧:가난할 빈, 곤궁 乏:가난할 핍, 고달프다 豪:호걸 호, 귀인 貴:귀할 귀, 신분이 높다 富:가멸 부, 부유하고 넉넉하다 詣:이를 예, 도착하다 資:재물 자 贍:넉넉할 섬 飢:주릴 기 羸:여윌 리, 약하다, 앓다 困:괴로울 곤, 부족하다 乞:빌 걸, 구하다 怯:겁낼 겁, 무서워하다, 피하다 咸:다 함, 모두 違:어길 위, 위반하다

"When great enlightening beings cultivate this practice, they cause all living beings joy and delight. In any place there is poverty and want, they go there by the power of will to be born noble and wealthy, so that even if every single moment countless beings come to the enlightening beings and say, 'O benevolent one, we are poor and in need, without sustenance, hungry and weak, worn out and miserable, on the brink of death; please pity us and give us your flesh to eat so that we may live,' the enlightening beings would immediately give it to them, to gladden and satisfy them. Even should countless hundreds of thousands of beings come begging this way, the enlightening beings would not shrink back, but would rather increase even more in kindness and compassion. Indeed, because sentient beings all come seeking, the enlightening beings, seeing them, would become more joyful, and think, 'I have gained a fine boon; these beings are my field of blessings, they are my good friends and benefactors—without my asking them, they come to cause me to enter into the Buddha's teaching. I should now cultivate learning in this way, not controverting the wishes of sentient beings.'"

[주]

*원력: 願力, Ⓢāvedhavaśa, praṇidhāna-balika, 본원력(本願力)·숙원력(宿願力)·대원업력(大願業力)이라고도 한다. 보살이 부처가 되기 전에 세우는 바램. 그 바램을 실현시킬 수 있는 능력이 있어야 한다는 의미에서 원력(願力)이라 표현함. 보살이 세우는 원력은 대체로 부처가 되고자하는 것과 중생을 교화하고 구제하는 것을 목표로 하는 것으로 구분할 수 있다.

*보시: 布施, ⓈDāna, 베풀어주는 것. 부자가 가난한 사람에게 재물을 베풀

어주고, 마음이 부유한 사람이 마음이 가난한 사람에게 가르치고 깨치게 하는 것이다. 구체적으로 말하면 재물을 베풀어주는 재시(財施), 부처님의 가르침을 전해주는 법시(法施), 남에게 정신적인 안도감을 주어 두려움이 없게 하는 무외시(無畏施) 등이 있다.

*복밭: 복전(福田), Ⓟpuññakkhetta, dakṣiṇīya, 여래나 비구 등 공양을 받을만한 법력이 있는 이에게 공양하면 복이 되는 것이, 마치 농부가 밭에 씨를 뿌려 다음에 수확하는 것과 같으므로 복밭이라 한다.

*불법: 佛法, ⓅBuddhadharma, ①부처님께서 말씀하신 교법, ②부처님께서 얻으신 바의 법으로 법계(法界)의 진리, ③부처님께서 아신 바의 법을 불법이라 하며 일체제법이 모두 불법이다.

깨달음으로 회향하는 보시

"또 생각하기를 '나는 이미 지었거나 지금 짓고 있거나 장차 짓게 될 선근으로써, 미래(오는 세상)에는 일체 세계의 일체 중생 가운데서 엄청나게 큰 몸을 받아, 그 육신의 살로써 모든 굶주림으로 고통받는 중생들이 만족하기를 바라며, 아무리 작은 한 중생까지라도 배가 차지 않은 이가 있다면, 나는 목숨을 버리지 않을 것이며 내 몸에서 베어내는 살도 역시 다함이 없기를 원하노라'고 생각합니다. '이러한 선근으로 아누다라삼먁삼보리를 얻고 대열반을 증득하기를 원하며, 나의 살을 먹은 중생들도 역시 아누다라삼먁삼보리를 얻고 평등한 지혜를 가지며, 불법을 갖추어 널리 불사를 짓고 *무여열반에 들기를 원하노라. 만일 한 중생이라도 마음이 만족하지 않는다면, 나는 결코 아누다라삼먁삼보리를 증득하지 않겠다'고 생각합니다."

又作是念 願我已作現作當作所有善根, 令我未來 於一切世界一切衆生

中 受廣大身, 以是身肉 充足一切飢苦衆生, 乃至若有一小衆生 未得飽足, 願不捨命 所割身肉 亦無有盡. 以此善根 願得阿耨多羅三藐三菩提 證大涅槃, 願諸衆生 食我肉者 亦得阿耨多羅三藐三菩提 獲平等智, 具諸佛法 廣作佛事 乃至入於無餘涅槃. 若一衆生 心不滿足, 我終不證阿耨多羅三藐三菩提.

[한자풀이]

飢: 주릴 기, 굶주림 飽:물릴 포, 배부르다 獲:얻을 획

"They also form this thought: 'May all the good that I have done, do, and will do, cause me in the future, in all worlds, among all beings, to receive an immense body, so as to satisfy all starving beings with the flesh of this body, and may I not die so long as even a single tiny creature is still not filled, and may the flesh I cut off be inexhaustible. By this virtue may I attain unexcelled complete perfect enlightenment, and experience great nirvana; and may those who eat my flesh also attain perfect enlightenment, attain impartial knowledge, fulfill all Buddha teachings, extensively perform Buddha work until entering extinction without remainder. If the heart of even one sentient being is unfulfilled, I will not attain unexcelled perfect enlightenment.'"

[주]

*무여열반: Ⓢnīrupadhiśeṣa-nirvāna 無餘涅槃, 無餘依涅槃, 4종 열반의 하나. 생사의 괴로움을 여읜 진여(眞如). 번뇌장을 끊고 얻는 것. 이숙(異熟)의 고과(苦果)인 현재의 신체까지 멸해 없어진 곳에 나타나는 것이므로 이와 같이 이름.

공(空)으로서의 보시

"보살이 이렇게 중생에게 이익을 주면서도, '나'라는 생각 · '중생'이란 생각 · '있다'는 생각 · '목숨'이란 생각 · '여러 가지'란 생각 · '*푸드가라(개인)'란 생각 · '인간'이란 생각 · *'마나바카(인류)'란 생각 · '짓는 이'란 생각 · '받는 이'란 생각이 전혀 없고, 다만 법계와 중생계의 끝이 없는 법과 공한 법과 무소유의 법과 모양 없는 법과 자체가 없는 법과 처소가 없는 법과 의지가 없는 법과 지음이 없는 법을 관찰합니다. 이런 관찰을 할 때에는 제 몸도 보지 않고, 보시하는 물건도 보지 않고, 받는 이도 보지 않고, 복밭도 보지 않고, 업도 보지 않고, 과보도 보지 않고, 결과도 보지 않고, 큰 결과도 보지 않고, 작은 결과도 보지 않습니다."

菩薩 如是利益衆生, 而無我想 衆生想 有想 命想 種種想 補伽羅想 人想 摩納婆想 作者想 受者想, 但觀法界衆生界無邊際法 空法 無所有法 無相法 無體法 無處法 無依法 無作法. 作是觀時 不見自身, 不見施物, 不見受者, 不見福田, 不見業, 不見報, 不見果, 不見大果, 不見小果.

"Thus do enlightening beings benefit the living, yet without any concept of self or any concept of sentient beings, or any concept of existence, or any concept of life, without various concepts—no concept of personality, no concept of person, no concept of human being, no concept of doer or receiver—they only observe the infinity of the realm of reality and the realm of sentient beings, their emptiness, absence of existents, signlessness, insubstantiality, indeterminacy, nondependence, and noncreation. When they perform this contemplation, they do not see themselves, they do not see anything given, they do not see a receiver, they do not see a field of blessings, they do not see a deed, they do not see any reward, they do not see any result, they do not see a great result, they do not see a small result."

[주]

*푸드가라: Ⓢpudgala, 푸드갈라, ①구역으로는 인(人)또는 중생(衆生), 신역으로는 삭취취(數取趣)라 한다. 삭은 자주, 여러 번의 뜻인데, 중생은 번뇌와 업의 인연으로 자주 육취에 왕래하므로 삭취취라 한다. 푸드갈라는 비즉비리온(非卽非離蘊)이며 동시에 윤회의 주체이다. ②부처님께서 설법할 때에 대한 4종의 의향(사의취) 가운데 하나로, 조금 이루고 거기에 만족하려는 마음을 없애기 위하여 상대편이 좋아하는 바를 따라 여러 가지로 말하는 것. 즉 아끼고 탐내는 이에게 보시의 이익을 말하고, 보시만 행할 때는 또 다시 이것을 꾸짖음과 같은 따위이다.

*마나바카: Ⓢmāṇava, māṇavaka 마납박가(摩衲縛迦), 마납(摩納), 마납바(摩納婆), 마나바(摩那婆). 번역하여 유동(儒童)・선혜(善慧)・연소정행(年少淨行). 석존이 연등불 처소에서 보살이던 때의 이름. 혹은 인간을 말하기도 한다.

2. 요익행

계율을 지니는 행을 밝힘

"불자들이여, 무엇을 보살마하살의 이로운 행이라고 합니까? 요익행을 행하는 보살은 깨끗한 *계율을 지니며, 색과 소리와 향기와 맛과 감촉에 대하여 집착하지 않고, 중생들을 위해서도 역시 이와 같이 말하며, 권세를 구하지도 않고, 종족을 구하지도 않고, 부귀를 구하지도 않고, 겉으로 드러나는 것을 구하지도 않고, 임금의 지위를 구하지도 않습니다. 이러한 일체의 것에 조금도 집착이 없고, 단지 청정한 계율을 견고하게 지니면서 '내가 청정한 계율을 지니는 것은 반드시 온갖 얽히고설킨 속박과 뜨거운 번뇌를 가져오는 탐심과 모든 재난의 핍박과 훼방과 혼탁함을 버리고, 부처님께서 찬탄하시는 평등한 정법을 얻으리라'고 생각합니다."

佛子 何等 爲菩薩摩訶薩 饒益行. 此菩薩 護持淨戒, 於色聲香味觸 心無所着, 亦爲衆生 如是宣說, 不求威勢, 不求種族, 不求富饒, 不求色相, 不求王位. 如是一切 皆無所着, 但堅持淨戒 作如是念 我持淨戒 必當捨離一切纏縛 貪求熱惱 諸難逼迫 毁謗亂濁, 得佛所讚平等正法.

[한자풀이]

饒:넉넉할 요, 많다, 너그럽다 纏:얽힐 전, 묶다 縛:묶을 박, 자유를 속박하다 逼:닥칠 핍, 위협하다 迫:닥칠 박, 다그치다 毁:헐 훼, 상처를 입히다 謗:헐뜯을 방, 비방하다 亂:어지러울 란 濁:흐릴 탁

"What is the great enlightening beings' beneficial practice? Here enlightening beings maintain pure self-control, and their minds have no attachment to color or form, sound, fragrance, flavor, or feeling. Also they preach this to sentient beings. They do not seek power, social status, wealth, appearance, or dominions. They have no attachment to anything, but just firmly uphold pure conduct, thinking, 'As I maintain pure discipline, I shall surely get rid of all bondage, the torment of craving, oppression, slander, and disturbance, and will attain the impartial truth praised by the Buddhas.'"

[주]

*계율: 戒律, S śīla-vinaya, P sīla-vinaya, 18품 참고.

욕심에 흔들리지 않은 청정한 계율

"불자들이여, 보살이 이렇게 청정한 계율을 지닐 때, 하루 동안에 가령 수 없는 백천 억 *나유타 큰 악마들이 보살이 있는 곳에 저마다 각각 한량없고 수 없는 백천 억 나유타 천녀를 데리고 와서, 모두 다섯 욕심에 대하여 방편을 잘 행하며, 단정하고 아름다워 사람의 마음을 홀리게 하며, 갖가지 진기한 물건을 가지고 와서 보살의 도에 대한 의지를 의혹하고 어지럽게 하려고 합니다.

이때 보살은 '이 다섯 욕심은 도를 장애하는 것이며, 위없는 보리까지도 장애하는 것이다'고 생각하면서, 그렇기 때문에 한순간도 욕심내는 생각을 내지 않고 부처님처럼 마음을 깨끗이 해야 하며, 오직 방편으로 중생을 교화하는 일을 제외하고는, 일체지의 마음을 버리지 않습니다. 불자들이여, 보살은 욕심 때문에 한 중생이라도 괴롭게 하지 않습니다. 차라리 목숨을 버릴지언정 중생을 괴롭게 하는 일을 짓지는 않습니다."

佛子 菩薩 如是持淨戒時, 於一日中 假使無數 百千億那由他諸大惡魔 詣菩薩所 一一各將無量無數百千億那由他天女, 皆於五欲 善行方便, 端正姝麗 傾惑人心, 執持種種珍玩之具 欲來惑亂菩薩道意. 爾時菩薩 作如

是念 此五欲者 是障道法, 乃至障碍無上菩提, 是故 不生一念欲想 心淨如佛, 唯除方便 敎化衆生, 而不捨於一切智心. 佛子 菩薩 不以欲因緣故 惱一衆生, 寧捨身命 而終不作惱衆生事.

[한자풀이]

姝:빛깔고울 주　麗:고울 려, 우아하다　傾:기울 경, 뒤집히다　珍:보배 진, 진귀하다　玩:희롱할 완　寧:편안할 녕

"When enlightening beings maintain pure discipline in this way, even if countless devils should come to them in a single day, each bringing countless goddesses all well versed in the arts of pleasure, beautiful and alluring, with various amusing things, in order to disturb the enlightening beings' attention on the Way, the enlightening beings think, 'These desires are hindrances to the Way and obstruct unexcelled enlightenment.' Therefore they do not conceive even a single thought of lust; their minds are as pure as Buddha. The only exception is in terms of expedient means to teach and transform sentient beings—yet they still do not relinquish the determination for omniscience. Enlightening beings do not afflict a single sentient being in pursuit of their own desires; they would rather die themselves than to do anything which would afflict a single being."

[주]

*나유타: 那由他, ⓢNayuta, 17품 참고.

모든 법이 공함을 관찰함

"모든 것은 허망하고 실체가 아니므로 홀연히 일어났다가 홀연히 없어지는 것이요, 견고하지 못하여 꿈과 같고 그림자 같고 요술 같고 환영과 같아서 어리석은 이를 속이고 미혹하게 합니다. 이같이 이해한 사람은 곧 모든 행을 깨달을 수 있고 생사에서 열반까지를 통달하며, 부처님의 보리를 증득하며, 스스로 제도하고 남을 제도하며, 스스로 해탈하고 남을 해탈케 하며, 스스로 조복하고 다른 이를 조복하게 하며, 스스로 고요하고 남을 고요하게 하며, 스스로 평온하고 남을 평온케 하며, 스스로 더러움을 벗고 남도 더러움을 벗게 하며, 스스로 청정하고 남도 청정케 하며, 스스로 열반하고 남도 열반케 하며, 스스로 행복하고 남도 행복하게 합니다."

一切諸法 虛妄不實 速起速滅, 無有堅固 如夢如影 如幻如化 誑惑愚夫. 如是解者 卽能覺了一切諸行 通達生死 及與涅槃, 證佛菩提, 自得度 令他得度, 自解脫 令他解脫, 自調伏 令他調伏, 自寂靜 令他寂靜, 自安隱 令他安隱, 自離垢 令他離垢, 自淸淨 令他淸淨, 自涅槃 令他涅槃, 自快樂 令他快樂.

[한자풀이]

速:빠를 속 夢:꿈 몽, 공상 影:그림자 영 幻:변할 환, 허깨비 誑:속일 광, 유혹하다 惑:미혹할 혹, 의심하다 愚:어리석을 우 隱:숨길 은 垢:때 구, 더럽혀지다 快:쾌할 쾌, 기뻐하다, 즐거워하다

"They know all things are unreal, suddenly arising and suddenly perishing, having no solidity or stability, like dreams, like reflections, like phantoms, like illusions, fooling the ignorant. Those who understand in this way will be able to comprehend all actions, to master birth and death as well as nirvana, to realize enlightenment, to save themselves and cause others to gain salvation, to liberate themselves and enable others to gain liberation, to conquer themselves and cause others to be tamed, to become tranquil themselves and enable others to become tranquil, to be secure themselves and enable others to be secure, to be free from defilement themselves and cause others to be free from defilement, to be pure themselves and cause others to be pure, to be dispassionate themselves and cause others to be dispassionate, to be happy themselves and cause others to be happy."

3. 무위역행

*인욕행을 밝힘

"불자들이여, 무엇을 보살마하살의 어기지 않는 행이라고 합니까? 무위역행을 하는 보살은 항상 참고 견디는 법을 닦아 겸손하고 공경하여, 스스로 해치지 않고, 남을 해치지 않고, 둘 다 해치지 않으며, 스스로 탐하지 않고, 남도 탐하게 하지 않고, 둘 다 탐하지 아니하며, 스스로 집착하지 않고, 남도 집착하지 않게 하고, 둘 다 집착하지 아니하며, 또한 명예와 이익도 추구하지 않습니다. 오로지 '내가 늘 중생들을 위해 법을 말하여서 모든 악에서 벗어나게 하고, 탐욕 · 성냄·어리석음·교만·위선·인색·질투·아첨·속임을 끊게 하고, 부드럽고 화평하여 참고 견디는데 항상 머물게 할 것이다'라고 생각합니다."

佛子 何等 爲菩薩摩訶薩 無違逆行. 此菩薩 常修忍法 謙下恭敬, 不自害, 不他害, 不兩害, 不自取, 不他取, 不兩取, 不自着, 不他着, 不兩着, 亦不貪求名聞利養. 但作是念 我當常爲衆生說法 令離一切惡, 斷貪瞋癡 憍慢覆藏 慳嫉諂誑, 令恒安住忍辱柔和.

[한자풀이]

謙:겸손할 겸, 공손하다 恭:공손할 공, 섬기다 敬:공경할 경, 예의가 바르다, 정중하다 斷:끊을 단, 근절시키다 憍:교만하다, 거만하다 慢:게으를 만, 업신여기다 覆:뒤집힐 복, 반전하다, 넘어지다 藏:감출 장, 저장하다 慳:아낄 간 嫉:시기할 질, 미워하다 諂:아첨할 첨, 아양 떨다 忍:참을 인, 견디어내다 辱:욕되게 할 욕, 수치 柔:부드러울 유, 성질이 화평하고 순하다 和:화할 화, 서로 응하다

"What is the great enlightening beings' practice of nonopposition? Here enlightening beings always practice tolerance and forbearance, being humble and respectful, not harming self, others, or both; not stealing or causing others to steal, not being attached to themselves, to others, or to both; not seeking fame or profit. They only think, 'I should always expound the Teaching to sentient beings, to cause them to divorce all evils, to cut off greed, anger, folly, pride, hypocrisy, stinginess, jealousy, obsequiousness, and dishonesty, and cause them to always abide peacefully in forbearance and harmony.'"

[주]

*인욕: 忍辱, ⓢKsānt, 십바라밀의 하나. 욕됨을 당하고도 복수하려는 마음이 없이 참고 안주하는 것이다. 즉 온갖 모욕과 번뇌를 참고 원한을 일으키지 않는 것을 말한다. 인욕을 닦게 되면 사람들의 마음속에 있는 분(忿)·원(怨)·에(恚)·진(瞋) 등을 능히 부수어 없애어, 불교에서 말하는 공덕을 얻을 수 있다.

어떤 고통에도 흔들리지 않고 인욕하는 수행

"보살이 이렇게 극심한 고초를 당하여 몸에 있는 털이 다 곤두서고 목숨이 끊어지려고 하더라도 '내가 이만한 고통으로 마음이 흔들린다면, 그것은 바로 스스로를 조복하지 못하고, 스스로를 수호하지 못하고, 스스로 분명히 알지 못하고, 스스로 닦지 못하고, 스스로 바른 선정에 들지 못하고, 스스로 고요하지 못하고, 스스로 아끼지 못하여, 스스로 집착을 내게 되니, 어떻게 다른 사람이 청정한 마음을 갖도록 할 수 있겠는가'라고 생각합니다."

菩薩 遭此極大楚毒 身毛皆竪 命獎欲斷 作是念言, 我因是苦 心若動亂, 則自不調伏, 自不守護, 自不明了, 自不修習, 自不正定, 自不寂靜, 自不愛惜, 自生執着, 何能令他 心得淸淨.

[한자풀이]

遭:만날 조, 일을 당하다 極:다할 극, 일을 당하다 楚:모형 초, 가시나무, 매 毒:독 독, 해악 竪:豎의 속자, 더벅머리 수, 천하다 獎:권면할 장, 돕다, 칭찬하다 惜:아낄 석, 아까워하다, 가엾다

"Though enlightening beings encounter such torture, their hair standing on end, their life about to end, they form this thought: 'If my mind is disturbed by this suffering, then I have not mastered myself, I am not self-possessed, I do not understand myself, I am uncultivated, I am not properly stabilized, I am not at peace, I am careless, I give rise to attachments—how can I enable others to attain purity of mind?'"

모든 법이 공함을 관찰함

"다시 성찰하기를 '이 몸은 공한 것이어서 나도 없고 내 것도 없으며, 실체가 없고 성품이 공하여 둘이 아니며, 모든 것이 공하기 때문에 괴롭거나 즐거운 그 모든 것이 없는 것이다. 나는 중생들이 이러한 소견을 없애도록 하기 위하여 널리 사람들에게 이해와 깨달음을 말해야 한다. 그러므로 내가 지금 비록 이런 고통을 당하더라도 참고 견디어야 한다. 이는 중생을 사랑하기 때문이며, 중생에게 이로움을 주려는 때문이며, 중생을 안락하게 하려는 때문이며, 중생을 가엾이 여기기 때문이며, 중생을 거두어 받아들이려는 때문이며, 중생을 버리지 않으려는 때문이며, 스스로 깨달음을 얻기 위한 때문이며, 다른 이를 깨닫게 하려는 때문이며, 마음이 물러서지 않기 때문이며, 부처님 도를 향하여 나아가기 때문이다'라고 합니다. 이것을 보살마하살의 셋째 어기지 않는 행이라 합니다."

復更思惟 此身 空寂 無我我所, 無有眞實 性空無二, 若苦若樂 皆無所有, 諸法空故 我當解了 廣爲人說, 令諸衆生 滅除此見 是故我今 雖遭苦

毒 應當忍受. 爲慈念衆生故, 饒益衆生故, 安樂衆生故, 憐愍衆生故, 攝受衆生故, 不捨衆生故, 自得覺悟故, 令他覺悟故, 心不退轉故, 趣向佛道故. 是名菩薩摩訶薩 第三無違逆行.

[한자풀이]

憐:불쌍히 여길 련, 가엾이 여기다 **愍**:근심할 민, 걱정 **攝**:당길 섭 **受**:받을 수, 받아들이다.

"They further reflect, 'This body is empty and null, it has no self or possessions, it has no reality—it is void by nature, with no duality. Neither pain nor pleasure has any existence, because all things are empty. I should expound this teaching for people, to enable all sentient beings to do away with their views. Therefore, though I meet with suffering today, I should accept it with patience, out of compassion for beings, to benefit beings, to pacify beings, out of pity for beings, to take care of beings and not abandon them, to attain enlightenment myself and also to enable others to attain enlightenment, so that my mind will never regress, and so that I may progress on the way of Buddhahood.' This is called the enlightening being's third practice, of nonopposition."

4. 무굴요행

정진행을 밝힘

"불자들이여, 무엇이 보살마하살의 굽히지 않는 행입니까? 무굴요행을 행하는 보살은 여러 가지 정진을 수행합니다. 그것은 제일가는 *정진, 큰 정진, 뛰어난 정진, 특별히 뛰어난 정진, 가장 뛰어난 정진, 가장 오묘한 정진, 고귀한 정진, 위없는 정진, 비교할 수 없는 정진, 폭넓은 정진입니다. 성품에 *삼독(탐 · 진 · 치)이 없고, 성품에 교만이 없고, 성품에 위장이 없고, 성품에 인색함과 질투가 없고, 성품에 아첨과 속임이 없고, 성품이 스스로 뉘우치며, 마침내 한 중생이라도 괴로워하지 않도록 하기 위하여 정진을 행합니다."

佛子 何等 爲菩薩摩訶薩 無屈撓行. 此菩薩 修諸精進. 所謂第一精進, 大精進, 勝精進, 殊勝精進, 最勝精進, 最妙精進, 上精進, 無上精進, 無等精進, 普遍精進. 性無三毒, 性無憍慢, 性不覆藏, 性不慳嫉, 性無諂誑, 性自慚愧, 終不爲惱一衆生故 而行精進.

[한자풀이]

屈:굽을 굴, 물러나다 撓:어지러울 요, 휘다 覆:덮을 부 慳:아낄 간 嫉:시기할 질 諂:아첨할 첨 誑:속일 광 慚:부끄러울 참 愧:부끄러워할 괴

"What is great enlightening beings' practice of indomitability? Here the enlightening beings cultivate various forms of energy—foremost energy, great energy, excellent energy, outstanding energy, supreme energy, sublime energy, exalted energy, unsurpassed energy, unequalled energy, comprehensive energy. They become naturally free from the three poisons of greed, hatred, and delusion, naturally free from pride and conceit, naturally not hypocritical, naturally not stingy or jealous, naturally not deceitful, naturally conscientious. Ultimately they do not make any effort that would afflict a single living being."

[주]

*정진:精進, ⓈVirya, 십바라밀의 하나. 불교교의에 따라 끊임없이 수행에 노력하고, 이 과정 중에서 끊임없이 선(善)을 닦고 악(惡)을 끊어 훌륭한 공덕을 몸에 익혀 불교에서 요구하는 완전한 선(善)의 경지에 도달한다는 것이다.

*삼독: 三毒, 탐욕(貪欲)·진에(瞋恚)·우치(愚癡)의 세 번뇌. ①탐독(貪毒): 끌어들여 취하려는 마음을 탐(貪)이라 함, 미혹된 마음으로 일체의 것을 취하여도 만족함이 없는 것. ②진독(瞋毒): 성내고 분한마음을 진(瞋)이라 하며, 미혹된 마음으로 분노를 일으키는 것. ③치독(癡毒): 미혹되어 어두운 마음을 치(癡)라 하며, 심성이 암둔하여 사리의 법에 미혹되는 것. 또한 무명이라 함. 이에는 치독이 홀로 일어나는 독두무명(獨頭無明)과 탐독과 함께 일어나는 상응무명(相應無明)이 있다. 독(毒)이라 한 것은 <대승의장>에 "3독이 모두 3계의 온갖 번뇌를 포섭하고, 온갖 번뇌가 중생을 해치는 것이 마치 독사나 독용(毒龍)과 같다"하였다. 삼독을 없애기 위하여 삼학을 닦도록 가르치고 있다.

정진수행의 이유

"오직 모든 번뇌를 끊기 위하여 정진하고, 모든 *미혹의 근본을 뿌리 뽑기 위하여 정진하고, 모든 습기를 없애기 위하여 정진하고, 모든 중생세계를 알기 위하여 정진하고, 모든 중생이 여기서 죽어 저기에 태어나는 것을 알기 위하여 정진하고, 모든 중생의 번뇌를 알기 위하여 정진하고, 모든 중생의 좋아함을 알기 위하여 정진하고, 모든 중생의 경계를 알기 위하여 정진하고, 모든 중생의 근기가 우월하고 열등함을 알기 위하여 정진하고, 오직 모든 중생의 마음 움직임을 알기 위하여 정진하는 것입니다."

但爲斷一切煩惱故 而行精進, 但爲拔一切惑本故, 而行精進 但爲除一切習氣故, 而行精進 但爲知一切衆生界故, 而行精進, 但爲知一切衆生 死此生彼故 而行精進, 但爲知一切衆生煩惱故 而行精進, 但爲知一切衆生心樂故 而行精進, 但爲知一切衆生境界故 而行精進, 但爲知一切衆生 諸根勝劣故 而行精進, 但爲知一切衆生心行故 而行精進.

"They only make efforts to cut off all afflictions, to pull out the roots of all confusion, to get rid of all force of habit, to know all realms of living beings, to know where all beings die and are born, to know the afflictions of all sentient beings, to know the inclinations of all sentient beings, to know the perspectives of all sentient beings, to know the superiority and inferiority of faculties of all sentient beings, to know the mental activities of all sentient beings."

[주]

*미혹: 迷惑, 사(事)와 이(理)의 잘못됨을 미(迷)라 하고, 사리에 밝지 못한 것을 혹(惑)이라 한다. 마음이 무명에 가리워져 번뇌 망상이 일어나고 사리에 어두운 것.

기쁜 마음으로 정진행을 다짐함

"불자들이여, 보살마하살이 이러한 정진행을 성취했을 때, 가령 어떤 사람이 '그대가 무수한 세계에 있는 중생들을 잘 위하면서, 하나하나의 중생 때문에 *아비지옥에서 수 없는 겁에 걸쳐 온갖 고통을 받으면서, 저 중생들 하나하나가 수 없는 부처님께서 세상에 출현하심을 만나게 하고, 부처님을 뵙게 됨으로써 온갖 즐거움을 받게 하며, 마침내 무여열반에 들게 하고서야 그대가 아누다라삼먁삼보리를 이룰 수 있을 것인데, 그대는 그렇게 할 수 있겠습니까'라고 묻는다면 '그렇게 할 수 있습니다'라고 대답할 것입니다. … 보살이 이런 말을 들었다고 해서 한 순간도 후회하는 마음을 내지 않고, 오로지 또 다시 더욱 기뻐 뛰어오르며 스스로 아주 다행스러워하며 매우 좋은 이로움을 얻었다고 하면서, 내 힘으로 저 중생들을 온갖 고통에서 영원히 벗어나게 하리라고 합니다.

보살이 이렇게 정진을 행하는 방편으로써 모든 세계에서 모든 중생들이 마침내 무여열반에까지 도달하게 합니다. 이것을 보살마하살의 넷째 행인 무굴요행이라고 합니다."

佛子 菩薩摩訶薩 成就如是精進行已, 設有人 言 汝頗能爲無數世界 所有衆生, 以一一衆生故 於阿鼻地獄 經無數劫 備受衆苦, 令彼衆生 一一得值無數諸佛 出興於世, 以見佛故 具受衆樂, 乃至入於無餘涅槃 汝乃當成阿耨多羅三藐三菩提, 能爾不耶 答言我能. … 菩薩 不以聞此語故 而生一念悔恨之心, 但更增上歡喜踊躍 深自慶幸 得大善利, 以我力故 令彼衆生永脫諸苦. 菩薩 以此所行方便 於一切世界中 令一切衆生 乃至究竟無餘涅槃. 是名菩薩摩訶薩 第四無屈撓行.

[한자풀이]

頗:자못 파, 약간, 몹시 踊:뛸 용 躍:뛸 약

"Once enlightening beings have perfected these practices of energetic effort, if someone should say to them, 'Can you pass countless eons enduring the pains of uninterrupted hell for the sake of each and every being in countless worlds, cause those beings to each meet countless Buddhas in the world, and through seeing Buddhas attain Felicity and Finally enter extinction without remainder, after which you yourself attain unexcelled complete perfect enlightenment?' They would answer 'I can.' … the enlightening beings would not have a moment of regret or resentment on hearing such words – they would only be more joyful, feeling profoundly happy and fortunate that they had attained such a great benefit that they could by their power enable sentient beings to be forever liberated from suffering. Enlightening beings, by these means which they employ, enable all beings in all worlds to eventually reach ultimate release without remainder. This is called the enlightening beings' practice of indomitability."

[주]

*아비지옥: 阿鼻地獄 Ⓢavici, 팔열지옥(八熱地獄) 가운데 가장 밑에 있는 대지옥. 남섬부주 아래 2만 유순 되는 곳에 있는 몹시 괴롭다는 지옥. 괴로움을 받는 것이 끊임없었으므로 아비지옥이라 한다. 오역죄(五逆罪)의 하나를 범하거나, 인과를 무시하고, 절이나 탑을 무너뜨리거나, 성중(聖衆)을 비방하고, 공연히 시주물건을 먹는 이는 이 지옥에 떨어진다고 한다.

※팔열지옥(八熱地獄): 뜨거운 불길로 인하여 고통을 받게 되는 8종의 큰 지옥. ①등활지옥(等活地獄):고통을 받아 죽었다가 찬바람이 불어와서 살아나면 또다시 뜨거운 고통을 받는 지옥. ②흑승지옥(黑繩地獄): 뜨거운 쇠사슬로 몸과 팔다리를 묶어 놓고 큰톱으로 끊는 지옥. ③중합지옥(衆合地獄): 여러 가지 고통을 주는 기구가 한꺼번에 닥쳐와서 몸을 핍박하여 해치는 지옥. ④규환지옥(叫喚地獄): 온갖 고통이 못 견디게 굴어 원망하는 슬픈 고함소리를 지르게 하는 지옥. ⑤대규환지옥(大叫喚地獄): 지독한 고통에 못 견디어 통곡을 터뜨리게 되는 지옥. ⑥초열지옥(焦熱地獄):

뜨거운 불길이 몸을 둘러싸서 그 뜨거움을 견디기 어려운 지옥. ⑦대초열지옥(大焦熱地獄): 뜨거운 고통이 더욱 심한 지옥. ⑧무간지옥(無間地獄): 아비지옥(阿鼻地獄)이라고도 한다. 쉴 새 없이 고통 받는 지옥 등이다.

5. 무치란행

어리석음과 산란을 벗어나는 행을 밝힘

"불자들이여, 무엇이 보살마하살이 어리석음과 산란을 벗어나는 행입니까? 무치란행을 하는 보살은 바른 생각을 성취하여 마음이 산란하지 않고, 견고하여 흔들리지 않으며, 가장 깨끗하고 한량없이 넓고 커서 미혹하지 않습니다. 이러한 바른 생각으로 인해서 세간의 온갖 말을 잘 이해하게 되고, 출세간법의 말을 지닐 수 있게 됩니다. 이른바 *색법과 *비색법의 말을 지닐 수 있고, 색의 자성을 건립하는 말을 지닐 수 있으며, 마침내 수·상·행·식의 자성을 건립하는 말을 지닐 수 있어 마음이 어리석거나 산란하지 않습니다. *세간에서 여기서 죽어 저기에 나는 것에 마음이 어리석거나 산란하지 않고, 태에 들어가고 태에서 나오는데 마음이 어리석거나 산란하지 않으며, 보리심을 내는데 마음이 어리석거나 산란하지 않고, 선지식을 섬김에 있어 마음이 어리석거나 산란하지 않으며, 불법을 부지런히 닦는데 마음이 어리석거나 산란하지 않고, *마군의 일을 깨달아 알아서 마음이 어리석거나 산란하지 않으며, 마군의 업들을 벗어나 마음이 어리석거나 산란하지 않고, 불가설 겁 동안 보살행을 닦음에 있어 마음이 어리석거나 산란하지 않습니다."

佛子 何等 爲菩薩摩訶薩 離癡亂行. 此菩薩 成就正念 心無散亂 堅固不動, 最上淸淨 廣大無量 無有迷惑.
以是正念故 善解世間一切語言, 能持出世諸法言說. 所謂能持色法非色法言說, 能持建立色自性言說, 乃至能持建立受想行識自性言說 心無癡亂. 於世間中死此生彼 心無癡亂, 入胎出胎 心無癡亂, 發菩提意 心無癡亂, 事善知識 心無癡亂, 勤修佛法 心無癡亂, 覺知魔事 心無癡亂, 離諸魔業 心無癡亂, 於不可說劫修菩薩行 心無癡亂.

"What is great enlightening beings' practice of nonconfusion? Here enlightening beings perfect right mindfulness, their minds free from distraction and disturbance, firm and imperturbable, consummately pure, immeasurably vast, without any delusion or confusion. By virtue of this right mindfulness they well understand all worldly speech and are able to remember the verbal explanations of transmundane laws. That is to say, they can remember the explanations of material and immaterial phenomena, they can remember the explanations of the definition of the intrinsic nature of sensation, perception, conditioning, and consciousness, without any confusion in their minds. In the world they die in one place and are born in another without confusion in their minds. They enter the womb and leave the womb without confusion in their minds. They arouse the will for enlightenment without confusion in their minds. They attend teachers without confusion in their minds. They earnestly practice the Buddhas' teachings without confusion in their minds. They notice the doings of demons without confusion in their minds. They divorce demonic activity without confusion in their minds. They cultivate enlightening practice for countless eons without confusion in their minds."

[주]

*색법: 色法, ⓈRūpa 심법(心法)에 대칭(對稱)되는 말. 삼유위법(三有爲法:色法・心法・非色非心法)의 하나. 사리오법(事理五法:心法・心所法・色法・不相應法・無爲法)의 하나. 오온(五蘊)의 하나. 물질성의 존재. 물질을 말한다. 안(眼)・이(耳)・비(鼻)・설(舌)・신(身) 등 오근(五根)의 대상은 모두 색법(色法)이다.

*비색: 非色, Ⓢarūpa, arūpin 색(色)이 되지 못하는 것. 오온(五蘊) 중에서 색온(色蘊) 이외의 수(受)・상(想)・행(行)・식(識)의 4온(蘊)을 가리켜 말함.

*세간: 世間, Ⓢloka-dhātu, sarva-loka, 17품 참고.

*마군: 魔軍, 줄여서 마(魔), 악마들의 군병(軍兵). 석존이 성도할 때에 제6천(天)의 마왕이 그의 권속들을 거느리고 와서 성도를 방해함에 신통력으로 이들을 모두 항복받았다고 한다. 또는 불도를 방해하는 온갖 악한 일을 모두 마군이라고도 한다.

선정을 성취하면 어떤 음성도 산란하게 하지 못함

"또한 무치란행을 하는 보살마하살에게는 어떤 소리로도 마음을 산란하게 하지 못합니다. 그 소리는 높고 큰 음성, 거칠고 탁한 음성, 사람에게 공포를 느끼게 하는 음성, 기쁜 의미의 음성, 기쁘지 않은 음성, 귀를 시끄럽게 하는 음성, *육근을 망가뜨리는 음성들입니다. 이 보살은 아승기 세계에 가득한 이러한 한량없고 수 없는 좋고 나

뻔 음성을 듣는다 하더라도, 한 순간도 마음이 산란하지 않습니다. 즉 바른 생각이 산란하지 않고, 경계가 산란하지 않으며, 삼매가 산란하지 않고, 깊고 깊은 법에 들어감이 산란하지 않고, 보리행을 수행함이 산란하지 않고, 보리심을 내는 것이 산란하지 않고, 부처님들을 잊지 않고 생각함이 산란하지 않고, 진실한 법을 관찰함이 산란하지 않고, 중생을 교화하는 지혜가 산란하지 않고, 중생을 청정하게 하는 지혜가 산란하지 않고, 깊은 이치를 완전하게 아는 것이 산란하지 않습니다."

復次此菩薩摩訶薩 種種音聲 不能惑亂. 所謂高大聲, 麤濁聲, 極令人恐怖聲, 悅意聲, 不悅意聲, 諠亂耳識聲, 沮壞六根聲. 此菩薩 聞如是等無量無數好惡音聲 假使充滿阿僧祇世界, 未曾一念心有散亂. 所謂正念不亂, 境界不亂, 三昧不亂, 入甚深法不亂, 行菩提行不亂, 發菩提心不亂, 憶念諸佛不亂, 觀眞實法不亂, 化衆生智不亂, 淨衆生智不亂, 決了甚深義不亂.

[한자풀이]

次:버금 차, 잇다, 다음에 麤:거칠 추, 결이 매끄럽지 않다 諠:지꺼릴 훤, 속이다, 떠들썩하다 沮:막을 저, 저지하다, 방해하다

"Furthermore, these enlightening beings cannot be confused or disturbed by any kind of sound—loud sounds, coarse and garbled sounds, terrifying sounds, pleasing sounds, displeasing sounds, ear-shattering sounds, sense-debilitating sounds.
When the enlightenings hear such countless good or bad sounds, even though the sounds fill countless worlds, they are never disturbed or distracted for a moment. That is to say, their right mindfulness is undisturbed, their state is undisturbed, their

concentration is undisturbed, their entry into emptiness is undisturbed, their practice of enlightening acts is undisturbed, their determination for enlightenment is undisturbed, their contemplation of truth is undisturbed, their knowledge to civilize sentient beings is undisturbed, their knowledge to purify sentient beings is undisturbed, their certain understanding of the meaning of profundity is undisturbed."

[주]

*육근: 六根, Ⓢṣaḍ-indriya, 육근이란 6식(識)의 소의(所依)가 되어 6식을 일으키어, 대경(對境)을 인식케 하는 근원. 안근(眼根)·이근(耳根)·비근(鼻根)·설근(舌根)·신근(身根)·의근(意根) 곧 6관(官). 근은 낸다는 뜻. 안근은 안식(眼識)을 내어 색경(色境)을 인식. 내지 의근은 의식을 내어 법경(法境)을 인식하므로 근(根)이라 한다.

모든 장애를 떠남

"악업을 짓지 않으므로 악업의 장애가 없고, 번뇌를 일으키지 않으므로 번뇌의 장애가 없고, 법을 가벼이 여기지 않으므로 법의 장애가 없고, 정법을 비방하지 않으므로 과보의 장애가 없습니다."

不作惡業故 無惡業障, 不起煩惱故 無煩惱障, 不輕慢法故 無有法障, 不誹謗正法故 無有報障.

[한자풀이]

誹:헐뜯을 비　謗:헐뜯을 방　障:가로막을 장

"Because they do no evil, they have no obstruction of evil habits; because they do not produce afflictions, they have no obstruction by afflictions; because they do not slight the teaching, they have no barrier to the teaching; because they do not slander and repudiate the truth, they have no obstruction by retribution."

선정의 공덕

"보살이 이렇게 몸과 말과 뜻으로 하는 행이 고요하게 되면 일체지에 이르러 영원히 물러서지 않습니다. 온갖 선정의 문에 잘 들어가서 모든 삼매가 동일한 성품임을 알며, 일체법이 끝이 없음을 깨닫고, 일체법의 진실한 지혜를 얻으며, 음성을 떠난 깊은 삼매를 얻으며, 아승기 삼매 문을 얻어서 한량없이 광대한 대비심을 증장하게 됩니다. 이때 보살이 한순간 동안에 수 없는 백천 삼매를 얻어서 이와 같은 소리를 들어도 마음이 미혹하거나 산란하지 않고, 그 삼매를 점점 더 늘이면서 '나는 반드시 모든 중생들이 위없는 청정한 생각에 편안히 머물러 일체지에서 물러서지 않으며 마침내 무여 열반을 성취하게 하리라'고 다짐합니다. 이것이 보살마하살의 다섯째 행인 이치란행이라고 합니다."

菩薩 如是成就寂靜身語意行 至一切智 永不退轉. 善入一切諸禪定門 知諸三昧 同一體性, 了一切法 無有邊際, 得一切法眞實智慧, 得離音聲甚深三昧, 得阿僧祇諸三昧門 增長無量廣大悲心. 是時 菩薩 於一念中 得無數百千三昧 聞如是聲 心不惑亂, 令其三昧 漸更增廣, 作如是念 我當令一切衆生 安住無上淸淨念中 於一切智 得不退轉 究竟成就無餘涅槃. 是名

菩薩摩訶薩 第五離癡亂行.

"Thus do enlightening beings perfect tranquil, peaceful physical, verbal, and mental action, never regressing, till they reach omniscience. They skillfully enter all manner of meditative concentrations and know that all concentrations are of the same one essence. They comprehend that all things have no bounds and attain true knowledge of all things. They attain profound concentration detached from all sounds. They attain countless kinds of concentration. They increasingly develop a boundlessly vast mind of great compassion."

"At this point enlightening beings attain countless concentrations in a single instant, and, hearing such sounds, are not disturbed—they gradually increase and broaden their concentration. They form this thought: 'I should get all beings to abide peacefully in unsurpassed pure mindfulness, so they may attain nonregression on the way to omniscience, and ultimately attain to nirvana without remainder.' This is called the enlightening beings′ fifth practice, leaving confusion behind."

6. 선현행

반야바라밀의 행을 밝힘

"불자들이여, 무엇이 보살마하살의 잘 나타나는 행입니까? 선현행을 하는 보살은 몸으로 짓는 업이 깨끗하고 말로 짓는 업이 깨끗하며 뜻으로 짓는 업이 깨끗합니다. 얻는 것이 없는 경지에 머물러 얻을 것 없는 몸과 말과 뜻의 업을 보이며, 세 가지 업이 모두 없는 것임을 알 수 있습니다. 허망함이 없으므로 얽매임이 없고, 나타내 보이는 모든 것은 성품도 없고 의존함도 없습니다. 실재와 같은 마음에 머물러 한량없는 마음의 자성을 알고, 온갖 법의 자성이 얻을 것도 없고 형상도 없고 매우 깊어 꿰뚫어 들어가기 어려움을 압니다. 바른 자리인 *진여*법성에 머물러서 *방편을 내더라도 업보가 없어 나지도 않고 멸하지도 않습니다. 열반계에 머물고, 고요한 성품에 머물며, 진실하여 자성이 없는 성품에 머무르며, 더 이상 말로 할 수 없고 세간을 초월하여 아무것도 의지하지 않습니다. 분별과 속박과 집착을 벗어난 진리에 들어갔고, 가장 뛰어난 지혜의 진실한 법에 들어갔으며, 세간으로는 알 수 없는 출세간법에 들어갔으니, 이것이 선현행보살이 뛰어난 방편으로 생을 나타내 보이는 모양입니다."

佛子 何等 爲菩薩摩訶薩 善現行. 此菩薩 身業淸淨 語業淸淨 意業淸淨. 住無所得 示無所得身語意業, 能知三業 皆無所有. 無虛妄故 無有繫縛, 凡所示現 無性無依.
住如實心 知無量心自性, 知一切法自性 無得無相 甚深難入. 住於正位眞如法性 方便出生 而無業報 不生不滅. 住涅槃界, 住寂靜性, 住於眞實無性之性, *言語道斷 超諸世間 無有所依. 入離分別無縛着法, 入最勝智眞實之法, 入非諸世間所能了知出世間法, 此是菩薩 善巧方便 示現生相.

"What is the great enlightening beings' practice of good manifestation? Here the enlightening beings are pure in thought, word, and deed; they abide in nonacquisition, and demonstrate nonacquisitive thought, word, and deed. They know that physical, verbal, and mental actions have no absolute existence. Because they are free from falsehood, they are free from bondage. What they demonstrate is without inherent nature and depends on nothing. They abide in mental accord with reality. They know the intrinsic nature of infinite minds. They know the inherent nature of all things is ungraspable, formless, exceedingly profound and difficult to penetrate. They abide in the absolute state, true thusness, the essence of things; they appear in life by way of expedients, yet have no retribution for actions. Unborn and undying, they abide in the dispassionate, tranquil nature of the realm of nirvana. They abide in the nature of true reality, absence of inherent reality or own-being. They are beyond the power of speech to fully describe, they transcend all worlds and do not depend on anything. They enter into the truth that is free from discrimination, bondage, and attachment. They enter the true principle of supreme knowledge. They enter the transcendental truth which cannot be understood or known by any worldlings. Such are the characteristics of the enlightening beings' expedient manifestations of life."

[주]

*진여: 眞如, ⓢTathātā, Bhūtatathatā, 대승불교의 이상개념(理想槪念)의 하나. 우주 만유에 보변(普遍)한 상주 불변하는 본체. 이것은 우리의 사상 개념으로 미칠 수 없는 진실한 경계. 오직 성품을 증득한 사람만이 알 수 있는 것이며, 거짓이 아닌 진실이란 뜻과 변천하지 않고 늘 같다는 뜻으로 진여라 한다.

*법성: 法性, ⓢDharmatā, 또는 실상진여(實相眞如). 항상 변하지 않는 법의 법다운 성(性). 모든 법의 체성(體性). 곧 만유의 본체. 진여(眞如)·실상(實相)·법계(法界) 등이라고도 한다.

*언어도단: 言語道斷, ①진리의 본체·본래마음을 설명하는 말. 진리의 본체는 언어로써는 도저히 설명할 수도 없고, 우리의 본래 면목 역시 언어가 다 끊어졌다는 뜻. ②말문이 막힌다는 뜻. 말로써는 어떻게 설명할 수 없다는 말.

*방편: 方便, ⓢUpāya, 15품 참고.

이치와 사상이 걸림 없음

"보살이 이와 같이 일체법이 다 깊고 깊음을 이해하고, 모든 세간이 다 고요하고, 모든 불법이 더함이 없고, 불법이 세간법과 다르지 않고, 세간법이 불법과 다르지 않고, 불법과 세간법이 섞이지 않으며 또한 차별도 없음을 이해합니다. 법계의 자체 성품이 평등하면 삼세에 널리 들어가게 된다는 것을 분명하게 알게 됩니다."

菩薩 如是解一切法 皆悉甚深, 一切世間 皆悉寂靜, 一切佛法 無所增益, 佛法 不異世間法, 世間法 不異佛法, 佛法世間法 無有雜亂 亦無差別. 了知法界 體性平等 普入三世.

"Thus do enlightening beings understand that all things are void, and all worlds are silent: all the Buddha teachings add nothing—the Buddha teachings are no different from the phenomena of the world, and phenomena of the world are no different from the Buddha teachings. The Buddha teachings and worldly phenomena are neither mixed up nor differentiated. Knowing that the nature of elements is equal, entering everywhere into the triple world."

보살의 사명

"보살이 이 때에 '내가 중생을 성숙하게 하지 않으면 누가 성숙하게 하며, 내가 중생을 조복하지 않으면 누가 조복하며, 내가 중생을 교화하지 않으면 누가 교화하며, 내가 중생을 깨닫게 하지 않으면 누가 깨닫게 하며, 내가 중생을 청정하게 하지 않으면 누가 청정하게 할 것인가? 이것은 내가 마땅히 해야 할 일이므로 반드시 내가 해야 하리라'고 거듭 다짐합니다."

菩薩 爾時 復作是念 我不成熟衆生 誰當成熟, 我不調伏衆生 誰當調伏, 我不敎化衆生 誰當敎化, 我不覺悟衆生 誰當覺悟, 我不淸淨衆生 誰當淸淨. 此我所宜 我所應作.

"Then enlightening beings also form this thought: 'If I do not develop and mature sentient beings, who will? If I do not pacify and civilize sentient beings, who will? If I do not teach and renew sentient beings, who will? If I do not awaken sentient beings, who will? If I do not purify sentient beings, who will? This is my duty, my task.'"

다 함께 해탈하기를 바람

"또 '만약 나 혼자만 이 깊은 진리를 깨닫는다면 나 한사람만이 아누다라삼먁삼보리에서 홀로 해탈할 것이다. 그러나 다른 중생들은 눈이 멀어 캄캄하여 보이지 않아 매우 험난한 길에 들어갈 것이며, 모든 번뇌에 속박이 되어 중병에 걸린 사람처럼 항상 고통을 받을 것이며, 탐욕과 애욕의 감옥에서 나올 수 없을 것이며, *지옥 · *아귀 · *축생 · *염라왕 세계를 벗어나지 못하여 고통을 없애지 못하고 악업을 버리지 못할 것이다. 항상 어두운 곳에 있으면서 진실을 보지 못하고, 생사를 윤회하면서 벗어나지 못하며, *팔난에 있으면서 더러운 때에 물들고 온갖 번뇌가 마음을 장애로 뒤덮어 미혹의 그릇된 소견으로 바른 도를 행하지 못하게 되리라.'고 생각합니다."

復作是念 若我自解此甚深法 唯我一人 於阿耨多羅三藐三菩提 獨得解脫. 而諸衆生 盲冥無目 入大險道, 爲諸煩惱之所纏縛 如重病人 恒受苦痛, 處貪愛獄 不能自出, 不離地獄餓鬼畜生閻羅王界 不能滅苦 不捨惡業. 常處癡闇 不見眞實, 輪廻生死 無得出離, 住於八難 衆垢所着, 種種煩惱 覆障其心 邪見所迷 不行正道.

[한자풀이]

盲:소경 맹, 눈이 멀다 **冥**:어두울 명 **獄**:옥 옥, 감옥 **纏**:얽힐 전, 묶다 **覆**:덮을 부

"They also form this thought: 'If I alone understand this profound teaching, then only I will attain liberation in unexcelled complete perfect enlightenment, while all sentient beings, being blind, will enter perilous paths, bound by afflictions, like people seriously ill constantly suffering pains. In the prison of craving and attachment, they are unable to get out by themselves. They will not leave the realms of hells, hungry ghosts, animals, or the netherworld; they cannot extinguish suffering or abandon evil deeds. Forever in the darkness of ignorance, they do not see reality. Revolving in birth and death, they have no means of emancipation. Living in the eight difficult situations, encrusted by all sorts of defilements, all manner of afflictions cover their, minds. Deluded by false views, they do not travel the right path.'"

[주]

*지옥: 地獄, Ⓢnaraka ; niraya, 14품 참고

*아귀: 餓鬼, Ⓢpreta, 탐욕의 과보로서 중생이 윤회하는 여섯 세계(육도) 중의 한 세계. 아귀는 무엇을 먹더라도 곧 불덩이로 변해서 끊임없는 기갈에 시달리며 그 생김새는 북같이 큰 배에 바늘만한 목을 가졌다고 함.

*축생: 畜生, Ⓢtiryag-yoni, 남에게 길리우는 생류. 고통이 많고 낙이 적으며, 성질이 무지하여 식욕・음욕만이 강하고, 부자 형제의 차별이 없이 서로 잡아먹고 싸우는 새・짐승・벌레・고기 따위. 그 종류는 매우 많고 사는 곳은 물・하늘・뭍에 걸쳐 있다. 중생으로서 악업을 짓고 우치가 많은 이는 죽어서 축생도에 태어난다고 함.

*염라왕: 閻羅王, 지옥을 관장하는 신(神). 인도신화의 야마(yama)에서 온 말로, 인류최초로 죽은 자가 되어 남쪽 지하에 살면서 사자(死者)의 생전행위에 따라 사자를 조령(祖靈)의 세계, 지상에의 재생(再生), 또는 지옥 등 어느 한쪽으로 보내는 죽음의 신이다. 불교에서는 외호(外護)신으로 받아들여 야마천 천계의 왕으로서의 온건하게 묘사된다. 또는 사자심판을 하는 명부(冥府)의 왕이 되기도 한다.

*팔난: 八難, 18품 참고.

중생들을 먼저 교화함

"보살이 이렇게 중생들을 관찰하고는, '만약 이 중생들이 성숙되지 못하고 조복되지 못한 것을 그냥 버려두고 아누다라삼먁삼보리를 증득한다는 것은 차마 할 수 없는 일이다. 내가 먼저 중생들을 교화하면서 불가설 불가설겁 동안 보살행을 행하되, 성숙하지 못한 이를 먼저 성숙하게 하고 조복하지 못한 이를 먼저 조복케 하리라.'고 다짐합니다. 이 보살이 선현행에 머무를 때에 모든 *하늘(천)·마군·*범천·*사문·*바라문과 모든 세간의 *건달바·*아수라들이 만일 만나 보거나 잠깐이라도 함께 있거나, 공경하고 존중하고 섬기고 공양하거나, 잠깐 귀로 들었거나 마음에 한번 스치기만 하여도, 이렇게 하는 것이 헛되지 않아서 반드시 아누다라삼먁삼보리를 이룰 것입니다. 이것을 보살마하살의 여섯째 행인 선현행이라고 합니다."

菩薩 如是觀諸衆生 作是念言, 若此衆生 未成熟未調伏 捨而取證阿耨多羅三藐三菩提 是所不應. 我當先化衆生 於不可說不可說劫 行菩薩行 未成熟者 先令成熟 未調伏者 先令調伏. 是菩薩 住此行時 諸天魔梵沙門婆羅門 一切世間乾闥婆阿修羅等 若有得見 暫同住止, 恭敬尊重 承事供養, 及暫耳聞 一經心者 如是所作 悉不唐捐 必定當成阿耨多羅三藐三菩提. 是名菩薩摩訶薩 第六善現行.

[한자풀이]

暫:잠시 잠, 잠깐 經:날 경, 길, 도로 唐:당나라 당, 저축되다, 위반되다 捐:버릴 연, 없애다, 주다

"Thus observing sentient beings, enlightening beings think, 'It would not be proper for me to abandon these sentient beings while they are still undeveloped, immature, and unruly, and myself attain unexcelled complete perfect enlightenment. I should first transform these sentient beings, practicing enlightening deeds for unspeakably many eons, first developing the undeveloped, and taming the unruly.'

When these enlightening beings abide by this practice, if gods, demons, ascetics, priests, or inhabitants of any worlds—cherubim, titans, etc.—should get to see them, or sojourn with them for awhile, and honor and respect them, serve them and give them offerings, or even hear of them, once having crossed their minds these deeds will not be in vain—they shall surely attain perfect enlightenment. This is called the great enlightening beings′ sixth practice, the practice of good manifestation."

[주]

*천: 天, ⓈDeva, 데바라 음역. 광명·자연·청정·자재·최승 등의 뜻이 있다. 인간 이상의 승묘(勝妙)한 과보(果報)를 받는 곳으로 그 일부분은 수미산중에 있고, 일부분은 멀리 창공에 있다. 총명(總名)을 천취(天趣)라 하며 육취(六趣)의 하나이다. 또 인도에서 모든 신(神)을 총칭하는 말.

*범천: 梵天, ① ⓈBrahma-deva, 바라하마천(婆羅賀摩天)이라고도 쓴다. 색계 초선천. 범은 맑고 깨끗하단 뜻. 이 하늘은 욕계의 음욕을 여의어서 항상 깨끗하고 조용하므로 범천이라 한다. 여기에 세 하늘이 있으니 범중천·범보천·대범천. 범천이라 통칭. 범천이라 할 때는 초선천의 주(主)인 범천왕을 가리킴. ② 범토천축이란 뜻. 인도를 가리키는 말. ③ 수험도(修驗道)에서 묘소(墓所)를 일컫는 말. 범천이 내려와서 성령(聖靈)을 수호한

다는 뜻.

*사문: 沙門, S Śramaṇa, P samaṇa, 상문(桑門・喪門)・사문(娑門)・사문나(沙門那)・사라마나(舍囉摩拏)라고도 쓰며, 식심(息心)・공로(功勞)・근식(勤息)이라 번역. '종사하는 사람', '정진하는 사람'이라는 의미로 부지런히 모든 좋은 일을 닦고, 나쁜 일을 일으키지 않는 이란 뜻. 외도・불교도를 불문하고, 처자 권속을 버리고 수도 생활을 하는 이를 총칭함. 후세에는 오로지 불문에서 출가한 이를 말한다. 비구와 같은 뜻으로 쓴다.

*바라문: 婆羅門, S Brāhmaṇa, 인도 4성(姓)의 하나. 정행(淨行)・정지(淨志)・정예(淨裔)・범지(梵志)라 번역. 인도 4성의 최고 지위에 있는 종족으로 승려의 계급. 바라문교의 전권(專權)을 장악하여 임금보다 윗자리에 있으며, 신(神)의 후예라 자칭하며, 정권의 배심(陪審)을 한다. 사실상의 신의 대표자로서 권위를 떨치다. 만일 이것을 침해하는 자는 신(神)을 침해하는 것과 같다고 하며, 그들의 생활에는 범행(梵行)・가주(家住)・임서(林棲)・유행(遊行)의 네 시기에 있어, 어렸을 때는 부모 밑에 있다가 좀 자라면 집을 떠나 스승을 모시고 『베다(폐타, 吠陀)』를 학습, 장년에 이르면 다시 집에 돌아와 결혼하여 살다가, 늙으면 집안 살림을 아들에게 맡기고, 숲 속에 들어가 고행 수도한 뒤에 다시 밖으로 나와 사방으로 다니면서 세상의 모든 일을 초탈하여 남들이 주는 시물(施物)로써 생활한다고 한다.

*건달바: 乾闥婆, S Gandharva, P Gandhabba, 건달박(健達縛)・건달바(犍達婆)・언달바(彥達婆)・건답화(犍沓和). 번역하여 심향행(尋香行)・심향(尋香)・식향(食香)・후향(齅香). ①8부중(部衆)의 하나. 제석(帝釋)의 음악을 맡은 신. 지상(地上)의 보산(寶山) 중에 있으며, 술과 고기를 먹지 않고 향기만 먹으므로 이같이 이름. 항상 부처님이 설법하는 자리에 나타나 정법(正法)을 찬탄, 불교를 수호. 형상은 보통 무장한 모습으로, 사자관(獅子冠)을 쓰고 손에는 삼지창을 들고 있기도 한다. ② 인도에서 음악을 직업으로 하는 사람. 음식의 향기만을 찾아 그 문 앞에 가서 춤추고 노래하여 음식을 얻어 살아가므로 이같이 이름. ③ 중음신(中陰身). 중음신은 향기만 맡으므

로 식향(食香)이라 하고, 혹은 다음에 태어날 곳의 냄새를 찾아다니므로 심향행(尋香行)이라 한다.

*아수라: 阿修羅, ⓢAsura, 6도의 하나. 10계(界)의 하나. 아소라(阿素羅)·아소락(阿素洛)·아수륜(阿須倫)이라 음역. 줄여서 수라(修羅). 비천(非天)·비류(非類)·부단정(不端正)이라 번역. 싸우기를 좋아하는 신. 항상 제석과 전투한다는 신으로 인도에서 가장 오랜 신의 하나. 『리그베다』에서는 가장 우승한 성령(性靈)이란 뜻으로 사용. 이후에는 무서운 귀신으로 인식되었다.

7. 무착행

집착 없는 행을 밝힘

"불자여, 무엇이 보살마하살의 집착 없는 행입니까? 불자들이여, 무착행을 하는 보살은 집착이 없는 마음으로 찰나마다 *아승기 세계에 들어갈 수 있고 아승기 세계를 깨끗이 장엄하지만, 어떤 세계에도 집착하는 마음이 없습니다. … 순간순간 동안에 수 없는 부처님을 뵙더라도 부처님의 경지에 집착하는 마음이 없고, 부처님 세계에도 집착이 없으며, 부처님의 잘 생긴 용모에도 집착이 없고, 부처님의 광명을 보거나 부처님의 법문을 듣는데도 집착이 없으며, 시방의 세계와 불·보살계신 곳에 모인 대중에게도 집착이 없고, 불법을 듣고는 환희한 마음을 내고 뜻과 힘이 광대하여, 모든 보살의 행을 받아들이고 행할 수 있으면서도 부처님 법에 집착하지는 않습니다."

佛子 何等 爲菩薩摩訶薩 無着行. 佛子 此菩薩 以無着心 於念念中 能

入阿僧祇世界 嚴淨阿僧祇世界, 於諸世界 心無所着. … 於念念中 見無數佛 於諸佛所 心無所着, 於諸佛刹 亦無所着, 於佛相好 亦無所着, 見佛光明 聽佛說法 亦無所着, 於十方世界 及佛菩薩所有衆會 亦無所着, 聽佛法已 心生歡喜 志力廣大, 能攝能行諸菩薩行 然於佛法 亦無所着.

"What is the great enlightening beings' practice of nonattachment? These great enlightening beings, with minds free from attachment, can in every successive instant enter into countless worlds and adorn and purify these countless worlds, their minds free from attachment to anything in these worlds. … In every instant they see countless Buddhas; their minds are free from attachment to the Buddha's places, and they have no attachment to the buddha-lands either. They also have no attachment to the distinguishing marks of the Buddhas, and while they see the Buddhas' auras of light and hear the Buddha's sermons, yet they have no attachment. They also have no attachment to the congregations of the Buddhas and enlightening beings of the worlds of the ten directions. Having heard the Buddhas' teachings, their minds are joyful, and the power of their will is greatly increased, so that they are able to encompass and carry out the practices of enlightening beings; yet they have no attachments."

[주]

*아승기:阿僧祇, Ⓢsasṃkhya, 17품 참고.

어떤 것에도 집착하지 않음

"보살이 법계에 깊이 들어가 중생을 교화하면서도 중생에게 집착하지 않고, 법을 받아 지니면서도 법에 집착하지 않으며, 보리심을 내어 부처님 머무시는 곳에 머물면서도 부처님 머무시는 곳에 대한 집착이 없고, 비록 말을 하더라도 그 말에 집착하지 않으며, 중생의 여러 갈래에 들어가면서도 중생갈래에 대한 집착이 없고, 삼매를 깨달아 들어가고 머무를 수 있으면서도 삼매에 집착하지 않으며, 한량없는 불국토에 이르러 들어가거나 보거나 그 가운데 머물기도 하지만 부처님국토에 집착하지 않고, 버리고 갈 때에도 연연해하지 않습니다."

菩薩 如是深入法界 敎化衆生 而於衆生 不生執着, 受持諸法 而於諸法 不生執着, 發菩提心 住於佛住 而於佛住 不生執着, 雖有言說 而於言說 心無所着, 入衆生趣 於衆生趣 心無所着, 了知三昧 能入能住 而於三昧 心無所着, 往詣無量諸佛國土 若入若見 若於中住 而於佛土 心無所着, 捨去之時 亦無顧戀.

[한자풀이]

顧:돌아볼 고, 마음에 새기다, 관찰하다　**戀**:사모할 연, 그리움

"Thus do enlightening beings enter deeply into the realm of reality, teaching and transforming sentient beings without forming attachments to sentient beings. They accept and hold the teaching, yet they do not form attachments to the teaching. They arouse the will for enlightenment and abide in the abode of the Buddhas, yet they do not form attachments to the abode of Buddhas. Though they speak, their minds have no attachment to speech. They enter the various realms of life with minds unattached to those realms. They comprehend concentration, can enter and can dwell in concentration, but they have no attachment to concentration. Going to visit countless buddha-lands, they may enter, see, or sojourn therein, but their minds have no attachment to buddha-lands, and when they leave they do not miss them."

무집착으로 수기를 받고 남을 이롭게 함

"보살마하살은 … 보살이 행하는 어떤 것에도 집착함이 없고 보살도를 깨끗이 하여 보살의 수기를 받습니다. *수기를 받고는 '범부들은 어리석어 알지 못하고 보지 못하며 믿지 못하고 이해하지 못한다. 행동이 총명하지도 민첩하지도 못하고, 탐욕에 완고히 집착하여 생사를 떠돌아 헤매면서도 부처님을 뵈오려 하지 않고, 밝은 인도를 따르지 않고 올바른 가르침을 믿지 않으므로 미혹하고 잘못되어 험난한 길에 들어가는 것이다. *열 가지 힘을 가지신 이(부처님)를 공경하지 않고 보살의 은혜를 알지 못하며, 머물러 있는 곳에 집착하여 연연해하며 모든 법이 공하다는 말을 듣고 크게 놀라 두려워하여 바른 법을 멀리하고 그릇된 법에 머물며, 평탄한 길을 버리고 험난한 길로 들어가, 부처님 뜻을 저버리고 마군의 뜻을 따르면서, 있다고 하는 것에 굳게 집착하고 버리지 못하는구나'라고 생각합니다. 보살은 이와 같이 중생을 관찰하고 불쌍히 여기는 마음을 더욱 늘이어 선근을 내면서도 그것에 집착하지는 않습니다."

菩薩摩訶薩 … 於菩薩所行 亦無所着 淨菩薩道 受菩薩記. 得受記已 作如是念. 凡夫愚癡 無知無見 無信無解. 無聰敏行, 頑嚚貪着 流轉生死 不求見佛, 不隨明導 不信調御 迷誤失錯 入於險道. 不敬十力王 不知菩薩恩, 戀着住處 聞諸法空 心大驚怖 遠離正法 住於邪法, 捨夷坦道 入險難道, 棄背佛意 隨逐魔意 於諸有中 堅執不捨. 菩薩 如是觀諸衆生 增長大悲 生諸善根 而無所着.

[한자풀이]

聰:귀밝을 총, 듣다 敏:재빠를 민, 총명하다 頑:완고할 완, 둔하다 嚚:어리석을 은, 미련하다 御:어거할 어, 다스리다 誤:그릇할 오, 잘못하다 錯:섞일 착, 어지러워지다 驚:놀랄 경, 겁내다, 두려워하다 怖:두려워할 포, 떨다 夷:오랑캐 이, 마음이 편안하다, 온화하다 坦:평평할 탄, 너그럽다, 편하다 棄:버릴 기, 꺼리어 멀리하다 背:등 배, 뒤 逐:쫓을 축, 따르다, 추종하다

"Because great enlightening beings are … They clear the way of enlightening beings and receive the prediction of enlightenment which is given to enlightening beings. Having received the prediction, they reflect, 'Sentient beings are foolish and ignorant, without knowledge or vision, without faith or understanding, lacking in intelligent action, greedy and dishonest, covetous and grasping, revolving in the flow of birth and death—they do not seek to see the Buddha, they do not follow enlightened guides, they do not trust the Buddha; they are lost in error, mistakenly entering dangerous paths; they do not respect the Sovierei̥gn of the Ten Powers, they do not realize the benevolence of the enlightening beings. They are attached to their dwelling places, and when they hear that all things are empty, their minds are startled and frightened, and they shy away from the true teaching and abide in false teachings; they abandon the level, even path and enter perilous, difficult paths. They reject the ideas of the Buddha and pursue the ideas of demons. They are firmly and relentlessly attached to existents'. Thus observing sentient beings, enlightening beings increase in great compassion and develop roots of goodness-and yet they are unattached."

[주]

*수기: 授記, ⓢVyākaraṇa, 음역. 화가라(和伽羅). 부처님께서 발심한 중생에 대하여 다음 생에 반드시 부처님이 될 것임을 기별하여 주심을 말함. 부처님께서 보살·2승 등에게 다음 세상에 성불하리란 것을 낱낱이 예언하는 것. 즉 수행자가 미래에 최고의 깨달음을 얻을 것이라는 것을 부처님이 예언, 약속하는 것. 부처님이 제자에게 미래에는 불(佛)을 이룰 수 있을 것이라는 보증을 주는 것. 결정적인 말. 예언. 인가. 미래의 약속. 성불의 약속을 주는 것.

*십력: 十力, ⓢDaśa-balāni, 부처님만이 지니고 있는 열 가지 지혜의 힘. ①도리와 비도리를 여실히 아는 지혜[處非處智力] ②업과 과보의 인과관계를 아는 지혜[業異熟智力] ③모든 삼매의 순서와 깊고 얕음을 아는 지혜[靜慮解脫等持等至智力] ④중생의 능력과 성질을 아는 지혜[根上下智力] ⑤중생의 바른 신앙을 아는 지혜[種種勝解智力] ⑥중생의 본성과 행위를 모두 아는 지혜[種種界智力] ⑦여러 세계에 태어나는 업을 아는 지혜[遍趣行智力] ⑧과거세의 모든 업을 아는 지혜[宿住隨念智力] ⑨중생이 생사를 받는 때를 아는 지혜[死生智力] ⑩여러 가지 번뇌가 모두 소멸하여 다음 생을 받지 않음을 아는 지혜[漏盡智力].

한 순간도 집착함이 없는 까닭

"손가락 한 번 튕기는 동안에라도 '나 자신'에 집착하여 '나'라는 생각과 '내 것'이라는 생각을 일으키지 않으며, 하나하나의 털끝마다의 오는 세월이 다하도록 보살행을 닦아도 몸에 집착하지 않고 법에 집착하지 않고 생각에 집착하지 않고 소원에 집착하지 않고 삼매에 집착하지 않고 관찰에 집착하지 않고 고요한 선정에 집착하지 않고 경계에 집착하지 않고, 중생을 교화하여 조복하는 것에 집착하지 않으며, 또한 법계에 들어가는데도 집착하지 않습니다. 왜냐하면 보살은 '나는 마땅히 일체 법계가 환상과 같고, 모든 부처님은 그림자 같으며, 보살행은 꿈과 같고, 부처님의 설법은 메아리 같으며, 모든 세간이 환영과 같으니 *업보로 유지되기 때문이고, 차별 있는 몸은 환상과 같으니 행의 힘으로 일으킨 때문이며, 일체 중생이 마음과 같으니 온갖 것에 물들었기 때문이고, 모든 법이 실제와 같으니 변할 수 없기 때문임을 관해야 한다'고 생각하기 때문입니다."

乃至不於一彈指頃 執着於我 起我我所想, 於一一毛端處 盡未來劫 修菩薩行 不着身 不着法 不着念 不着願 不着三昧 不着觀察 不着寂定 不着境界 不着教化調伏衆生 亦復不着入於法界. 何以故 菩薩 作是念 我應觀一切法界 如幻, 諸佛 如影, 菩薩行 如夢, 佛說法 如響, 一切世間 如化 業報所持故, 差別身 如幻 行力所起故, 一切衆生 如心 種種雜染故, 一切法 如實際 不可變異故.

[한자풀이]

彈:탄알 탄, 쏘다, 튀기다　指:손가락 지

"Never for a moment do they cling to self or entertain any conception of self or possession. At each point they cultivate enlightening practice throughout the eons of the future, not attached to the body, not attached to phenomena, not attached to recollection, not attached to vows, not attached to concentration, not attached to contemplation, not attached to tranquil stabilization, not attached to spheres or objects, not attached to teaching and training sentient beings, and not attached to entering the realm of reality.

"Why? The enlightening beings form this thought: 'I should look upon all objective realms as like phantoms, all Buddhas as like reflections, enlightening practices as like dreams, Buddhas' sermons as like echoes; all worlds are like illusions, because they are upheld by the consequences of actions; differentiated bodies are like apparitions, because they are produced by the power of deeds; all sentient beings are like mind, because they are defiled by various influences; all things are like the limit of reality, because they cannot change.'"

[주]

*업보: 業報, Ⓢkarma-vipāka, 업과(業果)라고도 함. 업인(業因)과 과보(果報). 선악(善惡)의 업(業)에 의해 받는 고락(苦樂). 선업(善業)은 선과(善果)를 가져오고, 악업(惡業)은 악과(惡果)를 가져오게 된다.

집착 없는 행에 대한 만족

"보살은 이와 같이 '나'라고 할 것이 없음을 관하고 걸림 없이 부처님을 뵈오며, 중생을 교화하기 위해 법을 연설하여 불법 가운데에서 한량없는 기쁨과 청정한 믿음을 내게 하며, 모든 이들을 구호하면서도 지치거나 싫은 마음이 없습니다. 지치거나 싫은 마음 없기 때문에 일체 세계에서 어떤 중생이 성취하지 못하였거나 조복하지 못한 곳에 중생이 있다면, 그 곳에 가서 방편으로 교화하여 제도하면서도 … 그 마음이 동요하거나 물러서지 않게 하며, 또한 한 순간이라도 집착에 물드는 생각을 내게 하지 않습니다. 왜냐하면 집착하지 않고 의지하지 않기 때문에 자신과 남을 이롭게 함이 청정하고 만족스럽습니다. 이것을 보살마하살의 일곱째 행인 무착행이라고 합니다."

菩薩 如是觀身無我 見佛無碍, 爲化衆生 演說諸法 令於佛法 發生無量歡喜淨信, 救護一切 心無疲厭. 無疲厭故 於一切世界 若有衆生 未成就未調伏處, 悉詣於彼 方便化度 … 不令其心 有動有退, 亦不一念 生染着想. 何以故 得無所着無所依故 自利利他 淸淨滿足. 是名菩薩摩訶薩 第七無着行.

"Thus do enlightening beings observe that the body has no self, and they see the Buddha without hindrance. In order to transform sentient beings, they expound various teachings, to cause them to have unlimited joy and pure faith in the Buddha's teaching. They rescue all without weariness of mind. Because they are unwearied, if there are any sentient beings in any world who are not mature or unruly in any way, they go there and employ expedient methods to transform and liberate them. … not letting their minds be disturbed or discouraged, and never for a moment forming any thought of attachment. Why? Because they have attained nonattachment and independence. Their own benefit and the benefit of others is fulfilled with purity. This is called the great enlightening beings′ seventh practice, of nonattachment."

8. 난득행

열 가지 선근의 성취

"불자들이여, 무엇이 보살마하살의 얻기 어려운 행입니까? 난득행을 하는 보살은 얻기 어려운 *선근과, 정복하기 어려운 선근과, 가장 뛰어난 선근과, 깨뜨릴 수 없는 선근과, 능가할 수 없는 선근과, 불가사의한 선근과, 다함없는 선근과, 힘이 자재한 선근과, 큰 위덕 있는 선근과, 모든 부처님과 성품이 같은 선근을 성취하였습니다."

佛子 何等 爲菩薩摩訶薩 難得行. 此菩薩 成就難得善根, 難伏善根, 最勝善根, 不可壞善根, 無能過善根, 不思議善根, 無盡善根, 自在力善根, 大威德善根, 與一切佛同一性善根.

"What is the great enlightening beings′ practice of that which is difficult to attain? Here the enlightening beings perfect roots of goodness which are difficult to attain, invincible roots of goodness, supreme roots of goodness, indestructible roots of goodness, unsurpassable roots of goodness, inconceivable roots of goodness, inexhaustible roots of goodness, independently powered roots of goodness, greatly influential roots of goodness, roots of goodness which are of the same essence as all Buddhas."

[주]

*선근: 善根, Ⓢkuśala-mūla, 17품 참고

대승에 대한 서원을 냄

"이 보살이 모든 행을 닦을 때에 불법 중에서 가장 뛰어난 이해를 얻고, 부처님 보리에서 넓고 큰 이해를 얻고, 보살의 서원에 조금도 쉬지 않고, 모든 겁이 다하여도 지치거나 게으른 마음이 없으며, 온갖 고통에도 싫어서 떠나려는 마음을 내지 않고, 모든 마군에 의해 동요되지 않고 움직일 수 없으며, 모든 부처님께 보호를 받으며, 모든 보살의 고행을 갖추어 행하고, 보살의 행을 부지런히 닦으면서도 게으르지 않으며, *대승에 대한 서원이 언제라도 물러서지 않습니다."

此菩薩 修諸行時 於佛法中 得最勝解, 於佛菩提 得廣大解, 於菩薩願 未曾休息, 盡一切劫 心無疲倦, 於一切苦 不生厭離, 一切衆魔 所不能動, 一切諸佛之所護念, 具行一切菩薩苦行, 修菩薩行 精勤匪懈, 於大乘願 恒不退轉.

[한자풀이]

匪:아닐 비　懈:게으를 해

"When these enlightening beings carry out their practice, they attain supreme understanding of the Buddha-teaching, they attain broad understanding of the Buddhas' enlightenment. They never give up the vows of enlightening beings, and for all ages their minds never weary. They do not shrink from suffering, and they cannot be moved by any demons. Under the care of all Buddhas, they fully carry out all the difficult undertakings of enlightening beings. In cultivating enlightening practices, they are diligent and energetic, never lazy. They never retreat from the vow of universal salvation."

[주]

*대승: 大乘, Ⓢmahāyāna, 18품 참고.

중생계를 버리지 않음

"이 보살은 비록 중생이라는 것이 달리 있지 않다는 것을 잘 알지만 모든 중생계를 버리지 않습니다. 마치 뱃사공이 이 언덕(*차안)에 머물지도 않고 저 언덕(*피안)에 머물지도 않고 그렇다고 강 가운데 머물지도 않으면서, 이 언덕 중생을 실어 건네어 저 언덕에 이르게 하는데 반복하여 왕래하며 쉬지 않는 까닭과 같습니다.

보살마하살도 이와 같아서 생사에 머물지도 않고 열반에 머물지도 않고 생사와 열반의 한가운데에 머물지도 않으면서, 이 언덕 중생을 실어 건네어 저 언덕의 편안하고 두려움이 없고 근심과 고뇌가 없는 곳에 두면서도, 중생의 숫자에 집착하지 않습니다. 즉 한 중생을 버리고 여러 중생에 집착하지도 않고, 여러 중생을 버리고 한 중생에 집착하지도 않으며, 중생계를 늘이지도 않고 줄이지도 않으며,

중생계를 생기게 하지도 않고 없어지게 하지도 않으며, 중생계를 다하게 하지도 않고 영원하게 하지도 않으며, 중생계를 분별하지도 않고 둘로 나누지도 않습니다."

此菩薩 雖了衆生非有 而不捨一切衆生界. 譬如船師 不住此岸 不住彼岸 不住中流, 而能運度此岸衆生 至於彼岸 以往返無休息故. 菩薩摩訶薩亦復如是 不住生死 不住涅槃 亦復不住生死中流, 而能運度此岸衆生 置於彼岸 安隱無畏無憂惱處 亦不於衆生數 而有所着. 不捨一衆生 着多衆生, 不捨多衆生 着一衆生, 不增衆生界 不減衆生界, 不生衆生界 不滅衆生界, 不盡衆生界 不長衆生界, 不分別衆生界 不二衆生界.

"Though the enlightening beings understand that sentient beings are not existent, yet they do not abandon the realms of sentient beings. They are like ship captains, not staying on this shore, not staying on the other shore, not staying midway, yet able to ferry sentient beings from this shore over th the other shore, because they are always traveling back and forth. In the same way enlightening beings do not stay in birth and death, do not stay in nirvana, and also do not stay in midstream of birth and death, while they are able to deliver sentient beings from this shore the other shore, where it is safe and secure, without sorrow or trouble. And they have no attachment to the numbers of sentient beings—they do not abandon one being for attachment to many beings, and do not abandon many beings for attachment to one being. They neither increase nor decrease the realms of sentient beings; they neither exhaust nor perpetuate the realms of sentient beings; they neither discriminate nor bifurcate the realms of sentient beings.”

[주]

*차안: 此岸, 피안에 상대되는 말. 고통이 많은 인간이 사는 현실세계. 생사 윤회하는 고통의 세계를 말한다.

*피안: 彼岸, Ⓢpāra, 현실의 생사 세계를 차안(此岸)이라 하는데 대하여, 이상의 열반의 세계를 피안(彼岸)이라 한다. 도피안(到彼岸)은 모든 번뇌에 얽매인 고통의 세계인 생사고해(生死苦海)를 건너서 이상경인 열반의 저 언덕에 도달하는 것을 말한다.

오로지 중생을 위함

“보살이 이와 같이 얻기 어려운 지혜의 마음을 성취하고는 모든 행을 닦으면서, *삼악도에서 중생들을 빼내어 교화하고 조복하여 삼세 부처님들의 도에 편안히 두고 동요하지 않도록 하면서 이렇게 생각합니다. ‘세간의 중생들은 은혜 갚을 줄을 모르고 서로 원수로 대하며, 그릇된 소견에 집착하여 미혹하고 바른 이치를 어기며, 어리석고 지혜가 없으며 신심이 없고, 나쁜 벗을 따라 나쁜 생각을 일으키며, 탐욕과 애착과 무명과 가지가지 번뇌로 가득하니 이곳이야말로 내가 보살행을 닦을 만한 곳이구나. 가령 중생들이 은혜를 알고 총명하고 지혜로우며, 선지식이 세간에 가득하다고 한다면 나는 이런 가운데서 보살행을 닦지 못할 것이다. 왜냐하면 나는 중생에게 잘 맞다 거나 싫다거나 하는 것이 없고 바라는 것도 없으며, 실 한 오라기나 터럭 하나도 구하는 것이 없고, 칭찬하는 한마디 말조차도 구하지 않고, 오는 세월이 끝나도록 보살행을 닦으면서도 한 순간도 내 몸을 위하지 않고, 다만 모든 중생을 제도하려고 청정하게 하고 영원히 생사에서 벗어나려는 것이다.' … 이것을 보살마하살의 여덟째 행인 난득행이라고 합니다."

菩薩 如是成就難得智慧心 修習諸行, 於三惡趣 拔出衆生 敎化調伏 安置三世諸佛道中 令不動搖 復作是念. 世間衆生 不知恩報 更相讐對, 邪見執着 迷惑顚倒, 愚癡無智 無有信心, 隨逐惡友 起諸惡慧, 貪愛無明 種種煩惱 皆悉充滿, 是我所修菩薩行處. 設有知恩 聰明慧解, 及善知識 充滿世間 我不於中 修菩薩行. 何以故 我於衆生 無所適莫 無所冀望 乃至不求一縷一毫 及以一字 讚美之言 盡未來劫 修菩薩行 未曾一念 自爲於己 但欲度脫一切衆生 令其淸淨 永得出離…是名菩薩摩訶薩 第八難得行.

[한자풀이]

拔:뺄 발 搖:흔들릴 요, 움직이다 讐:원수 수, 갚다 適:갈 적, 만나다 莫:없을 막, 고요하다 冀:바랄 기 縷:실 누(루), 실의 가닥 毫:가는 털 호

"Thus do enlightening beings achieve the mind of wisdom which is difficult to attain. Cultivating various practices, they free sentient beings from the three woeful states of hell, ghosthood, and animality, teaching and enlightening, taming and civilizing, placing them on the Way of the Buddhas of all times, making them unshakable.

"Furthermore, they form this thought: 'Beings in the world are ungrateful and even hostile to one another; with false views and clinging attachments, illusions and delusions, they are ignorant and unwise; having no faith, they follow bad associates, and develop various kinds of perverse cleverness. They are full of various afflictions, like craving and ignorance. This is where I am to cultivate the practice of enlightening beings. If people who are grateful, intelligent, wise and knowing filled the world, I would not cultivate the practices of enlightening beings therein. Why? I have no attraction or opposition to sentient beings, I seek nothing from them, I do not seek even so much as a single word of praise.' Cultivating enlightening practices forever and ever, they never have a single thought of doing it for themselves—they only want to liberate all sentient beings, to purify them so that they attain eternal emancipation. … "This is called the great enlightening beings' eighth practice, that which is difficult to attain."

[주]

*삼악도: 三惡道, 또는 삼악취(三惡趣). 지은 악업에 의해서 왕래(往來)할 수 있는 곳으로, 지옥도(地獄道)·아귀도(餓鬼道)·축생도(畜生道)를 말한다. 죄악을 범한 결과로, 태어나서 고통을 받는 악한 곳.

9. 선법행

부처님의 종성이 끊이지 않게 함

"불자들이여, 무엇이 보살마하살의 법을 잘 말하는 행입니까? 선법행을 하는 보살은 모든 세간의 하늘·사람·마군·범천·사문·바라문·건달바들을 위하여 맑고 시원한 법의 못이 됩니다. [그들은] 바른 법을 받아들여 지니어 부처의 *종성이 끊이지 않게 합니다."

佛子 何等 爲菩薩摩訶薩 善法行. 此菩薩 爲一切世間天人魔梵沙門婆羅門乾闥婆等 作淸凉法池. 攝持正法 不斷佛種.

[한자풀이]

凉:서늘할 량(양), 맑다

"What is the great enlightening beings' practice of good teachings? Here the enlightening beings act as pure, cool reservoirs of truth for the sake of beings of all worlds—celestial and human beings, devils and gods, ascetics and priests, etc. Maintaining true teaching, they do not let the seed of buddhahood be cut off."

[주]

*종성: 種姓, Ⓢgotra, 17품 참고.

열 가지 다라니를 얻음

"청정한 광명 *다라니를 얻었으므로 법을 말하고 수기하는 *변재가 다함(끝) 없으며, 뜻을 갖춘 다라니를 얻었으므로 뜻을 말하는 변재가 다함없으며, 실상 법을 깨닫는 다라니를 얻었으므로 법을 말하는 변재가 다함이 없습니다. … 이 보살은 대비심이 견고하여 중생들을 널리 거두어주는데, *삼천대천세계에서 금빛으로 몸을 변하여 *불사를 지으며, 중생들의 근기와 좋아함에 따라서 넓고 긴 혀로써 한 음성 가운데 한량없는 소리를 나타내어 적절한 때에 설법을 하여 모두를 기쁘게 합니다."

得淸淨光明陀羅尼故 說法授記 辯才 無盡, 得具足義陀羅尼故 義辯 無盡, 得覺悟實法陀羅尼故 法辯 無盡. … 此菩薩 大悲堅固 普攝衆生, 於三千大千世界 變身金色 施作佛事, 隨諸衆生 根性欲樂 以廣長舌 於一音中 現無量音 應時說法 皆令歡喜.

[한자풀이]

辯:말 잘할 변, 다스리다

"Because they attain the spell of pure light, in teaching and predicting enlightenment their intellectual powers are inexhuastible. Because they attain the spell of complete meaning their comprehension of meanings is inexhaustible. Because they attain the spell of realization of true principles, their comprehension of principles is inexhaustible. … The great compassion of these enlightening beings is strong and steadfast, extending to all creatures. Throughout the universe they change their bodies to a golden color and carry out the deeds of Buddhas time and time again; adapting to the faculties, natures, and inclinations of sentient beings, with a universal tongue within one voice they manifest unlimited sounds, teaching as appropriate to the occasion, bringing joy to all."

[주]

*다라니: 陀羅尼, ⓈDhāraṇi, 총지(摠持)・능지(能持)・능차(能遮)라 번역. 무량무변한 뜻을 지니고 있어, 모든 악한 법을 버리고 한량없이 좋은 법을 가지는 것. 보통으로 다라니라 하는 것에 두 가지가 있다. ①지혜 혹은 삼매를 말한다. 이것은 말을 잊지 않고 뜻을 분별하며, 우주의 실상에 계합하여 수많은 법문을 보존하여 가지기 때문이다. ②진언(眞言). 범문

(梵文)을 번역하지 않고 음(音)을 그대로 적어서 외우는 것. 이를 번역하지 않는 이유는 원문의 전체 뜻이 한정되는 것을 피하기 위한 것과, 밀어(密語)라 하여 다른 이에게 비밀히 하는 뜻이 있다. 이것을 외우는 사람은 한량없는 말을 들어도 잊지 아니하며, 끝없는 이치를 알아 학문의 이해를 돕고, 모든 장애를 벗어나 한량없는 복덕을 얻는 등, 많은 공덕이 있으므로 다라니라 한다. 흔히 범문(梵文)의 짧은 구절을 진언(眞言) 또는 주(呪)라 하고, 긴 구절로 된 것을 다라니 또는 대주(大呪)라 한다.

*변재: 辯才, 18품 참고.

*삼천대천세계: 三千大千世界, Ⓢtri-sāhasra-mahā-sāhasra-loka-dhātu, 불교천문학에서 수미산을 중심으로 하고 4방에 4대주(大洲)가 있고, 그 바깥 주위를 대철위산(大鐵圍山)으로 둘러쌌다 한다. 이것이 우리들이 사는 세계로 하나의 소세계라 한다. 위로는 색계의 초선천(初禪天)에서부터 아래로는 대지하의 풍륜까지 이르는 범위를 말한다. 이것이 1세계 또는 1사천하(四天下)라 함. 사천하를 천 개 합한 것을 1소천세계, 소천세계를 천 개 합한 것이 1 중천세계, 중천세계를 천 개 합함 것이 1대천세계, 1대천세계에는 소천·중천·대천의 3종의 천(千)이 있으므로 1대 3천세계, 또는 3천 대천세계라 함. 이 하나의 3천세계가 일불(一佛)이 교화하는 범위로 하며 이것을 일불국(一佛國)으로 경전에서 우주구성을 말함. 즉 모든 세계무한수의 세계, 있는 모든 세계, 한 우주 전체, 끝없이 넓은 세계를 의미함.

*불사: 佛事, ⓈBuddha-kārya, Buddha-kṛtya ①부처의 교법을 널리 전하기 위해서 행하는 모든 일. ②절에서 행하는 제사·법회·기도 등 모든 일.

중생들의 의문과 음성을 모두 알아들음

"가령 말할 수 없는 온갖 업보를 가진 무수한 중생들이 한 곳에 모였으며, 그러한 모임이 엄청나게 많아 불가설 세계에 가득한데, 보살이 그 모인 이들 가운데 앉아서, 그 가운데 있는 중생들은 저마다 불가설 아승기 입을 가졌고, 각각의 입마다 백 천억 나유타 음성을 내어 한꺼번에 말하는데, 말이 각각 다르고 질문이 각각 다른 것을, 이 보살은 한 생각 동안에 모두 알아들을 수 있고 모두 따로따로 대답하여 그들의 의혹을 없애주며, 한 모임에서와 같이 불가설 모임에서도 역시 다 이와 같이 합니다."

假使有不可說種種業報 無數衆生 共會一處, 其會廣大 充滿不可說世界, 菩薩 於彼衆會中坐, 是中衆生 一一皆有不可說阿僧祇口, 一一口 能出百千億那由他音 同時發聲, 各別言詞 各別所問, 菩薩 於一念中 悉能領受 皆爲酬對 令除疑惑, 如一衆會中 於不可說衆會中 悉亦如是.

[한자풀이]

詞:말씀 사 酬:갚을 수, 보답 對:대답할 대, 상대

"Even if there were countless beings in innumerable conditions, all in the same assembly, that assembly so vast it fills untold worlds, [the enlightening beings sit among assembly] and each had innumerable mouths each capable of producing billions of sounds, and each should ask the enlightening beings different questions all at once, the enlightening beings would be able to take on all the questions instantly and reply to them and cause their doubts to be removed. As this is true of one assembly, so it is also of countless assemblies."

어떤 질문에도 다 대답함

"이러한 모임의 대중들은 순간순간마다 저마다 다른 말로써 제각각 다르게 질문하더라도, 보살은 한 생각동안에 모두 다 알아들을 수 있고, 두려움이나 겁이 없으며 의심이나 그릇되게 아는 일도 없습니다. 생각하기를, '가령 모든 중생이 이와 같은 말로써 한꺼번에 나에게 물어오더라도, 나는 그들에게 설법하는데 끊임이 없고 다함도 없으며, 그들 모두가 환희하게 하고 선한 길에 머물게 하며, 또 온갖 말을 잘 이해하게 하여 중생에게 온갖 설법을 하면서도 말에 있어서 조금도 분별하지 않게 할 것이다. 가령 불가설불가설 온갖 말로써 어려운 질문을 해오더라도, 한 순간에 다 알고 한 음성으로 모두 대답하여 널리 깨닫게 하고 남음이 없게 하리라'고 합니다."

是諸衆會 於念念中 以各別言詞 各別所問, 菩薩 於一念中 悉能領受, 無怖無怯 無疑無謬. 而作是念, 設一切衆生 以如是語業 俱來問我, 我爲說法 無斷無盡, 皆令歡喜 住於善道, 復令善解一切言詞 能爲衆生 說種種法 而於言語 無所分別. 假使不可說不可說種種言詞 而來問難, 一念悉領 一音咸答 普使開悟 無有遺餘.

[한자풀이]

領:옷깃 령, 가장 요긴한 곳 怖:두려워할 포 怯:겁낼 겁, 무서워하다 謬:그릇될 류(유), 어긋나다, 속이다 遺:끼칠 유, 후세에 전하다 餘:남을 여

"And all of them should every moment ask different questions in different words, enlightening beings could receive them all in a single instant, without fear or timidity, without doubt or error, thinking,

'Even if all sentient beings come and question me, I will expound the truth to them ceaselessly, endlessly, causing them all to rejoice and dwell in the path of virtue, and also cause them to understand all words and expressions and be able to explain various principles to sentient beings, yet without discrimination in regard to language. Even if they come and ask difficult questions in countless various ways of speaking, I will receive them all at once and answer them all in one voice, causing them all to understand, without omitting anything.'"

보살이 열 가지 몸을 성취함

"불자들이여, 이 보살마하살은 열 가지 몸을 성취합니다. … 보살이 이러한 열 가지 몸을 성취하고는, 일체 중생의 집이 되는데 모든 선근을 기르기 때문이며, 일체 중생의 구제자가 되는데 크게 편안함을 얻게 하기 때문이며, 일체 중생이 돌아갈 곳이 되는데 의지할 곳이 되어주기 때문이며, 일체 중생의 인도자가 되는데 위없는 해탈을 하도록 하기 때문이며, 일체 중생의 스승이 되는데 진실한 법에 들게 하기 때문이며, 일체 중생의 등불이 되는데 업보를 환히 보게 하기 때문이며, 일체 중생의 빛이 되는데 깊고 묘한 법을 비추게 하기 때문이며, 일체 삼세의 횃불이 되는데 실상법을 환히 깨닫게 하기 때문이며, 일체 세간의 비침이 되는데 광명의 지위에 들어가도록 하기 때문이며, 일체 갈래의 밝음이 되는데 여래의 자재함을 나타내 보이기 때문입니다. 불자들이여, 이것을 보살마하살의 아홉째 행인 선법행이라고 합니다."

佛子 此菩薩摩訶薩 成就十種身. … 菩薩 成就如是十種身, 爲一切衆生舍 長養一切善根故, 爲一切衆生救 令其得大安隱故, 爲一切衆生歸 與其作大依處故, 爲一切衆生導 令得無上*出離故, 爲一切衆生師 令入眞實法中故, 爲一切衆生燈 令其明見業報故, 爲一切衆生光 令照甚深妙法故, 爲一切三世炬 令其曉悟實法故, 爲一切世間照 令入光明地中故, 爲一切諸趣明 示現如來自在故. 佛子 是名菩薩摩訶薩 第九善法行.

[한자풀이]

舍:집 사, 머무는 곳 炬:횃불 거, 태우다 曉:새벽 효, 환하다, 깨닫다

“These enlightening beings develop ten kinds of body: … “Developing these ten bodies, enlightening beings are a house for all sentient beings, because they raise all roots of goodness; they are saviors for all sentient beings, because they enable them to attain great peace; they are a refuge for all sentient beings, because they act as a great reliance for them; they are guides for all sentient beings, because they enable them to attain unsurpassed emancipation; they are teachers of all sentient beings, because they cause them to enter into the truth; they are lamps for all sentient beings, because they cause them to see clearly the consequences of actions; they are lights for all sentient beings, because they cause the extremely profound wondrous truth to be illuminated; they are a torch for all in all times, because they cause them to clearly understand the truth; they are illumination for all worlds, because they cause them to enter the state of radiant light; they are clarifiers for all realms of being, because they reveal the powers of the enlightened. “This is called the great enlightening beings′ ninth practice, of good teachings.”

[주]

*출리: 出離, Ⓢnaiṣkramya, 미망(迷妄)의 세계에서 해탈(解脫)하는 것. 번뇌의 속박을 벗어나는 것.

10. 진실행

진실행 보살의 지혜

"불자들이여, 어떤 것이 보살마하살의 진실한 행입니까? 진실행을 하는 보살은 가장 으뜸가는 진실하고 참된 말을 성취하여 말한 대로 행할 수 있고 행하는 대로 말할 수 있습니다. 이 보살은 삼세 부처님들의 진실한 말을 배우고, 삼세 부처님들의 종성에 들어가며, 삼세 부처님들의 선근과 동등하며, 삼세 부처님들의 둘이 없는 말을 얻고, 여래를 따라 배워서 지혜를 얻게 되었습니다.

이 보살은 중생의 옳고 그른 곳을 아는 지혜, 과거·미래·현재의 업보를 아는 지혜, 근기가 예리하고 둔함을 아는 지혜, 온갖 경계를 아는 지혜, 갖가지 이해를 아는 지혜, 온갖 곳에 이르러 갈 길을 아는 지혜, 모든 선정·해탈·삼매의 때 묻고 깨끗함이 일어나는 때와 그렇지 않은 때를 아는 지혜, 온갖 세계에서 지난 세상에 머물던 일을 기억하는 지혜, *천안통의 지혜, *누진통의 지혜를 성취하고도 일체의 보살행을 버리지 않습니다. 왜냐하면 일체 중생을 교화하여 모두 청정하게 하려는 때문입니다."

佛子 何等 爲菩薩摩訶薩 眞實行. 此菩薩 成就第一誠諦之語 如說能行 如行能說. 此菩薩 學三世諸佛 眞實語, 入三世諸佛種性, 與三世諸佛 善根同等, 得三世諸佛 無二語 隨如來學 智慧成就. 此菩薩 成就知衆生是處非處智, 去來現在業報智, 諸根利鈍智, 種種界智, 種種解智, 一切至處道智, 諸禪解脫三昧垢淨起時非時智, 一切世界宿住隨念智, 天眼智, 漏盡智而不捨一切菩薩行. 何以故 欲教化一切衆生 悉令淸淨故.

"What is the great enlightening beings′ practice of truth? Here the enlightening beings perfect true speech—they can act in accord with what they say, and can speak according to what they do. These enlightening beings study the true words of the Buddhas of all times, they enter the natrue of the lineage of the Buddhas of all times, they equal the roots of goodness of the Buddhas of all time, they apprehend the nondual speech of the Buddhas of all time. Learning from the enlightened ones, their knowledge and wisdom is consummate.

These enlightening beings develop the knowledge of what is so and what is not so in regard to sentient beings, the knowledge of consequences of past, future, and present actions, the knowledge of sharpness and dullness of all faculties, the knowledge of various realms, the knowledge of various understandings, the knowledge of where all paths lead, the knowledge of defilement or purity and proper or improper timing of all meditations, liberations, and concentrations, the knowledge of past abodes in all worlds, the knowledge of clairvoyance, and the knowledge of the end of all taints—yet they don′t give up carrying out all the practices of enlightening beings. Why? Because they want to teach and enlighten all living beings and purify them."

[주]

*천안통: 天眼通, Ⓢdivyaṃ cakṣus, 육신통의 하나, 세간 일체의 멀고 가까운 모든 고락의 모양과 가지가지의 형과 색을 밝혀 내다볼 수 있는 자유자재한 작용력. 육안으로 볼 수 없는 것을 보는 신통으로, 곧 자유자재하게 장애되는 일 없이 환하게 뚫어볼 수 있는 능력

*누진통: 漏盡通, ⓈĀsravakṣaya-jñāna, 육신통의 하나, 자재하게 번뇌를 끊는 힘, 여실하게 사제(四諦)의 이치를 깨달아 다시 삼계(三界)에 미혹하지 않는 불가사의한 힘.

자신의 해탈을 미루면서 중생제도를 우선으로 함

"이 보살은 또 '내가 만일 모든 중생에게 위없는 해탈도에 머물게 하지 못하고 내가 먼저 아누다라삼먁삼보리를 이룬다면, 이는 곧 내 본래의 서원을 어기는 일이므로 마땅하지 못한 일이다. 그러므로 반드시 먼저 일체 중생들에게 위없는 보리와 무여열반을 얻게 한 뒤에 성불해야할 것이다. 왜냐하면 중생들이 나에게 요청해서 발심한 것이 아니고, 내 스스로 중생에게 청하지 않은 벗이 되어 먼저 모든 중생들이 선근을 만족하여 일체지를 이루게 하고자 했기 때문이다.'와 같은 더 나아가는 마음을 냅니다."

此菩薩 復生如是增上心. 若我不令一切衆生 住無上解脫道 而我先成阿耨多羅三藐三菩提者, 則違我本願 是所不應. 是故 要當先令一切衆生 得無上菩提 無餘涅槃 然後成佛. 何以故 非衆生 請我發心, 我自爲衆生 作不請之友 欲先令一切衆生 滿足善根 成一切智.

[한자풀이]

違:어길 위, 위반하다　請:청할 청

"The enlightening beings also conceive this overwhelming determination: 'If I attain complete perfect enlightenment first without having established all sentient beings on the path of unsurpassed liberation, I would be violating my original vow —that would never do, so I should first cause all sentient beings to attain unexcelled enlightenment and nirvana without remainder, and then after that fulfill buddhahood. Why? Sentient beings have not asked me to set my mind on enlightenment — I of my own accord act as an unsolicited friend to sentient beings, wishing to first cause all beings to fully develop their good potential and attain omniscience."

본래의 서원에 따라 모두 궁극에 이르게 함

"이 보살마하살은 본래의 서원을 버리지 않았으므로 위없는 지혜의 *장엄에 들어가서, 중생들을 이롭게 하고 만족하게 합니다. 본래의 서원을 따라 모두 궁극의 경지에 이르게 하였으며, 일체 법 가운데서 지혜가 자재하며, 모든 중생을 널리 청정하게 하며, 순간순간마다 시방세계에 두루 노닐며, 순간순간마다 불가설불가설 부처님 국토에 널리 나아가며, 순간순간마다 불가설불가설 부처님과 마침내 부처님의 장엄과 청정한 국토를 다 보며, 여래의 자유자재로운 신통력이 법계와 허공계에 널리 가득한 것을 나타내 보입니다."

此菩薩摩訶薩 不捨本願故 得入無上智慧莊嚴, 利益衆生 悉令滿足. 隨

本誓願 皆得究竟, 於一切法中 智慧自在, 令一切衆生 普得淸淨, 念念遍遊十方世界, 念念普詣不可說不可說諸佛國土, 念念悉見不可說不可說諸佛 及佛莊嚴淸淨國土, 示現如來自在神力 普遍法界虛空界.

"Because the enlightening beings do not give up their fundamental vow, they gain entry to the adornment of unexcelled knowledge and wisdom. They benefit living beings, causing them all to be fulfilled; they attain final consummation of their original vow. Their knowledge has free access to all truths. They cause all sentient beings to attain to purity. Instant to instant they travel throughout the worlds of the ten directions, instant to instant visiting countless buddha-lands, instant to instant seeing countless Buddhas and the pure lands the Buddhas adorned. They show the independent spiritual power of the Enlightened pervading the space of the cosmos."

[주]

*장엄: 莊嚴, Ⓢvyūha, alaṃkṛta, 좋고 아름다운 것으로 국토를 꾸미고, 훌륭한 공덕을 쌓아 몸을 장식하고, 향·꽃들을 부처님께 올려 장식하는 것. 또 나쁜 일을 멀리하고 선행을 닦는 것을 장엄이라고 한다. 장엄에는 지혜와 선정을 닦는 지혜장엄과 보시, 지계의 덕을 닦는 복덕장엄이 있다. 또는 몸을 아름답게 꾸미는 도구를 장엄구라고 한다.

모든 부처님의 법 바다에 이르게 됨

"보살마하살은 중생들이 모두 둘로 나누는 것에 집착하기 때문에 대비심을 내어 이러한 적멸한 법을 닦아 행하며 부처님의 열 가지 힘을 얻어 *인드라망과 같은 법계에 들어갑니다. 또한 여래의 걸림 없는 해탈을 성취하여 사람 중에 용맹한 이로서 큰 사자후로 두려움이 없어서 걸림이 없고 청정한 법바퀴(*법륜)를 굴릴 수 있고, 지혜의 해탈을 얻어 모든 세간의 경계를 분명히 압니다. 생사의 소용돌이를 끊고 지혜의 바다에 들어가, 모든 중생을 위하여 삼세 부처님들의 바른 법을 보호하여 지니고, 일체 부처님 법 바다인 실상의 근원에 이르게 됩니다.

보살이 이 진실한 행에 머물면, 일체 세간의 하늘・사람・마군・범천・사문・바라문・건달바・아수라 등 친근하는 이는 모두 깨닫게 하여 환희하고 청정하게 합니다. 이것을 보살마하살의 열째 행인 진실행이라고 합니다."

菩薩摩訶薩 以諸衆生 皆着於二 安住大悲, 修行如是寂滅之法 得佛十力 入因陀羅網法界. 成就如來無碍解脫 人中雄猛大師子吼 得無所畏 能轉無碍淸淨法輪, 得智慧解脫 了知一切世間境界. 絶生死廻流 入智慧大海, 爲一切衆生 護持三世諸佛正法, 到一切佛法海實相源底. 菩薩 住此眞實行已, 一切世間 天人魔梵 沙門婆羅門 乾闥婆阿修羅等 有親近者 皆令開悟 歡喜淸淨. 是名菩薩摩訶薩 第十眞實行.

[한자풀이]

雄:수컷 웅, 승리하다, 뛰어나다 猛:사나울 맹, 용맹하다 吼:울 후, 아우성치다 絶:끊을 절, 그만두다

"Because sentient beings all cling to duality, great enlightening beings abide in great compassion; cultivating this teaching to annihilate afflictions, they attain the ten powers of buddhahood and enter the reality realm which is like the net of Indra. Accomplishing the unhindered liberation of the enlightened, they are valiants among humans; roaring the lion's roar, they attain fearlessness, and are able to ture the wheel of the unimpeded pure teaching. Attaining liberation of intellect, they know thoroughly all objects in the world. Stopping the whirlpool of brith and death, they enter the ocean of wisdom. Preserving the right teachings of the Buddhas of past, present, and future for the sake of all sentient beings, they reach the fountainhead of the real character of the ocean of all Buddha teachings. Once enlightening beings who associate with them are caused to open up in understanding, be full of joy and completely pure. This is called the great enlightening being's tenth practice, of truth."

[주]

*인드라망: 因陀羅網, 제망(帝網), 제석천에 있는 보배그물. 낱낱 그물코마다 보주(寶珠)를 달았고, 그 보주의 한개한개마다 각각 다른 낱낱 보주의 영상(影像)을 나타내고, 그 한 보주의 안에 나타나는 일체 보주의 영상마다 또 다른 일체 보주의 영상이 나타나서 중중무진(重重無盡)하게 되었다함. 화엄에서는 이것을 일(一)과 다(多)가 상즉상입(相卽相入)하였다고 말하는 적당한 전례로 들고 있다.

*법륜: 法輪, ⓢDharmacakra, 교법을 말함. 부처님의 교법이 중생의 번뇌·망상을 없애는 것이, 마치 전륜성왕의 윤보(輪寶)가 산과 바위를 부수는 것 같으므로 법륜이라 한다. 또 교법은 한 사람 한 곳에 머물러 있지 않고, 늘 굴러서 여러 사람에게 이르는 것이 마치 수레바퀴와 같으므로 이렇게 일컬음.

게송으로 거듭 밝힘

두려움 없이 늘 중생에게 보시하여　　恒以無畏施衆生
모든 이를 다 기쁘게 하지만　　普令一切皆欣慶
그 마음 청정하여 혼탁함 없으니　　其心淸淨離染濁
비할 데 없는 이가 이 길 가시네　　彼無等者行斯道
They always give impartially to beings,
Causing them all to rejoice,
Their minds pure, free from all taint;
The peerless ones travel this path.

[한자풀이]

欣:기뻐할 흔　慶:경사 경, 축하할만한 기쁜 일　染:물들일 염　濁:흐릴 탁, 더러움　斯:이 사, 則과 같은 뜻

뜻은 항상 깨끗하여 더러움 떠나　　意常明潔離諸垢
삼계의 그 무엇에도 집착이 없고　　於三界中無所着
계율을 지키면서 저 언덕에 이르니　　護持衆戒到彼岸
마음 깨끗한 이가 이 길 가시네　　此淨心者行斯道
Their intellects are always clear and clean,
Without attachments in the world;
Keeping the precepts, they reach the other shore:
The pure-minded travel this path.

[한자풀이]

潔:깨끗할 결

시방에 한량없고 끝없는 세계 十方無量無邊界
거기 있는 수없이 많은 중생들 所有一切諸衆生
다 구제하여 저버리지 않으리니 我皆求護而不捨
두려움 없는 이가 이 길 가시네 彼無畏者行斯道
All the sentient beings there are
In the infinite worlds in the ten directions
They will rescue without forsaking:
The fearless travel this path.

불법을 부지런히 닦고 익혀서 於諸佛法勤修習
언제나 정진하여 게으름 없어 心常精進不懈倦
모든 세간 깨끗이 다스리나니 淨治一切諸世間
크나 큰 저 용왕이 이 길 가시네 彼大龍王行此道
Earnestly practicing the Buddha teachings,
Their minds ever vigorous and indefatigable,
They purify all the worlds:
The great dragon kings travel this path.

[한자풀이]

勤:부지런할 근 懈:게으를 해 倦:게으를 권 治:다스릴 치 龍:용 룡

일체의 말하는 법 잘 이해하여 善解一切語言法
어떤 물음에도 대답이 완전하고 問難酬對悉究竟
총명하고 지혜로운 변재 잘 아니 聰哲辯慧靡不知
두려움 없는 이가 행하시는 길 此無畏者所行道
Understanding all principles of language,
They are consummately skilled in dialogue,

Their brilliant discursive intellect knowing all:
This is the path traveled by the fearless.

[한자풀이]

酬:갚을 수, 서로 말을 주고 받다 聰:귀밝을 총, 총명하다 哲:밝을 철, 총명하다 辯:말 잘할 변

세상의 현인들을 능가하였고 超出世間大論師
제일가는 변재로 사자후하여 辯才第一師子吼
중생들 저 언덕에 이르게 하니 普使群生到彼岸
마음 깨끗한 이가 행하시는 길 此淨心者所行道

The world-transcending philosophers
With supreme eloquence roar the lion's roar,
Causing all living beings to reach the other shore;
This is the path traveled by the pure-minded.

한 마디 한 마디 말씀 가운데 能於一一語言中
한량없는 음성을 나타내시어 普爲示現無量音
중생들이 부류 따라 알게 하나니 令彼衆生隨類解
걸림 없이 보는 이 이 길 가시네 此無碍見行斯道

They are able to reveal countless sounds
In each and every word
Enabling beings to understand in accord with their kind:
The unhindered seers travel this path.

보는 이를 헛되지 않게 하고 能令見者無空過
불법에 좋은 인연 심게 하지만 皆於佛法種因緣

하는 일에 아무런 집착 없으니　　而於所作心無着
뛰어나신 분들이 행하시는 길　　彼諸最勝所行道
They can cause all who see them to benefit,
All planting affinities with the Buddha-teaching—
Yet they have no attachment to their deeds:
This is the path traveled by the most excellent.

인욕의 힘 잘 닦아 저 언덕 가서　　忍力勤修到彼岸
뛰어난 적멸법을 잘 받아들이고　　能忍最勝寂滅法
그 마음 평등하여 동요치 않으니　　其心平等不動搖
끝없이 지혜로운 이 행하시는 길　　此無邊智所行道
With the power of acceptance they practice earnestly and reach the other shore,
Able to accept the supreme teaching of dispassionate extinction,
Their minds equanimous and imperturbable:
This is the path traveled by those of boundless knowledge.
옳은 곳과 그른 곳 분명히 알고　　了達是處及非處
모든 힘에 널리 들어갈 수 있어　　於諸力處普能入
여래의 최상의 힘을 성취하시니　　成就如來最上力
제일 힘 가진 이가 행하시는 길　　彼第一力所行道
Comprehending what is so and what is not,
They are able to enter the realm of all the ten powers
And accomplish the supreme powers of the enlightened:
This is the path traveled by the foremost in power.

보살들의 공덕은 끝이 없어서　　菩薩功德無有邊

갖가지 닦을 행을 모두 갖추니 一切修行皆具足
한량없고 끝없는 부처님이라도 假使無量無邊佛
무량겁 동안 말해도 못다합니다 於無量劫說不盡
Enlightening beings' virtues have no bounds;
They have fulfilled all cultivation:
Even countless, boundless Buddhas
Could not tell of them all in measureless eons,

하물며 세간의 천계중생과 인간 何況世間天及人
일체의 성문이나 모든 연각들이 一切聲聞及緣覺
한량없고 그지없는 오랜 겁동안 能於無量無邊劫
찬탄하고 칭송해도 끝이 있으랴! 讚歎稱揚得究竟
How much less could mundane gods and humans,
Listeners and self-illumined ones,
Be able in unlimited eons
To sing their praises exhaustively.

[한자풀이]

讚:기릴 찬, 칭찬하다 歎:읊을 탄, 칭찬하다 稱:일컬을 칭, 칭찬하다 揚:오를 양, 위로 날아오르다

자비는 생명의 숨결입니다. 중생을 만나는 그곳에서 자비심은 깨어나 움직이게 됩니다.

Compassion is breathing of life.
Compassion is awakened and moved at the place where you meet the sentient beings.

공덕림(功德林)보살이 법을 설하기 전에 부처님의 불가사의한 힘[威神力]에 의해서 깊은 삼매(善思惟三昧)에 들게 되는데, 이러한 삼매는 모든 부처님의 가피에 의한 것이라 합니다. 또 공덕림보살은 비로자나부처님의 서원과 모든 보살들의 선근의 힘으로 삼매에 들고 연설을 할 수 있게 되었다는 경문을 읽으니 저 혼자의 힘으로 이루어지는 것은 없다는 생각이 들면서 겸허한 마음을 갖게 됩니다.

'잘되면 자기 공덕, 잘못되면 조상 탓'이라는 옛말도 있듯이 사람들은 잘한 일에는 순전히 자기능력 때문임을 과시하려고 하면서도 일이 잘못되면 남만 탓을 하거나 환경만을 탓하기가 일쑤입니다.

그러나 그 어떤 것도 스스로 고립되어 존재하지 않는다는 것이 불교에서 가르치는 진리이지요. 존재도 행위도 생각도 그 모든 것은 서로가 서로에게 미치는 영향의 주고 받음으로 인해 성립되는 것입니다. 이렇듯 법계의 사물이 천차만별이지만 서로서로 다양한 관계를 가지고 있으며 하나도 단독으로 존재하지 않는 다는 것이 화엄의 대표적인 사상인 법계연기사상인 것입니다.

한 그릇의 밥을 보면서도 온 우주의 노력으로 빚은 쌀로 이루어진 것이라는 생각을 하게 됩니다. 단지 내가 그것을 살 돈이 있어서가 아니라, 밥상에 오르기까지는 실로 땅과 하늘, 비와 바람과 햇빛, 농부의 땀과 정성어린 손길이 있어야만 가능한 것일테니까요. 옛사람들은 쌀 미(米)자를 풀어서 여든 여덟 번[八十八]의 과정을 거쳐서 이루어진 것이라 말하기도 하지요. 그것은 바로 연기를 아는 사람들의 지혜로운 설명일 것입니다.

공덕림보살의 삼매 또한 스스로 도가 높아 이룬 것이 아니라는 것입니다. 그런 깊은 삼매에 들어가고 설법을 할 수 있게 되는 것은 깨달음을 추구해왔던 수많은 불보살들의 서원과 선근의 힘이 있었기 때문에 가능한 일이라는 것이지요. 한 개인의 성공이나 국가의 발전도 많은 사람들의 염원과 수고가 밑받침이 되었기 때문에 이루어지는 것이지요.

우리가 건강을 유지하고 크고 작은 일들을 이루어낼 수 있었던 것도, 가까이는 가족이겠지만 온 우주의 관심과 사랑 그리고 나를 알거나 알지 못하는 사람들의 협조와 도움이 있었기 때문일 것입니다. 그렇다면 불어오는 바람에게도 고마운 마음이 들고 날아가는 새에게도 사랑하는 마음이 들겠지요. 한없이 자기를 낮추고 겸손하면서도 온 우주를 마음에 품고 있어 힘과 자유를 느낄 수 있겠지요.

환희행(歡喜行)의 보살은 자기의 모든 것을 보시함으로써 기뻐한다고 하였습니다. 세속에 사는 우리는 주면서보다 받으면서 행복을 느끼는 때가 더 많은데 정말 가치관이 다르다는 생각을 하게 됩니다.

좀 더 얻으려하고 받으려하는 것이 중생심이지요. 그래서 조금이라도 더 많이 차지하고 더 빨리 성취하려고 안간힘을 씁니다. 그러나 소유함으로써 기쁨을 얻으려하는 사람은 결코 진정한 기쁨을 누릴 수는 없습니다. 자기가 얻은 것에 대한 기쁨은 잠시일 뿐 더 많은 것을 가진 사람에 비하면 그것은 또 다시 초라해지고 자신의 부족함을 한탄하면서 더 많은 것을 가지려고 발버둥치겠지요. 그런 사람은 자기가 아무리 많이 가지고 있어도 상대적인 빈곤감으로 늘 불행을 느끼는 사람이 될 것입니다.

우리가 진정 즐거움을 느낀 때를 기억해봅시다. 남편을 위해 그가 좋아하는 것을 장만하려고 시장을 기웃거리거나 맛있는 음식을 준비하며 그가 즐거워할 것을 생각할 때 행복합니다. 아내에게 줄 선물을 고르면서 그것을 받으며 환한 웃음으로 즐거워할 아내의 모습을 생각할 때 기쁘게 합니다. 또 자녀를 위해 무언가를 해줄 수 있을 때, 어쩌면 희생을 감내하면서까지 그들에게 참으로 큰 위안이 되고 그들이 필요로 하는 사람이 되었을 때 삶의 보람을 느낍니다. 저 혼자 즐거운 법은 없습니다. 상대를 기쁘게 함으로써 내가 기뻐하게 되는 것이지요. 가족이나 이웃이 괴로워하고 슬퍼하고 있는데 혼자서 즐거울 수가 있겠습니까?

심리적으로 고통을 겪는 사람들의 이야기를 들어보면, 자기 자신이 무기력해서 누구에게도 도움이 되지 못한다고 느낄 때, 아무런 존재가치를 느끼지 못하고 자신이 쓸모없는 사람이라고 느낄 때, 낮은 자존감으로 자신은 물론 그 누구도 사랑할 수 없을 때 삶의 의욕을 상실해버리고 심하게는 삶을 포기해버리고 싶은 경우도 있습니다. 경제적으로 파탄을 겪은 사람들이 참으로 견디기 힘든 것은 자기가 굶는 것이 아니라 남에게 도움을 줄 수 있는 사람이 못된다는 자괴감이었다고 합니다. 이와 같이 우리의 삶을 지탱하고 있는 힘은 받는 것에 있다기보다 주는 것에 있다는 것을 알 수 있습니다.

그런데도 부부가 상대에게 줄 때 받을 것을 먼저 계산한다든지, 자녀에게 베풀면서 보상심리가 앞선다든지 하는 경우는 진정한 보시가 아니라고 해야 할 것입니다. 자식에 대한 기대가 지나쳐서 자식을 통해 자기성취를 꿈꾸고 자식의 인생까지 통제하려고 든다면 그것은 베푸는 것이라고도 사랑이라고도 말할 수 없을 것입니다. 그러나 자식이 뜻대로 되지 않는다고 배신감을 느끼거나 부부가 서로에게 준

만큼 돌아오지 않는다고 손해 보는 느낌을 가진다면 진정한 보시라고 말 할 수 없습니다. 받기 위해 준 것은 사랑이 아니라 거래이지요. 게다가 준 것보다 더 많이 받기를 바라는 것은 장사 속이 아니겠습니까? 보시에 관해 가족관계를 중심으로 이야기를 나누었지만, 이웃도 내 가족의 연장이 아니겠습니까?

진정한 베풂에는 '나'를 가지고 있으면 안 됩니다. '내가' 누구에게 무엇을 베풀었다는 의식이 있는 동안에는 순수하다고 말할 수 없는 것이지요. 누가 알아주고 인정해줬으면 좋겠고, 보상이나 칭찬을 바라고, 명예를 위하거나 자만심에 빠진다면 보시라는 말을 쓸 수 없을 것입니다. 베풀되 베풀었다는 의식마저도 없을 때 전정한 보시라고 할 수 있을 것입니다. 오로지 베풂이 베풀게 하고, 사랑이 사랑하게 하라는 의미입니다. 이것이 보살이 베풀 때 진정한 환희를 느낀다는 의미일 것이라 생각합니다.

요익행(饒益行, 이롭게 하는 행)의 보살은 한 순간도 욕심을 내지 않으며, 또 욕심으로 인해서 한 중생도 괴롭게 하지 않는다고 합니다. 그것도 목숨을 버릴지라도 중생을 괴롭게 하는 일을 하지 않으며 중생을 이롭게 하리라고 하는데, 매 순간 욕심으로 괴로워하고 내 욕심을 가족과 이웃에게 투사하는 자신과는 참으로 대조적입니다.

요익행은 십바라밀 중에서 지계를 행함으로써 이룰 수 있게 됩니다. 내가 먼저 계를 지킴으로써 내 주변도 함께 청정해질 수 있게 되는 것이지요. 계를 지키지 않고는 탐심을 제어할 수 없기 때문입니다.

일상생활 속에서 우리는 끊임없이 수많은 유혹을 받게 됩니다. 오죽하면 경전에도 수없는 백천억 나유타 큰 악마들이 보살 있는 곳에 와서 온갖 방법으로 깨달음을 구하는 마음을 홀리려 한다고 하였을까요? 보살은 오로지 중생을 교화하는 일만 생각할 뿐 다섯 욕심에 빠지지 않습니다. 오욕(五欲)이란 색(色)·성(聲)·향(香)·미(味)·촉(觸)의 다섯 가지 물질적 대상을 탐닉하고 추구하여, 그로 인해 일어나는 정욕을 말합니다. 또는 재욕(財欲)·색욕(色欲)·음식욕(飮食欲)·명예욕(名譽欲)·수면욕(睡眠欲)을 오욕이라고 하기도 하지요. 생각해보면 중생들의 삶은 바로 이 오욕을 성취하기 위한 삶이라고 해도 과언이 아닐 것입니다. 성공한 삶이란 잘 먹고 잘 입고 권력이나 명예를 남들보다 더 많이 가지는 것을 의미한다고 믿고 있는 경우가 많습니다.

많은 중생들은 이것이 행복을 가져다준다고 생각하지요. 그래서 탐심에 속박되고 과도한 욕심에 결박된 줄도 모르고 평생을 살아갑니다. 물론 배우자나 자식에게까지도 요구하면서 말이지요. 게다가 남들도 자신이 믿고 있는 그 잣대로 평가합니다. 돈이 많으면 훌륭한 사람이고, 돈이 없으면 형편없는 사람으로 판단합니다. 그러다보니 사랑하는 자식에게 훌륭한 사람이 되라고 욕심을 좇아 살도록 종용하게 되는 것이지요. 그러나 욕심을 추구할수록 자신은 더욱 가난하게 되고, 번뇌는 더욱 커지게 마련입니다.

자식의 취직시험을 앞둔 어머니가 심각한 불안을 겪는 것을 보았습니다. 요즘같이 취업난이 심각한 때에 좋은 직장을 갖기 위한 노력과 염원은 지극히 당연한 일이겠지요. 그러나 이 어머니의 불안은 자식이 어려운 시험에 합격하면 남들 앞에서 으쓱대고 싶은 자기 욕심이 앞섰기 때문이었습니다. 남편을 잃고 혼자 키운 딸이 성공하는 것은 곧 자기의 성공이고, 딸의 성공을 앞세워 자기의 인정욕구를 채우려 하였던 것이지요. 말로는 너를 위하는 길이라고 하지만, 딸이 스스로 원하는 일을 하면서 진정한 행복을 얻을 때 기뻐하기보다는 세속적으로 돈벌이가 되는 직업을 갖도록 종용하면서 다른 사람의 외적 평가기준에 의존하다보니 불안이 그칠 날이 없었던 것이지요. 욕심은 자녀의 성적과 자녀의 진로까지도 소유하고 통제하려고 하는 무서운 결과를 낳습니다.

부부관계에서도 마찬가지이지요. 그 사람 자신을 인정하기보다도 내 맘에 드는 그이기를 바라고, 남에게 그럴듯한 그 사람이기를 바라지요. 바로 내 욕심으로 그를 바라보기 때문일 것입니다. 서로 화합하며 감사하고 살기가 얼마나 어려운지, 속된 말로 부부는 '전생의 원수'라고 말하기도 합니다. 그러나 저는 부부는 '서로 은혜를 갚기 위해 만난 사이'라고 말하고 싶습니다. 서로를 이롭게 하려는 요익행의 보살도를 배운다면 부부생활은 바로 도 닦는 생활이 되고 ,부부는 서로에게 복전(福田)이 될 수 있을 것입니다. 그렇다면 어느덧 부부는 도반이 되고 가정은 수행도량이 될 것입니다.

요익행의 보살은 모든 현상적인 것은 허망하고 실체가 아님을 본다고 하였습니다. 이 진리를 알게 되면 무엇에 집착할 것도 탐·진·치에 미혹하게 되는 일도 없으리라 생각됩니다.

이 경구는 불교의 핵심 사상으로 삼법인 중의 '제법무아(諸法無我)'에 해당되는 내용이라 하겠습니다. 제법무아란 일체의 모든 것 즉 물질적, 정신적인 모든 현상적 존재들은 고정적인 실체(實體)가 아니라는 것이지요. 현상계의 모든 것은 시간적으로 영원하지 못합니다. 그것은 바로 시・공간적으로 어떤 고정된 실체가 아니기 때문입니다. 만약 어떤 사물에 고정된 실체가 있다면 시간적으로도 영원하다고 말할 수 있겠지요. 그러나 이 세상에 존재하는 모든 것은 인연에 의해서 일어날 뿐[因緣所起] 저 혼자 고립적으로 존재하는 것은 없는 것입니다. 그저 '이것이 있음으로 저것이 있을 뿐[此有故彼有]'이지요. 이 세상에 존재하는 것 중에 변하지 않는 것은 없습니다[諸行無常]. 그렇다면 어디에 '나'라고 하는 고정된 실체가 있다고 하겠습니까? 그런데도 중생들은 어리석어 현상계가 영원불변하는 것처럼 부여잡고 놓을 줄을 모르니 안타까운 일이지요.

경문을 보면 '모든 것은 허망하고 실체가 아니므로 홀연히 일어났다가 홀연히 없어지며, 꿈같고 그림자 같고 허깨비와 같은데, 이것을 알게 되면 보리를 증득하게 된다'고 하였습니다. 『금강경』에도 이와 유사한 의미의 유명한 사구게가 있습니다. '모든 유위법은 꿈과 같고 환상과 같으며 물거품과 같고 그림자와 같으며 이슬과 같고 번개와 같으니, 마땅히 이와 같이 보아야 합니다[一切有爲法 如夢幻泡影 如露亦如電 應作如是觀].' 이러한 경문을 통하여 부처님은 모든 것이 연기에 의해 일어나고 스러짐을 망각하고 '나'라는 집착 때문에 타자를 배려함이 없이 이 세상에서 나의 존재만이 중요하다고 생각하는 망상의 자만심에 사로잡혀 있거나 눈앞에 보이는 그것이 영원한 것처럼 매달려 집착하는 우리의 어리석음을 깨우치려고 하셨던 것이지요.

경문에서 '스스로 제도하고 남을 제도하며, 스스로 열반하고 남도 열반하게 한다.'는 말이 참으로 가슴에 와 닿습니다.

불교에서는 자신의 제도와 타인의 제도를 구분하지 않습니다. '자리이타(自利利他)'라는 말이 바로 그것이지요. 자리(自利)란 자기를 위해 수행하는 것을 말하고, 이타(利他)란 다른 사람을 이롭게 하는 것을 말하는데, 스스로 해탈하고 남도 해탈하게 하는 자리이타를 완전하고 원만하게 수행하신 분이 바로 부처님이라고 할 수 있을 것입니다. 그래서 자리이타는 모든 불보살들의 행이라고 할 수 있습니다.

상담이나 심리치료를 배우는 사람들이 임상에 나설 때 공통적으로 느끼게 되는 번민이 있습니다. '내가 과연 이들을 치료한다고 해도 좋을까'라는 것입니다. 자기 문제도 다 해결하지 못하고서 학문적으로 조금 배운 것을 가지고 아는 척을 한다는 것이 위선적인 것 같고 양심에 가책이 되기도 하여 마음이 불편해집니다. 그렇지만 내담자를 치료하는 과정에서 가장 크게 느끼는 것은 그를 치료하기보다 내가 더 많이 치료된다는 것이지요. 부족하나마 성의를 다하다보면 그의 모습에서 내 모습을 발견하게 되고, 그의 병리적인 부분은 곧 나의 병리적인 부분임을 발견하게 되어 자신이 더 성숙하게 되는 것입니다. 그러므로 보살의 삶을 사는 치료자는 남을 치료한다는 것은 곧 자신을 치료하는 것이고, 또한 자신을 치료하는 것이 다른 사람을 치료하는 것임을 깨닫게 됩니다. 즉 자신을 제도하는 것과 남을 제도하는 것이 서로 다르지 않음을 느끼게 되는 것입니다.

그렇지만 종종 우리네 삶은 내가 성공하기 위해서는 남을 짓밟아야만 하고, 남이 잘못돼야 상대적으로 내가 잘된다고 생각할 때가 많습니다. 비록 내가 그 같은 사람이라는 것을 의식하고 있지 않더라도 말입니다. 무한경쟁시대가 낳은 생존을 위한 치열한 경쟁의식이 '남의 불행이 곧 나의 행복'이라는 착각에 빠져들게 하는 것이지요. 이 같은 삶의 태도를 철저한 반성 없이 계속한다면, 참 자기를 상실함은 물론 수 많은 패배자를 양산하고 사회적으로 극심한 양극화 현상을 초래할 것입니다. 그런 한편으로는 '상생(相生)'을 부르짖는 목소리도 한층 더 높아졌습니다. 서로 돕고 서로 의지하여 어떤 일이든지 서로가 화합하여 원만하게 성취할 수 있도록 하자는 것이지요. 서로가 서로에게 좋은 인연이 되어 나의 기쁨이 상대의 기쁨이 되고, 상대의 기쁨이 나의 기쁨이 되는 것이야말로 대승적 기쁨이라고 할 수 있을 것입니다. 인류를 위한 헌신으로, 특히 가난하고 병든 사람들과 의지처가 없는 외로운 사람들을 위해 평생을 살았던 마더 데레사는 그분의 업적을 칭찬하는 사람에게 '그들의 아픔이 내가 아픈 것과 똑같은데 어떻게 못 본 척할 수 있겠는가'라고 반문했다고 합니다. 자리이타(自利利他)와 자타불이(自他不二)의 보살정신을 그대로 실천하신 분이 아닌가 생각합니다. 나와 너, 인간과 자연을 둘로 나누어 생각하는 동안에는 자리이타의 숭고한 정신을 깨닫지 못할 것입니다.

무위역행(無違逆行)의 보살은 어떤 극심한 고초를 겪게 되더라도 결코 마음이 흔들리지 않고 오히려 박해하는 그들을 악에서 벗어나게 하겠다는 생각을 한다고 합니다. 고통을 두려워하고 피하려고만 하는 저의 태도를 돌아보게 합니다.

고통을 받아들이는 태도는 사람마다 다릅니다. 대부분의 사람들은 고통을 회피하려고 합니다. 더러는 고통을 예상하고 고통이 따를만한 일은 아예 시작조차 않으려 합니다. 정들 것이 무서워 사람을 사귀지 않거나 헤어질 것이 두려워 관계를 맺지 못하는 사람도 볼 수 있습니다. 어린 시절 자주 부모와 떨어져 있지 않으면 안 되었던 어린 소년은 사랑하는 사람과의 헤어짐이 너무나 싫어, 자라면서 자신에게 중요한 사람과는 결코 가까워지려고 하지 않고 헤어질 때 조금도 아쉬울 것 없는 스쳐 지나는 사람들과의 관계는 매우 능숙하게 하는 것을 보고 마음이 아팠던 적이 있었습니다. 그 소년은 자기도 모르게 고통을 당하지 않으려고 무의식적으로 자기를 방어하고 있었던 것이지요. 이처럼 아직 오지도 않은 고통에 대해 불안하게 되고, 그 불안은 피하려하면 할수록 더 커져서 불안에 대한 불안을 또 낳게 되면서 더욱 사람을 옴짝달싹 못하게 합니다.

그러나 죽음보다 더 힘든 고난을 체험하면서 근본적인 구도적 전향도 가능합니다. 놀랍게도 진정한 자기에로 나아가고자 하는 향내(向內)적인 열망과 또 다른 차원의 세계에 살고자 하는 초월의 의지는 고통과 절망에서 비롯된다고 합니다. 남을 깊이 수용하고 이해할 수 있는 넓은 가슴을 가지게 되는 것도 인내하기 힘든 고통을 체험한 사람인 경우가 더 많습니다. 한계상황에서 삶을 포기하고 싶은 좌절을 겪은 사람이 죽음보다 깊은 절망의 늪에 빠진 사람의 고통을 공감할 수 있는 것이겠지요. 다양한 경험을 하지 못하고 상대적으로 고통이 적은 어린 청소년들은 자신과 뜻을 같이 하지 않은 사람에게 쉽게 비난하고 저항하지만, 세상 모진 풍파를 겪으면서 온갖 경험을 한 나이 든 지혜로운 노년층들은 용서되지 못할 일이 없다는 생각을 하게 됩니다.

중국이 티벳을 점령하고 홍위병들이 사찰을 파괴하면서 불교를 말살하려고 할 때, 어느 승려가 중국 공안에 끌려가 고문을 받은 적이 있다고 합니다. 온갖 문초 끝에 풀려난 그에게 동료들이 얼마나 괴롭고 힘들었느냐고 위로했더니, 그 승려는 '정말 힘들었다. 너무 고통스러워 하마터면 그를 미워할 뻔 했다.'는 말을 했다고 합니다. 그 승려는 욕됨을 참고 견디면서도 상대를 원망하거나 앙갚음하려는 생각을 갖지 않고, 오히려 상대의 포악함과 어리석음에 연민의 마음을 가지며 그가 더 이상 악업을 짓지 않기를 바라는 마음을 가졌던 것입니다.

고통이란 이렇게 받아들이는 사람의 마음가짐에 따라 병이 될 수도 있고, 자신과 남을 더 깊이 이해할 수 있게 하기도 하며, 깨달음으로 나아갈 수 있는 계기가 되기도 하는 것입니다. 어떤 고초가 있더라도 인욕바라밀로써 의연히 참으면서, 진리에 역행하거나 자비와 지혜에 역행하거나 부처님의 정법에 역행하는 어떤 일도 하지 않는 무위역행의 보살행을 본받아야할 것입니다.

무굴요행(無屈撓行)의 보살은 모든 중생들을 알고 한 중생이라도 괴로워하지 않도록 하기 위하여 끊임없이 정진한다고 합니다. 심지어는 아비지옥의 고통을 겪으면서까지 중생들이 열반에 든 후에야 정등각을 이룬다고 하여도 한 순간도 후회하는 마음을 내지 않고 기뻐하며 정진한다고 합니다. 열심히 정진하지도 않으면서 지옥에 가게 될까봐 두려워하는 저의 마음가짐으로는 흉내 낼 수 없는 높은 경지라 여겨집니다.

아비지옥이란 지옥 중의 지옥입니다. 다른 이름으로는 무간지옥(無間地獄)이라고도 하는데, 쉴 새 없는 고통이 계속된다는 의미입니다. 불교에서는 이곳을 수미산의 남쪽 짠물바다에 있는 남섬부주(염부제) 아래 2만 유순 되는 곳에 있다고 합니다. 지옥과는 반대로 아미타불의 서방정토를 극락이라고 하는데, 그곳은 이 사바세계에서 서쪽으로 10만억 불토를 지나간 곳에 있다고 하지요. 이렇듯 지옥과 극락을 멀고 먼 곳에 있는 것처럼 거리로 표시하고 있지만, 이는 경전이 형성된 고대 인도인의 종교적 세계관에 따른 상징이고 표현이지요. 지옥과 극락은 어떤 의미로는 삶의 존재상태를 말하고 있습니다. 지옥과 극락은 반드시 공간적 의미만 있는 것은 아닙니다. 많은 성현들은 그 모든 것이 결국 한 마음에 있음을 가르치고 있습니다. 내 마음에 번뇌가 있을 때 그곳이 바로 지옥이요, 내 마음이 고요하고 평화로우면 그곳이 바로 극락이라는 것이지요.

사람들은 하루에도 수 없이 지옥과 극락을 오가곤 합니다. 부부가 서로 사랑할 땐 온 세상을 다 얻은 듯 행복하고 그 행복이 영원할 것 같다가도, 시집 문제로 갈등을 겪거나 경제적 파탄이나 배우자의 외도를 경험할 때, 가족이 불치의 병에 걸리거나 자녀가 잘못된 길로 가고 있는 것을 알았을 때, 도저히 헤쳐 나올 수 없을 것 같은 고통에 빠지게 됩니다. 지옥과 극락은 서로 다른 장소에 있는 것이 아니라 내가 숨쉬고 사는 이곳이 바로 지옥도 되었다가 극락도 되었다가 하는 것이지요.

무굴요행의 보살은 이 지옥중생을 모두 고통에서 벗어나게 하리라고 서원하며 정진한다고 합니다. 그들이 모두 부처님을 만나 뵙고 무여열반에 들게 된 연후에야 정등각을 이룰 수 있다고 하는데도 오히려 환희용약하며 다행스러워한다고 합니다. 참으로 큰 서원이 아닐 수 없습니다. 조그마한 고통에도 남은 물론 자신조차 돌보기 힘든 범부들의 근기로는 감당하기 힘든 서원이지요. 그렇지만 이렇게 큰 서원은 나와는 무관한 별개의 것이라고 서둘러 포기해서는 안 됩니다. 지옥에 떨어진 고통을 잘 아는 사람일수록 그들의 아픔을 더 잘 볼 수 있습니다. 굶어본 사람이 굶주림을 알고, 목말라 본 사람이 목마른 사람의 고통을 잘 아는 법이지요. 내가 슬플 때 다른 사람의 슬픔도 더 잘 보이기 마련이니까요. 그들의 고통을 함께 하려고 한다면, 그들을 향해 손을 내밀어 단 한 사람의 손이라도 잡아줄 수 있다면, 그 때 당신은 이미 보살인 것입니다.

생활 속의 작은 실천으로 무굴요행의 보살이 깨달음에 이르는 길이 아무리 멀고 힘들지라도 한 순간도 해이하지 않고, 흔들리거나 굴하지 않고 정진하는 마음을 배워 나가야할 것입니다.

보살이 정진을 하는 수많은 이유를 열거하고 있지만, 번뇌를 끊기 위해 정진한다는 말이 마음에 와 닿습니다. 마치 저에게 하는 말 같아서 그럴지도 모르지요. 번뇌를 끊기가 그토록 힘든 것일까요?

인간의 번뇌를 오죽하면 백팔번뇌라고 하였을까요? 심지어 사람마다 번뇌의 종류가 다르고, 동일한 사람이라도 시시각각으로 일어나는 번뇌가 다르니 팔만사천번뇌라고도 하였지요.

번뇌란 사람의 몸과 마음을 괴롭히는 모든 망념을 말합니다. 이는 마음을 혼란하게 하고 악을 짓게 하여 해탈에 이르는 것을 방해하는 불선(不善)과 부정(不淨)의 정신상태를 가지게 합니다. 수없이 많은 번뇌가 있지만, 불교에서는 탐·진·치 세 가지를 가장 기본적으로 들고 있습니다. 탐심(貪心)이란 욕심을 내는 마음을 말합니다. 자기가 좋아하는 대상에 집착하여 만족할 줄 모르는 것이지요. 진심(瞋心)이란 성내는 마음입니다. 좋아하지 않는 대상에 대해 적개심을 가지거나 혐오하거나 증오하는 마음을 가지며, 자기 뜻대로 되지 않을 때 노여워하며 분노하는 것을 말합니다. 치심(癡心)이란 성내는 마음으로 자기에 대한 강한 집착으로 바르게 생각하지 못하고 분별을 일으켜 그릇된 판단을 하게 되는 것입니다. 이것은 십이연기의 시작인 무명

(無明)에서 오는 것으로 모든 번뇌를 일으키는 근원이 되기도 합니다. 따라서 팔만사천가지나 되는 온갖 번뇌도 이와 같은 탐·진·치에서 비롯되는 것이라고 할 수 있습니다.

이러한 모든 번뇌가 인간에게 고통을 가져다주는데, 불교의 기본교리인 사제설(四諦說)의 집제(集諦)에서는 고의 원인을 갈애(渴愛)라고 하고 있습니다. 마치 목마른 자가 애타게 물을 찾듯이 중생이 욕심에 탐착하는 것을 말하는데, 그 원인은 무명(無明)이라고 합니다. 중생들의 생존방식을 보면 스스로의 그릇된 가치판단으로 좋은 것과 싫은 것을 분별하고, 좋아하는 것은 지나치게 애착하여 더 많이 가지려 하고 싫어하는 것은 거부하며 미워하게 됩니다. 그러나 좋아하는 것을 다 가질 수 없고, 혐오하는 것을 다 떠날 수가 없는 것이 우리네 삶이지요. 또 갈애란 아무리 가져도 만족할 줄 모르니, 번뇌와 고통을 떠날 길이 없는 것입니다.

뒤도 돌아보지 않고 열심히 살았던 많은 사람들이 자신의 삶을 돌아보았을 때 결국 탐·진·치의 굴레에서 허우적거리고 있었던 것을 발견할 때가 있습니다. 돈과 명예와 권력과 애정을 얻기 위해 투쟁하다시피 살았던 세월이 바로 갈애로 인한 것이었음을 알게 되는 것이지요. 팔만사천번뇌를 언제 다 벗어나랴 생각하면 까마득하지만, 청정한 계를 지녀 바르게 살아가고 계로써 선정을 닦아 산란한 마음을 한 곳에 모아 고요함에 머물며 선정에 의해 진리를 증득하는 지혜가 밝아져 미혹을 끊는다면 삼독을 없앨 수 있다고 부처님은 가르치고 있습니다.

무치란행(無痴亂行)의 보살은 바른 생각을 성취하여 한 순간도 마음이 어

리석거나 산란하지 않다고 합니다. 평소에는 물론 참선을 하거나 염불을 할 때조차 호흡 사이를 비집고 잡념이 몰려오는 저에게는 도달하기 힘든 경지인 것 같습니다.

중생들이 욕심에 이끌려 이리저리 마음을 빼앗기어 흩어지고 온갖 잡념으로 마음이 산란하게 되는 것을 망념(妄念)이라 합니다. 그러나 그릇된 생각을 버리고 진실한 마음으로 향상을 위한 수행에 정신을 집중하는 것을 정념(正念)이라고 하지요. 망념과 정념은 정반대의 의미이지만, 보조국사 지눌(知訥)은 그의 『정혜결사문(定彗結社文)』에서 "한 마음이 미혹하여 끝없는 번뇌를 일으키는 것이 중생이고 한 마음을 깨달아 한없이 오묘한 작용을 일으키는 이가 부처님(迷一心而起無邊煩惱者 衆生也 悟一心而起無邊妙用者 諸佛也)"이라고 했습니다. 망심을 떠나 별도의 진심이 있는 것이 아니라는 것이지요.

그렇지만 우리가 끝도 없이 망념에 시달리는 것에 대하여 지눌은 처음 마음을 내어 공부하는 학인들을 가르치는 글인 『계초심학인문(誡初心學人文)』에서 "끝도 없는 과거로부터 익숙해진 습기로, 애욕과 성냄과 어리석음이 마음을 얽어매어 속박하면서, 잠깐 스러지는 듯하다가 이내 다시 일어나는 것은 마치 하루거리의 학질과 같다. 그러므로 언제나 수행하는 방편과 지혜의 힘을 더욱 늘려, 통절히 그것을 단속해야할 것이다(無始習熟 愛欲恚癡 纏綿意地 暫伏還起 如隔日瘧 一切時中 直須用加行方便智慧之力 痛自遮護)"라고 가르치고 있지요. 따라서 수행자들이 교만에 빠지지 말고 끊임없이 수행할 것을 권하고 있습니다.

범부는 윤회의 바다를 헤매며 생사(生死)와 아상(我相)에 굳게 집착하여 망상과 무명이 오래도록 습관이 되어 있어, 비록 금생에 와서 단박에 깨쳤다 하더라도 옛 습성을 갑자기 제거하기란 매우 어렵다고 하였습니다. 따라서 누구나 불성을 가진 존재이지만 법에 돈·점이 있는 것이 아니라 중생의 근기에 돈·점이 있다고 하면서 종밀은 햇볕이 문득 나오지만 이슬과 서리는 점차로 사라지고(日光頓出 霜露漸消), 모진 바람이 문득 멈추어도 파도는 점차로 멎는다(猛風頓息 波浪漸停)는 비유로 돈오점수를 주장하고 있습니다.

망념을 떨쳐버리고 정념으로 깨달음을 이루기란 수행자라 하더라도 이토록 어려운 것입니다. 정념은 부처님의 가르침인 팔정도 가운데 하나로서 불가에서는 참선이나 염불을 하도록 가르치고 있습니다. 재가불자로서는 일상생활 속에서 마음이 흩어질 때마다 '나를 유혹하고 있는 것이 무엇인가?, 내 마음이 산란해질 때는 언제인가?, 나를 눈멀게 하고 정신을 빼어가는 것은 무엇인가?'를 관찰해야 합니다. 그리고 한 순간만 방심하면 천리만리 도망가 있는 내 마음을 붙들어 한 곳에 집중시키면서 일심(一心)으로 진리에 머물고 바른 것만 생각하며 잊지 않는 것을 생활화해야 할 것입니다.

선현행(善現行)의 보살은 몸과 말과 생각으로 짓는 업이 모두 청정하고, 일체법의 자성이 없음을 모두 안다고 하였습니다. 또 이 보살은 중생제도에 있어서 '내가 중생을 성숙하게 하지 않으면 누가 성숙하게 할 것인가' 하면서 자신이 마땅히 해야 할 일임을 명심하고 있습니다. 쉽게 책임을 전가하고 어려운 일을 회피하려 드는 사람들에게 참으로 귀감이 되는 태도라고 생각합니다.

그렇습니다. 개인적인 일에 대한 책임을 지거나, 가족을 부양하는 일에 대한 책임을 지는 것도 여간 어려운 일이 아닐 것인데, 하물며 중생교화에 대해 '마땅히 자신이 해야 할 일'이라는 생각을 갖는다는 것은 보살만이 할 수 있는 일이지요. 우리 주변에는 크고 작은 실패를 경험한 사람들이 스스로 목숨을 끊어 책임을 벗으려 하든지, 그 역할을 포기함으로써 책임을 지지 않으려는 태도를 볼 수 있습니다. 목숨을 버리는 경우도 혼자서 자살하는 것으로 그치지 않고 배우자나 어린 자식까지 함께 동반자살을 기도하는 경우까지 있어 안타까움을 더하기도 하지요. 중생들은 이처럼 자신과 자신의 가족을 보살피는 일마저도 팽개치고 싶을 만큼 힘겨울 때가 한 두 번이 아닌 것입니다.

그러나 보살은 혼자만 해탈하고 끝없이 육도를 윤회하며 고통을 받을 중생들을 그대로 차마 버려둘 수 없다고 생각합니다. 오히려 자신의 성불을 늦추며 불가설불가설겁 동안에 보살행을 하면서 그들을 먼저 성숙하게 하리라고 결심을 합니다. 참으로 대근기가 아닐 수 없습니다. 보살의 기본정신이 상구보리, 하화중생(上求菩提, 下化衆生)입니다. 중생제도 없이 깨달음의 성취는 없는 것이지요. 중생을 향한 자비행은 바로 자신을 향한 자비행과 마찬가지입니다. 중생을 성숙하게 하겠다는 것은 바로 자신의 성숙을 의미하는 것이지요. 마치 한 손으로 다른 한 손을 씻는 것과 같습니다.

보살이 '내가 아니면 누가 하겠는가'라고 했을 때, '내가'는 자만심에서 온 것이 아닙니다. 어려움을 피하지 않고 적극적으로 받아들이겠다는 의지인 것입니다. 그렇다면 세속에 사는 우리는 모든 중생을 대상으로 하기보다 우선 자기 가족에게 만이라도 실천해볼 수 있을 것입니다. 가족들을 내가 교화하고 구제할 중생이라고 생각하고 보살행을 실천해 나간다면, 점차 이웃에게 그리고 전 인류를 향해 보살의 자비심 그 자체가 그 장(場)을 끝없이 확장해 갈 것입니다. 중생들이 보살과 함께 있거나 소리를 듣거나 스치기만 하여도 아누다라삼먁삼보리를 이루는 것과 같이 가족들이 나를 생각하기만 하여도 편안하고 행복을 느낄 수 있도록 노력해보아야 할 것입니다.

무착행(無着行)의 보살은 무애하여 설사 부처님을 만나고 부처님세계에 이른다 해도 집착하지 않는다고 합니다. 사소한 일에도 잠 못 이루고, 가지고 싶은 것에 집착하여 눈 멀어버리는 중생들의 경지로는 상상하기가 힘듭니다.

좋은 것을 가지고 싶고, 보다 더 성취하고 싶은 욕구는 당연한 일이겠지요. 그 욕구야말로 우리의 삶을 향상시키는 추진력일 것입니다. 그러나 그것이 대아(大我)를 발견하는 것에로 나아가지 못하고, 소아(小我)에만 집착하여 머문다면 아집(我執)에 불과하다고 말할 수밖에 없지요.

스페인에서 선박왕으로 이름을 떨치며 부와 명성을 얻게 된 한국인 교포가 있는데, 그의 젊은 날 고국을 떠나 무일푼으로 바다를 건널 때 가장 큰 소망이 배고픔을 이기는 것이었다고 합니다. 그 후 돈을 많이 벌고 싶다는 포부를 가지게 되었고, 다시 내가 번 것을 불우한 이웃을 위해 회향하겠다는 꿈을 안게 되었다고 합니다. 지금은 장학재단을 만들고 자선사업을 통해 우리나라는 물론 중국과 아프리카에까지 도움의 손길을 뻗치는 업적으로 칭송을 받고 있습니다. 대부호인 그의 차림새는 놀랍게도 낡은 소형차에 허름한 남방차림이었는데, 화려한 치장이 자신을 지켜주는 것은 아니라는 것에 대한 깨달음이 있었기 때문에 가능한 일이겠지요.

아마 그가 자신이 이룬 부에 집착하여 이웃을 돌보지 않았더라면 오늘날의 찬사와 명성은 없었을 것입니다. 이웃의 배고픔과 고통을 자신의 것처럼 느낄 수 있기 때문에 기꺼이 자신의 재산을 내놓을 수 있는 것이겠지요. 처음에는 주린 배를 채우려 실컷 먹고 싶다는 욕망과 집착으로 부를 축적했지만, 결국 자타불이의 자비심으로 이웃에게 회향하는 선업을 쌓은 것은 참으로 훌륭한 태도인 것입니다. 붙들고 있기보다 놓았기 때문에 소승적인 자아가 아니라 대승적인 자아로 성숙할 수 있었던 것이지요.

물질적인 재산 뿐 아니라 자기 자신에 대한 집착 또한 같습니다. '나'라는 의식이 있는 한 집착에서 벗어날 수 없습니다. 내가 붙들고 있는 자기는 이미 자기가 아닙니다. '나'라고 하는 것은 오온(五蘊)이 화합되어 이루어진 것일 뿐 본래 무자성(無自性)이기 때문입니다. 그런데도 우리는 끊임없이 자신의 감정, 욕구, 갈망, 분노, 두려움, 아픔, 좌절, 불안 등에 얽매여 있습니다. 자기가 자기로부터 자유로워져야 합니다. 자기로부터 해방된, 자기에 집착하지 않는 자기가 진정한 자기입니다. 이 무집착의 견지에 이르러서야 중생을 교화하면서도 중생에 집착하지 않고, 불국토에 머물면서도 불국토에 집착하지 않으며, 부처님을 만나지만 부처님께 집착하지 않는 무착행의 보살, 곧 잃었던 무애한 본래의 참 자기를 찾게 되지요.

모든 것을 사유화하려는 중생들은 연기(緣起)의 진리를 생각해야 할 것입니다. 우리가 들이마신 공기는 다시 내보내지 않으면 안 됩니다. 우리가 먹은 음식은 내보내어져 흙이 되고 물이 되어 다시 우리의 식탁으로 돌아옵니다. 집착이란 마치 들이마신 공기를 내 것인 줄 알고 내보내지 않으려는 것과 같습니다.

난득행(難得行)의 보살은 번뇌로 가득한 중생을 보면서 오히려 이곳이야말로 내가 보살행을 닦을 만한 곳이라고 생각한다고 합니다. 남을 돕는 삶을 지향하면서도 힘에 부치면 피하고 싶고, 일이 잘못될 때는 환경을 탓하거나, 더러는 나를 알아주기를 바라거나 댓가를 바라고 있는 자신을 관찰하게 됩니다. 중생의 모든 탐욕과 어리석음을 알면서도 보살은 그렇기 때문에 대승의 서원에서 물러서지 않는다는 것이 참으로 훌륭하다는 생각을 합니다.

보살이 중생과 다른 점은 바로 그 점입니다. 중생은 자신에게 맞는 것은 취하고 맞지 않는 것은 배척하지만, 보살은 중생이 미혹하고 무명으로 가득하기 때문에 중생을 버리지 못하는 것입니다. 중생들은 자기 몸의 안위를 위하여 노력하지만, 보살은 중생을 제도하려고 생사에서 벗어나려는 것입니다. 중생과 보살은 본래 하나이고 둘이 아니지만, 원(願)의 지향에 따라 도달하고자하는 목적이 서로 다르며, 똑같이 열심히 노력한다 해도 그 동기가 서로 다른 것입니다.

우리는 이미 인도(人道)에 태어났습니다. 참으로 다행한 일이지요. 여자로 태어났든지 남자로 태어났든지, 또한 부자이든지 아니든지, 많이 배웠든지 못 배웠든지, 지금 내게 주어진 이 기회가 보리심을 낼 최선의 기회일 것입니다. '좀 더 부자가 된 다음이거나 그 다음 생에 시작해야지'가 아니라 바로 지금 보살의 길로 들어서는 것이 바로 최선의 선택입니다. 그런데도 우리는 자꾸 다음으로 미룹니다. 또 그럴 수밖에 없는 이유를 남의 탓으로 혹은 상황의 탓으로 돌리곤 합니다.

고통의 늪에 빠진 사람은 어떻게든 그곳에서 빠져나오려고 할 것입니다. 시련, 좌절, 고통, 불안, 억압, 질병 등을 겪어본 사람은 얼마나 그곳에서 벗어나고자 하는 마음이 간절할까요? 그 간절한 마음을 해탈로의 의지로 전환시키는 것이 바로 보리심입니다. 고통을 겪어보지 않은 사람은 그곳에서 자유로워지고자 하는 열망도 이해하지 못할 것입니다. 그런 의미에서 고통은 깨달음을 향한 중요한 동기가 될 수 있는 것입니다. 부처님의 성스러운 진리인 고집멸도의 사성제도 고(苦)에서 시작한다는 것은 이미 알고 있는 사실입니다. 어쩌면 고통에 처한 사람이 유복한 환경에 있는 사람보다 보살도에 들어설 기회를 더 많이 가지는지도 모릅니다. 그런데도 석가가 왕자라는 세속적인 부와 명예와 권력을 가진 신분으로 그 모두를 버리고 출가하여 깨달음을 추구할 수 있었던 것은 대단한 결단이 아닐 수 없습니다. 이제 자신이 처한 환경이 어떠하든 그것이 보살도를 가로막는 어떤 이유도 될 수 없음을 알게 되었을 것입니다.

「보현행원품」에서 보살은 중생이 있으므로 깨달음을 이룰 수 있다고 하였습니다. '부처님의 근본은 큰 자비심입니다. 중생이 있어야 자비심을 낼 수 있고, 자비심이 있어야 보살의 길을 가려는 마음을 낼 수 있으며, 보살의 길을 가려는 마음이 있어야 큰 깨달음을 이룰 수 있습니다. 모래벌판에 있는 큰 나무의 뿌리에 물을 주면 줄기와 잎과 꽃과 열매가 모두 무성해집니다. '삶과 죽음의 윤회 벌판'에 있는 깨달음의 나무도 마찬가지입니다. 모든 중생들은 뿌리이며, 부처님이나 보살님들은 꽃이나 열매입니다. 대자대비의 물로 중생들을 이롭게 하는 것이 부처님이나 보살님의 지혜 꽃이나 지혜 열매를 성숙시키는 길입니다.'

선법행(善法行)의 보살은 중생들의 스승이 되며 빛이 된다고 합니다. 그 중에서도 중생의 집이 된다는 말이 마음 깊이 와 닿습니다. 보살은 중생들이 돌아가 쉴 안식처가 되어주며 의지할 곳이 되어준다는 말이 참으로 큰 의미로 다가옵니다.

『화엄경』은 매우 은유가 뛰어난 경전입니다. '집'이라는 비유도 마찬가지입니다. 물론 여기서는 물리적인 집을 말하고 있는 것은 아니지만, 집이 가지고 있는 의미를 생각해볼 수 있습니다. 집이란 외부의 온갖 위협이나 추위와 더위로부터도 나를 보호할 수 있고, 지치고 피곤한 몸을 쉴 수 있으며, 휴식을 통해 에너지를 재생산하여 더 큰 자기발전을 도모할 수 있습니다. 집이란 생활의 터전이 되는 곳이므로, 크다든가 좋다든가의 차원을 넘어서 몸과 마음을 편히 쉴 수 있는 곳인가 하는 것이 중요한 것이겠지요. 대부분의 사람들은 하루 일과가 끝나면 어서 집으로 돌아가 편안하게 쉬고 가족들과 단란한 시간을 보내기를 바랍니다.

그러나 집이 없는 사람, 집이 부실하여 붕괴의 위기에 처하거나 뜯길 처지에 놓인 사람, 한 곳에 편히 머무를 수 없는 사람들이 있습니다. 그들에게는 편안하게 등을 기댈 벽이 얼마나 소중하고, 세상의 번거로움으로부터 떠나 고요히 마음을 쉴 작은 방이 얼마나 그리울까요? 또 집은 있지만 돌아가고 싶지 않은 사람도 있습니다. 돌아가기는커녕 생각만 해도 진저리가 쳐지고 할 수만 있다면 도망가고 싶은 집도 있습니다. 사방으로 둘러싼 벽은 감옥이 되고, 무거운 현관문은 철창이 되어 나를 구속한다면 그곳에 머무는 것이 곧 지옥에 있는 것이나 다를 것이 없겠지요?

마음의 집도 마찬가지입니다. 불교에서는 흔히 집을 불성에 비유하여 표현하고 있는 경우가 많습니다. 곽암사원(廓庵師遠)의 『십우도(十牛圖)』에서는 깨달음을 곧 참 '나'를 찾아가는 과정을 소를 찾는 것에 비유하여 열 가지 수행단계로 그림으로 표현하고 있는데, 그 여섯 번째가 기우귀가(騎牛歸家)라 하여 소를 타고 집으로 돌아오는 것을 그리고 있습니다. 이는 소를 완전히 길들여 자유롭게 다룰 수 있게 되어 집이 따로 없고, 가는 곳마다 집이라 따로 안주할 곳을 찾을 필요가 없다는 것을 의미합니다. 의상조사의 『법성게』에서도 '집에 돌아갈 때 분수에 따라 자량을 얻는다(歸家隨分得資糧)'고 하였습니다. 『봉암집』에도 '집 밖의 일로 향하는 것은 그만 두고 곧바로 귀가해야한다'고 말합니다. 이 때 집이란 원초적 영역으로 본래의 자기 진심의 고향을 의미합니다. 귀가(歸家) 즉 집으로 돌아간다고 함은 자신의 본성으로 돌아간다는 것을 의미합니다.

위의 경문에서는 보살이 중생들의 돌아가 쉴 곳이 되어야 한다고 하였지만, 결국 보살은 중생들 자신이 스스로 집이 되어야 함을 잘 알고 있을 것입니다. 여러분의 집은 어디에 있습니까? 편안하고 안전한 곳입니까? 아직도 집 밖을 헤매고 있지는 않습니까?

진실행(眞實行)의 보살은 참된 말을 성취하여 말한 대로 행하고, 행한 대로 말할 수 있다고 합니다. 헛된 약속을 남발하고 그에 따른 불신과 반목이 커져가는 사회적 현실을 볼 때, 말한 대로 행한다는 것이 얼마나 어렵고 중요한 일인가를 생각할 수 있습니다. 우선 저 자신부터 실천할 수 있도록 노력해야할 것입니다.

'자기의 말과 행동을 어떻게 일치시킬 것인가' 하는 것은 수행에 있어서 중요한 목표가 될 수 있습니다. 아마 이 말을 듣고 부끄러워하지 않을 사람이 있을까요? 성직자나 정치가나 교사와 같이 다른 사람을 지도하는 위치에 있는 사람들일수록 말과 행동 사이의 간극에 대한 고뇌도 클 것입니다. 남들 앞에서는 번드르르하고 그럴듯한 말을 하면서도 정작 자신의 행동이나 생활은 그렇지 못한 경우를 많이 볼 수 있습니다. 수많은 불신과 갈등, 자기 자신에 대한 절망과 타인에 대한 절망도 모두 여기에서 비롯되는 것이라 해도 과언이 아닐 것입니다.

사랑을 실천하라고 외치던 종교지도자가 사회사업을 내세워 자신의 탐욕을 채우려하는 사례를 볼 수 있었고, 국민을 위해 한 몸 던지겠다고 온갖 공약으로 맹세했던 정치가가 국민의 혈세로 치부했던 사례를 보아왔습니다. 그들에 대한 기대와 믿음이 큰 만큼 그 행위에 대한 환멸도 큰 것이겠지요. 그러나 매스컴에 오르내리는 그들만이 말과 행동에 있어서 불일치한 사람은 아닐 것입니다. 대중에게 미치는 영향력이 크기 때문에 그들이 회자되고 비난을 받는 것이지, 우리 모두는 내 안에서 끊임없이 일어나는 말과 행동의 불일치를 깨닫고 반성해야할 것입니다.

이 시대를 살다간 큰 스승이신 성철스님은 열반에 드실 때 '남녀를 기만한 죄가 수미산만큼 크다'고 하시면서 참회하셨습니다. 그 분의 '열반송'을 한 번 더 되풀이 해볼까요. "일생동안 남녀의 무리를 속여서 하늘을 넘치는 죄업은 수미산을 지나친다. 산 채로 무간지옥에 떨어져서 그 한이 만 갈래나 되는데 둥근 한 수레바퀴 붉음을 내 뱉으며 푸른 산에 걸렸도다." 세상에 널리 알려지고 많은 이들로부터 존경받는 승려로서 또는 성직자로서 이렇게 공개적으로 고백할 수 있는 또 다른 분을 우리는 당대에 만날 수 있었습니까? 참으로 모범으로 삼아야할 훌륭한 분입니다. 무소유의 정신으로 평생을 청정하게 수행하신 분도 말과 행동의 간극에 대해 이토록 괴로워하는데, 하물며 세속에서 욕심을 따라 사는 사람들의 모순된 언행은 이루 말할 수가 없을 정도일 것입니다.

말과 행동이 일치되는 사람은 진실합니다. 행동이라고 할 때 몸의 행위만이 아니고 마음가짐과 감정까지도 포함되지요. 자기감정을 있는 그대로 알아차리고 느끼며, 솔직하게 수용하고, 말과 행동으로 표현함에 있어 거짓이나 왜곡됨이 없어야 할 것입니다. 그러나 어떤 사람은 자기의 감정을 느끼지조차 않으려하고, 스스로 억압하여 진정한 자기의 감정을 알아차리지도 못하는 경우도 있습니다. 이렇게 회피하는 경우도 있지만 제대로 감정을 느꼈다 하더라도 그것을 인정하지 못하고 표현하지 못하며, 오히려 마음과는 반대로 말하거나 행동하는 경우도 있지요. 더 심하게는 말 따로 행동 따로 분리되면서 더 이상 양심의 가책을 받지도 않는 사람도 있습니다.

수행하는 사람은 이러한 자기모순을 발견하고 자기반성을 해야 할 것입니다. 몸과 말과 마음의 일치는 자기극복의 과정이라고 해도 좋을 것입니다. 가족을 떠나고 속세를 떠나야 도를 닦을 수 있는 것이 아니고, 생활 속에서 자신을 관찰하고, 말을 절제하며, 말한 대로 행동하는 사람이 되려고 하는 것이야말로 참된 수행이라 할 것입니다.

중생들이 모두 둘이라는 것에 집착한다고 지적하고 있는데, 마치 나와 너를 따지고 구분하는 저의 어리석음을 꾸짖는 것 같습니다.

이분법적인 사고 습관, 이는 존재론과 인식론 및 윤리학과 종교적 세계관 또는 인문·사회·자연과학 영역 도처에서 볼 수 있는 넘어서야할 장애입니다. 우리가 직면하고 있는 문제들로부터 이야기해 보지요. 이것은 개인간의 갈등 뿐 아니라 우리나라의 남과 북의 대립이나 미국과 이라크의 파괴적인 대립에까지 이르게 하기도 합니다.

우리 삶의 현실에서 문제가 되는 이분법적인 사고란 어떤 사상(事象)을 극단적으로 양분하여, 어느 한쪽만을 판단의 절대적인 기준으로 삼는 사고방식입니다. 즉 초월 또는 중도개념은 없고, '이것'이 아니면 '저것'이라는 식의 사고이지요. 나와 너, 내 것과 네 것, 아군과 적군, 아름다움과 추함, 선과 악을 나누고 자신의 편견에 따라 어느 한 가지에 집착하지요. 흔히 흑백논리라고 하기도 하는데, 우리 역사의 고질적인 병폐라고 할 수 있는 당파싸움이 그렇고, 오늘날 종교 간의 갈등이나 인종간의 갈등 그리고 우리나라의 양극화된 정치적·사회적 갈등 역시 같은 맥락이라고 할 수 있습니다.

그러나 불교에서는 둘이면서 둘이 아닌 것을 가르칩니다. 중생과 부처, 번뇌와 보리, 생사와 열반조차도 서로 대립되는 것이 아니라 서로 동등한 것이라고 가르치고 있습니다. 이는 현상세계에서 서로 대립되는 것처럼 보이지만, 근원에서 보면 하나인 것입니다. 모든 존재하는 것은 인연에 의해 생긴 것이며, 그 어떤 것에도 고정불변의 실체가 없는 공(空)임을 알 수 있습니다. 그러므로 생사도 고락도 진정한 존재방식으로는 불이(不二)인 것입니다.

너와 내가 진정 둘이 아님을 느낀다면, 창조적인 새로운 만남의 장이 열릴 것입니다. 그 때가 바로 자비심이 실현되는 순간일 것입니다.

제22. 십무진장품(十無盡藏品)

요약

이 품은 열 가지의 장(藏)을 설하고 있다. 장(藏)이란 '감추다, 품다, 저장하다'의 뜻을 가지고 있는데, 모든 덕을 포용하고 그것을 드러내는 것이 무궁무진함을 나타낸다. 이는 앞 품에서 말한 10행의 법을 성취하여 다함이 없게 하고, 다음에 설하게 될 10회향의 법을 이루어나가게 하기 위한 것이다.

열 가지 무진장이란 신장(信藏)·계장(戒藏)·참장(慚藏)·괴장(愧藏)·문장(聞藏)·시장(施藏)·혜장(慧藏)·염장(念藏)·지장(持藏)·변장(辯藏) 등이다. 이는 보살이 행해야할 열 가지로 『화엄경』에서 말하는 구체적인 계행의 실천덕목이라고 할 수 있다.

삼세 부처님들의 열 가지 장

이 때 공덕림보살이 다시 보살들에게 말하였습니다. "불자들이여, 보살마하살에게는 열 가지 장이 있으니 과거 · 미래 · 현재의 부처님들이 이미 말씀하셨고 앞으로 말씀하실 것이며 지금 말씀하고 계십니다. 열 가지란 신장(信藏) · 계장(戒藏) · 참장(懺藏) · 괴장(愧藏) · 문장(聞藏) · 시장(施藏) · 혜장(慧藏) · 염장(念藏) · 지장(持藏) · 변장(辯藏)을 말합니다."

爾時 功德林菩薩 復告諸菩薩言. 佛子 菩薩摩訶薩 有十種藏 過去未來現在諸佛 已說當說今說. 何等 爲十 所謂信藏 戒藏 慚藏 愧藏 聞藏 施藏 慧藏 念藏 持藏 辯藏 是爲十.

THEN THE ENLIGHTENING BEING Forest of Virtues also said to the enlightening beings, "Children of Buddhas, great enlightening beings have ten kinds of treasury, which have been, will be, and are explained by the Buddhas of past, future, and present. What are the ten? They are the treasury of faith, the treasury of ethics, the treasury of shame, the treasury of conscience, the treasury of learning, the treasury of giving, the treasury of wisdom, the treasury of recollection, the treasury of preservation, and the treasury of elocution."

1.신장

신장이란?

"불자들이여, 무엇이 보살마하살의 신장(믿는 장)입니까? 이 보살은 모든 것이 공함을 믿고, 모든 것이 모양 없음을 믿으며, 모든 것이 원이 없음을 믿고, 모든 것이 짓는 일 없음을 믿으며, 모든 것이 분별 없음을 믿고, 모든 것이 의지할 곳 없음을 믿으며, 모든 것이 헤아릴 수 없음을 믿고, 모든 것이 위가 없음을 믿으며, 모든 것이 초월하기 어려움을 믿고, 모든 것이 생겨남이 없음을 믿습니다."

佛子 何等 爲菩薩摩訶薩 信藏. 此菩薩 信一切法空, 信一切法無相, 信一切法無願, 信一切法無作, 信一切法無分別, 信一切法無所依, 信一切法不可量, 信一切法無有上, 信一切法難超越, 信一切法無生.

"What is the great enlightening being's treasury of faith? The enlightening beings believe all things are empty, they believe all things are signless, they believe all things are wishless, they believe all things are noncreative, they believe all things are without discrimination, they believe all things have no basis, they believe all thing cannot be measured, they believe all things have nothing beyond, they believe all things are hard to transcend, they believe all things are uncreated."

믿음의 성취

"이 보살은 부처님 지혜에 들어가 그지없고 다함없는 신심을 성취하게 됩니다. 이렇게 신심을 얻고 나서는 마음이 물러서지 않고, 마음이 산란하지 않으며, 깨뜨릴 수 없고, 물들일 수 없으며, 항상 근본이 있고, 성인을 따르며, 여래의 가문에 머물러서 모든 부처님의 종성을 보호하여 지니고, 모든 보살의 믿음과 이해를 더욱 늘이며, 모든 여래의 선근을 따르며, 모든 부처님의 방편을 냅니다. 이것을 보살마하살의 신장이라고 합니다. 보살이 이러한 신장에 머물게 되면 모든 부처님의 가르침을 듣고 지닐 수 있으며 중생을 위해 말하여 모두 깨닫게 합니다."

此菩薩 入佛智慧 成就無邊無盡信. 得此信已 心不退轉, 心不雜亂, 不可破壞, 無所染着, 常有根本, 隨順聖人, 住如來家 護持一切諸佛種性, 增長一切菩薩信解, 隨順一切如來善根, 出生一切諸佛方便. 是名菩薩摩訶薩信藏. 菩薩 住此信藏 則能聞持一切佛法 爲衆生說 皆令開悟.

"The enlightening beings enter into the Buddhas' knowledge and wisdom and develop boundless, inexhaustible faith. Once they have attained this faith, their minds do not regress, their minds do not become confused; they cannot be broken down, they have no attachments. They always have a fundamental basis, they follow the sages, they dwell in the house of the enlightened, they maintain the lineage of all Buddhas, they increase the faith and resolution of all enlightening beings, they conform to the virtues of all enlightened ones, they set forth the enlightening techniques of the Buddhas. This is called the treasury of faith of great enlightening beings. When enlightening beings abide in this treasury of faith, they can hear and retain all the Buddha teachings, explain them to sentient beings, and cause them all to awaken to understanding."

2. 계장

계장이란?

"불자들이여, 무엇이 보살마하살의 계장입니까? 이 보살은 널리 이롭게 하는 계 · 나쁜 생각을 받아들이지 않는 계 · 머물지 않는 계 · 후회함이 없는 계 · 어김이나 다툼이 없는 계 · 해로움이나 괴로움이 없는 계 · 더러움이 없는 계 · 탐착이 없는 계 · 허물이 없는 계 · 훼손하거나 범하지 않는 계를 성취합니다."

佛子 何等 爲菩薩摩訶薩 戒藏. 此菩薩 成就普饒益戒 不受戒 不住戒 無悔恨戒 無違諍戒 不損惱戒 無雜穢戒 無貪求戒 無過失戒 無毁犯戒.

[한자풀이]

穢:더러울 예　毁:헐 훼, 상처를 입히다　犯:범할 범, 해치다

"What is the enlightening beings' treasury of ethics? Enlightening beings perfect the ethic of universal benefit, the ethic of not accepting wrong precepts, the ethic of nondwelling, the ethic of no regret or resentment, the ethic of noncontention, the ethic of noninjury, the ethic of nondefilement, the ethic of noncovetousness, the ethic of impeccability, and the ethic of nontransgression of moral precepts."

훼손하거나 범하지 않는 계

"무엇이 훼손하거나 범하지 않는 계입니까? 이 보살은 살생·도둑질·사음·거짓말·이간하는 말·나쁜 말·옳지 않은 말·탐욕·성냄·그릇된 소견을 영원히 끊고, 열 가지 선한 일을 잘 받아 지닙니다. 보살은 이 범하지 않는 계를 지닐 때에 '모든 중생이 깨끗한 계를 훼손하고 범하게 되는 것은 모든 것이 미혹한 것에서 비롯되는데, 부처님 세존만이 중생이 무슨 인연으로 전도된 마음을 내어 계를 훼손하고 범하게 되는지를 아신다. 나는 반드시 위없는 보리(무상보리)를 성취하여 널리 중생들을 위하여 진실한 법을 말하여 *전도된 것에서 벗어나게 해야겠다'고 생각합니다. 이것이 보살마하살의 둘째 계장입니다."

云何爲無毁犯戒. 此菩薩 永斷殺盜邪婬 妄語兩舌惡口 及無義語 貪瞋邪見, 具足受持十種善業. 菩薩 持此無犯戒時 作是念言 一切衆生 毁犯淨戒 皆由顚倒, 唯佛世尊 能知衆生 以何因緣 而生顚倒 毁犯淨戒. 我當成就無上菩提 廣爲衆生 說眞實法 令離顚倒. 是名菩薩摩訶薩 第二戒藏.

"What is the ethic of nontransgression? The enlightening beings forever cease killing, stealing, sexual misconduct, lying, two-faced talk, slander, meaningless talk, greed, anger, and false views: they fully accept the precepts of ten kinds of virtuous actions. When enlightening beings observe this ethic of nontransgression, they think, 'Sentient beings' transgressions of pure morality are all due to delusion. Only a Buddha is able to know why sentient beings become deluded and transgress pure morality. I should accomplish supreme enlightenment and extensively explain the truth to sentient beings, to free them from delusion.' This is called the great enlightening beings' second treasury, of ethics."

[주]

*전도: 顚倒, Ⓢviparyāsa, 14품 참고.

3. 참장

참장이란?

"불자들이여, 무엇이 보살마하살의 참장입니까? 이 보살은 과거에 지은 나쁜 짓들을 생각하면서 부끄러워합니다.

보살은 스스로, '나는 끝없이 오랜 옛적부터 중생들과 더불어, 서로서로 부모가 되기도 하고 형제 · 자매 · 남녀가 되기도 했으며, 탐욕 · 성냄 · 어리석음 · 교만 · 아첨 · 속임 뿐 아니라 다른 온갖 번뇌를 가졌으므로, 서로 고달프게 하고 해치며 서로 업신여기고 빼앗으며 간음하고 살생하여 온갖 나쁜 짓을 저질렀으며, 모든 중생들도 역시 그러하여 여러 가지 번뇌로 온갖 나쁜 짓을 짓게 되었다. 그런 까닭으로 제각기 서로 공경하지도 않고 존중하지도 않으며 순종하지도 않고 겸손하지도 않으며, 서로 이끌어 주지도 않고 아끼고 보호하지도 않으며, 서로 죽이고 해치며 원수가 되었다. 스스로 생각하면 내 몸이나 모든 중생이 과거·현재·미래에 부끄러운 줄을 모르는 행위를 할 때 삼세의 부처님들께서 알고 보지 못할 리가 없으니, 이제 만약 이 부끄러운 줄 모르는 행을 끊지 않는다면 삼세의 부처님들께서 또한 당연히 나를 보실 것인데, 내가 어찌 지금 그러한 행위를 끊지 않을 수 있겠는가! 결코 있을 수 없는 일이다. 그러므로 나는 전심전력을 다해서 이를 끊어야할 것이며, 아누다라삼먁삼보리를 증득하여, 널리 중생들을 위하여 진실한 법을 말하리라'고 생각합니다. 이것을 보살마하살의 셋째 참장이라고 합니다."

佛子 何等 爲菩薩摩訶薩 慚藏. 此菩薩 憶念過去所作諸惡 而生於慚. 謂彼菩薩 心自念言, 我無始世來 與諸衆生 皆悉互作父母兄弟姉妹男女, 具貪瞋癡 憍慢諂誑 及餘一切諸煩惱故, 更相惱害 遞相陵奪 姦淫傷殺 無惡不造, 一切衆生 悉亦如是 以諸煩惱 備造衆惡. 是故 各各不相恭敬 不相尊重 不相承順 不相謙下, 不相啓導 不相護惜, 更相殺害 互爲怨讐. 自惟我身 及諸衆生 去來現在 行無慚法 三世諸佛 無不知見, 今若不斷此無慚行 三世諸佛 亦當見我, 我當云何猶行不止. 甚爲不可. 是故 我應專心斷除, 證阿耨多羅三藐三菩提 廣爲衆生 說眞實法. 是名菩薩摩訶薩 第三慚藏.

[한자풀이]

憍:교만할 교, 제멋대로하다 慢:게으를 만, 오만하다 諂:아첨할 첨 誑:속일 광, 기만하다 餘:남을 여, 그 이외의 것 煩:괴로워할 번 惱:괴로워할 뇌, 고달프다 更:고칠 경(다시 갱), 재차, 다시 害:해칠 해, 훼방하다 遞:갈마들 체, 번갈아, 교대로 陵:업신여길 릉, 가벼이 여기다 奪:빼앗을 탈, 잃다, 없어지다 姦:간사할 간, 나쁘다 淫:음란할 음, 도리에 어긋나다 傷:상처 상, 이지러지다 殺:죽일 살 備:갖출 비 恭:공손할 공, 섬기다 敬:공경할 경, 예의가 바르다 承:받들 승, 계승하다 謙:겸손할 겸 啓:열 계, 가르치다, 인도하다 導:이끌 도 護:보호할 호 惜:아낄 석 互:서로 호, 함께 怨:원망할 원, 한탄하다 讐:원수 수, 갚다 惟:생각할 유 斷:끊을 단, 근절시키다 當:당할 당 猶:오히려 유, 지금도 역시, 그 위에 더 止:그칠지, 멈추다 甚:심할 심, 정도에 지나치다 應:응할 응, 응당 ~ 해야 한다

"What is the great enlightening beings' treasury of shame? The enlightening beings remember the wrongs they committed in the past and conceive shame. That is, they think, 'Since beginningless past all sentient beings and I have been parents and children, brothers and sisters to each other: being full of greed, hatred, and ignorance, pride, conceit, dishonesty, deception, and all other afflictions, we have therefore harmed each other, plundering, raping, and killing, doing all manner of evil. All sentient beings are like this —because of passions and afflictions they do not respect or honor each other, they don't agree with or obey each other, they don't defer to each other, they don't edify or guide each other, they don't care for each other—they go on killing and injuring each other, being enemies and malefactors to each other. Reflecting on myself as well as other sentient beings, we act shamelessly in the past, future, and present, while the Buddhas of past, future, and present see and know it all. Now if I don't stop this shameless behavior, the Buddhas of all times will also see me. Why do I still not stop such conduct? This will never do. I should therefore concentrate on eliminating evil and realizing complete perfect enlightenment, to expound the truth for all beings.' this is called great enlightening beings' third treasury, of shame."

4. 괴장

괴장이란?

"불자들이여, 무엇이 보살마하살의 괴장입니까? 이 보살은 스스로 부끄러워하기를 '오랜 옛날부터 *오욕락 가운데에서 온갖 것을 탐하여 만족할 줄을 몰랐고, 그로 인해 탐욕·성냄·어리석음 따위의 온갖 번뇌를 증장하게 되었으니, 나는 이제 다시는 그런 일을 저지르지 않으리라'고 합니다. 또 생각하기를 '중생들이 지혜가 없어 번뇌를 일으키고, 온갖 나쁜 짓을 저지르면서 서로 공경하지 않고 서로 존중하지 않으며, 마침내 점차 서로 원수가 되는데, 이와 같이 나쁜 짓이란 나쁜 짓은 짓지 않은 것이 없으며, 짓고 나서는 기뻐하고 칭찬 받기를 바랐으니 지혜의 눈이 없는 맹인이라 지혜의 눈이 없었구나. 어머니의 뱃속에 들어 태어나며 더러운 몸을 받아서 필경에는 머리는 희게 되고 얼굴은 쭈그러지게 되니, 지혜로운 이는 이것이 오로지 음욕으로 생기는 깨끗하지 못한 것임을 보며, 삼세 부처님께서 다 아시는 일이다. 내가 지금에 와서 오히려 이런 일을 행한다면 이는 곧 삼세 부처님을 기만하는 것이다. 그러므로 나는 마땅히 부끄러움을 아는 행을 닦아서 아누다라삼먁삼보리를 빨리 이루고, 널리 중생을 위하여 진실한 법을 연설하리라'고 합니다. 이것을 보살마하살의 넷째 괴장이라고 합니다."

佛子 何等 爲菩薩摩訶薩 愧藏. 此菩薩 自愧昔來 於五欲中 種種貪求無有厭足, 因此增長貪恚癡等 一切煩惱, 我今不應復行是事. 又作是念 衆

生 無智 起諸煩惱, 具行惡法 不相恭敬 不相尊重, 乃至展轉互爲怨讐 如是等惡 無不備造 造已歡喜 追求稱歎 盲無慧眼 無所知見. 於母人腹中 入胎受生 成垢穢身 畢竟至於髮白面皺, 有智慧者 觀此 但是從淫慾生不淨之法 三世諸佛 皆悉知見 若我於今 猶行是事 則爲欺皺誑三世諸佛. 是故我當修行於愧 速成阿耨多羅三藐三菩提, 廣爲衆生 說眞實法. 是名菩薩摩訶薩 第四愧藏.

[한자풀이]

昔:예 석 厭:싫을 염 恚:성낼 에 展:펼 전, 발달하다 轉:구를 전, 변하다 盲:소경 맹 腹:배 복 胎:아이밸 태 穢:더러울 예 垢:때 구, 더럽혀지다 畢:마칠 필, 끝내다 竟:다할 경, 끝내다 髮:터럭 발, 머리털 皺:주름 추, 주름잡히다 欺:속일 기, 거짓 速:빠를 속

"What is the great enlightening beings' treasury of conscience? The enlightening beings are ashamed of their insatiable desires of the past and consequent increase of all afflictions, such as greed, anger, folly, etc., and resolve that they should not act this way anymore. Also they think, 'Sentient beings are unwise; developing afflictions, they do all sorts of bad things. They do not respect or honor each other and develop into enemies and malefactors to each other. They have committed all such evils, and are happy about it, pursuing and approving of them. Blind, having no eye of wisdom, they enter wombs in mother's bellies and undergo birth, becoming impure corporeal beings, finally to become grey and wrinkled. Those of wisdom observe this to be simply something impure born of lust. The Buddhas of past, present, and future see and know all: if I now were to still act in these ways, I would be trying to fool the Buddhas.

Therefore I should cultivate conscience, quickly attain complete perfect enlightenment, and explain the truth to all beings′. This is called great enlightening beings′ fourth treasury, of conscience.”

[주]

*오욕락: 五慾樂, Ⓢpañca-kāna-guṇaḥ, ①오욕을 충족시켜 얻는 즐거움. 곧 인간의 세상락. 처자·권속·재물·지위·명예·향락 등 형상 있는 물건이나 환경에 의하여 만족하는 즐거움. ②오관을 통해서 얻는 즐거움 시각·청각·후각·미각·촉각으로 느끼는 즐거움.

5. 문장

문장이란?

“불자들이여, 무엇이 보살마하살의 문장입니까? 이 보살은 이것이 있으므로 저것이 있고, 이것이 없으므로 저것이 없고, 이것이 일어나므로 저것이 일어나고, 이것이 소멸하므로 저것이 소멸하는지를 압니다. 무엇이 세간법이며 출세간법인지, 무엇이 *유위법이며 *무위법인지, 무엇이 유기법(기록할 수 있는 법)이며 *무기법(기록할 수 없는 법)인지를 압니다.”

佛子 何等 爲菩薩摩訶薩 聞藏. 此菩薩 知是事 有故 是事 有, 是事 無故 是事 無, 是事 起故 是事 起, 是事 滅故 是事 滅, 是世間法 是出世間法 是有爲法 是無爲法 是有記法 是無記法.

“What is the great enlightening beings′ treasury of learning? The enlightening beings know that something exists because something else exists, and that something does not exist because something else does not exist; they know that something comes to be because something else comes to be, and that something passes away because something else passes away; they know what is mundane and what is transmundane, what is compounded and what is uncompounded, what is meaningful and what is pointless.”

[주]

*유위법: 有爲法, ⓈSaṃskṛtadharma, ↔무위법(無爲法). 위는 위작(爲作)·조작의 뜻. 인연으로 말미암아 조작되는 모든 현상. 생멸하는 온갖 법의 총칭. 유위법은 인연에 의해 화합생성된 것이므로 이런 현상에는 반드시 생·주·이·멸(生住異滅)의 형태가 있다. 즉 인연(因緣)에 따라 생겨서 생멸변화하는 물(物)·심(心)의 현상을 말한다. 구사종(俱舍宗)에서는 일체제법(一切諸法)을 오위칠십오법(五位七十五法)으로 나누는데, 이 가운데 3무위(無爲)를 제외한 모든 것[72법(法)]은 유위법이다. 유식종(唯識宗)에서는 오위백법(五位百法) 가운데 6무위(無爲)를 제외한 94법이 유위법이다.

*무위법: 無爲法, ⓈAsaṃskṛtadharma, 줄여서 무위라고도 한다. 유위법과 상대된다. 위(爲)란 만든다는 뜻인데, 인연으로 생긴 것을 말한다. 무위(無爲)란 영구불멸의 절대존재이다. 불교에서 무위법이란 모든 현상의 참다운 체성(體性)이며 최종진리이다. 무위법은 생(生)도 없고 멸(滅)도 없는 영원한 이법(理法)이니 이것은 곧 진여(眞如)이다. 실상(實相)·법성(法性)·진여(眞如)·열반(涅槃)과 같은 의미를 포함하고 있다.

*무기: 無記, Ⓢavyākrta, 해답되지 않는 것. 설명되지 않는 것. 구별되지 않는 것.

*인연에 의해 일어남

"무엇을 일러 이것이 있으므로 저것이 있다고 하는 것입니까? 이를테면 무명이 있기 때문에 행이 있는 것입니다. 무엇을 이것이 없으므로 저것이 없다고 하는 것입니까? 이를테면 식이 없기 때문에 명색이 없는 것입니다. 무엇을 이것이 일어나므로 저것이 일어난다고 하는 것입니까? 이를테면 애착이 일어나기 때문에 고통이 일어나는 것입니다. 무엇을 이것이 소멸하므로 저것이 소멸한다고 하는 것입니까? 이를테면 유가 소멸하기 때문에 생이 소멸하는 것입니다."

何等 爲是事有故 是事有. 謂無明 有故 行有. 何等 爲是事無故 是事無. 謂識無故 名色 無. 何等 爲是事起故 是事起. 謂愛起故 故起. 何等 爲是事滅故 是事滅. 謂有滅故 生滅.

"What does it mean that something exists because something else exists? It means that when there is ignorance there is conditioning. What does it mean that because something does not exist something else does not exist? It means that when there is no discriminating consciousness there is no name and form. What does it mean that something comes to be because something else comes to be? It means that when craving comes to be suffering comes to be. What does it mean that something passes away because something else passes away? It means that when becoming passes away birth passes away."

[주]

*인연: Ⓢhetu-pratyaya. 결과를 일으키는 직접적·내적인 원인을 인(因)이라 하고, 간접적·외적인 원인을 연(緣)이라 한다. 일체의 현상은 인과 연이 화합하여 생멸을 되풀이한다고 한다. 여기서는 십이연기를 말하고 있음.

※십이연기: 十二緣起, ⓈDvādasa pratityasamutpādāh. 사성제(四聖諦), 팔정도(八正道)와 함께 가장 근본적인 불교용어로서 십이인연(十二因緣)이라고도 한다. 이는 미계(迷界)의 열두 가지 인과관계를 말하는데, ① 무명(無明) ② 행(行) ③ 식(識) ④ 명색(名色) ⑤ 육입(六入) ⑥ 촉(觸) ⑦ 수(受) ⑧ 애(愛) ⑨ 취(取) ⑩ 유(有) ⑪ 생(生) ⑫ 노사(老死)이다. 이 십이지연기는 보통 불교의 윤회설에 의하여 우리들이 과거로부터 현재에, 현재로부터 미래에 나아가는 생(生)의 연속을 설명한 것이라고 할 수 있다. 이 연기에 따라 고(苦)의 원인을 밝히고 단계적으로 고뇌가 일어나는데 인간의 고뇌는 무명(無明)에서 시작된다는 것이다. 무명이 있으므로 행이 있고, 행이 있으므로 식이 있고 … 생이 있으면 노사가 있다. 혹은 반대인 역관(逆觀)으로 무명이 없으면 행이 없고, 행이 없으면 식이 없다는 식으로 보기도 한다. 또 이것은 삼세(三世)의 인과(因果)로 보지 않고 한 찰나의 심리(心理)를 설명하기도 한다.

많이 듣기를 서원함

"보살마하살은, '모든 중생들이 태어나고 죽는 가운데에 많이 듣지 못하여 이와 같은 *일체법을 깨달을 수가 없는 것이다. 나는 마땅히 뜻을 내어 많이 듣는 장을 지녀서 아누다라삼먁삼보리를 증득하고, 중생들을 위해서 진실한 법을 말하리라'고 생각합니다. 이것을 보살마하살의 다섯째 다문장이라고 합니다."

菩薩摩訶薩 作如是念, 一切衆生 於生死中 無有多聞 不能了知此一切法. 我當發意 持多聞藏 證阿耨多羅三藐三菩提, 爲諸衆生 說眞實法. 是名菩薩摩訶薩 第五多聞藏.

"Great enlightening beings form this thought: 'Sentient beings haven't much learning in regard to birth and death and are not capable of knowing all these things. I should determine to sustain the treasury of learning, realize unexcelled complete perfect enlightenment, and expound the truth to sentient beings.' This is called great enlightening beings' fifth treasury, of learning."

[주]

*일체법: 一切法, ⓈSarva-dharma, 일체의 모든 존재를 모두 포섭하는 말. 일체 제법 · 일체 만물 등이 다 같은 뜻. 여기에는 유위법(有爲法)과 무위법(無爲法)과 무진법(無盡法)이 모두 포함된다.

6. 시장

시장이란?

"불자들이여, 무엇이 보살마하살의 시장입니까? 이 보살은 열 가지 보시를 행하는데, 이는 분감시(부분보시) · 갈진시(전부보시) · 내시(속보시) · 외시(겉보시) · 내외시(안팎보시) · 일체시(일체보시) · 과거시(과거보시) · 미래시(미래보시) · 현재시(현재보시) · 구경시(최후 보시)입니다."

佛子 何等 爲菩薩摩訶薩 施藏. 此菩薩 行十種施, 所謂分減施 竭盡施 內施 外施 內外施 一切施 過去施 未來施 現在施 究竟施.

"What is the great enlightening beings' treasury of giving? The enlightening beings practice ten kinds of giving: partial giving, exhaustive giving, inside giving, outside giving, inside and outside giving, total giving, past giving, future giving, present giving, and ultimate giving."

부분보시

"불자들이여, 무엇을 보살의 분감시(부분보시)라 합니까? 이 보살은 성품이 인자하고 보시하기를 좋아하여, 만약 맛있는 음식이 있으면 자기 혼자 먹지 않고 중생에게 나누어준 뒤에 먹으며, 남에게 받은 모든 것은 다 그렇게 합니다. 만약 보살 자신이 먹을 때에는 '내 몸 안에는 팔만의 벌레가 나를 의지하여 머물러 있으니, 내 몸이 충족해서 즐거우면 저들도 충족해서 즐거워하고, 내 몸이 굶주리고 괴로우면 저들도 굶주리고 괴로울 것이다. 내가 지금 받은 이 음식은 중생들이 충족하고 배부르게 하려는 바람으로 저들에게 보시하기 위한 때문이며 그 맛을 탐닉하려는 것이 아니다.'라고 생각합니다. 또 '내가 오랜 세월 동안 내 몸에 애착하여 배를 불리려고 음식을 먹었으니, 이제는 이 음식을 중생에게 기쁘게 보시하고 나의 몸에서 탐욕과 애착을 영원히 끊으리라'하는데, 이것을 분감시(부분 보시)라 합니다."

佛子 云何爲菩薩 分減施. 此菩薩 稟性仁慈 好行惠施, 若得美味 不專自受 要與衆生然後 方食, 凡所受物 悉亦如是. 若自食時 作是念言, 我身中 有八萬戶蟲 依於我住, 我身充樂 彼亦充樂 我身飢苦. 彼亦飢苦 我今受此所有飮食 願令衆生 普得充飽 爲施彼故 而自食之 不貪其味. 復作是念, 我於長夜 愛着其身 欲令充飽 而受飮食, 今以此食 惠施衆生 願我於身 永斷貪着, 是名分減施.

[한자풀이]

減:덜 감, 수량을 적게하다 施:베풀 시, 행하다 稟:품할 품, 받다 惠:은혜 혜 專:오로지 전, 마음대로 戶:지게 호, 구멍 蟲:벌레 충, 동물의 총칭 飢:주릴 기 飽:물릴 포, 배부르다

“What is enlightening beings′ partial giving? They are benevolent and kind by nature and are very generous. If they receive fine food, they don′t take it all themselves—they want to share it with others, and only then will they eat. The same applies to everything they may receive. When they eat, they think. ′There are countless microorganisms in my body whose life depends on me. If my body is satisfied, so are they. If my body is hungry or in pain, so are they. May this food which I now receive enable all beings to be satisfied; I myself eat this in order to distribute it to them, without greed for the taste.′ They also think, ′Throughout the long night of ignorance I have been attached to this body and want to satisfy it, so I take food and drink. Now I bestow this food on living beings, so that I may forever end covetousness and attachment.′ This is called partial giving.”

최후 보시

"무엇을 보살의 구경시(최후 보시)라 합니까? 불자들이여, 가령 눈이 없거나 귀가 없거나 코나 혀가 없거나 손발이 없는 수없이 많은 중생들이 이 보살에게 와서 말하기를, '우리들은 박복하여 불구가 되었습니다. 인자하신 이여, 오로지 바라오니 좋은 방편으로 당신이 가지신 것을 우리에게 보시하여 우리의 모든 감각기관을 온전히 갖추도록 해 주소서.' 했을 때, 보살이 듣고는 곧 보시하여 주며, 가령 그 때부터 아승기겁을 지내도록 여러 감각기관이 불구가 된다 하더라도, 보살은 한 순간도 후회하는 마음을 내지 않고, 단지 스스로 '이 몸은 처음 태에 들 때부터 깨끗지 못하고 보잘 것 없는 것으로, 여러 기관을 형성하여 나고 늙고 병들고 죽는 것이다'고 관찰한다. 또 '이 몸은 진실하지 않으며 부끄러움이 없으며 성현의 것이 아니며, 더러운 냄새가 나고 불결하며 골절이 서로 지탱하는데 피와 살이 싸고 있으며, 아홉 구멍에서는 늘 나쁜 것이 흐르는 것이다.'라고 관찰하고는 한 순간도 애착하는 마음을 내지 않습니다. 또 생각하기를 '이 몸은 연약하고 위태하여 견고한 것이 아닌데 내가 이제 무엇 때문에 연연해하며 집착하겠는가. 마땅히 저들에게 보시하여 그들의 소원을 충족하게 하리라. 내가 이렇게 하는 것과 마찬가지로 일체 중생을 인도하여 몸과 마음에 탐욕과 애착을 내지 않고, 청정한 지혜 몸을 성취하도록 할 것이다.'고 다짐하는데 이것을 구경시라 합니다. 이를 보살마하살의 여섯째 시장(보시하는 장)이라 합니다."

云何爲菩薩 究竟施. 佛子 此菩薩 假使有無量衆生 或有無眼 或有無耳

或無鼻舌 及以手足 來至其所 告菩薩言, 我身 薄祜 諸根殘缺, 惟願仁慈 以善方便 捨己所有 令我具足. 菩薩 聞之 卽便施與, 假使由此 經阿僧祇劫 諸根不具, 亦不心生一念悔惜, 但自觀身 從初入胎 不淨微形, 胞段諸根 生老病死. 又觀此身 無有眞實 無有慚愧 非賢聖物, 臭穢不潔 骨節相持 血肉所塗, 九孔常流 人所惡賤. 作是觀已 不生一念愛着之心, 復作是念 此身 危脆 無有堅固 我今云何而生戀着. 應以施彼 充滿其願. 如我所作 以此開導一切衆生 令於身心 不生貪愛 悉得成就淸淨智身. 是名究竟施. 是爲菩薩摩訶薩 第六施藏.

[한자풀이]

薄:엷을 박, 천하다 祜:복 호 殘:해칠 잔, 손상하다 缺:이지러질 결, 흠 胞:태보 포 臭:냄새 취 潔:깨끗할 결 塗:진흙 도, 칠하다 賤:천할 천 危:위태할 위, 두려워하다 脆:열할 취, 약할 철

"What is enlightening beings' ultimate giving? If innumerable sentient beings, some lacking eyes, some lacking ears, some lacking noses or tongues, or hands or feet, should come and say to the enlightening beings, 'We are unfortunate, physically handicapped-please be so kind as to give up your organs so as to make us complete,' the enlightening beings, hearing this, immediately give them; even if because of this they should be physically handicapped for incalculable eons, they would never have a single thought of regret. They just observe this body from its first conception, its various organs an unclean little mass of cells, which is born, ages, gets sick, and dies. They also contemplate this body as having no true reality, being shameless, lacking in sagacity, foul and unclean, held up by bones and joints, covered with blood and flesh, with nine apertures constantly flowing, despised by people. Having thus contemplated, they do not conceive a single thought of attachment. They also reflect that this body is fragile and unstable and not to be clung to, that is should be given to satisfy the wished of others, and that this deed will guide all sentient beings and cause them to be unattached to body or mind, enabling them to develop the pure body of knowledge. This is called ultimate giving. This is the enlightening beings′ sixth treasury, of generosity."

7. 혜장

혜장이란?

"불자들이여, 무엇을 보살마하살의 지혜로운 장이라 합니까? 이 보살은 색을 진실 그대로 알고, 색의 집을 진실 그대로 알고, 색이 멸함을 진실 그대로 알고, 색이 멸하는 도를 진실 그대로 압니다. *수·상·행·식을 진실 그대로 알고 수·상·행·식에 대한 집착을 진실 그대로 알고, 수·상·행·식이 멸하는 도를 진실 그대로 압니다. 무명을 진실 그대로 알고, 무명에 대한 집착을 진실 그대로 알고, 무명이 멸함을 진실 그대로 알고, *무명이 멸하는 도를 진실 그대로 압니다. 애욕을 진실 그대로 알고, 애욕에 대한 집착을 진실 그대로 알고, 애욕이 멸함을 진실 그대로 알고, 애욕이 멸하는 도를 진실 그대로 압니다. 성문을 진실 그대로 알고, 성문의 법을 진실 그대로 알고, 성문에 대한 집착을 진실 그대로 알고, 성문의 열반을 진실 그대로 압니다. *독각을 진실 그대로 알고, 독각의 법을 진실 그대로 알고,

독각에 대한 집착을 진실 그대로 알고, 독각의 열반을 진실 그대로 압니다. 보살을 진실 그대로 알고, 보살의 법을 진실 그대로 알고, 보살에 대한 집착을 진실 그대로 알고, 보살의 열반을 진실 그대로 압니다."

佛子 何等 爲菩薩摩訶薩 慧藏. 此菩薩 於色 如實知, 色集 如實知, 色滅 如實知, 色滅道 如實知. 於受想行識 如實知, 受想行識集 如實知, 受想行識滅 如實知, 受想行識滅道 如實知. 於無明 如實知, 無明集 如實知, 無明滅 如實知, 無明滅道 如實知. 於愛 如實知, 愛集 如實知, 愛滅 如實知, 愛滅道 如實知. 於聲聞 如實知, 聲聞法 如實知, 聲聞集 如實知, 聲聞涅槃 如實知. 於獨覺 如實知, 獨覺法 如實知, 獨覺集 如實知, 獨覺涅槃 如實知. 於菩薩 如實知, 菩薩法 如實知, 菩薩集 如實知, 菩薩涅槃 如實知.

"What is the great enlightening beings' treasury of wisdom? The enlightening beings know form as it really is, know the assemblage of form as it really is, know the extinction of form as it really is, know the path to extinction of form as it really is; they know sensation, perception, conditioning, and consciousness as they really are, know the assemblage of sensation, perception, conditioning, and consciousness as it really is, know the extinction of sensation, perception, conditioning, and consciousness as it really is, and know the path to extinction of sensation, perception, conditioning, and consciousness as it really is. They know ignorance as it really is, know the accumulation of ignorance as it really is, know the extinction of ignorance as it really is, know the path to extinction of ignorance as it really is. They know craving as it really is, they know the accumulation of craving as it really is, they know the extinction of craving as it really is, they know the path to the extinction of craving as it really is. They know Buddhist discipleship as it really is, they know the principles of discipleship as they really are, they know the accumulation of discipleship as it really is, they know the nirvana of Buddhist disciples as it really is. They know individual enlightenment as it really is, they know the principles of individual enlightenment as they really are, they know the accumulation of individual enlightenment as it really is, they know the nirvana of individual illuminates as it really is. They know enlightening beings as they really are, they know the principles of enlightening beings as they really are, they know the accumulation of enlightening beings as it really is, they know the nirvana of enlightening beings as it really is."

[주]

*색 · 수 · 상 · 행 · 식: 色 · 受 · 想 · 行 · 識=오온(五蘊), 20품 참고.

*무명: 無明, Ⓢ Avidyā, avijjā, 불교의 진리를 알지 못하는 것. 진여에 대하여 그와 모순되는 비진여를 말한다.

*독각: 獨覺, Ⓢ Pratyekabuddha, Ⓟ Paccekabuddha, 17품 참고.

지혜 무진장의 열 가지 종류

"이 지혜의 무진장은 다함없는 열 가지 종류가 있기 때문에 무진이라 말합니다. 열 가지란, 많이 들어 좋은 방편이 다함없기 때문이며, 선지식을 가까이하여 섬기기를 다함없기 때문이며, 글귀와 뜻을 잘 분별함이 다함없기 때문이며, 깊은 법계에 들어감이 다함없기 때문이며, 으뜸가는 지혜로 장엄함이 다함없기 때문이며, 온갖 복덕을 모으되 피로하거나 지치지 않음이 다함없기 때문이며, 일체 다라니문에 들어감이 다함없기 때문이며, 일체 중생의 말과 음성을 분별할 수 있음이 다함없기 때문이며, 일체 중생의 의혹을 끊을 수 있음이 다함없기 때문이며, 일체 중생을 위하여 모든 부처님의 위신력을 나타내어 교화 조복하며 수행이 끊어지지 않게 함이 다함없기 때문이니, 이것이 열 가지입니다."

此慧無盡藏 有十種不可盡 故說爲無盡. 何等 爲十, 所謂多聞善巧 不可盡故, 親近善知識 不可盡故, 善分別句義 不可盡故, 入深法界 不可盡故, 以*一味智莊嚴 不可盡故, 集一切福德 心無疲倦 不可盡故, 入一切陀羅尼門 不可盡故, 能分別一切衆生語言音聲 不可盡故, 能斷一切衆生疑惑 不可盡故, 爲一切衆生 現一切佛神力 敎化調伏 令修行不斷 不可盡故 是爲十.

"This inexhaustible treasury of wisdom is said to be inexhaustible because it has ten kinds of inexhaustibility: because the skills of learned enlightening beings are inexhaustible; because association with wise people is inexhaustible; because appropriate analysis of expressions and meanings is inexhaustible; because entry into the profound realm of reality is inexhaustible; because adornment with uniform knowledge is inexhaustible; because indefatigably accumulating all virtues is inexhaustible; because entering the gates of all concentration formulae is inexhaustible; because ability to distinguish the sounds of languages of all sentient beings is inexhaustible; because the ability to cut off the doubt and confusion of all sentient beings is inexhaustible; because manifesting all spiritual powers of Buddhas for all sentient beings to teach and civilize them and cause them to practice the teaching without interruption is inexhaustible."

[주]

*일미: 一味, Ⓢeka-rasa ①부처님의 교법은 외면적으로 보면 다종다양하지만, 그 근본 뜻은 하나라는 뜻. ②마음을 깨친 기쁨. 이 보다 더 큰 기쁨이 없기 때문에 가장 맛있는 것에 비유해서 일미라 한다.

8. 염장

염장이란?

"불자들이여, 무엇을 보살마하살의 염장(기억하는 장)이라 합니까? 이 보살은 어리석음과 미혹을 떠나서, 모든 것을 잘 기억합니다. 지난 세상의 일생・이생 뿐 아니라 십생・백생・천생・백천생・무량 백천생을 기억하며, 우주가 생성되는 겁・파괴되는 겁・생성되고 파괴되는 겁과, 한번 생성되는 겁만이 아니고 한번 파괴되는 겁만이 아니라, 백겁・천겁・백천억 *나유타 내지 한량없고 수 없고 끝없고 비교할 수 없고 셀 수 없고 일컫을 수 없고 생각할 수 없고 측량할 수 없고 말할 수 없는 불가설불가설 겁을 기억합니다."

佛子 何等 爲菩薩摩訶薩 念藏. 此菩薩 捨離癡惑 得具足念. 憶念過去一生二生 乃至十生百生千生百千生無量百千生, 成劫 壞劫 成塊劫, 非一成劫 非一壞劫 非一成壞劫, 百劫 千劫 百千億那由他 乃至無量無數無邊無等 不可數不可稱不可思不可量不可說不可說不可說劫.

"What is great enlightening beings' inexhaustible treasury of recollection? The enlightening beings cast off ignorance and confusion and attain full mindfulness. They remember one lifetime, two lifetimes, even ten lifetimes, a hundred, a thousand, a hundred thousand, countless hundreds of thousands of lifetimes in the past, their ages of formation, ages of decay, and ages of both formation and decay. And not just one age of formation, not just one age of decay, not just one age of formation and decay—a hundred ages, a thousand ages, a hundred thousand trillion ages, even up to countless, measureless, boundless, incomparable, uncountable, incalculable, unthinkable, immeasurable, inexplicable, unspeakably unspeakable number of Buddhas' names."

[주]
*나유타: 那由他, ⓈNayuta, 17품 참고.

염장의 이로움

"보살이 이 기억에 머물 때에는 어떤 세간도 [그들을] 혼란스럽게 할 수 없고, 어떤 외도들의 논리도 [그들을] 움직일 수 없고, 지난 세상의 선근이 모두 청정하여지고, 여러 세상일에 물들지 않고, 온갖 마군들과 *외도가 파괴할 수 없으며, 다른 몸을 받아 태어나도 잊어버리지 않고, 과거·현재·미래에 법을 설하는 것이 다함없으며, 모든 세계에서 중생들과 함께 있어도 허물이 없고, 모든 부처님 대중이 모인 도량에 들어가는데 장애가 없고, 모든 부처님 계신 곳 가까이에서 우러르니, 이것을 보살마하살의 여덟째 염장(기억하는 장)이라 합니다."

菩薩 住是念時 一切世間 無能嬈亂, 一切異論 無能變動, 往世善根 悉得清淨, 於諸世法 無所染着, 衆魔外道 所不能壞, 轉身受生 無所忘失, 過現未來 說法無盡, 於一切世界中 與衆生同住 曾無過咎, 入一切諸佛衆會道場 無所障碍, 一切佛所 悉得親近, 是名菩薩摩訶薩 第八念藏.

[한자풀이]

嬈:번거로울 요, 괴롭다　咎:허물 구, 재앙, 근심거리

"When enlightening beings dwell in this recollection, no one from any world can disturb them, no different philosophies or arguments can changes or move them. Their roots of goodness from the past are all purified. They are not influenced by or attached to mundane things. Demons and outsiders cannot harm them. They can be reborn in different forms without forgetting anything. Their teaching in past and future is inexhaustible. They live together with sentient beings in all worlds with never any faults or misdeeds. They enter the congregation at the sites of enlightenment of all Buddhas without impediment, and are able to associate with all Buddhas. This is called the great enlightening beings′ eighth treasury, of recollection."

[주]

*외도: 外道, ⓢTirthaka, ①외교(外敎)·외학(外學)·외법(外法)이라고도 한다. 불교 이외의 다른 교학을 불교에서 외도라 불렀다. ②바른 길을 어김. 정도(正道)를 놓고 사도(邪道)를 닦음.

9. 지장

지장이란?

"불자들이여, 무엇을 보살마하살의 지장(지니는 장)이라 합니까? 이 보살은 여러 부처님들께서 말씀하신 경전(*수다라)의 구절과 뜻을 지니어 잊지 않습니다. 일생 동안 지닐 뿐 아니라 불가설불가설 생애 동안 지니고, 한 부처님의 명호를 지닐 뿐 아니라 불가설불가설 부처님의 명호를 지니며, 한 겁의 수를 지닐 뿐 아니라 불가설불가설 겁의 수를 지니고, 한 부처님의 수기를 지닐 뿐 아니라 불가설불가설 부처님 수기를 지닙니다."

佛子 何等 爲菩薩摩訶薩 持藏. 此菩薩 持諸佛所說修多羅 文句義理 無有忘失. 一生持 乃至不可說不可說生持, 持一佛名號 乃至不可說不可說佛名號, 持一劫數 乃至不可說不可說劫數, 持一佛授記 乃至不可說不可說佛授記.

"What is great enlightening beings' treasury of preservation? The enlightening beings preserve the discourses of the Buddhas, their expressions, meanings, and principles, without forgetting or losing them, for one lifetime, up to an unspeakably unspeakable number of lifetimes. They hold the name of one Buddha up to an unspeakably unspeakable number of Buddhas. They preserve the reckoning of one age up to an unspeakably unspeakable number of ages. They preserve the predictions of one Buddha up to an unspeakably unspeakable number of Buddhas."

[주]

*수다라: 修多羅, Ⓢsūtra, 범어sūtra, 팔리어sutta의 음역. 경(經)・계경(契經)・직설(直說)・성교(聖敎)・법본(法本)・선어경(善語經)이라 한역(漢譯)한다. 부처님이 설한 가르침을 후세에 전하는 장구(章句)를 말한다. 경전(經典).

지장의 무한함

"불자들이여, 이 지장(지니는 장)은 끝이 없고 채우기 어렵고, 끝까지 이르기 어렵고, 가까이하기 어렵고, 정복할 수 없고, 한량이 없고 다함이 없으며, 큰 위력을 갖추며, 이는 부처님의 경계이며 오로지 부처님만이 아실 수 있습니다. 이것을 보살마하살의 아홉째 지장이라 합니다."

佛子 此持藏 無邊難滿, 難至其底, 難得親近, 無能制伏, 無量無盡, 具大威力 是佛境界 唯佛能了. 是名菩薩摩訶薩 第九持藏.

"This treasury of preservation is boundless and hard to fill; it is hard to reach its depths, hard to approach. No one can conquer it. It is measureless and boundless, inexhaustible, and has great power. This is in the realm of Buddhas and can only be completely comprehended by a Buddha. This is called the great enlightening beings' ninth treasury, of preservation."

10. 변장

변장이란?

"불자들이여, 무엇을 보살마하살의 변장(말하는 장)이라 합니까? 이 보살은 깊은 지혜가 있어 실상을 분명히 알고 널리 중생을 위하여 법을 설하시는데 모든 부처님의 경전에 어긋남이 없습니다. 한 품의 법 내지 불가설불가설 품의 법을 말하며, 한 부처님의 명호 내지 불가설불가설 부처님의 명호를 말하며, 이와 같이 한 세계를 말하며, 한 부처님의 수기를 말하며, 한 경전(수다라)을 말하며, 한 대중의 모임을 말하며, 한 법을 말하며, 한 근기의 한량없는 온갖 성품을 말하며, 한 번뇌의 한량없는 온갖 성품을 말하며, 한 삼매의 한량없는 온갖 성품을 말하며, 불가설불가설 삼매의 한량없는 온갖 성품을 말합니다. 하루 동안 말하기도 하고, 보름이나 한 달 동안 말하기도 하며, 백년 천년 백천년 동안 말하기도 하고, 일겁 백겁 천겁 백천겁 동안 말하기도 하며, 백천억 나유타 겁 동안 말하기도 하고, 수 없고 한량없고 내지 불가설불가설 겁 동안 말하기도 하는데, 겁의 수는 다함이 있더라도 한 글월 한 구절의 이치는 다함이 없습니다."

佛子 何等 爲菩薩摩訶薩 辯藏. 此菩薩 有深智慧 了知實相 廣爲衆生 演說諸法 不違一切諸佛經典. 說一品法 乃至不可說不可說品法, 說一佛名號 乃至不可說不可說佛名號, 如是說一世界, 說一佛授記, 說一修多羅, 說一衆會, 說演一法, 說一根無量種種性, 說一煩惱無量種種性, 說一三昧無量種種性 乃至說不可說不可說三昧無量種種性. 或一日說, 或半月一月說, 或百年千年百千年說, 或一劫百劫千劫百千劫說, 或百千億那由他劫說, 或無數無量 乃至不可說不可說劫說, 劫數 可盡 一文一句 義理難盡.

[한자풀이]

違:어길 위, 틀리다

"What is great enlightening beings' treasury of elocution? The enlightening beings have profound knowledge and wisdom and know reality. They extensively explain all things for sentient beings without contradicting the scriptures of all the Buddhas. They explain one doctrine, up to an unspeakably unspeakable number of doctrines. They explain one Buddha-name, up to an unspeakably unspeakable number of Buddha-names. In this way they explain one world, one Buddha's predictions, one scripture, one assembly, one teaching, countless various nature of one faculty, countless various natures of one affliction, countless various natures of one concentration, up to an unspeakably unspeakable number of all of these. They may speak for a day, for a fortnight, for a month, for a century, for a millennium, a hundred millennia, an eon, a hundred eons, a thousand eons, a hundred thousand eons, a hundred thousand billion trillion eons, or for countless, innumerable eons, up to unspeakably unspeakable numbers of eons-the number of eons might be exhausted, but the meanings and principles in a single sentence or phrase can hardly be exhausted."

열 가지 무진장을 성취함으로써 이 장을 성취함

"이 보살은 열 가지 무진장을 이루었기 때문에 이 변장(말하는 장)을 성취하였습니다. 일체법의 다라니 문을 얻어 백만 아승기 다라니 앞에 드러내어 권속으로 삼았고, 이 다라니를 얻고는 법의 광명으로써 널리 중생들을 위하여 법을 연설하며, 법을 연설할 때에 넓고 긴 혀로써 오묘한 음성을 내어 시방의 일체 세계에 가득 채웠으며, (중생들의)근기에 따라 모두 만족하여 기쁜 마음을 가지게 하며, 모든 번뇌에 얽힌 더러움을 없애고, 모든 음성·언어·문자의 변재에 들어가 중생들에게 부처의 종성을 끊어지지 않게 하고 깨끗한 마음이 계속 이어지게 하며, 또한 법의 광명으로써 진리를 연설하는데 끝이 없으면서도 피로하거나 게으른 생각을 내지 않습니다. 왜냐하면 이 보살은 온 허공이 다하고 법계에 가득한 끝이 없는 몸을 성취한 까닭입니다. 이것을 보살마하살의 열째 변장이라고 합니다."

何以故 此菩薩 成就十種無盡藏故 成就此藏. 得攝一切法陀羅尼門 現在前 百萬阿僧祇陀羅尼 以爲眷屬, 得此陀羅尼已 以法光明 廣爲衆生 演說於法, 其說法時 以廣長舌 出妙音聲 充滿十方一切世界, 隨其根性 悉令滿足 心得歡喜, 滅除一切煩惱纏垢, 善入一切音聲言語文字辯才 令一切衆生 佛種不斷 淨心相續, 亦以法光明 而演說法 無有窮盡 不生疲倦. 何以故 此菩薩 成就盡虛空遍法界無邊身故. 是爲菩薩摩訶薩 第十辯藏.

"Why? Because the enlightening beings have developed these ten inexhaustible treasuries, and can comprehend all things; the method of concentration formulae is obvious to them, containing incalculable millions of concentration spells. Once they have attained mental command of this concentration formula, they can extensively explain things to sentient beings by the light of truth. When they preach, with a universal tongue they produce marvelous sounds which fill all worlds in the ten directions, satisfying all according to their faculties and natures, so that their minds are happy and freed from the entangling taints of all afflictions.

The intellectual and interpretative powers of the enlightening beings, able to enter into all linguistic expression, spoken and written, causes all sentient beings to continue the lineage of Buddhas. Their purity of mind is continuous, and they expound the truth endlessly by the light of the teaching, without becoming weary. Why? Because these enlightening beings have developed boundless bodies as extensive as space, pervading the cosmos. This is called the enlightening beings' tenth treasury, of elocution."

십 무진장의 열 가지 다함없는 법

"불자들이여, 이 열 가지 무진장에는 열 가지 다함이 없는 법이 있어 보살들에게 마침내는 위없는 보리를 성취하게 합니다. 열 가지란, 일체 중생을 이롭게 한 때문이며, 본래의 서원으로 잘 회향한 때문이며, 일체 겁에 끊임이 없는 때문이며, 온 허공계를 다 깨우쳐 마음이 한정이 없는 때문이며, 유위로 회향하더라도 집착하지 않는 때문이며, 한 순간의 경계에도 온갖 법이 다함이 없는 때문이며, 큰 서원의 마음이 변동이 없는 때문이며, 모든 다라니를 자기 것으로 잘 받아들인 때문이며, 모든 부처님이 보호하여주신 때문이며, 모든 것은 다 요술과 같음을 아는 때문입니다. 이것을 열 가지 다함이 없는 법이라 하는데, 일체 세간이 짓는 모든 행위가 다 구경의 무진장을 얻게 합니다."

佛子 此十種無盡藏 有十種無盡法 令諸菩薩 究竟成就無上菩提. 何等爲十 饒益一切衆生故, 以本願 善廻向故, 一切劫 無斷絶故, 盡虛空界 悉開悟 心無限故, 廻向有爲 而不着故, 一念境界 一切法 無盡故, 大願心 無變異故, 善攝取諸陀羅尼故, 一切諸佛 所護念故, 了一切法 皆如幻故. 是爲十種無盡法, 能令一切世間所作 悉得究竟無盡大藏.

"These ten inexhaustible treasuries have ten kinds of inexhaustibility which enable enlightening beings to ultimately achieve unexcelled enlightenment. What are they? They benefit all sentient beings; they skillfully dedicate their original vows; they have no end throughout all time; throughout the realm of space all become enlightened, their minds unbounded; their dedication involves striving but they are not attached; the phenomena in the realm of an instant of thought are infinite; the mind of great vows never changes; they skillfully take in all concentration formulae; they are guarded by all the Buddhas; they comprehend all things are like phantoms. These are the ten inexhaustible things which can enable deeds in all worlds to attain the ultimate inexhaustible great treasuries."

경전을 통하여 부처님을 만날 수 있으니
얼마나 큰 기쁨입니까? 불법을 만나는 인연은
참으로 소중한 것이지요.

What a great pleasure you can meet the Buddha
through the Sutra! An affinity to meet
Buddha-teaching is very valuable.

이 품의 제목이 십무진장품인데, 무진장이라는 것은 많다는 의미인가요?

무진장은 보통 다함없이 많다는 의미로 쓰이지요. 무진장의 '장(藏)'은 보관하다, 저장하다는 뜻으로 창고라는 의미입니다. 여기서는 모든 덕을 포용하고 그것을 드러내는 것이 무궁무진하다는 뜻으로 무진장이라는 표현을 쓰고 있습니다. 『신화엄경론』에서 이통현 장자는 십무진장이 설해진 이유에 대해서 앞에서 설한 십행의 법을 성취해서 다함이 없게 하고, 다음에 올 십회향의 법을 성취하여 나아가게 하기 위함이라고 합니다.

공덕림보살은 중생을 제도하는 열 가지 무진장한 덕행에 대해서 설법하면서 보살이 수행하도록 가르치고 있습니다. 이 열 가지는 보살이 행해야할 행법으로, 구체적인 실천덕목이라 할 수 있습니다. 내용으로는 원시불교로부터 전해져오는 칠재(七財)사상을 대승의 차원에서 확충한 것이라 볼 수 있는데, 신(信), 계(戒), 문(聞), 참(慚), 괴(愧), 사(捨), 혜(慧)에 정념(正念), 지(持), 변(辯)을 첨가한 것이라 할 수 있습니다. 이 중에서 신장이 가장 근본이 되는데, 부처님의 가르침에 대한 굳은 믿음은 어떤 마음의 동요도, 두려움도 물리칠 수 있기 때문이지요.

이 보살이 신심을 얻고 나면 마음이 물러서지 않으며 산란하지 않게 된다는 말씀이 참으로 와 닿습니다. 관계 속에서 마음이 흔들리고 뒤돌아서 버리게 되는 것도 믿음의 부족에서 오는 것이 아닌가 생각합니다.

경문에서 말하는 보살의 믿음은 모든 것이 공하다는 것에 대한 믿음입니다. 『중론』에서도 모든 인연에 따라 생겨나는 현상을 공(空)이라하고, 또 중도(中道)라고 했습니다. 하나의 현상[法]도 인연에 따르지 않고 생긴 것이 없으므로 공하지 않은 것이 없다는 것이지요. 모든 현상이 다만 인연에 의해 존재할 뿐이며 영원히 변하지 않는 자기 성품이란 없다는 것을 믿는다면, 무엇을 내 것이라 집착할 것이 있으며 잃을까 두려워 전전긍긍할 것이 있겠습니다. 그러므로 마음이 견고하여 물러섬이 없고, 흔들림이 없으며, 그 무엇으로도 깨뜨릴 수 없게 되는 것입니다. 관계에서 오는 불신이나 불안도 마찬가지이지요. 모든 존재가 무자성인 것처럼 관계 또한 인연에 따라 형성되고 소멸되는 것입니다. 그러나 상대에게 집착하여 소유하려하거나 관계 자체가 고정 불변인 것처럼 착각한다면 외부의 조그마한 자극에도 늘 불안하고 마음이 산란할 것입니다.

가족관계이든 대인관계이든 관계에서의 변화는 필수적입니다. 관계 자체가 고정적이고 변하지 않기를 바란다면 반드시 절망하고 말 것입니다. 모든 현상의 자성(自性)이 공한 것처럼, 관계의 성품도 역시 공하기 때문이지요. 그렇기 때문에 소원하던 관계도 친밀해지고, 친밀하던 관계가 사랑하는 감정으로 발전할 수도 있는 것입니다. 변하지 말아야할 것은 관계의 속성이 공하다는 것을 자각하는 일입니다. 과거의 상황에만 집착한다면 변화하는 어떤 상황도 받아들일 수 없는 것이겠지요.

그렇다면 관계에서 쉽게 흔들리고 잘 물러서는 순간을 성찰해보도록 해야 합니다. 대부분의 경우 상대방이 믿음을 져버린 경우보다, 관계를 왜곡되게 받아들이는 스스로의 태도에서 기인한다고 할 수 있습니다. 또한 자신에 대한 확신의 부족에서 오는 것은 아닌지 의문을 가져야 할 것입니다. 지치고 권태로워 그만 두려고 하는 것은 아닌가요? 현실과 이상의 괴리에서 오는 절망으로 포기하려는 것인가요? 자기의 못난 모습을 차마 직면할 수 없어 도망가려는 것은 아닌가요? 상대로부터 사랑받지 못할까봐 지레 겁을 먹고 숨으려하는 것은 아닌지요? 자기비관과 폄하로 아예 시작도 못한 것은 아닙니까?

내가 분명히 서 있을 때 다른 사람과의 대화도 상호수용도 가능합니다.

참장(慚藏)과 괴장(愧藏)에 대해서는 그 차이를 잘 모르겠습니다. 사전적으로 보면 참(慚)이나 괴(愧)가 모두 부끄럽다는 뜻인데, 어떻게 구분하여 쓰이는지 궁금합니다.

물론 참괴(慚愧)란 허물을 부끄러워한다는 의미입니다. 그러나 여기서는 그것을 좀 더 구체적으로 구분하여 쓰고 있습니다. '참'이란 자기가 지은 죄를 관찰함으로써 스스로 부끄러워하는 것을 말합니다. 자신이 불완전하고 자기가 저지른 잘못에 대하여 반성하고 수치스러워하는 마음이지요. 경문에서도 '이 보살은 과거에 지은 나쁜 짓들을 생각하면서 부끄러워한다'고 하고 있습니다. 또 '괴' 란 다른 사람들에게 대하여 부끄럽게 생각한다는 것입니다. 다른 사람을 관찰함으로써 자신의 과실을 부끄러워한다는 것이지요. 이 품에서는 '갖가지 탐욕을 부리고 온갖 번뇌를 일으키며, 서로 공경하지 않고 원수가 되는 등 이와 같이 악행을 행하는 것을 부끄럽게 여겨 그만두는 것을 업으로 삼는다'고 하면서 보살이 내가 지금 와서 이런 일을 행하면 곧 삼세부처님을 기만하는 것이라고 하였습니다.

부끄러움을 아는 것이야말로 중요한 인간의 특징이지요. 부끄러움을 안다는 건 사고할 줄 아는 능력과 옳고 그름을 판단할 줄 아는 능력을 가진다는 것을 의미할 뿐 아니라 참회를 통하여 더욱 진실해지고 드디어는 깨달음에 이를 수 있게 되기 때문입니다. 잘못을 저지르고도 부끄러워할 줄 모르거나 잘못인지조차 모른다면 이보다 큰 일이 어디 있겠습니까? '다시는 그런 일을 저지르지 않으리라'는 보살의 각오와 같이, 우리 모두 개인적인 참회는 물론 집단적인 참회를 해야만 할 것입니다. 나보다 더 많은 잘못을 하는 사람을 핑계로 내 잘못을 합리화하려 들지 말고, 우선 보살도를 닦으려는 깨어있는 여러분들이 먼저 뉘우치고 반성하는 바른 태도를 가져야할 것입니다.

경문에 '어떤 일이 있으므로 다른 어떤 일이 있다'고 하는데, 정말 모든 것은 서로 서로 영향을 주고받으면서 존재하는 것 같습니다.

이 내용은 십이연기를 설명하는 구절입니다. 십이연기(十二緣起, ⓈDvādasa pratityasamutpādāh)란 사성제(四聖諦), 팔정도(八正道)와 함께 가장 근본적인 불교교리에 해당합니다. 이는 미혹한 세계의 열두 가지 인과관계 즉 연기를 말하는데, ①무명(無明) ②행(行) ③식(識) ④명색(名色) ⑤육입(六入) ⑥촉(觸) ⑦수(受) ⑧애(愛) ⑨취(取) ⑩유(有) ⑪생(生) ⑫노사(老死)이지요. 연기에 따라 고(苦)의 원인을 밝히고 단계적으로 고뇌가 일어나는데 인간의 고뇌는 무명(無明)에서 시작된다는 것입니다. 이는 '이것이 있을 때 저것이 있고 이것이 생할 때 저것이 생한다. 이것이 없을 때 저것이 없고 이것이 멸할 때 저것이 멸한다.'는 공식으로 쓰이기도 하는데, 즉 무명이 있으므로 행이 있고, 행이 있으므로 식이 있고 … 생이 있으면 노사가 있다. 혹은 반대인 역관(逆觀)으로 무명이 없으면 행이 없고, 행이 없으면 식이 없다는 식으로 보기도 합니다.

무명(無明)은 미혹의 근본인 무지한 상태이며 어리석음입니다. 행(行)은 무지로부터 다음의 의식작용을 일으키는 업인(業因)으로 활동 즉 잠재적 의식 활동을 말합니다. 식(識)은 식별 · 분별작용을 말하는데, 의식작용입니다. 명색(名色)은 정신과 물체를 말하며, 육입(六入)이란 안 · 이 · 비 · 설 · 신 · 의(眼耳鼻舌身意)의 육근(六根)을 말합니다. 촉(觸)은 감각기관과 외계의 사물이 접촉하는 것을 말하고, 수(受)란 외계와의 접촉으로부터 쾌락이나 고통을 받아들이는 느낌을 말합니다. 애(愛)는 즐거움이나 고통을 받아들이게 되면 고통을 피하고 즐거움을 추구하려는 맹목적인 욕구를 말합니다. 취(取)는 자기가 욕구하는 것을 소유하려는 집착을 말하고, 유(有)는 존재라는 의미로 다음 세상의 결과를 불러올 업의 다른 이름이기도 합니다. 생(生)은 몸을 받아 태어남을 말하고, 노사(老死)는 늙어서 죽는 것을 말합니다.

십이연기는 다양하게 해석되기도 하지만 보통 불교의 윤회설에 의하여 과거로부터 현재로, 현재로부터 미래로 나아가는 생(生)의 연속을 설명하는 것이라고 합니다. 그러나 윤회의 사고는 선형적 사고가 아니라 끝없이 돈다는 순환적 사고로 보아야할 것입니다. 그러나 세간의 모든 것이 인연에 따라 일어나는 것임을 깨닫고, 모든 현상이 항상하지 않고 자성이 없음을 깨달아 집착하지 않는다면 생(生)과 노사(老死)의 굴레에서 자유로운 해탈을 얻을 수 있는 것입니다.

가족의 문제도 그렇습니다. 부부싸움은 자녀에게 영향을 미치게 되고, 부부의 불화로 빗나가게 된 자녀의 비행은 다시 부모에게 영향을 미치게 되면서 그 파장은 이웃에게로 친구에게로 사회로 더욱 증폭되는 것이지요. 요즘처럼 매스컴과 인터넷이 발달된 때에는 가족의 문제뿐만 아니라 지구 한 쪽에서 일어난 조그마한 일도 엄청난 힘으로 다른 사람과 그들의 생활에 영향을 미치는 것을 볼 수 있습니다. 십이인연의 고리를 끊고 열반적정의 경지에 들어가는 것은 구도자의 이상이라 하겠지만, 보살의 삶을 추구하는 사람이라면 우선 내가 속한 가족과 사회의 끝없이 계속되는 악영향의 순환 고리를 끊음으로써 문제에서 벗어나는 것부터 시작할 수 있을 것입니다.

중생들이 태어나고 죽는 가운데 많이 듣지 못하여 일체법을 깨달을 수가 없다고 합니다. 진실한 법을 듣고 깨달아 중생을 위해 말할 수 있게 되는 것이 보살의 소망이겠지만, 진리를 들을 수 있는 것만도 누구나 얻을 수 있는 경험은 아닐 것입니다.

경문에서는 진실한 법을 듣고 무상정등각을 성취하여 진실한 법을 말하는 것을 '다문장'이라고 하였습니다. 진리를 들을 수 있는 것은 참으로 아무나 누릴 수 있는 행운은 아닐 것입니다. 끊임없는 수행으로 탐진치를 몰아내고 온 마음으로 진리 듣기를 갈망하고 진리를 위해 정진하는 성숙한 사람에게 진리가 들리는 법이겠지요? 탐욕과 어리석음으로 세속적인 성취에 마음을 뺏긴 사람에게는 진리가 들리지도 않을뿐더러 설사 듣는다 하더라도 그것이 진리인지도 알아채지 못할 것입니다.

부처님의 십대제자 가운데 아난다(Ānanda) 다문제일로 알려져 있습니다. 부처님의 사촌동생이었던 그는 약 25년간 부처님을 시봉하면서 온갖 부처님의 말씀을 들었던 제자이지요. 부처님이 돌아가시자 교법을 부처님께 직접 확인받을 수 없었으므로 부처님께서 말씀하신 가르침을 잃어버리기도 하고, 잘못 전해져 뜻이 왜곡될 우려가 있어 마하 가섭이 500명의 부처님의 제자들을 소집하여 회의를 갖게 되었습니다. 왕사성의 칠엽굴에서 제1결집이 행해졌을 때 아난다는 법(法)을, 우파리가 율(律)을 암송하여 모인 이들이 이를 협의하고 부처님의 말씀임을 승인받게 되었습니다. 이리하여 후에 성전(聖典)의 편집이 이루어지게 되었는데, 경전의 첫머리에 '여시아문(如是我聞)' 즉 '저는 이와 같이 들었습니다'로 시작하는 것이 바로 이 때문입니다.

21세기를 사는 우리들은 부처님의 목소리를 직접 듣지는 못합니다. 그러나 다행히도 경전을 통하여 그 가르침을 접할 수 있으니 얼마나 큰 행운입니까? 불법을 만나는 인연은 참으로 소중한 것이지요. 경전의 구절을 2500년 전에 하신 말씀이라고 생각하기보다 바로 지금 여기에서 내게 말씀하시는 생생한 부처님의 음성이라고 생각해보십시오. 아난다는 부처님 생존 당시에 가장 가까이에서 듣고 보고 배운 사람이지만, 물리적으로 귀를 통해 들어야만 듣는 것은 아닐 것입니다. 경전은 부처님의 말씀입니다. 석가의 목소리입니다. 경전을 읽고 새기면서 온 몸과 마음의 귀로 가까이 들을 수 있다면 다문제일의 아난다를 부러워할 일만은 아니겠지요.

경문에서는 보살마하살의 보시를 구체적으로 나누어 설명하고 있습니다. 그 중에서도 분감시(分減施, 부분보시)나 구경시(究竟施, 최후보시)를 어떻게 이해해야할지 잘 모르겠습니다.

분감시는 나누어 주는 것이지요. 혼자서 모든 것을 독점하지 않는 것입니다. 나 혼자서 배타적으로 소유하지 않고 내게 있는 것을 덜어 주는 것을 말합니다. 그렇게 되기 위해서는 탐욕에서 벗어나야 하는데, 그것이 결코 쉬운 일이 아니지요. 대부분의 사람들은 보다 많이 가지려고 하고, 좀 더 좋은 것을 가지려고 합니다. 많이 가진 사람일수록 그 욕심은 더욱 커지는데, '99개 가진 사람이 1개 가진 사람의 것을 빼앗아서 100개를 채우고 싶다'는 생각을 할 정도이지요. 이런 사람일수록 '내 것'에 대한 집착으로 굳게 붙들고 결코 놓지 못하게 되지요.

가난하게 살 때는 내가 부자가 되기만 하면 그 때 남을 돕겠다는 생각을 하지만, 탐욕에 눈이 어두워지면 아무리 가져도 만족하지 못하기 때문에 자기 배를 채우기에 급급하여 남에게 베풀 수 있는 마음을 가지지 못합니다. 그러나 재물이 쌓이면 업도 따라 쌓이는 법인데, 마치 업마저도 돈으로 소멸시킬 수 있을 것으로 착각을 합니다. 태산 같은 재산이라 할지라도 이 몸 떠날 때면 한 푼도 가져갈 수 없는 것인데도 말입니다. 영원히 내 소유로 있을 것이라고 생각하는 것이 얼마나 무지하고 허망한 생각입니까? 물질적 재화는 우리의 삶을 윤택하게 해주는 것이 틀림없지만, 그것을 어떻게 쓰느냐에 따라 내게 큰 짐이 될 수도 있고 나를 속박하는 감옥이 될 수도 있습니다. 나누어 줄 수 있는 때는 따로 있는 것이 아닙니다. 다음에 다음에 하며 미루면 영원히 그 기회는 오지 않을 것입니다.

분감시를 할 수 있는 사람이라면 구경시도 할 수 있는 사람일 것입니다. 분감시는 내가 가지고 있는 것을 나누어주는 것이라면, 구경시는 나의 모든 것을 주는 것을 말합니다. 경문에서도 눈이 없거나 귀가 없는 사람이 보살에게 와서 요구했을 때, 아승기겁 동안 불구가 된다고 하여도 보살은 후회하지 않고 내어준다고 하였습니다. 참으로 보살의 자비심이 아닐 수 없습니다. 밥 한 그릇도 나누어 먹지 못하는 사람들에게 이것은 상상할 수 없는 경지일 것입니다. 그러나 범부라 할지라도 자기 자식을 살리기 위해 신체 일부를 주어야 한다면 그것을 망설일 사람은 별로 없을 것입니다. 부모의 아들에 대한 헌신적인 사랑은 이토록 숭고한 것이지요. 만약 우리가 모든 사람에게 내 아이와 같이, 내 가족과 같이 대할 수 있다면 보살의 길이 반드시 어려운 것만도 아니겠지요. 우리나라 사람들은 옛부터 인정이 많아 이웃의 재난을 보고 외면하는 법이 없었지요. 최근 들어 재산을 자식에게 상속하지 않고 사회에 환원하는 사람이 늘고 있고 장기 기증자도 늘어나는 것을 볼 때, 분감시나 구경시를 실천하는 것이 경전에만 나오는 이야기는 아니라는 생각이 듭니다.

재물을 보시하고 내 몸까지도 보시하려는 마음을 가진 사람은, 이제 진리라는 마음의 보화를 가지기를 소망하고 더 나아가 남들에게 진리를 설해주어 진정한 깨달음의 길로 이끌어주는 보살의 마음을 배워야할 것입니다. 신라시대 부설거사(浮雪居士)는 다음과 같은 게송으로 욕심세계의 허망함을 노래하였습니다.

처자식과 일가친척 대밭같이 빽빽하고
금과 은과 옥과 비단 언덕처럼 쌓였어도
죽음 길에 당도하면 혈혈단신 홀로 간다
이런 사실 생각하니 허망하고 덧 없어라

새벽부터 밤늦도록 부지런히 일을 하여
벼슬 조금 높아지자 머리카락 희어지고

염라대왕 돈과 벼슬 거들떠도 아니본다
이런 사실 생각하니 허망하고 덧 없어라

무진장을 수행하는 보살은 피로하거나 지치지 않는다는 구절을 보면서 쉽게 피곤해하고 싫증내며 주저앉고 싶은 마음이 드는 저의 마음을 꾸짖게 됩니다.

지칠 때는 쉴 줄도 알아야 합니다. 쉴 줄 아는 것도 수행입니다. 지치고 피로한데도 쉬지 않는다면 정진 또한 할 수 없습니다. 그런데 보살이 이토록 쉼 없이 수행할 수 있고 온갖 복덕을 모음에 있어서 지치거나 피로하지 않는 것은, 억지로 하는 일이 아니기 때문입니다.

중생들의 삶이 쉬 피로하고, 고달픈 것은 자신의 참모습대로 살지 못하기 때문일 것입니다. 비교 당하고 경쟁하면서 출세와 성공을 위해 쫒기며 사느라고 진정한 자신의 참된 바람을 억압한 채 살아왔기 때문일 것입니다. 죽어라고 노력해도 만족보다는 열등감에 빠지기 일쑤고, 평생토록 추구해온 세속적 가치는 너무나 허망하여 열심히 달려온 인생일수록 좌절감도 배신감도 크게 느끼기 마련이지요.

보살의 삶이 지치지 않는 것은 그들이 진정으로 원하는 삶을 살기 때문일 것입니다. 그들은 세속적인 부와 명예에 가치를 두기보다 그들의 참된 성품에 따라 살도록 서원했습니다. 의무와 강요에 의한 삶이 아니라 자비와 지혜를 행하는 기쁨으로 가득 찬 삶을 살지요. 만약 사랑하는 사람에게 사랑한다는 말을 하거나 듣는 것에 지치는 사람이 있을까요? 자식을 위한 어버이의 사랑이 지칠 수가 있겠습니까? 이 때 사랑한다는 말은 같은 말의 반복이 아닙니다. 어제와 똑같은 말이라면 권태롭고 싫증이 나겠지요. 그러나 그것은 끊임없이 새롭게 솟아나고 생동하며 내 마음 속에서 빛나고 있는 말이기 때문에 비록 같은 단어라 할지라도 같은 말이라고 할 수 없습니다. 보살이 보살도를 구함에 있어서도 이와 같아서 지치지도 피로하지도 않는 것이지요.

그러나 쉽게 피곤해하고 싫증내며 주저앉고 싶은 마음이 든다고 해서 비관적으로 생각할 필요는 없습니다. 현대를 살면서 지치지 않은 사람이 누가 있을까요? 그럴 땐 진정한 자신의 본성에서 우러나오는 바람과 내가 처한 현실의 상황에서 하지 않으면 안 되는 행동 사이의 괴리가 크기 때문임을 자각하고 쉬어야 합니다. 고요히 쉬면서 참자아의 소리에 귀 기울여야 합니다. 그리고 그 괴리를 줄여나갈 수 있도록 노력해야 할 것입니다.

보살은 깊은 지혜가 있어 실상을 분명히 알고 널리 중생을 위해 설법을 하는데, 부처님의 가르침에 어긋나는 일이 없다고 합니다. 보살의 변재(辯才)를 성취할 수 있다면 참으로 많은 사람들에게 감화를 줄 수 있을 것입니다.

변재는 단순히 말재주가 아닙니다. 사람의 마음을 현혹하는 현란한 테크닉이 아닌 것이지요. 변재란 진리와 그 의미를 아주 잘 말하는 재능으로 매우 높은 경지에서 얻을 수 있는 능력입니다. 경에서도 십행을 이룬 보살이 십 무진장 중 변장(辯藏)을 성취한다고 하였지요.

언어이든 소리이든 문자이든 그것을 통해 진리가 드러나도록 하는 것이 변재일 것입니다. 언어라고 하면 음성을 통한 것도 있지만, 몸짓이나 침묵의 언어도 있습니다. 경우에 따라서는 한 사람의 침묵시위가 몇 천 명의 우렁찬 외침보다 더 큰 위력을 발휘하고, 말없이 흘리는 눈물 한 방울이 번지르르한 수천 마디 위로의 말보다 가슴을 울리는 때가 있습니다. 선가(禪家)에서는 깨달음의 경지는 언어도단(言語道斷)의 경지라고 하였지요. 말로써는 설명할 수 없는 세계가 있고, 그것은 어쩌면 말없는 말, 말이 끊어진 그 자리에서의 말이라야 이해될 수 있다는 것입니다. 부처님께서도 말없는 말로써 가르침을 주신 적이 많습니다. 영산회상에서 말없이 연꽃을 들어 보이신 것이 그렇고, 돌아가신 후 가섭의 통곡에 관 밖으로 두 발을 내어 보이신 것도 그렇습니다.

남에게 영향력을 많이 행사하는 지도자들에게 특히 말하는 능력은 중요합니다. 그러나 그것이 단순한 말솜씨에 불과하다면 말이 많은 사람이거나 말하기를 즐기는 사람이라고 해야겠지요. 또 만약 나쁜 쪽으로 소용된다면 자기를 속이고 남을 속이는 사기꾼의 말재주로 전락하고 말 것입니다. 진정한 변재능력은 중생을 사랑하는 보살의 마음에서 우러나옵니다. 중생을 제도하고자 하는 참된 서원이 있을 때, 그들을 바른 길로 이끌기 위해 그들이 알아들을 수 있는 언어를 구사하게 되는 것입니다. 우리가 아이를 대하거나 혹은 마음의 병을 앓는 사람을 대할 때, 같은 목소리로 이야기 하지 않습니다. 그들이 가장 잘 알아들을 수 있는 말로 이야기해야 합니다. 여러분들이 모든 사람들의 말에 귀 기울이고 그들의 말을 알아들으려 노력한다면 그들에게 자유자재로 말할 수 있는 변장을 방편으로서 성취할 수 있을 것입니다.

[부록 1]

『화엄경』 개요

『화엄경』은 한 편의 장엄하고 거대한 드라마에 비유할 수 있다. 『화엄경』의 무대는 시간적으로 삼세(과거 · 현재 · 미래)를 자유자재로 누비며 공간적으로 온 우주를 배경으로 한다. 무대에는 저마다의 아름다움을 뽐내는 온갖 잡화가 만발하였고 수많은 보살들과 보살행들도 꽃에 비유되어 장식된다. 막이 오르자마자 무대는 찬란하고 아름다운 깨달음의 세계가 환하게 펼쳐진다. 언어로써 다 표현할 수 없는 웅대한 무대이다. 그리고는 범부가 부처의 경지에 도달할 수 있는 길을 제시하고 있다. 즉 중생이 발심하여 수행과정을 거쳐 드디어는 정각에 이르는 과정을 52단계로 나누어 단계별로 안내하고 그 때마다 보살이 닦아야 할 수행덕목을 자상하게 가르쳐주고 있다.

또 『화엄경』의 마지막 품인 「입법계품」에서는 선재(善財, Sudhana)라는 주인공을 통하여 52선지식을 찾아 깨달음을 얻는 과정을 보여준다. 총 7막 9장(7처 9회)의 막이 바뀔 때마다 천상과 지상을 오가며 펼쳐지는 장면은 엄청난 감동으로 관객을 사로잡는다. 상상할 수 없을 정도의 수많은 등장인물에 압도당하고 점진적으로 반복되는 방대한 설법에 또 한번 놀라고 만다.

부처님은 출가 후 6년간의 고행을 끝내고 마가다국의 니련선하 근처에 있는 보리수 아래에서 12월 8일 새벽에 정각을 이루셨다. 이 자리가 바로 금강보좌이며 보리도량이다. 『화엄경』은 부처님께서 이곳 보리수 아래에서 정각을 이루시고 2·7일(14일)에 그 자리에서 일어서시지 않고 깨달은 진리를 그대로 설하신 경이다. 이는 물론 역사적 사실과 일치하는 것은 아니지만, 대승불교의 견지에서 석가모니를 중심으로 하는 의미상의 배열이고 서술이다. 전설에 의하면 용수(龍樹, 약150-250년)가 히말라야 산기슭에서 한 늙은 비구의 가르침을 받고 용궁으로 가서 가지고 온 것(용궁장래설)이라고 하지만 「십지품」이나 「입법계품」은 용수 이전에 이미 존재했고 교리발달사적 측면에서 보면 부처님께서 돌아가신 후 5·6백 년 사이에 중관(中觀:實相), 유가(瑜伽:法相) 양종이 통일되는 일승불교 형성의 한 과정에서 성립된 대승불교의 경전이라 할 수 있다.

우리 나라에서는 『화엄경』이 오늘날 승가대학의 교과과정 중 마지막 과정인 대교과에서 학습하는 중요한 경이다. 한국불교에서는 원효와 의상에 의해 한국화엄사상의 기틀이 마련되었는데 선수행을 주로 하면서도 선학(禪學)에 있어서는 화엄사상이 바탕이 되고 있다. 원래 화엄은 선삼매의 실천을 통한 법계실상(法界實相)의 직관적 체증(體證)을 강조하고 있으므로 화엄과 선은 분리시킬 수 없는 것이다. 엄밀히 말해 『화엄경』이 설하고 있는 지혜와 자비의 세계에 참여하기 위해서는 우선 선정(禪定)을 통해서만 가능하다. 지성에 의한 이해만으로는 체득할 수 없는 세계이다. 또한 『화엄경』은 일승원교(一乘圓敎)로서 완전무결한 가르침일 뿐 아니라 인류가 남긴 최대의 걸작 가운데 하나라고 일컬어지고 있다.

1. 『화엄경』이라는 명칭의 뜻

『화엄경』이란 대방광불화엄경(大方廣佛華嚴經)의 약명(略名)이다. 산스크리트어로는 마하 바이푸르야 붓다 간다 뷰하 수트라 (Maha Vaiplya Buddha Ganda Vyuha sūtra), 혹은 붓다 아바탐사카나마 마하바이푸르야 수트라(Buddha-avataṁsaka-nāma-mahāvaipūlya-sūtra, 화엄이라 부르는 광대한 경전)이라고 한다. 『화엄경』을 부르는 또 다른 이름으로는 Buddhāvataṃsaka(붓다바탐사카, 불화엄경), Avataṃsaka Sūtra(아바탐사카 수트라, 『화엄경』)이다. 우리 식 발음으로 Hwaŏm-gyŏng, Hwaŏm Sūtra, 또 중국 식 발음으로 Hua-yen Sūtra라고 한다. 영역본에서는 Flower Splendour Scripture, Flower Adornment Scripture, Flower Ornament Scripture로 표기되고 있다.

그 뜻은 "무한히 크고(大), 표준이 되어 변함이 없으며(方), 모든 것을 널리 포함하고(廣), 인생과 우주 삼라만상을 깨달은 사람(人)이 되며, 마음속의 온갖 능력을 마음껏 꽃피우며(華), 온 우주의 사물 하나하나마다를 이 아름다운 부처의 꽃으로 장엄(嚴)하고, 이러한 절대적인 진리를 담아내는 그릇(經)"이다(무비, 『화엄경』, 1995).

즉 대방광(大方廣)이라고 하는 부처님을 설하는 『화엄경』이라는 뜻이다. 화엄이라고 하는 말은 온갖 아름다운 꽃으로 완벽하게 장식한다는 뜻이므로 『화엄경』이란 무한한 비로자나(범어: 바이로차나, Vairocana) 부처님의 깨달음 세계를 보살의 갖가지 만행화로써 장엄함을 설하고 있는 경이다.

2. 『화엄경』의 종류

『화엄경』은 시간상(說時)으로 볼 때 부처님께서 성도하신 후 2·7일에 중생들의 근기(根機)에 관계없이 깨달은 진리를 그대로 일시에 설한 것이며 양적으로는 매우 방대하다. 중국에 전해져 현존하는 『화엄경』의 한역본에는『60화엄경』『80화엄경』『40화엄경』의 세 가지가 있다.

『40화엄경』은『60화엄경』과『80화엄경』의「입법계품」만을 따로 번역한 경이므로 보통『화엄경』이라고 하면『60화엄경』과 『80화엄경』을 가리킨다.

이 경을 서로 비교해 보면 <표 1>과 같다.

3. 『화엄경』의 전래

현존하는 가장 오래된 『화엄경』은 5세기초의 『60화엄경』으로서 서역의 고탄(호탄) 지역에서 전래되었다고 한다. 이 『60화엄경』의 범본을 중국에 전래한 이는 월지국의 지법령이었다. 그 후 『80화엄경』도 역시 고탄에서 전해진 것으로 알려져 있다. 고탄(우전)은 곤륜산맥의 북쪽에 위치하며 동서무역의 중개시장으로 동서 양쪽 문화를 받아들여 독특한 문화를 형성하였다. 불교가 번창했던 이곳은 현재 화전현의 남쪽 약 25킬로미터에 있는 옛성의 유적지로 남아 있다(장휘옥 역, 『화엄경 이야기』, 1996).

구 분	60 화엄경	80 화엄경	40 화엄경
번 역 시 기	동진, 359-429 (혹은 418-420)	당, 측천무후시대, 695-699	당, 정원11년,798
역 자	불타발타라	실차난타	반야 삼장
명 칭	구역 화엄경, 진역 화엄경	신역 화엄경, 당역 화엄경	입부사의해탈경계 보현행원품, 정원본 화엄경
구 성	7처8회, 34품, 3만 8천 게송	7처9회, 39품, 4만 5천 게송	선재의 52선지식 순례와 깨달음

<표 1> 경의 비교

중앙아시아 지역의 지도와 『화엄경』 및 화엄종 관련지도를 살펴보면 <그림 1>, <그림 2>와 같다(木村清孝, 『華嚴經をよむ』, 1997).

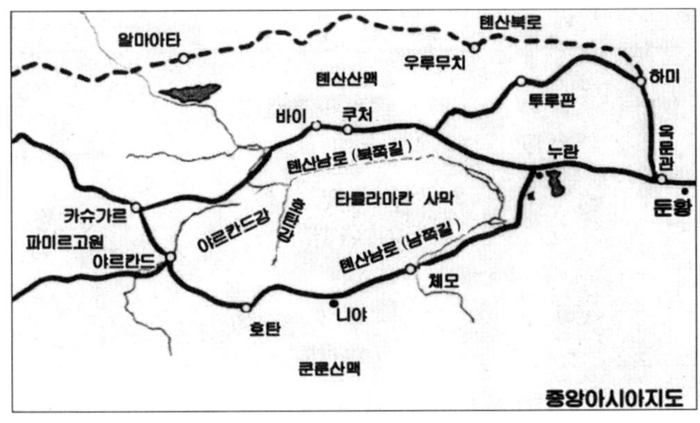

<그림 1> 중앙아시아 지도

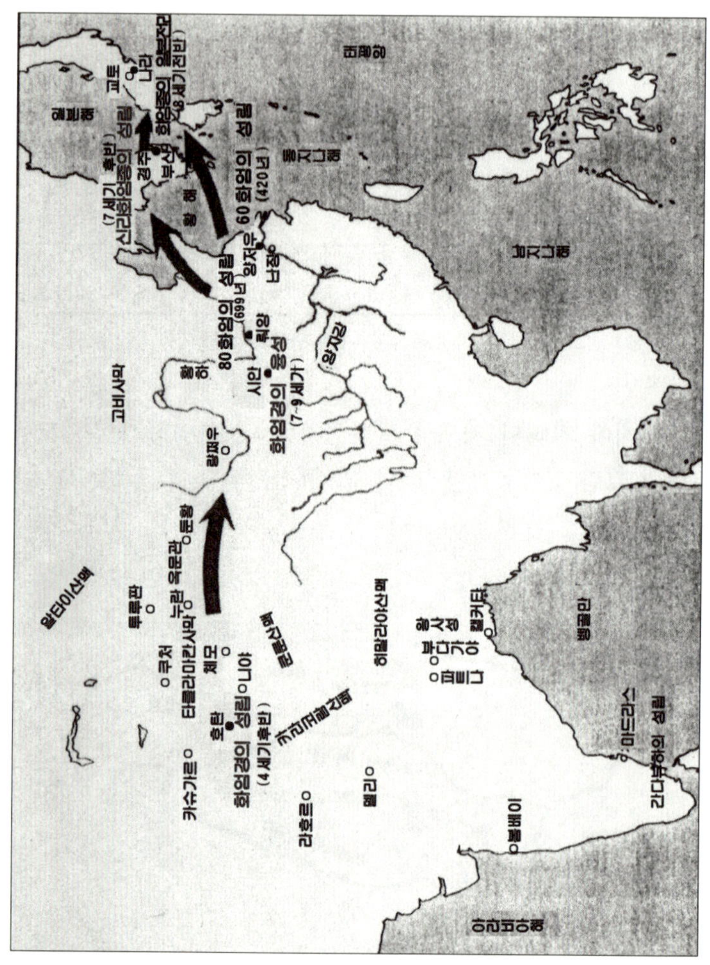

<그림 2> 화엄경 · 화엄종 관련지도

4. 『화엄경』의 구성

80화엄은 7처(경을 설한 장소, 지상3곳 천상4곳) 9회(경을 설한 모임) 39품(내용으로 분류) 총 4만 5천 게송으로 이루어져 있다.

80화엄의 구성을 살펴보면 <표 2>와 같다.

<table>
<tr><th>9회</th><th>7처</th><th>39품</th><th>설주
보살</th><th>설법 내용</th><th>경전 구분</th><th>내용
(대상)</th></tr>
<tr><td>1</td><td>보리장회(지상)</td><td>6</td><td>보현</td><td>佛自內證境</td><td>보현경전계</td><td>부처님</td></tr>
<tr><td>2</td><td>보광명전(지상)①</td><td>6</td><td>문수</td><td>信</td><td>문수경전계</td><td>중생</td></tr>
<tr><td>3</td><td>도리천
(천상)</td><td>6</td><td>법혜</td><td>十住</td><td rowspan="4">십지경전계</td><td rowspan="4">보살</td></tr>
<tr><td>4</td><td>야마천
(천상)</td><td>4</td><td>공덕림</td><td>十行</td></tr>
<tr><td>5</td><td>도솔천
(천상)</td><td>3</td><td>금강당</td><td>十廻向</td></tr>
<tr><td>6</td><td>타화자재천(천상)</td><td>1</td><td>금강장</td><td>十地</td></tr>
<tr><td>7</td><td>보광명전
(지상)②</td><td>11</td><td>주로
보현</td><td>覺(等・妙覺)</td><td>보현경전계</td><td>부처님</td></tr>
<tr><td>8</td><td>보광명전
(지상)③</td><td>1</td><td>보현</td><td>妙覺</td><td>보현경전계</td><td>부처님</td></tr>
<tr><td>9</td><td>급고독원
(지상)</td><td>1</td><td>문수→
보현</td><td>解脫門</td><td>전체</td><td>전체</td></tr>
</table>

<표 3> 80화엄의 구성

『화엄경』에서 특별히 중요한 부분은 「십지품, Dasabhumika」과

「입법계품, Gandavyuha」으로, 이것은 산스크리트어본이 현존하는 가장 오래된 부분이기도 하다.

각 품의 명칭을 살펴보면 <표 3>과 같다.

「보현행원품」은『60화엄경』이나『80화엄경』에서는 설해지지 않고『40화엄경』에서만 설해지고 있다. 이에 관해서는 반야가『40화엄경』을 번역할 당시『별행경』으로서 유행하고 있던 불타발타라 역의『문수사리발원경』이나 불공 번역의 「보현보살행원찬」을 첨가시켜 편집했다는 설이 있다(이도업,『화엄경사상연구』, 1998).

오늘날 널리 지송되고 있는「보현행원품」은『40화엄경』의 제40권에서 보현보살에 의해 설해지고 있는데 넓게는「입법계품」 전체를 가리키는 말이기도 하나 좁게는 40화엄 중의 보현보살의 10종 행원 부분만 일컫기도 한다. 따라서「보현행원품」은『화엄경』의 결론이며, 대승불교전체의 결론이라고 할 수 있으므로『80화엄경』에는 포함되어 있지 않지만 첨가해서 살펴보고자 한다.

5. 『화엄경』의 내용

경의 내용은 글에 따른 분류(4가지)와 뜻에 따른 분류(5가지)로 나누어 볼 수 있다.

<표 4>의 내용을 종합해 볼 때 『화엄경』의 강령은 신(信)·해(解)·행(行)·증(證)의 넷으로 집약된다고 할 수 있다.

회	품 명	회	품 명
1회(6품)	1. 세주묘엄품(世主妙嚴品)	4회(4품)	21. 십행품(十行品)
	2. 여래현상품(如來現相品)		22. 십무진장품(十無盡藏品)
	3. 보현삼매품(普賢三昧品)	5회(3품)	23. 승도솔천궁품(昇兜率天宮品)
	4. 세계성취품(世界成就品)		24. 도솔궁중게찬품(兜率宮中偈讚品)
	5. 화장세계품(華藏世界品)		25. 십회향품(十廻向品)
	6. 비로자나품(毘盧遮那品)	6회(1품)	26. 십지품(十地品)
2회(6품)	7. 여래명호품(如來名號品)	7회(11품)	27. 십정품(十定品)
	8. 사성제품(四聖諦品)		28. 십통품(十通品)
	9. 광명각품(光明覺品)		29. 십인품(十忍品)
	10. 보살문명품(菩薩問明品)		30. 아승기품(阿僧祇品)
	11. 정행품(淨行品)		31. 여래수량품(如來壽量品)
	12. 현수품(賢首品)		32. 보살주처품(菩薩住處品)
3회(6품)	13. 승수미산정품(昇須彌山頂品)		33. 불부사의법품(佛不思議法品)
	14. 수미정상게찬품(須彌頂上偈讚品)		34. 여래십신상해품(如來十身相海品)
	15. 십주품(十住品)		35. 여래수호광명공덕품(如來隨好光明功德品)
	16. 범행품(梵行品)		36. 보현행품(普賢行品)
	17. 초발심공덕품(初發心功德品)		37. 여래출현품(如來出現品)
	18. 명법품(明法品)	8회(1품)	38. 이세간품(離世間品)
4회(4품)	19. 승야마천궁품(昇夜摩天宮品)	9회(1품)	39. 입법계품(入法界品)
	20. 야마궁중게찬품(夜摩宮中偈讚品)	보현행원품(普賢行願品)	

<표 4> 각 품의 명칭

공통점	글에 의한 분류	뜻에 의한 분류
신(信) 제1회	결과를 드러내 보이며 수행을 권하여 믿음을 내게 하는 것 (擧果勸樂生信分)	믿을 인과 (所信因果)
해(解) 제2회 ~7회	인행을 닦아 결실을 맺는 것을 말하며 지혜를 내게 하는 것 (修因契果生解分, 十信~十地)	차별한 인과 (差別因果) 평등한 인과 (平等因果)
행(行) 제8회	수행하는 법에 의지하여 닦아나가면 인행을 성취하는 것 (託法進修成行分)	수행을 성취하는 인과 (成行因果)
증(證) 제9회	범부로 하여금 증득하게 하여 덕을 성취한다는 것 (依人證人成德分)	증득하는 인과 (證入因果)

<표 5 > 화엄경의 내용

6. 『화엄경』의 특징

1) 경을 설한 시기와 경전이 성립된 시기

경을 설한 시기에 대해 화엄종의 법장(法藏)은 해인삼매 가운데서 일념 중에 설해진 것이라는 해인삼매정중설(海印三昧定中說)이라 말하고 『십지경』에는 제 이칠일(14일)이라 하고 천태교판에서는 최초 삼칠일(21일) 동안 말씀하신 경이라고 한다. 그러나 이것은 『화엄경』이 역사적으로 성립된 사실을 말하는 것이 아니라 『화엄경』이 부처님의 세계를 드러내는 것임을 의미하는 사상적 특징을 나타내는 것이라 하겠다. 전해져오는 산스크리트어본은 「십지품」과 「입법계품」 뿐이고 현존하는 『화엄경』은 중국에서 유통되고 있던 '화엄경 전류'를 모아 40권, 60권, 80권으로 편집 정리한 것이라고 말할 수 있다.

2) 화엄의 교주와 『화엄경』의 설주

화엄의 교주는 비로자나불이다. 비로자나불은 융삼세간(融三世間)·십신구족(十身具足)·삼불원융(三佛圓融)의 청정법신이다. 즉 지정각세간(智正覺世間)과 중생세간(衆生世間)과 기세간(器世間)이 각기 다른 존재가 아니라 부처와 보살, 보살과 중생, 중생과 부처가 다르지 않음을 말하는 것이다. 또한 법신(法身)·보신(報身)·화신(化身)인 비로자나불·노사나불·석가모니불은 삼신(三身)이면서 동일한 불신(佛身)이므로 서로 다르지 않다. 이러한 비로자나불은 『화엄경』에서 삼매에 들어 광명만으로 나타내 보일 뿐이고 39품 중 단 2개 품(아승지품, 여래수호광명공덕품)에서만 직접 설하신다. 그 외에는 모두 문수·보현 등의 여러 보살들이 부처님께서 깨달은 내용을 감득한 후, 부처님의 가피를 받아 설하는 것이다. 이것은 『화엄경』이 문수경전과 보현경전 그리고 십지경전의 체계로 구성되었음을 말하고 있는 것이다. 부처님의 지혜를 성취한 보살들에 의해 부처님의 세계를 나타내 보이고 보살들이 설하고 있는 그 보살행을 실천함으로써 중생이 바로 부처 될 수 있음을 보여주고 있다.

3) 십이라는 원만수의 사용

『화엄경』에서는 모든 것을 열이라는 숫자로 나타내고 있다. 부처님도 십불(十佛, ①無着佛, ②願佛, ③業報佛, ④持佛, ⑤化佛 또는 涅槃佛, ⑥法界佛, ⑦心佛, ⑧三昧佛, ⑨性佛, ⑩如意佛)로 나타내고 있는데 십불이 구족한 세계가 대방광불의 비로자나불 세계인 것이다. 그 외에도 십보살, 십원, 십바라밀, 십신, 십주, 십행, 십회향, 십지…

등에서 10이라는 원만수를 사용하고 있고, 비유를 들거나 게송을 읊을 때, 설명을 할 때도 반드시 열 개씩 묶어 열 가지, 백가지, 천 가지의 숫자로 짝을 맞추는데, 이는 『화엄경』의 세계가 무애원만한 세계임을 보여주려는 상징적인 수(數)의 언어라고 할 수 있겠다.

4) 일치 속의 다양한 사상

『화엄경』의 중심사상에 대해 이기영 교수는 법신불 사상, 성기사상, 법계무애의 연기사상, 해인삼매론, 일심론, 보살 52위론, 육상론의 일곱가지로 나누어 설명하고, 도업스님은 법신불 사상, 보살사상, 유심사상, 연기사상, 정토사상으로 나누고 있다. 해주스님은 여래출현, 일승보살도, 법계연기로 요약하고 있는데 간략한 설명(해주스님, 『화엄의 세계』, 1998 참고)은 다음과 같다.

첫째, 여래출현이란 여래 성기(性起)라고도 하는데 『화엄경』의 '대방광불'은 온 우주법계에 충만한 변만불(遍滿佛)로서 모든 존재가 비로자나 부처님의 화현 아님이 없다. 개개 존재가 불성으로서의 고유한 제 가치를 평등히 다 갖추고 있어 여래의 지혜인 여래성품이 그대로 드러난 존재인 것이다. 이를 여래 성기 또는 여래출현이라고 한다. 화엄가들은 화엄교주를 융삼세간, 십신구족, 삼불원융의 청정법신 비로자나불이라 부른다. 『화엄경』은 불세계를 교설한 것으로 부처님께서는 옛부터 본래 부처인 중생의 원력에 의해 이 땅에 구현됨을 밝혀 준 것이다.

둘째, 일승보살도로서 보살행이라는 꽃으로 불세계를 장엄하고 있다. 범부와 보살의 다른 점은 발심에 있다. 발심한 중생이 보살인데 화엄에서는 발심만 하면 바로 정각을 이룬다고 한다. 즉 처음 발심할 때가 바로 정각을 성취하는 때이다(初發心時便成正覺). 발심보살의 보살행은 성불로 향해 가는 인행(因行)이라기보다 정각 후의 과행(果行)이며 부처행(佛行)인 것이다. 왜냐하면 인과가 둘이 아닌 인과교철(因果交徹)의 인행이며 과행이기 때문이다. 이는 보살행의 실천적 체험이 없이 사변적인 이성만으로는 다가갈 수 없는 심오한 경지를 뜻한다. 정각에 이르는 과정의 면에서 보면, 비로자나 부처님의 세계를 현실적으로 구현해나가는 것이 바로 『화엄경』의 보살행이다. 『화엄경』의 보살계위는 십주·십행·십회향·십지·등각·묘각의 42위이고 경우에 따라 10신을 합하여 52위로 보기도 한다. 또 「입법계품」에서는 선재의 구법을 단계적으로 불세계를 구현시켜 나가는 여정으로 감명 깊게 드러내고 있다. 한마디로 화엄사상을 보살사상의 정화로 규정할 수 있다.

셋째, 법계연기는 일체의 존재는 서로서로 무애하게 받아들이고(相入) 하나되어(相卽) 원융무애한 무진연기를 이루고 있음을 말한다. 십현 육상의 사사무애 법계연기로 설명하기도 한다. 연기란 '연(緣)하여 함께 일어난다.'라는 의미로 모든 존재는 어느 것이나 그럴 만한 원인과 조건이 있어서 생긴 것, 즉 말미암아 생긴 것이니 상의상관(相依相關)의 관계에 있다는 것이다. 즉 '이것이 있으므로 저것이 있고 이것이 없으므로 저것이 없다. 이것이 일어나므로 저것이 일어나고 이것이 멸하므로 저것이 멸한다.'는 연기의 이법은 모든 존재의 생성과 소멸의 과정에 적용할 수 있는 것이다.

5) 보살도와 보살의 수행덕목

화엄의 중심사상은 일승보살도이다. 즉 중생이 신심을 가지고 보리심을 일으키면 바로 정각을 이룬다고 하였다(初發心時阿耨多羅三藐三菩提). 발심한 중생이 곧 보살이며 『화엄경』에서는 보살이 밟아야 할 계위를 십신(순서가 명시된 것은 아님), 십주(十住), 십행(十行), 십회향(十廻向), 십지(十地), 등각(等覺), 묘각(妙覺)의 52위를 들고 있다. 또한 이 단계마다 닦아야 할 수행덕목으로서 십바라밀을 제시하고 있다. 이는 보시, 지계, 인욕, 정진, 선정, 반야, 방편, 원, 력, 지 바라밀이다.

<표 5>에서 십바라밀과 52계위를 살펴볼 수 있다.

7. 화엄 10찰

신라의 의상(義湘, 625-702)이 지은 10개의 절이다. 의상이 당나라에서 공부하고 문무왕 10년(670년)에 귀국한 후 전교(傳敎)를 하면서 10개소에 절을 지었는데, 이를 화엄십찰이라 한다.

① 중악 공산 미리사(美理寺 일명 美利寺) ② 남악 지리산 화엄사(華嚴寺) ③ 북악 태백산 부석사(浮石寺) ④ 강주 가야산 해인사(海印寺) ⑤ 웅주 가야협 보원사(普願寺) ⑥ 계룡산 갑사(岬寺) ⑦ 양주 금정산 범어사(梵語寺, 현재는 梵魚寺) ⑧ 비슬산 옥천사(玉泉寺, 현재는 龍泉寺) ⑨ 모악산 보광사(普光寺) ⑩ 한주 멱아산 청담사(青潭寺)

그 외에도 국신사(國神寺, 현재는 歸信寺), 화산사(華山寺) 등을 화엄십찰 중 하나로 보는 견해도 있다.

	十波羅蜜	十信	十住	十行	十廻向	十地
1	단(檀)바라밀 [布施〃] Dānapāramitā	신심 (信心)	초발심주 (初發心住)	환희행 (歡喜行)	일체 중생을 구호하면서도 중생이라는 생각을 떠난 회향 (救護一切衆生離衆生相廻向)	환희지 (歡喜地)
2	시(尸)바라밀 [持戒〃] Śilapāramitā	염심 (念心)	치지주 (治地住)	요익행 (饒益行)	깨뜨릴 수 없는 회향(不壞廻向)	이구지 (離垢地)
3	찬제(羼提)바라밀[인욕〃] Ksāntipāramitā	정진심 (精進心)	수행주 (修行住)	무위역행 (無違逆行)	모든 부처님과 동등한 회향 (等一切諸佛廻向)	발광지 (發光地)
4	비리야(毘梨耶)바라밀(精進〃) Viryapāramitā	혜심 (慧心)	생귀주 (生貴住)	무굴요행 (無屈撓行)	모든 곳에 이르는 회향 (至一切處廻向)	염혜지 (焰慧地)
5	선(禪)바라밀 [禪定〃] Dhyānapāramitā	정심 (定心)	구족방편주(具足方便住)	무치란행 (無痴亂行)	다함이 없는 공덕장 회향(無盡功德藏廻向)	난승지 (難勝地)
6	반야(般若)바라밀[지혜〃] Prajñāpāramitā	불퇴심 (不退心)	정심주 (正心住)	선현행 (善現行)	견고한 일체의 선근을 따르는 회향(隨順堅固一切善根廻向)	현전지 (現前地)
7	방편(方便) 바라밀 Upāyapāramitā	회향심 (廻向心)	불퇴주 (不退住)	무착행 (無着行)	일체 중생을 평등하게 따라주는 회향 (等隨順一切衆生廻向)	원행지 (遠行地)
8	원(願)바라밀 Pranidhāna-pāramitā	호심 (護心)	동진주 (童眞住)	난득행 (難得行)	진여인 모양의 회향(眞如相廻向)	부동지 (不動地)
9	력(力)바라밀 Balapāramitā	계심 (戒心)	법왕자주 (法王子住)	선법행 (善法行)	집착도 속박도 없는 해탈회향 (無着無縛解脫廻向)	선혜지 (善慧地)
10	지(智)바라밀 Jñānapāramitā	원심 (願心)	관정주 (灌頂住)	진실행 (眞實行)	법계와 평등한 무량회향(等法界無量廻向)	법운지 (法雲地)

<표 6> 십바라밀과 52계위

8. 화엄조사

중국화엄에서는 초조인 두순으로부터 지엄, 법장, 징관, 종밀까지를 화엄 5조라 부른다. 여기에 인도의 용수와 마명을 보태어 화엄 7조로 부르기도 하고 세친을 합하여 화엄 8조라고 하기도 한다. 또 문수와 보현보살을 보태어 화엄 10조로 나누기도 한다.

중국과 한국의 화엄조사들을 알아보고, 그들의 주요 저서 및 특징을 살펴보면 <표 6>과 같다.

9. 의상의 『화엄일승법계도』

『일승법계도』는 의상(義湘, 625-702)이 지은 것으로 『화엄경』의 핵심내용을 210자로 줄여 7언 30구의 게송으로 만든 것이다. 이것은 법계도인(法界圖印)과 법성게(法性偈)와 해석부분인 법계도기(法界圖記)까지를 통칭하는 말로서 법계도인과 법성게를 합한 것을 『일승법계도합시일인(一乘法界圖合詩一印)』 또는 『반시』라고 한다. 법성원융무이상(法性圓融無二相)의 '법'자로부터 구래부동명위불(舊來不動名爲佛)의 '불'자로 끝나고 54각을 이루며 한 길로 이어지고 있다.

법계도의 그림은 <그림 3>과 같다(안형관 역, 『과정형이상학과 화엄불교』, 1999).

	조사명	주요 저서 및 특징
화엄경	보현(普賢)보살	실존 인물은 아니나 『화엄경』에서 부처님을 대신하여 설법하는 대표적인 인물임
	문수(文殊)보살	
인도	마명(馬鳴, Aśvaghoṣa, 50-150)	『대승기신론(大乘起信論)』
	용수(龍樹, Nāgārjuna, 150-250)	『중론(中論)』, 『화엄경약찬게(華嚴經略讚偈)』, 『십주비바사론(十住毘婆沙論)』
	세친(世親, Vasabandhu, 약320-400년)	『십지경론(十地經論)』
중국	두순(杜順, 法順, 帝心尊者, 557-640)	◦ 화엄종 초조(初祖) 『오교지관(五敎止觀)』, 『화엄법계관문(法界觀門)』
	지엄 (智儼, 至相大師, 602-668)	◦ 화엄교학의 기초자 『화엄경수현기(搜玄記)』, 『화엄공목장(華嚴經孔目章)』, 『일승십현문(一乘十玄門)』
	법장 (法藏, 賢首大師, 643-712)	◦ 화엄교학의 대성자 『화엄경탐현기(華嚴經探玄記)』, 『화엄오교장(華嚴五敎章)』, 『금사자장(金師子章)』
	징관(澄觀, 淸凉大師, 738-838)	『화엄경소(華嚴經疏)』, 『화엄경현담(華嚴經玄談)』, 『보현행원품별행소(普賢行願品別行疏)』
	종밀 (宗密, 圭峯, 780-841)	◦ 교선일치의 주창자 『주화엄법계관문(註華嚴法界觀門)』, 『원인론(原人論)』, 『선원제전집도서(禪源諸詮集都序)』, 『보현행원품소초(普賢行願品疏鈔)』
중국	이통현 (李通玄, 635-730)	『신화엄경론(新華嚴經論)』

<table>
<tr><td rowspan="7">우리
나라</td><td>승랑(勝朗, 고구려)</td><td>◦ 화엄관련 최초의 승려, 중국신삼론종의 개조가 됨</td></tr>
<tr><td>연기조사(緣起, 烟起, 신라 진흥왕)</td><td>◦ 8세기 중엽 화엄사 창건</td></tr>
<tr><td>자장율사(慈藏, 신라 선덕여왕)</td><td>◦ 삼국시대 화엄경의 전래가 자장에 의해 이루어졌다고 함</td></tr>
<tr><td>원효성사
(元曉, 617-686)</td><td>『화엄경소』, 『금강삼매경론』</td></tr>
<tr><td>의상대사
(義湘, 625-702)</td><td>◦ 해동화엄 초조
『화엄일승법계도』</td></tr>
<tr><td>승전(勝詮)</td><td>◦ 법장의 『화엄소초』를 전함</td></tr>
<tr><td>심상(審詳, ?-742)</td><td>◦ 법장에게서 수학, 일본화엄의 초조가 됨</td></tr>
</table>

<표 6> 화엄조사

圖印海

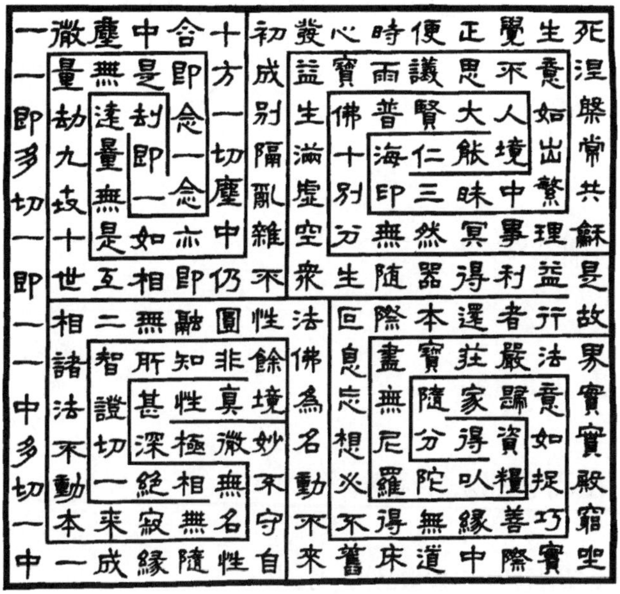

一微塵中含十初發心時便正覺生死
一量無是即方成益寶雨議思不意涅
即劫遠劫念一別生佛普賢大人如槃
多九量即一切隔滿十海仁能境出常
切世無一念塵亂虛別印三昧中繁共
一十是如亦中雜空分無然冥事理和
即世互相即仍不衆生隨器得利益是
一相二無融圓性法叵際本還者行故
一諸智所知非餘佛息盡寶莊嚴法界
中法證甚性真境為妄無隨家歸意實
多不切深極微妙名想尼分得資如寶
切動一絕相無不動必羅陀以糧捉殿
一本來寂無名守不不得無緣善巧窮
中一成緣隨性自來舊床道中際實坐

<그림 3> 법계도

[부록 2]

화엄경 묵상 제1권

화엄세계 안에서의 대화

차 례

찾아보기

ㅅ

ㅇ

ㅈ

ㅊ

ㅌ

ㅍ

ㅎ